KB244806

내적 오리엔탈리즘 그 비판적 검토
근대 일본의 '식민' 담론들

지은이_**전성곤**(全成坤, Jun, Sung Kon)_일본 오사카대학(大阪大学)문학연구과 일본학전공 문학박사. 현재 고려대학교 일본연구센터 HK연구교수. 주요 저서로는『근대 동아시아 담론의 역설과 굴절』(공저),『일본인류학과 동아시아』(단독),『근대 조선의 아이덴티티와 최남선』(단독),『고류큐(古琉球)의 정치』(역서, 단독),『근대 일본의 젠더이데올로기』(역서, 단독) 등이 있다.

내적 오리엔탈리즘 그 비판적 검토 근대 일본의 '식민' 담론들

초판 인쇄 2012년 6월 20일 **초판 발행** 2012년 6월 27일
지은이 전성곤 **펴낸이** 박성모 **펴낸곳** 소명출판 **출판등록** 제13-522호
주소 서울시 서초구 서초동 1621-18 란빌딩 1층
전화 02-521-7840 **팩스** 02-6442-7840 **전자우편** somyong@korea.com

값 28,000원

ⓒ 전성곤, 2012
ISBN 978-89-5626-731-9 93910

본 저서는 2010년 정부(교육인적자원부)의 재원으로 한국연구재단의 지원을 받아 수행된 연구임(A00214)

내적 오리엔탈리즘 그 비판적 검토

| 근대 일본의 '식민' 담론들 |

Inner Orientalism, the Critical Review —the colonial discourses of the morden Japan

전성곤

소명출판

1.

처음에 한국연구재단의 저술지원사업에 신청했던 주제는 '식민지 제국담론과 기타 사다키치(喜田貞吉)'였다. 일본의 근대 역사학의 거두인 기타 사다키치의 학문적 계보와 일본내셔널리즘의 특징을 밝혀내고 싶어서였다. 그런데 기타 사다키치와 관련된 자료를 읽어가면서 당시 도리이 류조(鳥居龍藏), 하마다 고사쿠(濱田耕作), 야나기타 구니오(柳田國男)가 학문적으로 긴밀한 관계가 있다는 것을 알게 되었다. 그래서 자연스럽게 주변 지식인들까지 관심이 확대되어 갔고, 네 지식인의 학문적 친연성과 이질성에 대해 포괄적으로 다루게 되었다.

하지만 자료를 찾으면 찾을수록 메이지기(明治期)부터 쇼와(昭和)시기까지의 이들 행적과 사상적 구도는 흐릿하고 윤곽은 막연했다. 사실 근대 일본지식인의 사상 구도를 전체적으로 그려낸다는 것은 쉬운 일은 아니다. 그렇지만 적어도 역사학, 인류학, 고고학, 민속학은 일본사상을 이해하는데 그 어느 학문적 분야보다 중요하다고 보았고, 이것을 한번 정리해야 한다고 생각했다.

특히 이들 학문분야는 그 어느 영역보다 중대한 사상부흥이 일어났고, 일본의 사상적 계보로 보아도 동일한 시기에 서로 얽히면서 상호 변혁을 일으키고 있었다. 그리고 이는 일본이 국민국가의 사상적 기틀을 마련하고 제국으로 나아가는데 토대를 만든 시기였다는 점에서 더더욱 중요한 대상이라고 여겨지지 않을 수 없다.

물론 지금까지 메이지기부터 쇼와기의 학문적 특징이나 사상, 인물에 대한 연구는 아주 다양하게 다루어져 왔다. 그러나 그것들이 어떻게 주변 사상들과 서로 연동하고 내적 연관관계 속에서 거대서사를 형성하게 되었는지에 대한 연구는 그렇게 많지 않다고 본다. 논고의 대부분은 사상구도 자체가 가진 제국성과 그것이 서구 학문의 신탁통치에서 자유롭지 못한 일본판 내셔널리즘에 대한 비판적인 논점에 치우쳐져 있기도 하다. 이를 역으로 뒤집어 일본내부의 사상구도가 어떻게 전개되었고 제국이념을 어떻게 결정했는가 그 발명경로를 설명해주는 사례는 드물다고 생각된다. 그러한 의미에서 기타 사다키치를 비롯한 네 명의 근대 일본지식인들의 사상적 구도와 그 내적영역의 핵심적 연결고리를 찾아내고 그들의 역사적 배경과 세계관을 들여다보는 것은 아주 중요한 작업이라고 생각한다. 그렇지만 역시 필자의 역량에 한계가 있어 이 시도가 평면적이고 나열적인 것에 그치고 만 것은 개인적으로 아쉬움이 남는다. 하지만 그 나름대로 전체적인 분위기와 논쟁의 층위를 세밀하게 그려보려고 노력했다.

우선 기타 사다키치를 보면, 기타는 도쿄제국대학을 거쳐 문부성에 들어가 국정교과서의 편찬을 담당하면서 평생 피차별민족이나 에미시(蝦夷)에 관한 연구에 종사했던 역사학자이다. 기타는 일본민족의 혼합론을 주창하면서 최초로 '혼합민족사학'을 구축한 지식인이기도 하다. 도리이 류조는 잘 알려진 것처럼 요동반도, 만주, 타이완, 몽고, 중국 귀주성, 조선반도, 일본내지, 가라후토(樺太), 홋카이도(北海道) 등을 필드 워크로 삼으며 동아시아 인류학에 지대한 공헌을 세운 인류학자였다. 또한 하마다 고사쿠는 서구적 경험을 통해 일본 고고학을 재구성한 고고학자이다. 동시에 식민지시기 조선반도를 직접 유물·유적 조사를 실시하면서 '동아고고학'을 창출하려한 학자이다. 마지막으로 야나기타 구니오는 도쿄제국대학을 거쳐 농상무성(農商務省)에 근무하면서 일본내지를 직접 조사하며, 서구 이론과 국학을 접목시켜 일본의 '일국 민속학'을 구축한 민속학자이다.

이러한 네 지식인들은 서로 다른 외형적 차이에도 불구하고 세계적 대화를 시도하면서 일본을 포함하는 동아시아를 재구성했다는 공통점이 존재했다. 다시 말해서 이 지식인들은 역사학, 인류학, 고고학, 민속학이라는 외형적 학문의 색채를 가졌지만 서로 학문적 분야를 월경하면서 동아시아 담론을 창출했다. 특히 일본 내부의 '이민족'에 대해 관심을 가지면서 내부공동체 이론을 만들어낸 이데올로기스트들이다. 이러한 의미에서 이들은 '내적 오리엔탈리즘'의 소유자였고 국민국가의 '식민자'들이었다.

내적 오리엔탈리즘이란 에드워드 사이드가 지적한 '잠재적 오리엔탈리즘'과 '명백한 오리엔탈리즘'이라는 사상적 레토릭에서 빌려온 개념이다. 이 네 명의 일본 지식인들은 서구 학문을 수용하면서 일본 내부의 차이를 넘어 민족적 융합과 소통을 기획하는 과정에서 '거의 무의식적인(그리고 불가침의) 확신'이 감춰져 있었다는 점에서 내적 오리엔탈리즘 이론을 찾아낸 것이다. 거의 무의식적인 확신이란 '일본인'이라는 자기중심적 틀을 벗어나지 못했다는 의미이다. 여기서 문제의 핵심 연결고리가 존재했음을 발견하게 되었고, 그것을 식민지지배라는 제국주의 비판을 포함하면서, 한 발 더 나아가 국민국가 내부의 식민지를 내적 오리엔탈리즘과 연결시키고자 했다.

특히 내적 오리엔탈리즘이란 '내셔널리즘'이나 '민족주의'와는 약간 다른 성격으로 보았다. 국민국가 속에는 늘 흉악한 내면의 멍울인 내셔널리즘이나 민족주의 차이와 배타주의적 특징을 설명하는 것이 보통이다. 그러나 내적 오리엔탈리즘은 내부공동체에 속하면서 자기상대화 속에 내부의 차이성을 서술하는 감춰진 탈식민성이 가진 오류까지 포함한다. 다시 말해서 콜로니얼리즘(colonialism)의 내부확대와 내적변형인 것이다.

예를 들어 기타와 도리이는 일본민족의 혼합론을 주장하면서 국가내부의 지역적 차이와 주변국가들과의 차이를 통합하는 '탈영토주의'를 그려냈다. 물론 기타의 혼합민족론은 일본내부에 존재하는 이민족들의 차이성을 소거하는 동화이론에 바탕을 두고 피식민지 민족들의 차이를 매우려는 점에서 한계를 갖는다. 도리이 또한 일본의 주변지역을 현지조사하면서 일본민족의 혼종성을 증명해냈지만 그 혼종의 중심을 일본이라고 주장하는 식민주의 이론을 구축했다.

이러한 논조는 도리이와 하마다, 기타와 하마다 사이의 논쟁에도 나타났다. 도리이와 하마다는 서구에서 발생한 외부이론을 수입하면서 일본내부를 중심으로 하는 동아시아를 창출하는 측면에서는 동일했지만 그 혼종성 이론에는 내적 불협화음도 존재했다. 즉 도리이는 민족주의적인 인식적 모태를 갖고 탈식민주의 이론을 인류학에 얹어놓는 결과를 낳았고, 하마다는 탈식민주의를 모태로 민족주의를 얹

어놓았기 때문에 서로 이질적으로 대립했다. 한마디로 말해서 도리와 하마다는 서구이론의 세례를 받았지만 전혀 상반된 위치에서 동일한 민족주의적 혼종을 창출해낸 것이다.

한편 하마다와 기타는 고고학과 역사학의 경계넘기를 통해 일본민족의 정체성 해석에 연속과 단절을 두고 논쟁했다. 하마다는 일본내부의 지역경계를 넘어 국가의 경계까지 해체하면서 식민지 조선과 일본의 고고학 공동체를 모델을 제시하는 의미에서 탈식민지적이었다. 기타 또한 이민족을 거울처럼 비추는 상대개념으로서 천손민족을 상대화하면서 민족의 경계를 재설정하고 식민지 조선을 혼합민족론으로 재구성하는 식민주의 이론을 창출한다. 그렇지만 결국 하마다는 동아시아 고고학의 중심을 일본으로 설정했고, 기타는 천신(天神)인 아마쓰카미(天津神)를 정점에 두고 민족의 혼효를 강조한 '내적 오리엔탈리즘'의 제창자였다.

이처럼 도리이, 하마다, 기타는 일본내부의 민족적 차이를 소거하는 탈식민성을 주창하면서도 새로운 일본 중심주의 이론인 식민주의를 창출하는 측면에서 영토 확장주의 이론가 지식인의 멍에를 벗을 수 없었다. 마찬가지로 기타와 논쟁을 벌인 야나기타도 내부의 이민족을 상대화한다는 탈식민주의를 가장하지만, 오키나와를 남도(南島)라고 부르는 호칭에서도 잘 나타나듯이 일본중앙중심주의 자장에 갇힌 이데올로기스트였다.

서구에 대한 저항담론으로서 동아시아상을 구상했지만 이들 지식인들은 일본내지를 중심점에 두고 일본 주변을 보았고, 역시선까지 의식하지만 결국 자기중심적 시선으로 회귀하며 중앙의 원심력 구도에 주변을 재배치 시켰다. 결국 타자를 상대화했다는 오류에 빠진 내적 식민주의자 입장으로 돌아간 것이다. 이때 활용된 탈경계와 서구 넘기는 일본이 동양적 특징이라고 믿는 상상의 고대를 창출하는 과정이기도 했던 것이다. 동시에 일본을 포함한 동아시아의 정체성은, 서구 이외의 국가들을 이민족으로 여기고 이들을 다시 묶어내면서 '생활과 문화적 아이덴티티의 동일성'이라는 이데올로기를 통해 일본이 기준에 두는 공간적 동아시아를 주형(鑄型)한 것이다.

여기서 이데올로기의 기준이 된 '생활과 문화'를 동일하다고 믿는 과거의 정신적 향토에서 찾았는데, 이는 바로 일본인들의 내면에서 실체인 것처럼 믿고 상상한 과거에 대한 환시였다. 그때 동원한 이론들이 바로 역사학, 인류학, 고고학, 민속학이었던 것이다. 아이러니한 것은 서양적 이론을 통해 동양적 통일성을 찾아낸 것이다. 그것은 일본적인 것과 일본적이지 않은 것을 발견하여 재구성하는 이론적으로 작동했고, 그것은 오히려 동아시아가 하나가 될 수 있다는 심상지리의 또 하나의 변형을 가져왔던 것이다.

더 아이러니컬한 것은 이 내적 오리엔탈리즘 속에는 '민족'과 '국적'의 경계가 존재하지 않았다. 반대의 의미에서 다원적이고 평등한 일본인을 탄생시켰다. 일본지식인이 만든 동아시아는 『기기(記紀)』 신화에 그려진 천황을 정점에 두면서 민족, 영토, 국가는 문제 삼지 않았던 것이다. 피, 민족, 출신이 아니라 신민이 되느냐 아니냐에 근거를 두었던 것이다. 그것이 바로 '일본이 원하는 동아시아'였던 것이다.

그것은 서구적 담론이나 인식을 빌려온 과학이라는 실체적 증거로서 유물과 유적을 활용했고, 바로 우연하게 발견되는 유적들을 통해 지적 헤게모니의 패권을 둘러싼 논쟁을 벌이면서 근대 일본 더 나아가 동아시아문명을 찾아내고 새로운 천황 이데올로기를 창출했던 것이다. 근대일본의 지식인들은 이민족과의 조우를 통해 과거 동아시아의 통일성을 찾아내고, 새로운 민족 통합으로서 포스트 동아시아를 완벽하게 논할 수 있는 정신세계를 복구해낸 것이다. 그것이 바로 일상→유물→생활→문화→민족→천황→동아시아신민으로 이어지는 통합의 이상론 속에서 잉태된 이데올로기였던 것이다.

바로 이러한 동아시아상 이론은 내적 오리엔탈리즘을 극복하지 못한 '동아시아'라는 에스노센트리즘이 유령처럼 떠돌게 된 것이다. 그것이 바로 부제로 달고 있듯이 국경을 넘는 외부 식민주의뿐만 아니라 국민 국가 내부에서 만들어지는 내적 식민주의이기도 한 것이다.

그것은 일본이 근대를 겪으면서 일본 내부공동체 형성 과정에서 내부 지식인이 내부 공동체 이데올로기를 재편했다는 의미에서 식민지 재구성이었다. 외부적으로는 일본이 서구를 상대화하는 전략이었지만 내부적으로는 일본안의 차이를 소거하고 국민국가를 완성해 간 것이었다.

결과적으로 이러한 일본지식인의 사상구도를 비판하는 검토 작업은 트랜스 포지션(Trans-position) 사상을 발견하지 못했고, 자기 내러티브 속에 갇혀버린 에스노센트리즘 체현에 대한 반성의 의미를 갖는 것이다. 이러한 작업은 일본지식인들이 체험하고 시도한 학제간 연구의 의미를 재고하는 계기도 될 것이다. 일본 지식인의 역사학, 인류학, 고고학, 민속학체계 구축을 찬양하는 것은 아니지만 그렇다고 그 시도 자체를 깎아내려서도 안 된다고 생각한다. 그러한 의미에서 본 저서의 시도가 의미를 가졌으면 한다. 물론 학문적 횡단만이 학제간 연구로 보는 문제점을 재확인하고 소통의 융합패러다임이 무엇인가를 고민해 보는 작업은 계속되어야 할 것이다. 이는 학제적 연구를 총괄한다는 의미가 아니라 일국적 시각을 극복하면서 상대적 시각에 주체를 둘 수 있는 학지(學知)의 '노마드'를 잊지 말아야 한다는 '확인'이기도 하다.

2012년 4월

전성곤

/제2부/ 로컬리즘의 정치성과 내적 오리엔탈리즘

/제3부/ 본질주의와 혼효주의 그리고 상대주의

/제1부/

내부 타자의 발견과
혼효 민족주의

서장

1. 인종론과 혼합민족론의 계보

일본에 원래 살고 있던 주민이 '아이누(Ainu)'인가 '코로보쿨(Korpokkur)'인가를 두고 벌인 논쟁은 서구인들과 뒤엉키면서 전개된 최초의 근대 에스닉 아이덴티티와 네이션의 모순 논쟁이었다. 이를 반대로 뒤집어 보면 근대 일본은 서구인들이 제시한 근대 인종론의 도입을 통해 새로운 국민국가를 창출해내지 않으면 안되는 시대적 배경 속에서 에스닉들의 차이를 봉합하는 과정을 볼 수 있다는 의미이기도 하다.

일본은 근대 국민국가 형성기에 외부로는 타이완과 조선을 식민지화했고, 내부에서는 홋카이도(北海道)와 오키나와를 국가영역으로 흡수하고 에미시·아이누·타이완인·오키나와인·조선인이라는 이민족을 통합하는 단일민족국가[1]라는 신화를 주장해야 하는 이중부담을 안은 시기였다. 즉 외부의 이민족과 내부의 이인종을 하나의 '민족국가'이론으로 통합하는 혼효주의의 방법론이 전개되고 있었던 것이다.

그런데 여기서 단일민족이라고 표현했지만, 그것은 그리 간단하게 포장할 수 있는 담론이 아니었다. 이미 아이누와 코로보쿨이 존재한다는 인종교체설이 나돌았고, 이를 검토의 대상에서 제외로 할 수 없는 상황이었다. 첫 번째 문제는 일본내부의 이인종인 아이누와 코로보쿨을 어떻게 일본민족과 연결시키는가가 골칫거리였다. 다시 말해서 이인종을 일본으로 통합해야 하는데, 이들은 인종상 일본내지인과 다른 이역(異域)에 존재하는 자들이었기 때문이다.

이때 혼합민족론이 등장하게 되는데, 이는 일본 내지 속에 존재하는 이인종도 통합하여 새로운 국가건설이 필요하다는 새로운 패러다임으로서 융합 이데올로기였다. 이러한 논조는 홋카이도, 가라후토(樺太), 치시마(千島)를 일본내부로 통합하면서 이인종을 '적'으로 간주하는 것이 아니라 일본중앙으로 이인종을 혼합한다는 논리로 발전시켜야만 했다. 그렇지만 문제가 그리 간단하지만은 않았고 아이누와 코로보쿨 논쟁이 발발하면서, 일본인종의 루트와 일본 인종의 범주화가 가능한가라는 중대한 문제에 봉착하게 된 것이다. 다시 말해서 근대 일본 국민국가 내부에서 처리해야 하는 문화적 인종의 통일성과

---

1 安田活, 「近代日本における「民族」観念の形成」, 『思想と現代』第31号, 白石書店, 1992, p.61.

국가통합 이론을 도킹시켜야만 했는데, 그 핵심과제가 인종문제였던 것이다.

그런데 여기서 주목해야만 하는 것은 혼합과 인종 규범들의 차이가 갖는 모순을 해소하여 일본민족을 통합하고 보편화해야 하는 것이었다. 그렇지만 혼합인종론을 설정하려고 하면 할수록 일종의 '혼합다양론'이 서구인과 서구인 사이, 서구인과 일본인 사이, 일본인과 일본인 사이에서 나타나고 사상 각축전을 벌이는 방향으로 나아가게 되었다. 일본은 야마토민족(大和)이라는 과거의 공통된 문명을 조상으로부터 물려받았다라고 하는 상상의 공동체가 허상이어서는 안 되었는데, 이를 증명하기 위해『고사기』와『일본서기』에 기술된 인종론 내용과 연결하여 재구성해야만 했다.

일본에 거주하던 최초의 선주민이 아이누냐 코로보쿨이냐라는 논쟁은, 당시 최고의 근대적 과학이 동원된 획기적인 것이었다. 근대적 과학 이론이란 바로 고고학이나 인류학적 방법론이 활용되었다는 의미이다. 그렇기 때문에 이 원주민을 둘러싼 논쟁은 근대 일본의 원인종을 규정하는 근원적인 시각을 갖게 해준 시기였던 것이다.

그러한 의미에서 일본 지식인들은 서구인들의 학문적 이론 즉 더 높은 학문 이론과의 첫 접촉을 통해 자신들의 루트에 대해 자각을 얻는 시대로 돌입했다. 그러나 이 시기에는 아직 명확하게 일본인종이나 민족이라는 개념을 나누어 구분해서 사용하고 있지는 않았다. 특히 일본인과 서양인이 혼재한 상태에서 전개된 이 원일본인 논쟁에는 각각 인종개념과 민족개념이 달랐고, 이를 사용하던 시기에 인종과 민족개념은 정착된 개념이 아니었다.

존 미른(John Milne)
출처 : 吉岡郁夫, 『ミルンの日本人種論 : アイヌとコロボクグル』, 雄山閣, 1993, p.17.

우선 일본인 중 일본민족의 기원을 설명할 때 일본민족이 코로보쿨이라는 것을 주장한 중심인물에 와타세 쇼자부로(渡瀨莊三郞)가 있었는데, 와타세 쇼자부로는 존 미른(John milne)의 이론을 추종하고 있었다.[2]

미른은 일본인의 조상을 코로보쿨이라고 보고, 이들이 아이누와 병립하여 홋카이도와 치시마열도에 거주하고 있었다고 주장했다.[3]

그러나 여기서 사용된 아이누인종이라던가 코로보쿨인종은 명확한 개념으로 제시된 것은 아니었다. 왜냐하면 미른이나 와타세가 사용하는 아이누나 코로보쿨은 원주민[4]이라던가 다테아나 주민(竪穴住民)이라고 표현하고 있었고, 이때 인종을 말하고 있는지 민족을 말하고 있는지 경계는 매우 애매했기 때문이다.

이러한 상황에서 1877년, 1878년, 1789년에 모스(Edward Morse)와 미른, 시볼트(Heinrich von siebold)가 동시에 홋카이도를 조사했는데 이것

---

2   坂野徹, 『帝国日本と人類学者』, 勁草書房, 2005, p.85.

3   田畑久夫, 『鳥居龍蔵のみた日本』, 古今書院, 2007, p.70. 원문은 Notes on the Koro-Pok-Guru or pit-dwellers of Yezo and the Kurile Islands. "Trans. Asiat. Soc. Japan" Vol.10 : 187-198. 1882 인데, 이는 일본어로 번역되어 요시오카 이쿠오(吉岡郁夫)의 일본어 번역서에 수록되어 있어 이를 참조하였다. 吉岡郁夫, 『ミルンの日本人種論ーアイヌとコロポクル』, 雄山閣, 1993, pp.42~43.

4   "Notes on stone lmplements from Otaru and Hakodate, with a Few General Remarks on the Prehistoric Remains in Japan", *Transactions of the Asiatic society of Japan* vol.8, 1880, pp.61~91; 「小樽および函館出土の石器についての覚書と日本の先史遺跡に関する二,三の一般的考察」 (1880). 吉岡郁夫, 『ミルンの日本人種論 : アイヌとコロポクグル』, 雄山閣, 1993, p.139.

은 달리 말하면 일본인종론의 범주화가 개시된 것이다.

1877년 모스가 오모리(大森)패총을 발견한 후 7월 16일에 하코다테(函館)에 입항하자, 미른도 마찬가지로 그해 7월 말에 하코다테에 입항하여, 치시마 조사에 나섰다.

이는 1875년에 '치시마가라후토교환조약(千鳥樺太交換條約)'으로 인해 홋카이도가 일본 관할아래에 놓인 것과 맞물리면서 연구자들이 홋카이도와 치시마 조사에 집중한 것이다.[5]

미른은 최종적으로는 슈무슈(占守)[6]에 도착하여 조사를 마치게 되는데 이러한 북치시마 조사는 일본인종론을 크게 좌우하는

하인리히 시볼트(Heinrich von siebold)
출처 : 吉岡郁夫, 『ミルンの日本人種論 : アイヌとコロボクグル』, 雄山閣, 1993, p.56.

계기가 되었다. 미른은 석기가 남쪽의 규슈와 북쪽의 에조치에서 발견되는 것[7]에 주목했다.

5 　鳥居龍蔵, 「考古学民族学研究・千鳥アイヌ」, 『鳥居龍蔵全集』 第5卷, 朝日新聞社, 1976, p.317. 일본이 가라후토를 점령하였을 때 도리이는, "이 섬은 일본 제국의 영토가 되었다. 이 가라후토에 대한 연구는 인류학, 고고학적으로 연구하는 것이 급선무이다"라고 논한다. 鳥居龍蔵, 「人類学,考古学の上より研究すべき新領土」, 『鳥居龍蔵全集』 第7卷, 朝日新聞社, 1976, p.461.

6 　치시마 열도의 지명을 예시해 둔다. 단 괄호 안은 일본 명칭이다. 슈무슈 섬, 우룻푸 섬, 에토로후 섬, 구나시리 섬, 시코탄 섬이다.

7 　원문은 Notes on stone Implements from Otaru and Hakodate, with a Few General Remarks on the Prehistoric Remains in Japan, "Transactions of the Asiatic society of Japan" vol.8, pp.61~91, 1880인데 이는 일본어 「小樽および函館出土の石器についての覚書と日本の先史遺跡に関する二,三の一般的考察」. 吉岡郁夫, 『ミルンの日本人種論 : アイヌとコロボクグル』, 雄山閣, 1993, p.139.

에드워드 모스(Edward Sylvester Morse)
출처 : 『人類学雑誌』 第41巻 第2号,
東京人類学会, 1886, 故モース教授肖像 참조.

그러한 의미에서 미른의 인종론은 매우 중요한데 미른의 인종론을 살펴보면 선주민으로서 아이누, 코로보쿨과 새롭게 이주해온 일본인을 등장시킨다. 반면 모스는 프레 아이누→아이누→일본인이라는 인종 교체설을 생각했고, 와타세는 알류트인이 아이누 즉 에미시에게 쫓겨났으며, 에미시인은 일본인에 의해 쫓겨났다고 생각했다.

즉 미른의 입장은 프레 아이누가 다테아나 주민(즉 코로보쿨)과 교체했다고 보는 것이었다.[8] 다시 말해서 미른은 일본인종이 조선반도에서 이주한 외래자일 것이라고 추측하면서 종족교체설을 주장했을 뿐만 아니라 그들의 이동경로까지 설명하고 있었다.

이러한 미른의 인본인종론은 과학적 논거와 실증조사에 의해 얻어진 새로운 학설로서 쓰보이 쇼고로(坪井正五郎)나 와타세에게 영향을 주었다. 즉 다테아나에 살고 있던 종족은 아이누 이전의 토인, 즉 소인 또는 코로보쿨이라고 간주하게 된 것이다. 물론 이것은 일본 안에서 일본인의 인종론을 만들어내는 사실이 부분적으로만 선택되면서 그들의 세계관을 형성하게 했다.[9]

---

8   吉岡郁夫, 『ミルンの日本人種論：アイヌとコロポクグル』, 雄山閣, 1993, p.127. 원문을 보면 'アリウト人蝦夷人(アイヌ)ニ逐ハレ, 蝦夷人日本ニ逐ハレ'로 되어있다.

쓰보이 쇼고로는 모스의 프레 아이누설[10]의 영향을 받은 것이다. 쓰보이는 일본의 석기시대인 코로보쿨이 일본인의 조상이라고 주장한다.[11] 다시 말하자면 모스는 조몽토기[12]를 남긴 것은 아이누가 아니라 아이누보다 먼저 살고 있던 종족이라고 생각했다. 미른 또한 일본본토에는 아이누가, 홋카이도에는 코로보쿨이 살았다고 제시했던 것이다.

이 코로보쿨설은 쓰보이에게로 이어졌고, 선주민이 아이누라는 주장은 시라이 미쓰타로(白井光太郎), 고가네이 요시키요(小金井良精), 도리

9 　도리이 류조는 "코로보쿨인가 아닌가, 코로보쿨 논자들과 아이누 논자들이 논의를 펼치고 있는데, 나는 아이누설을 주장한다. 그렇지만 고가네이처럼 심하게 비난하지는 않는다. 왜냐하면, 코로보쿨이라는 말은 머위나무 잎 아래에 사람이라는 의미, 즉 혈거하는 사람이라는 의미로서, 다테아나에 살며 지붕을 머위나무 잎으로 만들었기 때문에 이를 이름 붙인 것으로, 오히려 혈거의 증거이다"라고 보았다. 鳥居龍藏, 「武藏野及其有史以前」, 『鳥居龍藏全集』 第2卷, 朝日新聞社, 1975, p.235; 鳥居龍藏, 「唐太島と千島との石器時代遺跡につきて」, 『鳥居龍藏全集』 第7卷, 朝日新聞社, 1976, p.451.

10 　田畑久夫, 『鳥居龍藏のみた日本』, 古今書院, 2007, p.274.

11 　도리이는 다음과 같이 정리했다. "코로보쿨(혈거인) 혹은 소인(小人)에 관한 아이누의 전설에 대해 여러 학자들의 의견을 간단히 정리해 두기로 하자. 이 유명한 전설의 긍정론자 중에는 안타깝지만 쓰보이 쇼고로를 들 수 있다. 쓰보이는 열의를 가지고 문학적 재능을 통해 이 전설을 옹호하고, 보급시킨 제1인자이다. 쓰보이는 다음과 같이 말했다. 일본에 살았던 최초의 인종은 적어도 추한 미개인으로, 혈거생활을 했다. 그들은 아이누와도 현재 일본인과도 조금도 닮지 않았다. 그들은 아이누인이나 일본인이 보아도 전혀 다른 이 인종으로 어떤 공통점도 없었다. 그것은 내가 말하는 코로보쿨인종이다. 일본에 아이누가 들어오자, 코로보쿨은 에미시에 쫓겨 갔다. 그 후 아이누도 에미시로 들어가 코로보쿨의 앞에 나타나자, 다시 코로보쿨을 치시마열도로 쫓겨갔다. 불쌍한 그들은 아시아대륙과 아메리카대륙에 정주하지 못하고 횡단하여 마침내는 그린란드에 도달하게 되었다. 오늘날의 에스키모가 된 것이다. 따라서 쓰보이에 의하면, 에스키모야말로 이전에 일본에 살던 코로보쿨이라는 것이 된다. 우리나라 석학이 친근함을 느끼는 코로보쿨에 관한 에미시 전설을 끝없이 믿고 이것에 최고의 민속학적 중요성을 부여한 것이다. 그리고 코로보쿨을 일본 전국에까지 확대시켰던 것이다. 鳥居龍藏, 「考古学民族学研究・千島アイヌ」, 『鳥居龍藏全集』 第5卷, 朝日新聞社, 1975, pp.398~399.

12 　본 논고에서 필자는 '조몽인, 조몽토기, 조몽시대, 조몽문화'와 '야요이인, 야요이토기, 야요이시대, 야요이문화'를 혼용하여 사용하는데, 그것은 동일한 '시대'를 상정하는 의미이다. 또한 '조몬'보다는 조몽을 사용하였다.

여름 옷을 입은 아이누 남성
출처 : シーボルト著原田信男訳,
『小シーボルト蝦夷見聞記』, 平凡社, 1996, p.118.

이 류조(鳥居龍藏)로 이어지면서 논쟁이 전개되었다. 고가네이 또한 일본 인종의 기원은 아이누라고 강력하게 주장하고 쓰보이를 강도 있게 비판했다.

이처럼 모스, 시볼트, 미른, 바체라, 쓰보이 쇼고로, 고가네이 요시키요가 일본민족의 '혼합론'을 주창하면서 일본인종론에 근대적 학문의 성격을 투여하게 된 것이다.

물론 이러한 구체적인 논리적 근거는 일본인에 대해 일본인보다 먼저 조사한 외국인의 논리를 하나하나 답습하거나 비판하는 형식으로 새롭게 구축한 아이누론이[13] 등장했고 그것이 인종론과 맞물렸던 것이다.

그렇지만 인종의 해석에는 그들 사이에도 커다란 차이가 존재했다. 그 차이란 모스, 시볼트, 미른의 논리를 무비판적으로 자각없이 수용한 와타세와 시라이의 한계점은 차치하더라도, 쓰보이의 에스키

---

[13] 斎藤忠, 『考古学史の人びと』 第一書房, 1986, pp.5~47; 工藤雅樹, 『研究史日本人種論』, 吉川弘文館, 1979, pp.41~135; 寺田和夫, 『日本人類学』, 思索社, 1975, pp.31~148. 에도시대의 아이누관련은 아라이 하쿠세키(新井白石)와 모토오리 노리나가(本居宣長)가 있다. 아라이 하쿠세키는 도호쿠(東北)지방에서 출토된 돌도끼가 신들의 전쟁에서 사용된 무기로, 숙진에서 전해진 것이라고 보았으며, 돌도끼를 만든 것이 인간이라고 보았다. 모토오리 노리나가는 황국이 모든 나라의 근원이라는 사상속에서 '국학'을 세우며 일본인종, 즉 일본민족론을 전개했다. 물론 이것을 거슬러 올라가면, 일본민족 즉 일본인종의 기원을 둘러싼 관심은 에도시대부터 존재했음을 알 수 있다. 에도시대는 석기시대 유물과 관련성이 있음을 논하고 있었다. 석기시대 유물의 제작자는 누구인가를 둘러싼 문제였다.

모인론은 결국 고가네이에 의한 실지조사를 통해 무너졌다. 이렇게 전개된 일본의 석기시대인은 아이누라는 쪽으로[14] 기울어졌다. 결국 일본인종에 대한 해석은 다시 인종교체설, 혼혈론과 변형론, 변형론, 이입론 등으로 확대되면서, 서로 다른 특성을 배제하는 형식으로 전개되었다.

존 바체라(John Batchelor)부부
출처 : 吉岡郁夫, 『ミルンの日本人種論 : アイヌとコロポクグル』, 雄山閣, 1993, p.107.

이러한 논지의 전개는 상호간에 영향을 주면서도 서로 경쟁하면서 사상적 각축전을 벌이게 된다. 그 대표적인 것이 쓰보이와 고가네이의 논쟁인데, 이때 중요한 논점이 바로 아이누설이었다. 고가네이는 구석기시대인을 아이누로 보았고 그 설을 유지하려고 했다. 그리고 일본민족을 구성한 민족에는 크게 아이누가 관여했으며 그 이외에 남방에서 온 집단 특히 말레이족이 혼합된 것이라고 보았다.[15]

이러한 논쟁이 벌어질 때 등장한 것이 바로 도리이 류조, 하마다 고사쿠(濱田耕作), 기타 사다키치(喜田貞吉), 야나기타 구니오(柳田國男)였는데 이들은 일본인종론이 확정되어가는 전환의 시기에 나타난 것이다.

특히 혼혈론의 제창자인 기요노 겐지(淸野謙次)[16]는 일본 원인(原人)

---

14 鳥居龍藏, 「武蔵野及其有史以前」, 『鳥居龍蔵全集』 第2卷, 朝日新聞社, 1975, p.234.

15 小金井良精力, 『人類学研究 続編』, 大岡山書店, 1958, pp.5~51.

16 기요노 겐지는 "(1)코로보쿨은 아이누 전설에서 보이는 인물들이 아니고, 실존한 집단이다. (2)코로보쿨은 아이누가 홋카이도나 본주(本州)에 도래하기 이전에 이 지역에 살고 있

쓰보이 쇼고로(坪井正五郎)
출처:『人類学雜誌』第49卷 第11号,
東京人類学会, 1934, 創始者肖像 참조.

이라는 표현을 사용하며, 일본 원인이 일본인의 조상이라고 주장했다.[17] 이후 도리이 류조의 혼합론과 기요노 겐지의 일본 원인설 두 개를 이어받아 발전시킨 것이 하마다 고사쿠였던 것이다.

하마다 고사쿠의 연구방식은 쓰보이 쇼고로나 도리이 류조와는 또 다른 철저한 고고학적 수법을 활용했다.[18] 그 수법이란 출토된 유물보다도 유적 발굴조사 자체를 중시하여 발굴할 때의 층위문제나 동반되어 출토된 유물 관련 문제에 주의를 기울인 점이다. 즉 유적의 구조나 종류를 분류하고 유적의 연대를 결정하는 방식이었다. 그리고 국내 발굴 성과를 동아시아의 각 지역과 비교하는 것도 잊지 않았다. 이러한 작업을 통해 하마다는 일본을 포함한 동아시아의 문화 계통을 설명하고 논증했다.[19]

던 선주민이다. (3)코로보쿨은 다테아나식(竪穴) 주거에서 거주하던 소인으로 현재의 그린랜드에 사는 에스키모이다. 淸野謙次, 『日本人種変遷史』, 小山書店, 1944, p.3.

17 淸野謙次, 『日本石器時代人研究』, 岡書院, 1928, pp.87~96.

18 アルノ・ナンタ, 「大日本帝国の形質人類学を問い直す」, 『帝国の視角/死角』, 青弓社, 2010, pp.56~58.

19 即ち今日に於いては日本石器時代の住民は現代アイヌの直接の祖先に非ず, 而もアイヌと頗る近似せる一人種が基礎をなし, 己に既に他人種との混和を見たるものにして, 此の新石器時代人種こそ現代日本人の基礎をなし, 己に既に他人種とお混和を見せたるものにして, 此の新石器時代人種こそ現代日本人の基礎をなせる「原日本人」と称し得るものなりと謂ふを以て最も穏当なりと可きか. 濱田耕作, 「河内国府石器時代遺跡第二回発掘報告」, 1919, 京都大学文学部考古学教室編, 『京都大学文学部・考古学研究報告第四册河内国府石器時代遺跡発掘報告等』, 臨川書店, 1976 b , p.31.

이 하마다 고사쿠의 새로운 학설은 다시 일본석기시대가 조몽식토기와 야요이식토기를 사용하는 민족, 즉 2개 민족으로 나누어진다는 것을 제시하게 되었다. 하마다의 이러한 주장은 전자가 아이누, 후자는 하야토(隼人)가 중심이 되어 각각의 시대를 형성되었다는 기타 사다키치(喜田貞吉)의 학설에 반대하는 것이었다. 다시 말해서 기타는 조몽식토기를 사용하던 민족을 야요이식토기를 사용하는 민족이 도래하면서, 전자를 내쫓은 것이라는 교체설을 주장했다.

기요노 겐지(淨野謙次)
출처 : 江坂輝彌, 『日本考古学選集-清野謙次』, 築地書館, 1982, 내지 참조.

이에 다시 반론을 제기한 것은 하세베 고톤도(長谷部言人)이다. 하세베는 석기시대이후 일본인의 체질이 변한 것은 대륙이나 주변지역에서 도래한 인종과 혼혈하지 않았다는 것이었다.[20] 하세베는 결론적으로 조몽인이 진화하여 야요이인이 되었다는 쪽이며[21] 조몽 민족이 진화하여 야요인 민족이 되었다고 주장한다.

결과적으로 일본민족은 혼합민족이라고 주장한 기요노 겐지, 일본민족 변형론을 주창한 하세베 고톤도의 새로운 학설은 도리이 류조의 고유일본인설과 동일하지는 않지만, 이 설은 도리이의 고유일본인설을 모체(母體)로 하여 성립된 것이기도 했다.[22]

---

[20] 長谷部言人, 『日本人の祖先』, 岩波書店, 1927, p.77.

[21] 山岡道生, 『日本民族の由来(上)』, 葦書房, 1993, pp.39~42.

[22] 田畑久夫, 『鳥居龍蔵のみた日本』, 古今書院, 2007, p.92~93.

이처럼 일본 지식인들이 전개한 일본인종론은 모스가 도쿄의 오모리 패총을 조사하고, 이 지역에 살던 고대 선주민이 일본인도 아이누도 아니라고 주장했던 것과 동시에 1883년 독일인 의사 벨츠가 일본인 중에는 아이누이외에 대륙계, 말레이계 사람들이 있다고 주장한 혼합론의 변형으로 중국과 조선, 말레이계의 일본 상륙에 대한 주장의 반복과 전복의 연속이었던 것이다.[23]

야나기타 구니오(柳田國男)
출처 :『定本柳田國男全集』第2卷, 筑摩書房, 1982 참조.

이러한 의미에서 일본 민족의 혼합성이 제시되었고 아이누와 코로보쿨에 대해서 쓰보이는 고가네이가 논쟁을 벌이게 된 것이었다. 도리이와 고가네이는 치시마의 조사를 통해, 아이누가 선주인종이고, 이는 다테아나 주거와 토기라는 실증물에 의해 주장하면서 혼합론의 증명되어 갔다.

그러나 여기서 주목해야 하는 것은 고가네이와 도리이, 하마다 고사쿠, 기타 사다키치가 부르짖는 혼합민족론에는 차이가 존재한다는 점이다. 때마침 야나기타 구니오(柳田國男)도 1920년대부터 선주민족 존재설을 부정했고 1930년대에는 일본의 인류학계에서도 차츰 아이누와 말

---

23 伊藤雄志,『ナショナリズムと歷史論爭』, 風間書房, 2005, p.153. 이노우에 데쓰지로(井上哲次郎)는 일본인이 남양제도에서 왔다고 주장했고, 야마지는 아시아대륙에서 왔다고 생각했다. 둘은 일본인의 조상이 외부에서 왔다고 주장하는 것에는 공통적이었다. 伊藤雄志,『ナショナリズムと歷史論爭』, 風間書房, 2005, p.152.

레이계가 선주민족이었다는 논조가 부정되어 감에 따라 일본민족의 혼혈성은 단일민족론과 만나게 되었다.[24] 이러한 계보적 의미에서 이 네 지식인은 '혼합민족론'과 '단일민족론'을 형성하는 아주 중요한 '근대인'들이었던 것이다.

다시 확인해 보자면 이때 이들이 주장한 일본인종의 혼합론은 ① 일본인이 아이누인종으로 도래인과 섞였다라고 보는 입장과 ② 원일본인은 존재했고 이에 도래한 자들이 흡수되면서 원일본인이 진화한 것이라는 입장이었다. 바로 전자와 후자 어느 쪽이 중심을 두는가에 따라서 다시 혼합론의 아이덴티티도 달라지는 것이었다.

그리고 이 혼합론에 대한 해석 또한 혼합 과정을 둘러싸고 미묘한 차이를 보였다. 특히 '피' 혼합의 문제였다. 이는 인종혼합의 과정에서 나타나는 문제이기도 했는데 일본인과 아이누가 '피' 혼합이 이루어졌는가라는, 아니 얼마나 혼합이 있었는가라는 피의 농담(濃淡)이 중요했다. 그러니까 피의 혼합도 얼마나 이루어졌는지에 대한 관심은 혼합의 농담을 따져야 했고, 만약 피의 혼합이 있었다면 그 열등적 피를 어떻게 설명해야 하는가에 문제의 초점이 모여졌다.

이처럼 혼합론을 주장하는 논자들 사이에서도 인종교체냐, 혼합의 차이가 어디에 있느냐를 두고, 일본인이 아이누라는 열등인종으로 남을 것인가, 다시 일본인으로 진화할 것인가를 논리와도 분기되는 지점에 서 있었다. 이때 벌어진 혼합론은 다시 인종론과 맞물리게 되었고, 역사학, 인류학, 고고학, 민속학을 휘감으며 학제적인 동시

---

24 小熊英二, 『〈日本人〉の境界』, 新曜社, 2005, pp.318~319.

에 분파적으로 일본 내부와 외부로 동심원을 그리며 확대되어 간 것
이다.

에 분파적으로 일본 내부와 외부로 동심원을 그리며 확대되어 간 것
이다.

제1장 고대인의 표상과 해석공동체

1. 도리이 류조와 트랜스 인종주의

일본이 근대 국민국가를 형성하는 과정에서 일본민족을 혼합민족이라고 확신하는 담론을 구성한[1] 학자의 중심에 도리이 류조(鳥居龍藏, 이하 도리이라 표기)가 있었다. 도리이가 ① 학제적 연구의 태도를 보인 점(인류학, 고고학, 역사학, 민속학, 지리학을 횡단),[2] ② 현장 조사를 실시했다는 점은 '고유일본인' 창출에 관련된 근대 〈번역〉의 정치학[3]이었다는 평가를 받기도 한다. 이러한 학문적 공식, 즉 유물조사와 인종학이

---

1   伊藤雄志, 『ナショナリズムと歷史論争』, 風間書房, 2005, pp.152~153.

2   田畑久夫, 『鳥居龍蔵のみた日本』, 古今書院, 2007, p.97.

3   与那覇潤, 『翻訳の政治学』, 岩波書店, 2009, pp.2~3.

라는 논리를 생활 속에 대입시키면서 민족을 해석했고, 이를 다시 역사화했다는 의미에서 정치적이라는 것이다. 특히 일본 내부의『기기(記紀)』신화를 기준에 두고 '동아민족'이라는 개념을 일본에 동화·흡수하는 논리로서 해석했다는 의미에서 내속적인 해석공동체[4]를 세공했다.

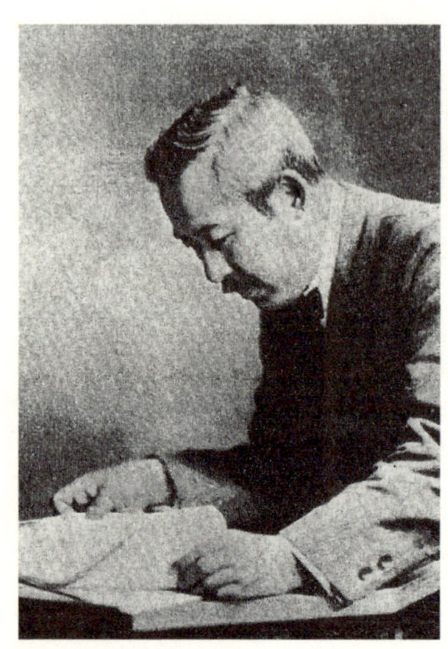

도리이 류조(鳥居龍藏)
출처 :『鳥居龍藏全集』第8巻, 朝日新聞社, 1976 참조.

그러나 이러한 도리이가 가진 학문적 성향에 대해 국민국가 이데올로기 창출에 가담한 제국주의 협력자라고 비판하는 것은 간단하지만 그의 학문적 내용에는 결코 놓쳐서는 안되는 중요한 부분이 존재한다. 즉 국민국가 안의 타자에 대한 해결 문제 방식이 그것이다. 도리이는 인종학 해석과 함께 홋카이도와 치시마(千島)[5]를 직접 조사하는 방식을 취했고, 일본내부의 이인종으로 등장한 에미시와 아이누를 해석하면서 일본민족론을 구축해냈다.[6]

이러한 일본민족의 아이덴티티 구축에는 신체적 차이와 생활의 차이, 즉 차이를 가진 대상에 대한 통합이 필요하다는 시대적 요구가 맞

4　伊藤直哉,「読者の誕生　読者とは何者か」, 土田知則他,『現代文学理論　テクスト・讀み・世界』新曜社, 1996, pp.124~131.

5　치시마 열도(千島列島)는 러시아어로 'Курильские острова'이며, 영어로는 쿠릴 열도(Kuril Islands)라고 부른다. 홋카이도 본섬의 동쪽으로 네무로(根室) 해협에서 캄차카반도 남쪽까지 연결된 열도를 가리킨다.

6　菊池勇夫,「近世アイヌの日本人認識」,『歴史学研究』NO.595, 青木書店, 1989, p.19.

물리고 있었다. 다시 말해서 당시는 차이를 없애고 새로운 일본민족으로서의 일본국민 정신이데올로기를 공식화하는 준거를 만들어 낼 필요성이 대두되던 시대였다.

이때 도리이의 시선 속에는 카운터 내러티브(Counter-Narrative)[7]라는 방법론이 있었다. 즉 도리이는 새로운 일본 공동체 창출을 위한 트랜스 인종주의를 활용하고 있었다.[8] 다시 말해서 도리이는 서구인들의 논리에 대항하는 의미에서 일본열도의 동쪽(홋카이도와 치시마)에 거주하던 에미시의 존재와 '아이누'를 설명해냈고, 그러한 '이인종'을 일본민족으로 혼합하는 논리, 즉 혼종성을 민족의 경계와 연결하여 입증한다. 도리이는 일본내부의 변경조사뿐 만 아니라, 아시아지역을 필드로 삼으면서 현장에서 찾아낸 유물들을 해석하면서[9] 동아민족의 고고학적 시선이라는 자아확대논리에 의한 문화 번역을 일본 민족론과 결합시킨 민족 개념을 창출하고 있었던 것이다.

도리이는 내부의 타자를 재설정하면서 외부의 타자를 다시 내부의 타자와 연결하는 작업의 이중기능을 통해 새로운 동아민족 이론을 그려냈고, 외부와 내부를 통합하는 총체적 컨텍스트를 구축하고 있었다. 이러한 총체성의 창출과정에서 도리이가 제시한 일본 신화의 절대성은 일본을 절대적 헤게모니 책임자라는 이론 위에 수립한 동

7　'공적기억(master memory)'에 대항하는 의미에서 'counter memory'라는 용어를 사용하기도 한다. 또한 공적 기억은 "grand narrative" 그리고 "alternative narrative"라고도 표현한다. 카운터(counter)는 반대하다, 거스르다는 의미가 있는데, 이를 사용하여 "counter narrative"라고 사용한다. 太田好信, 『トランスポジションの思想』, 世界思想社, 1998, p.4.

8　安田活, 「近代日本における「民族」観念の形成」, 『思想と現代』 第31号, 白石書店, 1992, p.61.

9　吉開将人, 「東亜考古学と近代中国」, 『「帝国」日本の学知』, 岩波書店, 2006, p.141.

아시아 공동체론이었으며 이것은 세계적 시선이라는 보편적 주장으로 기능하지 못하는 근거를 갖게 된 것이다.

2. 코로보쿨과 아이누 논쟁의 전개

잘 알려진 것처럼 1877년에 일본인종을 둘러싸고 커다란 반향이 일어나고 있었다. 그것은 바로 코로보쿨과 아이누(Ainu)의 논쟁이다. 일본에서 최초로 에드워도 모스(Edward Morse)가 1877년 10월 9일 본격적인 패총 발굴을 개시하면서[10] 10월 13일에 요코하마(橫浜)에 있는 일본아시아협회에서 강연을 했다. 이 강연에서 오모리(大森) 패총에서 발견되는 유물을 사용한 인종이 현재의 일본인이나 아이누보다도 이전에 살던 종족이 존재했다고 연결한 것이었다. 그 유명한 모스의 『대삼개허편(大森介墟編)』이 나오기 바로 이전에 'Popular Science Monthly'에 처음으로 프레(pre) 아이누라는 말이 사용되었다.[11]

그러나 실제로 모스는 프레 아이누라는 용어를 사용하지는 않았다. 이는 시라이 미쓰타로(白井光太郎)의 메모에 의한 '해석'이었다. 즉 홋카이도의 토기에는 조몽(縄文)이 있는데(하코다테〈函館〉, 오타루〈小樽〉

10 　吉岡郁夫,『日本人種論の幕あけ—モースと大森貝塚』, 共立出版, 1987, pp.42~43.

11 　坂野徹,『帝国日本と人類学者』, 勁草書房, 2005, p.78.

를 가리킴) 남방(南方)에는 조몽토기가 없다(히고〈肥後〉와 오노〈大野〉의 패총)는 것이다. 아이누는 캄챠크인과 동종(同種)으로 그들이 북방에서 남하하여 본토(本州)를 침입해왔고, 남방 사람들에 의해 다시 쫓겨갔다[12]고 보았다. 즉 모스는 홋카이도의 유물은 아이누가 아니라 아이누가 남하하기 이전에 살았던 사람들에 의해 만들어진 것이라고 주장한 것이다. 바로 이 부분에서 '프레 아이누'라는 말이 생성된 것인데, 모스가 사용한 남인이라는 표현이 바로 프레아이누라는 의미로 시라이가 '번역'한 것이다.

일본 오모리 패총을 발견한 모스의 발표에는 〈직접적으로 프레 아이누〉가 아니라 '남인'이라는 표현을 사용했는데, 이를 시라이(白井)가 메모하면서 프레 아이누라는 말로 치환한 것이다. 다시 말해서 외국인 모스에 의해 제시된 '언어'를 일본인이 '자신의 언어로 치환'함으로써 프레 아이누론이 생성된 것이다.

이 시기 존 미른은 다테아나(竪穴)[13]와 치시마아이누의 풍습에 대해 언급[14]했는데, 다테아나는 아이누가 남긴 것이 아니라 '패인 곳에서 거주하는 자(pit-dwellers)' 즉 아이누인들이 이야기하는 전승에 나오는 사람인 코로보쿨이 남긴 것이라고 추정한다. 일본인종론을 다루는

---

12 吉岡郁夫, 전게서, p.105.

13 다테아나(竪穴)는 일본어 표기이다. 한국어로는 움집(竪穴) 주거 혹은 수혈(竪穴)이라고도 부른다. 내용은 동일하게 '일정한 깊이로 넓은 구덩이를 파서 바닥시설을 한 집'이라고 보는데, 본 논고에서는 일본어식 표현인 다테아나를 사용하기로 한다.

14 원문은 Notes on the Koro-Pok-Guru or pit-dwellers of Yezo and the Kurile Islands. "Trans. Asiat. Soc. Japan"(Vol.10 : 187~198, 1882)인데, 이는 일본어로 번역되어 요시오카 이쿠오(吉岡郁夫)의 일본어를 참조하였다. 吉岡郁夫, 『ミルンの日本人種論ーアイヌとコロポクル』, 雄山閣, 1993, pp.42~43.

학설로서 코로보쿨이라는 명칭이 등장했는데 이것이 최초의 일이었다.[15] 이처럼 코로보쿨 이론을 등장시킨 것은 일본인이 아닌 서양인 미른이었다. 이러한 미른의 제안은 일본내부에서 인종개념의 수용과 변용으로 링크되면서 발전되고 전개되는데, 인종에서 민족을 구별하지 못한 채 표면적인 흉내에 그치고 있었다.

특히 시볼트(Heinrich von siebold)와 미른, 바체라(John Batchelor), 모스가 일본인종이 아이누인지 프레 아이누가 존재했는지를 두고 논쟁을 벌이는 가운데 와타세 쇼자부로, 시라이 미쓰타로, 쓰보이 쇼고로, 고가네이 요시키요[16]가 이를 계승하면서 논쟁을 이어갔다. 이들은 코로보쿨이라는 집단이 홋카이도 아이누가 도래하기 이전부터 일본열도에 거주하고 있었다고 생각하고, 일본석기시대의 유적은 코로보쿨이 남긴 것이라고 보았다. 물론 이러한 구체적인 논리적 근거는 일본인을 먼저 조사한 외국인의 논리를 하나하나 답습하거나 비판하는 형식으로 새롭게 구축한 아이누론이었다.[17]

미른은 다테아나에서 거주하는 양상, 즉 생활양식을 통해 치시마의 인종을 구분했고 내지에서 발견되는 패총과 다테아나를 가지고 인종을 분류하고 있었다. 그와 동시에 미른은 땅을 파고 거주하는 양상을 일본의 고서인 『기기(記紀)』와 『혈거고(穴居考)』를 인용하여 쓰치쿠모(土蜘蛛)와 연결시켰다. 결론적으로 "치시마아이누는 알류트

---

15 吉岡郁夫, 『ミルンの日本人種論ーアイヌとコロボクル』, 雄山閣, 1993, p.43.

16 坂野徹, 『帝国日本と人類学者』, 勁草書房, 2005, pp.85~86.

17 吉岡郁夫, 『日本人種論の幕あけーモースと大森貝塚』, 共立出版, 1987, p.106; 斎藤忠, 『考古学史の人びと』第一書房, 1986, pp.5~47; 工藤雅樹, 『研究史日本人種論』, 吉川弘文館, 1979, pp.41~135; 寺田和夫, 『日本人類学』, 思索社, 1975, pp.31~148.

혹은 캄차달이며 다테아나 주민은 코로보쿨이므로 '다테아나 주민=치시마 아이누, 알류트, 캄차달, 코로보쿨'[18]이라고 보았다. 그리하여 홋카이도는 다테아나→아이누→일본인이 되었고, 내지는 아이누가 일본인으로 교체되었다고 미른은 해석한 것이다.

미른의 인종론에는 선주민으로서 아이누, 코로보쿨과 새롭게 이주해 온 일본인이 등장한다. 다시 말해서 역시 일본인은 '조선반도'에서 이주한 외래자일 것을 시사하면서 미른은 종족 교체설을 주장하며 그 루트를 설명하였다. 이러한 미른의 논리를 계승한 와타세가 코로보쿨론을 제시했을 때,[19] 시라이 미쓰타로가 와타세를 비판했고[20] 다시 그 비판과 대결한 것이 쓰보이였다. 그런데 쓰보이는 홋카이도에 가서 조사한 적이 없었다. 치시마 주민을 아이누와는 별개로 다테아나에 사는 사람들이라고 하거나, 아이누가 다테아나 주민을 코로보쿨이라고 부른 것은 미른의 논문에서 배운 지식이었다.[21] 다시 말해서 코로보쿨설은 미른과 모스의 절충설이었다고 할 수 있다. 쓰보이는 코로보쿨을 에스키모와 닮은 인종이라고 생각했는데 이것도 미른설의 연장이었다. 쓰보이는 에스키모=알류트=캄차카=코로보쿨로 추상적이었던 것이다.[22]

즉 미른은 결과적으로 다테아나는 코로보쿨이 남긴 것이라는 아이

---

18 吉岡郁夫, 『ミルンの日本人種論 : アイヌとコロポクグル』, 雄山閣, 1993, pp.109~111.

19 坂野徹, 전게서, pp.85~86.

20 鳥居龍蔵, 「唐太島と千鳥との石器時代遺跡につきて」, 『鳥居龍蔵全集』 第7卷, 朝日新聞社, 1976, p.451.

21 鳥居龍蔵, 「千鳥アイヌ」, 『鳥居龍蔵全集』第7卷, 朝日新聞社, 1976, p.82.

22 鳥居龍蔵, 「考古学民族学研究・千鳥アイヌ」, 『鳥居龍蔵全集』第5卷, 朝日新聞社, 1976, p.396.

누의 전승을 받아들이면서 이 전승을 근거로 논진을 폈을 뿐만 아니라, 홋카이도 아이누를 알류트 혹은 캄차달이라고 호칭하는 것을 활용한 것이었고, 쓰보이가 이를 코로보쿨로 해석하게 된 것은 미른과는 또 다른 것이었다.[23]

이처럼 홋카이도의 원주민과 토인을 둘러싼 인종해석은 결국 모스와 미른, 시볼트에 의해 코로보쿨과 아이누설로 등장했던 것이다. 인종해석에 대한 사고적 틀이 제시되었고, 이를 무의식적으로 받아들여 이인종에 대한 재해석을 시도한 것이 와타세와 쓰보이, 그리고 그들과 논쟁을 벌인 고가네이에 의한 일본 인종의 재구성이었던 것이다.

이러한 논쟁의 공통점은 일단 일본의 원주민이 코로보쿨이냐 아이누냐라는 원루트를 찾아내는 작업의 연속이었던 것이다. 바로 이러한 유형(有形)은 더 실질적이고 정확한 특색을 찾아내는 방향으로 흘렀고, 지리적 특징을 고려하면서 일본의 역사적 정전인 『기기(記紀)』와의 유기성을 해명하게 된 것이다. 이때 새롭게 등장하는 것이 도리이 류조인데, 도리이에 의해 일본인종 기반 자체가 재정의 되는 중요한 시기에 접어들게 된다.

---

23   鳥居龍藏, 상게서, pp.396~400.

3. 도리이 류조의 치시마 조사와 아이누

　도리이는 쓰보이를 대신하여 북치시마의 실지조사를 실시하게 된다.[24] 도리이가 치시마아이누 조사를 실시한 것은 1899년 5월부터 6월사이이다. 도리이는 홋카이도 지방의 경비업무를 맡고 있던 경비함 무사시(武藏)를 타고 5월 6일 하코다테를 출발하여 17일 시코탄(色丹)에 들르게 된다. 당시 일본정부의 정책으로 인해 치시마아이누는 모두 시코탄 섬에 강제 이주된 상황이었다.[25] 이 시기에 도리이는 치시마 열도 실지조사를 바탕으로 코로보쿨과 아이누에 대한 견해를 정리해간다.

　물론 사사키 고메이(佐々木高明)가 지적하듯이 도리이 류조는 철저한 현지조사자이며 고고학과 민족학을 종합하는 '인류학자'였다. 바로 이러한 의미에서도 도리이는 일본문화기원론을 주창한 대선각자였다.[26] 물론 도리이의 일본인종론은 서구인들에 의한 일본인종론을 답습하면서 새로이 자신 스스로가 현지조사를 실시하는 방식으로 일본민족론의 루트를 확정해가는 방식을 취했다. 특히 코로보쿨과 아이누 논쟁이 전개되던 시기에 실시한 치시마 현지조사는 일본인류학의 새

24　鳥居龍蔵, 「ミルン氏と私の北千鳥探査に就て」, 『鳥居龍蔵全集』 第7巻, 朝日新聞社, 1976, p.436; 中川裕, 「北千鳥・樺太・東部シベリア調査」, 『乾板に刻まれた世界─鳥居龍蔵の見たアジア』, 東京大學綜合研究資料館, 1991, p.88; 鳥居龍蔵, 「考古学民族学研究・千鳥アイヌ」, 『鳥居龍蔵全集』第5巻, 朝日新聞社, 1976, p.318.

25　大塚和義, 「鳥居龍蔵の千鳥(クリール)アイヌ調査」, 『鳥居龍蔵の見たアジア』, 徳島県立博物館, 1993, p.51.

26　佐々木高明, 「鳥居龍蔵のアジア研究」, 『鳥居龍蔵の見たアジア』, 徳島県立博物館, 1993, p.26.

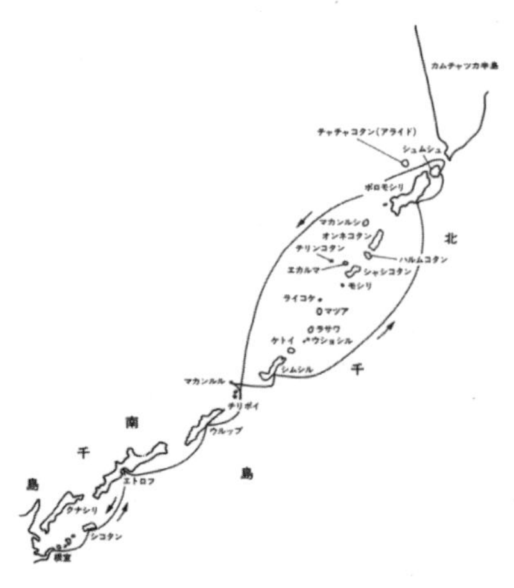

도리이 류조의 조사 순서
출처 : 中川裕, 「北千鳥·樺太·東部シベリア調査」,
『乾板に刻まれた世界−鳥居龍蔵の見たアジア』,
東京大学綜合研究資料館, 1991, p.92.

지평을 열게 한 계기가 되었다. 때마침 인류학계에서 지도자적 역할을 하던 쓰보이의 죽음(1913년)과 함께 코로보쿨 논쟁은 종지부를 찍게 되었고, 이후 코로보쿨을 주장하는 논자는 없어졌다. 도리이 또한 아이누설을 주장하면서 결정적으로 코로보쿨이 존재하지 않았고 아이누가 존재했다고 주장하는 고가네이 논설을 지지해 간다.[27] 그리고 일본민족＝원일본인의 기원은 아이누인이라고 정설화하면서 일본민족의 루트와 그 아이덴티티를 본격적으로 확인해 가기 시작한다.[28]

이러한 입장은 구석기시대, 즉 조몽시대인은 아이누인으로, 그 이후에 나타난 야요이시대는 대륙에서 이주해온 이주자들에 의해 형성된 시대적 차이를 설명해냈다.

---

[27] 田畑久夫, 전게서, p.68.

[28] 坂野徹, 전게서, pp.109~110. 그리고 도리이 자신의 원문을 보면 다음과 같다. この点においては,余は博士の言と一致する. ①千鳥, 北海道の内耳土器およびいわゆる竪穴式土器と称するものを製造する集団. ②北海道の南部より奥羽を経過し,磐城一越後付近の所謂龜ケ岡式土器と称するものを製造する集団. ③武蔵を中心とし, その付近の二, 三諸国にまれに分布する, いわゆる西ケ原式と称する土器を製造する集団. ④岩代付近より武蔵', 常陸, 上野, 下野, 上総, 下総, 甲斐, 信濃, 伊豆等に分布するいわゆる陸平式と称する土器を製造する集団. ⑤相模付近より, 広い意味において畿内, 中国, 四国, 九州, 沖縄に共通する形式の土器を製造する集団.

이 집단을 일본민족의 조상
이라고 여긴 논리의 방향타
역할을 한 도리이는 결국 1899
년에 쓰보이의 추천으로 북치
시마를 조사하게 되었지만,
슈무슈 섬에서 발견한 다테아
나식 생활은 쓰보이가 기대했
던 코로보쿨이 아니라,[29] 오히
려 쓰보이의 논쟁 상대였던
고가네이가 주장하는 아이누
의 논리를 증명하게 된다.

아이누와 아이누인의 주거
출처 : 寺沢一, 『蝦夷·千鳥古文書集成』第1卷, 教育出版センター,
1985 내지 참조.

도리이는 일본인의 조상 즉 고유일본인은 석기시대인이라는 주장
에 무게를 싣게 된다.

4. '인종'의 경계에서 '민족'의 경계로

도리이는 아이누의 종류를 구체적으로 나누면서도 북치시마의 아
이누가 진정한 아이누라고 제시하게 되는데, 그것에는 일정한 논리

---

[29] 末成道男, 「鳥居龍蔵の足跡」, 『乾板に刻まれた世界』, 東京大学綜合研究資料館, 1991, p.7.

가 있었다.[30] 즉 도리이는 홋카이도 조사이전에 기존의 성과를 총체적으로 정리하면서 체계화하는 작업을 진행한다.

도리이는 먼저 모스의 업적, 즉 모스가 발견한 오모리 패총발견에 대해 언급하면서 정설화된 논리들을 재구성했다. 특히 모스가 주창한 오모리 패총을 만든 자들을 아이누가 아닌 아이누 이전의 사람이라는 의미로 '아이누 이전(pre-Aino)'에 주목했다.[31] 그러나 도리이는 모스의 프레-아이누론에 수긍한다기 보다는 '그 유물이 어떤 민족의 손에 의해 만들어진 것인가'에 초점을 맞추었기 때문에 도리이가 관심을 가진 것은 모스의 이론이 아니라 미른의 이론이었다.[32]

다시 말해서 모스는 일본국내의 석기시대에 대한 발견이었는데, 미른은 홋카이도를 조사하면서 아이누에 대한 정확인 논증을 제시했다. 도리이는 미른이 홋카이도를 조사한 것을 평가하면서 미른을 외국인의 대표자로 인정하였다. 특히 도리이는 미른의 조사결과를 구체적으로 검토하면서 미른의 조사지역을 상세하게 다음과 같이 기술한다.

미른 씨는 1878년에 이러한 발상을 이미 하고 있었다. 현재 이 이야기를 들어보면 시코탄에 이주하기 이전인데, 치시마 토인이 슈무슈 섬에 이주하기 이전에 있었다는 것이 된다. 슈무슈 섬에는 현재 다테아나에 살고 있는 사람들이 있다. 그들은 북치시마의 토인 혹은 코로보쿨이 남긴 것은

30   鳥居龍藏, 「上代の日向延岡」, 『鳥居龍藏全集』 第4卷, 朝日新聞社, 1976, p.323.

31   鳥居龍藏, 「大森貝塚積成人に就てジョン・ミルン氏の考察」, 『鳥居龍藏全集』 第2卷, 朝日新聞社, 1976, pp.600~601.

32   鳥居龍藏, 「千鳥アイヌ」, 『鳥居龍藏全集』 第7卷, 朝日新聞社, 1976, p.17, p.79.

아닌가하고 생각하여 일부러 배를 타고 슈무슈 섬에 간 것이다. 1878년에 슈무슈 섬에 갔다는 것이 아세아협회보고서에 적혔다. (…중략…) 홋카이도에 있는 아이누는 토인 아이누와는 약간 차이가 있다고 보았다. 홋카이도 아이누는 수염이 많은데, 치시마 아이누는 수염이 짙고, 털이 짧다는 것이다. 홋카이도 아이누와 치시마 아이누가 체질상 다르다는 것을 말하고 있었다.[33]

도리이는 지질학자인 미른이 특히 에미시에 대해 당시 사람들 중에서는 가장 깊게 정통하고 있었다고 믿었다. 그리고 미른이 슈무슈 섬에서 발견한 아이누와 그 조사를 통해 얻은 '쿠릴스키 아이누(Kourisky-Ainou)'라는 묘사를 특히 강조하였다.[34]

도리이는 미른이 내린 결론, 즉 '얼굴은 동그랬으며 에미시 아이누와는 약간 달랐다. 키가 작았고, 수염이 짧았다'[35]라는 미른의 해석을 존중한다. 앞서 지적했듯이 모스가 주장한 내지의 오모리 패총에서 발견된 석기시대의 인종 문제와 미른이 발견한 홋카이도의 에미시 아이누라는 인종에 대한 설정은 도리이에게 있어 자신의 이론을 탄생시키기 위해 필연적으로 뛰어 넘어야할 학설이었던 것이다.

잘 알려진 바와 같이 일본에서는 일본 내지의 패총을 통해 아이누가 거주했다고 주장하는 것을 필두로 하여 이후 전개되는 쓰보이, 시

---

33 鳥居龍蔵, 「千鳥アイヌ」, 전게서, pp.80~81.

34 미른씨는 슈무슈 섬에 조사하여, 그들을 '구릴스키 아이누(Kurilsky Ainu)'라고 호칭하고, 용모가 에미시 아이누와 약간 다름을 주장했다. 鳥居龍蔵, 「ミルン氏と私の北千鳥探査に就て」, 『鳥居龍蔵全集』 第7卷, 朝日新聞社, 1976, p.435.

35 鳥居龍蔵, 「考古学民族学研究・千鳥アイヌ」, 『鳥居龍蔵全集』 第5卷, 朝日新聞社, 1976, p.320.

라이가 주장하는 아이누, 비(非)아이누가 대립되지만 미른의 아이누
설은 가장 유력하고 실증적인 것으로 인정되었다. 그러나 도리이는
미른이 실제 조사한 슈무슈 섬에 대해서는 긍정하지만, 미른의 조사
가 실패로 끝났기때문에 공은 없다[36]고 비판한다. 도리이의 코로보쿨
비판은 이미 미른에게 반론을 제시함으로써 시작되었고, 현지조사를
통해 그 반론을 구체화해간다. 물론 코로보쿨이라는 인종을 통해 일
본인종을 발견하려는 창안의 근원은 충분한 지침이 되었고 그것을
발전시키는 발전 고리로 활용하고 있었던 것이다.

또한 당시 코로보쿨을 주장한 바체라의 '일본의 아이누(The Ainu of
Japan)'에 기술되어 있듯이 바체라는 시코탄 및 치시마 군도에 거주하
는 토인들이 다테아나를 만들었다고 보았다. 시코탄 토인의 신장이
에미시 아이누보다 왜소하고 용모도 약간 다르다고 보고 에미시 혹
은 아이누를 코로보쿨이라고 보았다고[37] 지적하였다.

이에 대한 반론으로 도리이는 미른이 시코탄 아이누가 언어학상,
체질상으로 홋카이도 살고 있던 아이누와 같은 자들이라는 것은 의
심할 여지가 없다[38]는 것에 대해서는 용인하지 않았다. 도리이는 모
스와 미른, 그리고 바체라의 코로보쿨론을 병렬적으로 나열하며 그
자체들을 정립하면서 고가네이와 쓰보이의 역할까지도 통괄하고 있
었다. 일본인 주체자의 아이누와 비아이누 설에 착목한 서구인의 인
식을 거듭 반복적으로 정리하면서 그 내적 문제를 극명하게 해명하

---

36   鳥居龍藏,「ミルン氏と私の北千鳥探査に就て」,『鳥居龍藏全集』第7卷, 朝日新聞社, 1976, p.436.
37   鳥居龍藏,「考古学民族学研究・千鳥アイヌ」, 전게서, p.320.
38   鳥居龍藏,「千鳥アイヌ」,『鳥居龍藏全集』第7卷, 朝日新聞社, 1976, p.80.

려 하였다.

홋카이도에 거주하는 자들이 아이누인가 코로보쿨인가라는 궁극적인 결정에 대해 주목한 것은 석기시대 유적, 즉 토기의 제작문제였다. 또 하나는 아이누가 말하는 전승 속에 코로보쿨이 나오는 것을 믿을 것인지 말 것인지에 대한 차이였다. 결론적으로 도리이는 홋카이도에 남아있는 석기시대의 유적이 과연 어떤 인종인가라는 물음 앞에서 벌인 토론을 평가하면서 미른이나 쓰보이가 아이누의 구비(口碑)를 믿고, 이것은 아이누 이외의 인간이 남긴 것, 즉 코로보쿨이라는 인종이 남긴 것의 '전이'과정을 설명하였고 그 편견성을 서술한다. 그리고 다시 이를 반박한 고가네이를 등장시켜 반대 쪽에서 접근시킨다.

먼저 쓰보이는 아이누가 토기를 만들지 않았고, 다테아나에 살지 않았다고 주장한 점을 제시했다. 즉 쓰보이가 런던 유학중에 보낸 런던 통신에 「홋카이도석기시대의 유적에 관한 고가네이 요시키요의 설을 읽는다(北海道石器時代の遺跡に關する小金井良精の說を讀む)」라는 논고를 제출했는데, 여기서 가라후토의 혈거(穴居)는 석기시대 다테아나의 증거와 아무런 관련이 없으며 마미야(間宮)나 마쓰우라(松浦)는 토기가 존재했다고 주장하고 있지만, 아이누가 토기를 만들었다는 증거로 인정할 수 없다[39]고 주장한다. 쓰보이는 홋카이도의 아이누는 토기를 만들지 않는다[40]는 결론을 내린다.

이에 대해 고가네이는 「홋카이도 석기시대의 유적과 아이누인종

---

39 鳥居龍蔵, 「唐太島と千鳥との石器時代遺跡につきて」, 『鳥居龍蔵全集』 第7卷, 朝日新聞社, 1976, p.451.

40 鳥居龍蔵, 「武蔵野及其有史以前」, 『鳥居龍蔵全集』第2卷, 朝日新聞社, 1975, p.234.

(北海道石器時代の遺跡とアイヌ人種)」이라는 논고를 통해, 아이누의 혈거와 마미야와 마쓰우라의 설을 인용하여 아이누는 혈거하고 있으며 토기를 사용하고 있었다고 주장했다. 특히 고가네이는 포리야크(Polyakow)의 『가라후토 여행기(唐太の旅行記)』와 마미야 린조(間宮林藏)의 『기타에미시도설(北蝦夷圖說)』 등을 재차 인용[41]하여 가라후토에도 석기시대의 유적이 존재하고 다테아나가 있었다고 주장했다. 도리이는 이를 코로보쿨에 대한 논리적 반박이라고 보았다. 도리이는 고가네이의 논문에서 고가네이가 가라후토의 다테아나에서 석기 토기가 출토된다는 것을 인용한 반면 쓰보이의 코로보쿨주장이 미른의 이론을 단순히 계승한 것에 불과하다며 고가네이가 주장하는 홋카이도 석기시대 토기는 아이누가 남긴 것이라고 보고 코로보쿨은 생각할 필요가 없다고 결론짓는다.[42]

도리이는 자신이 조사한 필드를 전면에 내세우며 기존의 모스, 미른, 바체라, 쓰보이 쇼고로의 연결회로를 정확히 파악해내면서 고가네이가 주장한 '치시마 아이누는 총체적으로 에미시와 가라후토아이누와 닮았고 치시마, 에미시, 가라후토의 원주민은 단일한 동일인종'이라는 결론을 도출해 낸다. 도리이는 코로보쿨을 주장하는 누마타 요리스케(沼田賴輔), 바체라, 미른, 쓰보이를 내세우고 그 반대로서 고가네이, 오노(小野), 하마다(濱田), 시라이(白井)를 동원하여 전자 측이 주장하는 상상의 민족인 코로보쿨은 정당하지 않다고 주장한다.[43]

41　鳥居龍藏, 「唐太島と千島との石器時代遺跡につきて」, 『鳥居龍藏全集』 第7卷, 朝日新聞社, 1976, pp.455~456.

42　鳥居龍藏, 「千島アイヌ」, 『鳥居龍藏全集』第7卷, 朝日新聞社, 1976, p.82.

43　鳥居龍藏, 「考古学民族学研究・千島アイヌ」, 『鳥居龍藏全集』 第5卷, 朝日新聞社, 1976, p.396,

이러한 입장은 도리이가 인류에 대한 학문의 모습(양상)에 관해 1913년 동물학을 기초로 하여 어디까지나 인류를 동물로서 연구'하는 인류학(Anthoropology)과 '인종, 민족의 체질, 언어, 풍속, 신화, 전설 등에서 과거의 그들이 남긴 고물(古物) 유적 등을 연구하는 인종학(ethnology)과 민족학(ethnography)으로 크게 두 가지로 나누며 인종학과 민족학은 모두가 인문과학에 속하는 것이라고 보았다. 다시 말해서 도리이 자신은 인종학(혹은 민족학)이라고 표기하는 것으로 보아 인종과 민족을 거의 구분하지 않았고, 인종 혹은 민족을 토속(土俗)이라고 번역하는 과정을 거치면서[44] 결론적으로 도리이는 일본 치시마의 원주민이 코로보쿨이 아니라 아이누라는 인종 혹은 민족으로 주장하게 된다.[45]

앞에서 언급한 것처럼 미른이 제시한 '에조(蝦夷)'라는 명칭에서 구체적으로 도리이의 원초적 인종 접근논리를 알 수 있게 해주었고 이때까지 미흡했던 일본인에 의한 원주민, 토인해석에 박차를 가했다.

가장 중요한 부분은 외국인학자들에 의해 주어진 개념이지만 일본 안에서 인종이라는 개념을 받아들이지 않으면 안 되는 상황, 즉 인종을 새롭게 인지하게 되면서 인종과 민족을 구분하지 못하고 혼용하며 코로보쿨, 아이누, 일본인의 경계를 설정해야만 하는 숙제를 떠안고 있었다.

이를 풀어내기 위해 도리이는 직접 아이누를 실지조사를 통해 그

___

p.400.

44 鳥居龍蔵, 「人類学と人種学(或は)民族学を分離すべし」, 『鳥居龍蔵全集』 第1卷, 朝日新聞社, 1976, p.482.

45 鳥居龍蔵, 「武蔵野及其有史以前」, 전게서, p.234.

들을 세분화 하면서 기존 학자들이 주장하듯이 아이누가 일본내지에 잡거한 것은 이미 사실로서 논쟁의 여지가 없다고 보았다. 즉 도리이는 아이누와 동일한 인종이 이미 내지에 잡거하고 있었다고 본 것이다. 또한 도리이는 홋카이도에 존재한 것은 아이누이며 아이누는 구나시리(國後)나 에토로프에도 동일한 종족이 거주했다고 보았다. 아이누는 구나시리와 에토로프에도 존재하는 종족이었다고 보았다. 이어서 도리이는 홋카이도의 '토인'을 '에미시아이누'라고 명명했고, 가라후토에 거주하는 자를 가라후토 아이누라 불렀다.[46] 도리이는 각각의 지역을 구분해냈지만 토인은 아이누라는 표현을 빌려 아이누가 공통적임을 잘 묘사하는 수완을 보여주었다. 즉 도리이는 아이누가 지역명칭과 연결되면서 분리된 것처럼 표현하지만, 지역과 연동해서 생겨난 아이누라는 존재를 상호관련시켜 유추해낸다.

'아이누'라는 말은 호칭이 아니다. 우리가 아이누라고 부르고 또한 그들 자신도 단순하게 '아이누인'이라고 부르고 있는데, 결코 그들은 타국사람과 구별하는 특별한 호칭이 아니다. 왜냐하면 모든 민족, 모든 나라 사람이 스스로를 아이누라고 부를 수 있기 때문이다. 오늘날 치시마의 주민은 아이누라는 명칭 이외에는 알려지지 않았지만 그들이 독립해 있었을 때, 즉 18세기까지는 항상 '쿠시(Koushi)'라고 스스로를 칭했다. 일본인을 일본인이라고 명칭이 있듯이 쿠시가 그들 아이누의 명칭이었다.[47]

46　鳥居龍蔵, 「千鳥アイヌ」, 『鳥居龍蔵全集』 第7卷, 朝日新聞社, 1976, p.12.

47　鳥居龍蔵, 「考古学民族学研究·千鳥アイヌ」, 『鳥居龍蔵全集』 第5卷, 朝日新聞社, 1976, p.337; 鳥居龍蔵, 「千鳥アイヌ」, 전게서, p.29.

아이누라는 호칭을 통해 아이누는 '사람'이라는 의미를 지니고 있기 때문에 민족적 차이가 있거나 국가가 달라도 '사람'을 호칭하는 호명방식으로 아이누라는 것이다. 이처럼 도리이는 '주민'을 가리키는 호칭으로 아이누라고 부른 것을 알아냈고 도리이는 직접 현지조사를 실시함으로써 '쿠시'라는 호칭이 존재했음을 알아냈는데 그것은 일본인을 일본인이라고 부르는 것과 동일하다고 언급한다. 현지조사법을 통해 '쿠시'가 아이누인들을 가리키는 용어이듯이, 일본인이 일본인을 호칭하는 것과 동일하다는 논리로서 병렬하고 있었다. 그리고 도리이는 미른이 앞서 주장한 '남인'이라는 호칭을 대신하여 첫 번째 아이누와 두 번째 아이누라는 표현을 빌려 다음과 같이 기술한다.

나는 아이누를 첫 번째 아이누와 두 번째 아이누로 나누어서 본다. 첫 번째 아이누는 오늘날 치시마에 살며 다테아나에 사는 석기를 사용한 아이누이다. 두 번째 아이누는 홋카이도에 있는 아이누이다. 두 번째 아이누가 일본 내지에서 발호(跋扈)하여 홋카이도로 가기 전에 첫 번째 아이누가 홋카이도로 건너갔다. 그런데 두 번째 아이누가 일본에서 구축된 결과 홋카이도로 건너가 첫 번째 아이누의 주거를 파괴했기 때문에 첫 번째 아이누는 점점 치시마로 이주했던 것이다.[48]

거듭 도리이는 홋카이도에 남아있는 석기시대 유적을 가지고 그것이 아이누인가 코로보쿨인가를 인종화하기 위해 논쟁을 벌인 것의

---

48 鳥居龍蔵,「武蔵野及其有史以前」,『鳥居龍蔵全集』第2卷, 朝日新聞社, 1975, pp. 235~237.

연장선상에서 아이누를 지역에 따라 다르게 호명하고, 그들을 동일한 인종의 일파로 해석해냈다. 그리고 이러한 차이의 기반을 지역으로 재경계를 설정하면서 석기시대의 유적이라는 객관적 자료에 근거한 현재인식으로 피상적 해석과 거리를 두었다. 즉 도리이는 지금까지 논쟁의 대상이었던 석기시대인의 유적에 대해 앞에서 언급한 미른이나 바체라, 모스의 논리를 모방하면서 일본인으로서 이러한 논쟁에 가담한 쓰보이를 피상적이라고 비판하고 고가네이의 필드조사와 자신의 이론을 종합했다.

다시 말해서 도리이는 "미른, 쓰보이는 모두 아이누의 구비를 믿고, 이것은 아이누 이외의 인간이 남긴 것으로, 즉 코로보쿨이라는 인종이 남긴 것이라고 말했다"[49]며 아이누의 구비를 무비판적으로 수용한 논리에 반론을 제시했고, 트랜스 인종론을 통해 민족개념을 제창했던 것이다. 더 나아가 도리이는 서구(예를 들면 영국, 독일, 프랑스) 학자들에 의해 이루어진 동양의 인종, 민족론을 비판적으로 해석하며 "특히 동양인종학, 동양민족학 설립이 점점 급무임을 느끼고 있다. 유럽에서 인종, 민족의 연구는 현재 열성적인 학자들에 의해 많이 밝혀졌다. 그런데 동양민족에 대해서는 아직 완전하게 착수되지 않았다"[50]며 도

---

[49]　鳥居龍藏,「千鳥アイヌ」,『鳥居龍藏全集』第7卷, 朝日新聞社, 1976, p.80.

[50]　今吾人は試みに, 英・独・仏等の学者の手に成った所の, 東洋の人種, 民族等の著書を見るに, その記述にして讀むに足るものが果たしてあるか如何かこれを吾々東洋人の眼から見れば, 実に笑うべく, 悲しむべき, 最も進歩せざる記載が多いのである吾人はこれをしも甘んじてその書物を直訳して, 我が同胞に知らせしむることが出来ようか特別にますます東洋人種学, 東洋民族学の設立の急務なることを感ずるのであるヨーロッパに於ける人種民族の研究は, 現今熱心なる学者の研究によってよほど明らかになって来た然るに東洋の民族に至っては, 未だ完全に手が着いて居らぬ.　鳥居龍藏,「人類学と人種学(或は)民族学を分離すべし」,『鳥居龍藏全集』第1卷, 朝日新聞社, 1975, pp.482~483.

리이는 코로보쿨 논쟁에서 발전한 원일본인 인종론을 인종학과 민족학이라는 학문을 전면에 내세우며 동양의 주체적 입장에서 새로운 범학문으로 이론을 재정립하고 있었다. 특히 인종의 '종'과 민족의 '민(民)'을 혼성하고 다시 주민, 토인이라는 말과 종족이라는 개념을 혼합하면서 결과적으로 동양인종학,[51] 동양민족'이라는 개념어를 대입시켰다.

이러한 발상을 갖게 된 도리이에게는 독특한 시선이 존재했다. 즉 도리이는 기존 연구자들의 주장을 답습하면서도 새롭게 자신이 필드조사를 통한 실질성을 동원하면서 아이누라고 불리던 인종이 어떻게 자신들을 인지하는지에 대해 새롭게 재구성하는 방식을 활용했다. 다시 말해서 서구인들에 의해 주어진 인종이나 민족이라는 인식의 논리를 극복하며 동양인에 의한 동양인종, 고고학, 동양민족, 고고학으로 확장해 간다. 이때 중요한 핵심논리로 작동한 것이 아이누 인종이며 민족이기도 했던 것인데, 도리이는 이들이 일본인종(민족)과 어떠한 연관성이 존재하는지를 풀어내려 했다. 다시 말해서 도리이는 아이누와 일본인의 인종적 경계를 접합시키고, 홋카이도와 치시마의 지리적 공간을 확대시키면서 접합점과 결합의 선을 분절화하려고 했다.

51　鳥居龍藏, 「極東民族」, 『鳥居龍藏全集』 第7卷, 朝日新聞社, 1976, p.101.

5. 생활양식에서 민족해석으로

이처럼 도리이가 인종해석과 민족해석의 틀로서 선행연구를 통해 모방한 이론은 다테아나[52]와 토기의 해석[53]이었다. 이를 통해 인류학을 정의하기를 '생활하는 인류(生活する人類)'와 '그것이 모여서 성립된 사회의 모든 성질과 모든 현상'[54]이라고 표현하고 있었다. 이처럼 '생활'을 강조하던 인류학의 정의를 수용하며 도리이는 환원토속[55]이라는 조어(造語)를 제시하고 고대인의 생활을 재현하는 방식을 도입했다.

그리고 생활은 다시 토속이라고 번역되어 인종을 재해석하는 틀로 활용했다. 다시 말해서 도리이는 이미 미른이나 쓰보이가 주장했듯이 코로보쿨이 다테아나에 사는 주민이라는 말과 모스가 내지 패총에서 발견한 토기의 이론, 고가네이가 주장한 토기 이론을 중첩시키면서 다음과 같이 단언한다.

① 쓰보이 교수의 설에 반대하여 일본 및 에미시에는 '쿠시＝아이누' 이

---

52 鳥居龍蔵, 「唐太島と千鳥との石器時代遺跡につきて」, 『鳥居龍蔵全集』 第7卷, 朝日新聞社, 1976, p.452; 鳥居龍蔵, 「千鳥アイヌ」, 『鳥居龍蔵全集』第7卷, 朝日新聞社, 1976, p.87.

53 鳥居龍蔵, 「千鳥アイヌ」, 『鳥居龍蔵全集』第7卷, 朝日新聞社, 1976, p.80.

54 東京人類学会, 「研究項目」, 『東京人類学会雑誌』 第4卷 第38号, 東京人類学会, 1889, p.276. 我々人類ハ如何ナル者ゾ, 下等動物トノ関係ハ如何, 相互ノ関係ハ如何, 何時ノ頃何地ニ於テ如何ナル有様ニテ顕出セシカ, 体格上知識上古来ノ変遷ハ如何, 是等ノ問ニ答ヘル事ヲ務メル学ヲ人類学ト云フ, 人類学ノ研究ニハ現今生活スル人類ト其集テ成セル社会ノ諸性質諸顕象及ビ古昔人類ノ遺跡遺風ニ関スル事実ヲ集ムルヲ必要トス, 事実ノ種類ハ之ヲ集ムル本源及ビ方法ト等シク蒐集者研究者ノ意ニ任セ敢テ定ム可キニ非ザレド参考ノ為ニ大概ヲ列挙スルバ左ノ如シ.

55 鳥居龍蔵, 「千鳥アイヌ」, 『鳥居龍蔵全集』第7卷, 朝日新聞社, 1976, p.77.

외의 선주민은 없었다. 또한 미른 교수의 설에 반대하여 에미시의 최초의 주민은 말 그대로 쿠시=아이누이며 캄챠달 혹은 구르무세(クルムセ)는 아니다. ② 일본 및 에미시에 최초로 살고 있었다고 전해지는 소인에 관한 전설은 사실이 아니고 모두가 오류이다. ③ 진위가 문제가 되는 에미시의 '쿠시=아이누'의 유명한 전설 중 코로보쿨은 에조치에 최초로 이주하여 살았는데, 그 후 본토에서 이주해온 다른 아이누에게 쫓겨난 옛 아이누의 후예에 지나지 않는다. 현재 북치시마에서 볼 수 있는 아이누는 그 아이누의 후예들이다.[56]

결론적으로 도리이는 가라후토에 나타난 다테아나의 유적과 토기의 발견을 통해[57] 아이누는 옛날이나 지금이나 다테아나에 살고 있는데, 일본인과의 접촉에 의해 생활이 변모하여 새롭게 등장한 아이누인은 코로포쿨이라고 부른 것이라고 보았다. 코로보쿨은 결코 일본에 존재하지 않았고 쓰치쿠모라든가 소인으로서의 코로보쿨은 오로지 아이누인이며, 아이누인이외에 어떤 자도 아니었다[58]고 주장한다. 그리고 아이누는 동북아시아 인종과도 연관관계가 깊음을 논한다.

우리 홋카이도의 아이누는 이 땅에 다테아나, 토기, 석기 등이 존재하는 것을 보니 이 아이누이전에 서식한 코로보쿨의 손에 의한 잔존물이라

---

56   鳥居龍蔵, 「考古学民族学研究・千鳥アイヌ」, 전게서, p.402.
57   鳥居龍蔵, 「唐太島と千鳥との石器時代遺跡につきて」, 『鳥居龍蔵全集』 第7卷, 朝日新聞社, 1976, p.452; 鳥居龍蔵, 「人類学,考古学の上より研究すべき新領土」, 『鳥居龍蔵全集』 第7卷, 朝日新聞社, 1976, p.463.
58   鳥居龍蔵, 「考古学民族学研究・千鳥アイヌ」, 『鳥居龍蔵全集』第5卷, 朝日新聞社, 1976, p.364.

고 말한다. 여러 구비를 전달하면서도 북동아시아 인종 중 적지 않다. 백령 해협을 비롯해 아시아의 북단에 사는 추크치(chukch) 종족에서 온키론(onkilon)의 종류가 그 하나이다. 추크치는 그 부근에 코리야크(koriak), 캄챠달(kamchadale), 알류트(Aleut) 및 치시마 아이누가 다테아나를 만들었음에도 불구하고 텐트 속에서 거주하고 석기, 골기(骨器) 등을 사용했다. 이들은 몽골리안 종족에 속하는 것으로 풍속은 에스키모종족과 유사한 곳이 있다. 추크치에 대해서는 두 가지 설이 있다. 하나는 에스키모가 원래 아시아대륙에 살고 있었는데, 후에 백령 해협으로 건너가 북미로 건너간 것이라고 보는 것이다. 추크치의 백령 해협 옆에 살고 있는 자들이다. 추크치는 에스키모가 아시아에서 남긴 것일까. 또 하나는 추크치의 에스키모와 유사한 것은 단순한 풍속으로 체질상으로나 언어상으로 서로 다르다는 것이다. 나는 오히려 후자 쪽을 따른다.[59]

일본 내부 속에서 존재하는 아이누를 정의하기 위해 도리이가 인용한 것은 외부에서 이주한 자들과의 연결성이었다. 즉 동북아시아 인종으로서 외부를 도입, 이 둘의 이론이 합쳐져서 하나의 고대인식을 재정의 하게 된다. 도리이는 몽골리안 종족에 속하는 코리야크, 캄차달, 알류트는 다테아나와 토기를 갖고 있었다고 보고, 이들과 에스키모는 전혀 다른 종족임을 주장한다. 다시 말해서 도리이는 쓰보이가 주장한 '코로보쿨=에스키모' 논리를 해체시키고 있었던 것이다.

이처럼 도리이가 아이누를 북동아시아 인종으로 설정할 수 있었던

59　鳥居龍藏, 「千鳥アイヌ」, 전게서, p.96.

것은 바로 시라토리 구라키치(白鳥庫吉)가 주장한 동양인종론의 수용을 통해서였다.[60] 시라토리는 서구인이 분리하지 못했던 몽고인과 퉁구스(Tungusic)를 분리시켰고, 조선인과 아이누인을 동아시아 북동 인종으로 연결시켜 확대시킨 인물이다. 시라토리는 퉁구스가 아이누를 동방으로 쫓아내어 아이누는 퉁구스와 터키(Turco)가 오기 이전에 가라후토와 홋카이도에 거주하게 되었다고 주장했었다. 즉 시라토리는 아이누 인종의 고향이 아시아의 고원인 우랄산맥이라고 상정하였고, 이들이 점차 동쪽으로 이동하여 조선반도 및 흑룡강 일대 지역으로 내려와 일부는 캄차카를 지나 홋카이도로 들어갔고, 일부는 조선해협을 경유하여 규슈로 들어갔다[61]고 보았다. 이러한 명확한 동북아시아의 인종으로서 아이누의 이동설은 도리이가 퉁구스인의 종류와 아이누, 길리야크에 주목하는 이유였던 것이다.

　퉁구스이라거나 여진, 숙진이라는 자들이 있다. 이들은 바이칼호수까지의 지역인데 남부퉁구스, 북부퉁구스, 해변퉁구스 즉 라무트족(Lamuts)이다. 다음은 만주인, 조선인, 아이누인이다. 아이누는 잘 알려진 것처럼 옛날에는 에미시인으로서 분포지역은 홋카이도를 중심으로 한쪽은 치시마에 분포하고, 다른 한쪽은 가라후토 남부에 거주하는 자들이다. 세계 어느 곳에도 아이누는 이 지방이외에는 존재하지 않는다. 머리카락이 매우 많고, 그렇기 때문에 옛날부터 모인(毛人)이라고 불렸다. 길리야크는

60　吉開将人,「東亜考古学と近代中国」,『「帝国」日本の学知』, 岩波書店, 2006, p.138; 白鳥庫吉,「濱田博士と東洋学」,『濱田先生追悼録』, 京都帝国文学部考古学教室, 1939, pp.153~158.

61　白鳥庫吉,「アイヌの原住域」,『白鳥庫吉全集』第2卷, 岩波書店, 1970, p.144.

아이누와 퉁구스와도 닮았다. 사모예드(Samoyedes)는 시베리아의 최북
단에 산다. 추크치 시베리아의 동쪽 끝에 살고 있다. 이들 종교를 보면 샤
먼교이다. 캄챠카 백령 해협에 살고 있다.[62]

도리이에 의하면 인류학상 동북 북부는 모두 3종류의 아이누가 존
재한다는 것이다. 즉 아이누이고 두 번째는 길리야크, 세 번째는 오롯
코(Orokko)이다. 도리이는 아이누가 옛날에 에미시인이었다고 보았
고, 홋카이도를 중심으로 한쪽은 치시마에 분포하고 한쪽은 가라후
토 남부에 거주했다고 규정한다. 도리이는 아이누 및 길리야크를 아
시아에서 가장 오래된 민족의 잔물(殘物)로서 '고아시아민족(古亞細亞
民族)'이라고 명명했다.

이를 다시 정리하면 도리이는 고아시아민족인 아이누의 이주 루트
로 설명했는데, 최종적으로는 아이누조차도 조선반도를 거쳐 이주했
고, 그 이후 다시 제2의 이주자들에게 쫓겨 일본에 건너 간 것이라고
설명했다.

아이누는 매우 오랜 옛날부터 조선의 어느 지역에선가 거주하다가 쓰
시마(對馬)해협을 건너 일본의 서남부 지방으로 건너와서 그때부터 일본
전국에 퍼지게 되었다. 그들은 제2의 일본인종의 이주자들과 만나면서
결국에는 쫓겨나 홋카이도에 이르렀고, 한편으로는 치시마에 이주했고
일부는 가라후토에 이주했다. 오늘날 이 섬의 아이누는 바로 이들이다.

---

[62] 鳥居龍藏,「人類学上より見たる亜細亜の住民に就て」,『鳥居龍藏全集』 第7卷, 朝日新聞社,
1976, pp.498~500.

이 섬의 아이누가 남부지방에 존재하는 것은 그들이 홋카이도에서 재차 이 섬에 도래했다는 것을 의미하며 그것을 증명하는 것이다.[63]

도리이는 이전에 일본인의 유래에 대해 미른이 1881년 조선에서 이주한 자들이라는 선견에 시사를 받아 이들이 현대일본인의 조상이라고 추정한[64] 논리를 그대로 답습하고 있었다. 결국 조선에서 건너온 아이누와 제2의 인종이 이주했다는 것을 강조하고 있는데, 도리이는 아이누가 고대에는 아시아 전체에 존재했다가 점차 쫓겨서 마침내 홋카이도와 치시마 그리고 가라후토 섬에 존재하게 되었다고 보았다.

이처럼 아이누의 이동은 연이어서 이루어지는데, 두 번째 아이누가 일본 내지를 지나 홋카이도로 쫓겨 간다는 사실에서 판단해보면 아이누는 원래 북진한 것이기도 하며, 동시에 북방에서 길리야크가 남진하기도 한 것이다. 그러니까 이 두 인종은 동시기에 가라후토에서 남진과 북진에 의해 충돌했고 서로 섞이지 않았다[65]는 것이다.

도리이는 미른이 제시한 동북아시아 인종의 이동루트와 자신이 해석하는 이동루트를 접합시키면서 새롭게 인종 교체설을 구축하고 있었다. 다시 말해서 철저한 '인종교체'론을 재현시키고 있었던 것이다.

63　鳥居龍蔵,「人類学,考古学の上より研究すべき新領土」,『鳥居龍蔵全集』 第7巻, 朝日新聞社, 1976, p.462.

64　吉岡郁夫,『ミルンの日本人種論：アイヌとコロボックグル』, 雄山閣, 1993, p.115.

65　鳥居龍蔵,「人類学,考古学の上より研究すべき新領土」,『鳥居龍蔵全集』 第7巻, 朝日新聞社, 1976, p.462.

6. 신화와 일체화된 동아민족론으로

도리이는 아이누와 에미시의 개념을 정교화하기 위해 언어학적 이론을 동원했다. 아이누를 표기하는 에미시 즉 하이(蝦夷)에 주목했다. 아이누를 의미하는 하이가 에미시나 에조라고 읽힌 것이라고 보았다. 또한 하이는 중국에서 '가＝이(カ＝イ)(ka-yi)'라고 발음한다고 설명했다.

즉 가라후토 및 에미시 아이누를 가이(카이, カイ) 혹은 구이(쿠이, 苦夷, クイ, kou-yi)라고 호칭했다며 하이와 가이(카이), 구이(쿠이)의 연쇄성을 논했다. 진무천황(神武天皇)시기에 '구즈(國栖)'라고 부르던 아이누 종족이 있었다는 것을 예로 들며 '구즈'를 연결시켰다. 구체적으로 "'구즈'는 현재 치시마아이누와 같은 다테아나 거주민으로서 '쓰치쿠모(土雲)' 즉 '쓰치쿠모(土蜘蛛)'의 한 종족이었다. 쓰치쿠모(土蜘蛛)는 쓰치 즉 땅의 거미(蜘蛛)라는 의미로서 구즈도 역시 다테아나 주거에 살았고 쓰치구모라 불렸다"[66]고 덧붙인다. 하이가 구이로 변용된 것과 함께 가이가 구즈로 변화하는 것을 설명해낸 것이다.

이를 뒷받침하는 자료로서 "『일본서기』의 게코천황(景行天皇) 부분에서 야마토타케루노미코토(日本武尊)를 논한 곳 중에 '에미시의 주민이 겨울에는 지하에서 굴을 파서 살고 여름에는 마른 풀로 만든 움막에 산다'고 적고 있음"[67]을 제시하며 '지하에서 움막을 짓고 사는 사람'의 의미를 가진 '토이치세쿠쿨이'라는 언어[68]를 코로보쿨과 연결하여

66　鳥居龍藏,「考古学民族学研究・千鳥アイヌ」,『鳥居龍藏全集』第5卷, 朝日新聞社, 1976, p.401.
67　鳥居龍藏, 상게서, p.463.

풀어낸다. 이처럼 도리이는 다테아나라는 생활양식을 강조하며 이를
해석하면서 『일본서기』의 기록과도 연결시켰다.

그 논리의 핵심으로 "에미시의 코로보쿨은 '다테아나 주거인'으로
홋카이도에 최초로 이주하여 마침내 치시마 섬으로 건너간 '아이누=
쿠시'"[69]라고 서술하면서 기존의 논리를 해결해낸다. 그리고 신화 속
에 등장하는 규슈의 구니쓰카미(國津神)와 일본에 건너온 '퉁구스, 즉
야마토의 일족'으로 결정하며 그들을 몽골로이드족이라는 이론을 형
성한다. 도리이는 퉁구스 종족을 다음과 같이 적고 있다.

일본민족을 이룬 신석기시대인은 어떠한 민족인가. 그것은 '에미시=아
이누'도 아니다. 그들은 조선 북부 및 만주에서 일본으로 건너온 퉁구스
만주족이 중심인 몽골로이드이다. 이 신석기시대인을 일본민족이라 부

---

68 코로보쿨은 고로(コロ=葦, 보쿠=ボック=아래, 쿨=クル=아이누인)로서 '갈대로 지붕을 만
든 집에서 사는 사람들'이라는 의미이다. 지하에 땅을 파서 움막을 짓고 지붕에는 갈대를
덮었다는 것에서, 그곳에 사는 사람들을 그처럼 불렀던 것이다. 쓰치=쿠모(ツチ=クモ)
혹은 쿠모=쿨(クモ=クル)은 토이=치세=쿨(トイ=チセ=クル)과 동의어이다. 토이=치세
=쿨, 코로=보=쿨, 쓰치=쿠모=쿨은 동일인을 가리키며, 한편으로 문=치세=쿨은 '나
무 잎을 사용하여 지상에 움막을 짓고 사는 사람들'이라는 의미이다. 따라서, 에조치에 최
초에 건너간 선발단 아이누는 '토이=치세=쿨, 코로=보=쿨, 쓰치=고세리=쿨'이라고
하며, 그중에서 치시마에 건너간 몇개의 종족이 '토이=치세=쿨, 코로=보=쿨 혹은 쓰치
=쿠모=쿨, 문=치세=쿨'이라고 결론지을 수 있다. 鳥居龍藏, 「考古学民族学研究・千鳥
アイヌ」, 『鳥居龍藏全集』 第5卷, 朝日新聞社, 1976, pp.456~466.

69 『일본서기(日本書紀)』의 사이메천황(斉明天皇) 5년(659년)의 기록에 나오는 에미시(蝦夷)
의 나라에 대한 내용과 『일본서기』의 지토천황(持統天皇) 10년(696년)의 기록을 통해, 후
대의 에미시 '쿠시=아이누'가 된 제2단의 '쿠시=아이누'는 아마도 5.6세기경부터 에미시
에 살고 있었다고 생각된다. 그들은 이미 일본인과 접촉을 하고 있었고, 문명화된 니기에
미시(동화된 아이누) 및 간접적이긴 하지만, 일본문명에 다소 접촉을 했던 아라에미시(미
회유의 아이누)였다. 그들은 일본 본토의 북부 에쓰(越)의 나라 즉 에쓰고(越後), 엣추(越
中)와 무쓰(陸奥), 데와(出羽), 아오모리(青森), 아키타(秋田), 쇼나이(庄内)의 출신자들이
다. 鳥居龍藏, 「考古学民族学研究・千鳥アイヌ」, 『鳥居龍藏全集』 第5卷, 朝日新聞社, 1976,
pp.405~406, p.494.

르는 것은 현재 일본민족의 진정한 시조가 그들이라고 믿기 때문이다. 엄밀한 의미에서 일본이라든가 일본민족이라는 것은 그들을 가리키는 것이다.[70]

도리이가 언급한 선주자와 도래자들의 특징과 인종을 신석기시대의 유적과 유물의 문화적 발달정도에 따라 다시 아이누의 것과 상이한 문화를 가진 집단으로 표상하고 있다는 것이다. 이는 민족이나 인종의 개념을 착종시켜 해석 정의의 경계를 넘나들면서 시대를 세분화하여 일본 각지에 분포되어 있는 선사시대유적을 검토한 결과 이르게 된 결론이었다. 특히 도리이는 이를 극동인종학이라고 명명하며 이러한 아이누와 연결시켰던 것이다.

도리이는 이를 역사적 '인종학'과 '토속학'이라고 명명하며 역사적 사실로서 인종과 토속을 연결시켰다.[71] 이러한 논리는 다시 동북아시아 각지에서 이동한 아이누가 일본에서 정착했다가 제2의 이주자들인 퉁구스의 유적[72]을 가진 집단에 의해 혼합이 이루어지고, 그들이 민족을 새로이 중첩적으로 융합하면서 민족들 간에 혼합의 통일성이 이루어졌음을 결론짓는다. 그러한 혼합에 의해 민족의 결합이 이루어질 수 있었던 것은 바로 석기시대라는 생활양식 문화인 신석기문화라는 고고학적 사물이 결정적인 자료였다.

---

70 鳥居龍藏, 「考古学民族学研究・南満洲の先史時代人」, 『鳥居龍藏全集』 第5卷, 朝日新聞社, 1976, pp. 255~256.

71 鳥居龍藏, 「極東民族」, 『鳥居龍藏全集』 第7卷, 朝日新聞社, 1976, pp. 139~141.

72 鳥居龍藏, 「原始時代の人種問題」, 『鳥居龍藏全集』 第1卷, 朝日新聞社, 1975, p. 559.

즉 일본에서 발견된 최고의 유적은 아이누의 것이며 아이누는 기원전 3천년 내지 4천년 전까지 그 기원을 거슬러 올라간다. 그리고 아이누의 유적에 이어 2천년 전 내지 천년 전 경에 나타난 동일한 신석기시대의 유적은 이번에는 퉁구스의 유적들이다. 아이누의 유적과는 거리가 멀지 않고 게다가 때로는 아이누의 유적과 중첩적이기도 하다. 이러한 점은 그들이 정복적이었음을 이야기해주고 있다. 그리고 혼합유적, 즉 아이누 및 퉁구스의 특징이 혼합된 유적의 시대라고 생각된다. 따라서 아이누 및 퉁구스 두 민족의 융합이 이미 진행되었던 것이다.[73]

특히 도리이의 이러한 논리 속에는 단순하게 아이누가 즉 에미시 중에서도 퉁구스라는 야마토민족의 구성원 속에는 차이라는 단계를 넘어 서열화가 동반되는 것이다. 다시 말해서 일본의 기초를 이룬 가장 위대한 진무천황을 일본민족의 중심축에 두고, 일본에게 통일국가의 대업을 이룬 것으로 연결시켜간다. 도리이는 바로 일본의 고전인 『고사기』와 『일본서기』를 정확하고 신중하게 해석하는 것이라고 인지하게 된 것이다. 도리이 자신의 표현 그대로 일본의 고전인 『고사기』와 『일본서기』를 해석하여 천황가의 직계를 대표하는 진무천황이 바로 니니기노미코토(瓊瓊杵尊)와 연결되어 있음을 확인하고, 이 진무천황이 일본을 통일해갔다고 보았다.

이는 동북아시아의 신화 세계와 동일한 형태로 존재함을 의미한다. 그것은 일본으로 다카마가하라(高ヶ原)로 연결되는 것[74]으로, 이

73　鳥居龍藏, 「考古学民族学研究・千島アイヌ」, 전게서, p.509.
74　鳥居龍藏, 「人類学上より見たる我が上代の文化」, 『鳥居龍藏全集』第1巻, 朝日新聞社, 1975, p.21.

는 새로운 민족을 세운 정신적인 이상세계를 만들어낸다. 다시 말해서 동북아시아를 대표하는 다카마가하라의 우랄알타이민족과 고(古)시베리아족의 상징으로 대표되는 『기기(記紀)』의 세계를 제시하며 진무천황의 정벌에 복속하지 않으면 일본민족이 아닌 '이인종'으로 재설정되는 것이었다. 이는 이미 일본인의 동화와 민족적 결합의 연대를 에미시의 태도에 의해 구분하는 방식으로 제시하였다.

일본은 정복지 일대의 원주민을 동화시키기 위해 노력했다. 결정적으로 일본인화시켰던 것이다. ① 니기에미시(熟蝦夷)라 불리던 이러한 원주민이다. 그들은 일본인에 대해 항상 길을 안내하기도 했다. 또한 일본인과 끊임없이 투쟁을 벌인 아라에미시(麤蝦夷), 즉 회유하지 못한 반역의 에미시가 있었다. ② 아라에미시는 7세기에서 8세기에 걸쳐 무쓰(陸奧)와 데와(出羽) 내륙부의 산악지대와 계곡에 살았다. 쓰가루(都加留)는 현재 아오모리(靑森) 현의 대부분 지방을 차지하는 쓰가루(津輕)라고 볼 수 있다. 따라서 쓰가루(都加留)는 이 지역의 아이누라 볼 수 있을 것이다.[75]

일본인과 동화하지 못하고 일본인과 투쟁을 벌인 에미시는 결국 일본민족으로 통합하지 못했고, 결국 아라에미시로 존재하면서 아오모리를 지나 홋카이도로 쫓겨 가는 논리로 다루어지게 된다. 도리이는 『고사기』의 진무동정(神武東征)과 연결하면서, "일본민족이 몇 세기를 거치면서 마침내 오늘날 경애를 받는 확실한 위대한 국민이 된

---

[75] 鳥居龍藏, 「考古学民族学研究・千鳥アイヌ」, 『鳥居龍藏全集』 第5巻, 朝日新聞社, 1976, p.405.

것은 모두 무궁무비(無窮無比)의 명예가 있는 역대 천황의 덕택인 것
이다. 그렇기 때문에 지금도 이 이후도 경애하는 황실에 감사하는 마
음을 표하고 절대적인 사랑과 복종과 충성을 서약하는 것"[76]이라는
논리를 중첩시키면서, 즉 정신적 문화형태를 직접적으로 연결하면서
천황과 이인종이 혼효되고 배제되는 민족의 경계로서 천황이데올로
기를 제창한 것이다.

---

[76]　鳥居龍藏, 상게서, p.516.

제2장 기타 사다키치의 혼합민족 담론

1. 혼합민족론과 근대 역사학

기타 사다키치(喜田貞吉, 이하 기타라고 약칭)는 일본이 혼합민족이라는 것을 주창한 대표적인 역사학자[1]였다. 물론 일본이 여러 민족의 혼합에 의해 체현된 우수한 민족이라는 자화상은 인류학방면에서 이미 전개되고 있었기 때문에 독창적인 것은 아니었지만, 기타는 혼합민족론의 최대 이데올로기스트였다.[2]

기타의 혼합민족 이론 기획은 동화·융합·혼효라는 가설 위에 성

---

1   上田正昭, 『日本民俗文化大系(5)喜田貞吉』, 講談社, 1978, p.3; 喜田貞吉, 「蝦夷およびアイヌと縄文式石器時代人」, 『喜田貞吉著作集』第9卷, 平凡社, 1980, p.107.

2   오구마 에이지(小熊英二), 조현설 역, 『일본 단일민족신화의 기원』, 소명출판, 2003, p.164.

가운데 기타 사다키치(喜田貞吉). 홋카이도 아이누 마을에서 촬영(1931년)
출처 :『喜田貞吉全集 8』, 平凡社, 1979 참조.

립되었고, 복성(複成)민족[3]이라는 개념어를 사용했다. 이러한 혼합민족론이라는 담론은 일본제국주의의 주류적 이데올로기로 작동한 원리였다는 맥락에서 식민사학이라는[4] 비판을 받는데, 그러한 기타의 이론에도 실체적이고 체계적인 부분이 있었다.

기타는 당시 학문 영역에서 중요한 인자(factor)였던 진화론을 활용하여 일본민족의 기원을 조몽토기에서 야요이토기로 이행하는 시대의 차이를 언급하며 인종교체에 의한 혼합론을 주장했다. 그렇지만 기타가 언급하는 시대적 차이와 인종교체에 의한 혼합민족 논리는 하마다 고사쿠(濱田耕作, 이하 하마다라 약칭)와 논쟁하면서 재생산되고 있었다.

기타는 조몽시대와 야요이시대는 커다란 문화적 차이를 가졌고, 그것은 인종교체가 이루어지면서 발전했다는 입장이었다. 그러나 하마다는 조몽시대나 야요이시대 자체의 차이는 인정하지만 그것은 지방적 차이에 불과하며 원(原)인종이 타인종의 영향을 받고 진화·발전한 것이라고 논한다.

이러한 기타와 하마다의 논쟁은 일본 근대 역사학의 탄생과 재구

3　喜田貞吉,「日本民族の構成」,『喜田貞吉著作集』第8卷, 平凡社, 1979, p.54.
4　박걸순,『식민지시기의 역사학과 역사인식』, 경인문화사, 2004, pp.375~378.

 내적 오리엔탈리즘 그 비판적 검토

성의 궤적 속에서 벌어진 치열한 접전이었고, 그 접전은 개념을 더욱 더 정교하게 매듭들을 읽어가는 근대적 역사학을 산출해냈다.[5] 물론 역사학 입장과 고고학 입장이라는 전공 분야의 상위성을 따지면 각각 입장에서 각각이 해석한 역사해석에 불과한 것[6]이라고 치부해버릴 수 있지만, 기타와 하마다에게는 그것만으로 처리할 수 없는 역사 만들기의 공범관계가 존재한다.[7]

다시 말하면 당시 일본민족에 대한 해석 논리는 고고학과 역사학, 인류학이 상보적인 격자(grille)관계에 있었으며 고고학적 발굴품의 해석은 근대학지로서 서로를 대면케 했고, 오히려 정교성을 강화시키는 방법론적 논증이었다. 더 나아가 학지의 삼투작용은 이론과 실제가 구별되기보다는 상호간에 개념체계가 긴밀하게 결합되면서 총체적 논리를 형성해가는 담론 공간이 시니피에(signifie)였다. 이론과 실제성의 결합에 의해 일본민족이라는 상상의 세계가 형상화되고, 총체성을 띠어가는 것이었다.

이러한 필자의 해독은 일본의 근대 역사학이 역사학으로 자리를 잡는 과정 속에서 일어난 하나의 국민 역사형성의 사유방식을 찾아내는 작업임과 동시에 그동안 비판의 대상이었던 일선동조론과 혼합민족론이 갖는 문제점[8]을 뛰어 넘어 근대일본이 가진 타자에 시선 문제로 일본 내부에서 발생한 내부 타자[9]의 의미를 재고하는 계기가 될

5　喜田貞吉,「九州の古代民族について」,『喜田貞吉全集』第8卷, 平凡社, 1979, p.158.

6　喜田貞吉,「九州の古代民族について」, 상게서, p.104.

7　八幡一郎,「考古学」,『日本民族学の回顧と展望』, 日本民族学会, 1966, p.84.

8　上田正昭,「「日鮮同祖論」の系譜」,『季刊三千里』14号, 三千里社, 1978, pp.28~36.

9　合田濤,「植民地主義と他者認識」,『民族学研究』62-1, 日本民族學會, 1987, pp.44~46. 아이

것이다. 바로 이러한 점에서 하마다와 기타의 논쟁의 계보적 특징을 셀프 오리엔탈리즘의 형성이라는 논리로서 주체의 리비도 과정이 드러날 것이다.

2. 기타 사다키치 사관의 디스플린(discipline)

기타는 앞에서 언급한 것처럼 '역사학자'라고 정의했지만, 역사학자라는 입장은 단순한 것이 아니었다. 기타는 일본민족의 유래와 연혁, 그리고 일본민족을 성형(成型)하기 위해 원시시대나 고대의 주민들에 대해 조사한 자료를 근거로 고대사를 재구성하는 입장이었다.

'고대사학'이라고도 표현할 수 있는 기타의 역사학적 기반은 실물(고고학적 자료), 실지조사(현지 조사), 비교연구(주변민족과의 비교) 방법을 동원한 종합적[10] 시선이었다. 이것은 두 가지의 의미를 지닌다. 첫 번째는 앞 세대 역사학자와의 차별성에 대한 문제였고, 둘째는 동양인에 의한 동양의 재구성에 대한 문제였다. 기타는 전자 즉 신화나 전설을 통해 일본인종을 해석하는 앞 세대 역사학자와 입장 차이를 위해 당시 시대를 풍미했던 고고학 발굴품 해석을 역사학 재건에 필요한

누인에 대한 일본 내부에서의 차별적 인식에 대한 문제와도 연결된다.

10 上田正昭, 『日本民俗文化大系(5) 喜田貞吉』, 講談社, 1978, p.3.

이론으로서 도입한다. 물론 이러한 기타의 입장은 시대적 요청으로
대두된 일본민족 형성의 문제와 만나고 있었다.

아카마쓰 게스케(赤松啓介)가 지적하듯이 당시 역사학계에서는 일
본신화에서 논하는 다카마가하라(高天原)의 소재지가 문제였다.[11] 물
론 일본민족의 근원을 묻는 문제였지만 이에 대한 해답을 찾지 못하
고 있었다. 이러한 점에서 우선 알 수 있는 것은 일본민족 발원지의
탐구는 일본신화가 주축이 되어 전개되었다는 점이다. 일본민족형성
과정을 논하였는데 중요한 근거로 작동한 것이 일본신화에 대한 해
석이다. 특히 신화 해석에 나타난 모순은 신화 속에 등장하는 이종족
(異種族)의 규정문제였다. 신화에서는 지상으로 강림한 신들과 대립
하는 하야토(隼人), 구마소(熊襲), 에미시(蝦夷) 등을 이종족이라고 인정
하고 있었기 때문이다.[12]

그런데 마침 이시기에 모스에 의한 패총의 발굴품은 과학적 연구
의 도화선이 되었고, 일본 내부에서 형성하기 시작하던 일본민족의
인종문제를 해결해야 하는 실체적 문제로 등장한 것이다.[13] 문제는
아이누가 선주민이었다는 것이 고고학적 발굴품을 근거로 하여 증명
되었기 때문에 이를 인정하지 않을 수 없는 상황이 일어났고, 이를 에
미시라고 규정하는 논리가 등장한 것[14]이다. 역사학이라는 분야도 인

11　赤松啓介, 『東洋古代民族史』, 白揚社, 1939, p.55. 모토오리 노리나가(本居宣長)는 '다카마
　　가하라는 천(天)'이라고 보았고, 야마자키 안사이(山崎闇齋)는 '다카마가하라는 천상의 황
　　거를 일컫는 것이며 야마토의 다카이치군(高郡)'이라고 보았다. 아라이 하쿠세키(新井白
　　石)는 해상이라고 보았다.

12　赤松啓介, 상게서, p.56.

13　坂野徹, 『日本帝国と人類学者』, 勁草書房, 2005, pp.77~80. 사카노 도오루(坂野徹)는 고용
　　된 외국인(お雇い外国人)이라는 표현을 빌려 구미인들의 일본인종론에 대해서 정리했다.

류학, 고고학의 영향을 배제할 수가 없었고 일본신화만을 가지고 '일본인종론'을 고찰한다고 해도 단독으로만 문제점을 완전히 떼어내어 해결할 수 는 없었다.

이는 역설적으로 일본신화에 기초를 두고 고전적 문헌만을 가지고 역사학을 재구성하는 역사학의 재비판과 함께 고고학, 인류학의 발전은 신화만을 고집하는 고대 역사관에 치명적인 상처를 주었던 것이다. 더욱이 일본신화에 나타난 천손강림이나 에미시 등의 선주민족이 존재했다는 맥락은 고고학적 발굴품인 유적·유물이 보여주는 실체적 고대 생활사 부분과의 융화가 요구되었던 것이다. 이러한 시기에 기타는 일본민족의 원형을 찾는 역사가로서 민족사의 권위자로 등장하게 되었고 "'일본민족의 심연'을 찾기 위해 기타는 유물·유적의 증거를 가지고 문헌과 연관시켜 일본민족의 기원과 그 역사에 대한 해결점을 찾으려 했다"[15]고 인정받는다.

이는 일본 민족의 기원과 역사성에 대한 원점을 찾는다는 의미에서 기존의 신화 해석에만 국한되었던 역사관에서 탈피하여 인종과 민족의 문제를 해결함과 동시에 과거의 문화적 양상을 설명하는 방식을 도입한 것이다. 이는 또한 일본의 역사발전의 시간적 변이과정을 민족적 발달 과정과 중첩시키면서 일본민족의 발생과 발전을 풀어내는 중요한 테제였던 것이다. 그것을 풀 수 있는 열쇠가 인종문제와 유물·유적이었던 것이다.

특히 일본 안에서 벌어지던 역사의 방향성이 일본신화에 대한 해

---

14 工藤雅樹,『日本人種論』, 吉川弘文館, 1979, pp.208~209.

15 歷史と地理編,『歷史と地理』第3卷 第2卷, 大鏡閣, 1919, p.172.

석과 근대 역사학이 일본 내부의 인식형성의 전환되는 시점이기도
했다. 인종과 민족관의 등장이 근대적 사유방식의 하나로써 역사를
재구성하고, 전통적인 방법과 근대적인 방식이 접촉되고 혼효되는
현상이 벌어진 것이다. 전통적이라는 논리는 신화를 바탕으로 역사
를 해석하는 인식과 고고학이라는 서구식 실증적 방법을 통해 얻은
자료를 근거로 하여 역사를 해석하는 방식이었다. 고고학 연구방법
이 점차 각성되고 유적의 학술적 발전 및 유물의 채집과 현지조사 작
업이 착실하게 진척되면서[16] 유적의 발견이라는 새로운 텍스트가 등
장하게 되었고, 이 텍스트를 둘러싼 해석에 정당성을 찾아야만 했다.

　기타는 먼저 서구인들이 지칭하는 동양인의 호칭을 에미시라고 일
컫는 것에 대해 좀 더 명백한 공고화를 꾀했다. 기타는 서구인과 동양
인 각각의 입장에서 아이누가 어떻게 명명되고 전제되었는지 그 경
위에 대해 설명한다. 기타는 "서방민족의 고사에서는 하야토, 구마소
가 있다. 구마비토(肥人), 사쓰진(薩人)이라고도 한다. 동방민족의 명
칭이 고사에는 에미시라 부르며 에비스, 에조라 부른다. 에미시라고
칭하는 자들 중에도 아라에미시(麤蝦夷), 니기에미시(熟蝦夷), 쓰가루
(都加留)의 별칭, 혹은 후슈(夷俘), 이후(俘囚), 도리코(虜) 등으로도 칭한
다. 또한 쓰치구모, 구즈 등으로 부르는 자들 중에서도 그 계통에 속
하는 자들도 적지 않고, 근래에는 아이노 혹은 아이누라는 이름으로
세상에 알려졌다. 이러한 다수의 명칭은 반드시 항상 모두 동일한 것
을 가리키는 것은 아니고, 시대에 따라 경우에 따라 문화수준에 따라

16　大場磐雄,「石器時代研究小史」,『ドルメン』第4卷 第6号, 岡書院, 1935, p.8.

그 명칭을 달리했던 것"[17]이라고 보았다.

기타의 입장에서는 서방민족이 규정하여 부르는 하야토나 구마소가 동양인이 서술하는 에미시, 에조와 관련이 깊다고 고찰한다. 즉 아이누가 처음에는 여러 호칭으로 존재했는데 각각 명칭을 달리했던 것을 보면, 그들이 항상 같은 민족이라고 결정할 수는 없지만 직·간접적으로는 관계가 깊다고 보았다. 물론 기타가 접근하는 것은 단순히 에미시의 정의가 아니라 서구와 동양인의 에미시에 대한 규정이 동일성을 갖지 않음을 통해 명칭의 문제를 시기와 상황, 문화의 수준에 따라 인위적으로 호명된다는 것을 의식했던 것이다.

그리하여 기타는 서구인이 규정한 하야토나 구마소를 에미시나 에조와 연결시키면서 서구의 시선과 동양의 시선을 재규정하고, 주체적 입장에서의 에미시와 아이누를 입증하고 강화하려 했다. 기타는 에미시와 아이누를 '음운의 전와(轉訛)'[18]라는 형태로 해석했고 아이누를 하나의 인종으로 설정하였다. 그와 동시에 기타는 일본신화 속에 등장하는 민족에 대한 해석을 주체적으로 선취하여 설명하는 방식을 시도한다. 즉 일본민족이 천손종족과 이즈모종족, 그리고 또 다른 여러 종족과의 혼효로 만들어졌다고 설정한다. 다시 말해서 일본 내지에는 선주 인종으로서 아이누가 존재했지만 그들이 일본민족으로 '만들어졌다'는 이론을 투사한 것이다. 이러한 일본민족화라는 체계이론에서 중요한 것은 아이누의 동화와 혼효의 과정과 순서였다. 기타는 이를 위해 일본의 조상이 천손민족임을 상정하고, 이를 다시

17　喜田貞吉, 「倭人考」, 『喜田貞吉全集』 第8卷, 平凡社, 1979, p.160.
18　喜田貞吉, 「日本民族の構成」, 『喜田貞吉著作集』 第8卷, 平凡社, 1979, pp.63~64.

역사적 사실로서 확인하는 작업을 전개했던 것이다.

기타의 인식 속에는 일본민족이 바로 천손민족이며 이를 일본신화에 등장하는 다카마가하라와 연결시키면서 조몽인과 야요인을 구분하는 방식이 자리잡고 있었다. 기타는 먼저 다카마가하라와 종족의 관계를 대륙과 연결하여 설명했다.[19] 그리하여 대륙에서 도래한 자들이 기존의 아이누와 혼효·융합되었다[20]고 보았다. 여기서 중요한 개념은 '신화', '이주', '동화', '혼효', '융합'이었다.

기타는 이러한 개념들을 동원하여 일본민족 조성논리를 설명했는데, 일본민족은 주변의 여러 종자들이 섞이면서 발전하였으며 그 종자 요소의 배합량에 농담(濃淡)의 차이가 나타났고, 그것이 일본 내부에서 일어났다[21]고 보았다. 이러한 기타의 전략은 일본에서의 지역적 차이에 의한 조몽토기와 야요이식토기가 존재했음을 설명하고 조선민족과의 혼효성도 제시했다.

다시 말해서 기타는 일본 내부의 차이와 국가 간의 차이를 조몽시기와 야요이시기라는 시간의 차이로 설정하고, 시간적 추이에 따라 일본민족으로 혼효되는 과정을 중첩시켜서 해석했다.

기타는 ① 선주민족으로 아이누, 즉 에미시·에조가 존재했는데, 이후 야요이토기를 사용하는 조선반도계통의 도래인들이 이주하여 정복했다고 설정하고, ② 이때 에미시들이 동북으로 구축되면서도 어떻게 에미시들이 일본의 내지로 퍼져나갔고 그와 동시에 그들이

19　喜田貞吉,「日本太古の民族について」,『喜田貞吉著作集』第8巻, 平凡社, 1979, pp.28~29.

20　喜田貞吉,「日本民族概論」,『喜田貞吉著作集』第8巻, 平凡社, 1979, p.34.

21　喜田貞吉, 「朝鮮民族とは何ぞや(日鮮両民族の関係を論ず)」,『喜田貞吉著作集』 第8巻, 平凡社, 1979, p.355.

내지인들과 섞이는 과정을 설명한다. 즉 ①과 ②가 대상화되고 ②처럼 그들의 존재가 일본의 전국에 퍼지는 상황을 그려내면서 섞이는 과정을 재현한 것이다. 기타에게 관심은 ①과 ②가 만나면서 벌어지는 혼효과정을 조절하면서 원칙으로서 '내지 잡거론'[22]을 통한 일본인의 우수성을 찾아내는 것이었다.

3. 기타와 하마다의 시대구분 논쟁

기타는 일본에 새로운 문화를 가진 천손민족이 도래하여 일본열도를 지배하게 되었다는 것을 전면에 내세운다. 물론 이러한 인식은 식민지지배지로 새롭게 등장한 조선의 문제와도 맞물리고 있었다. 기타는 천손강림 이야기가 성립된 배경에 바로 민족의 이동이 있었음을 주장하며 신화에서 알 수 있듯이 천손민족의 원향은 조선, 만주 방면이라고 정리한다.

이를 조정가능하게 해주는 것이 바로 토기의 발굴이었고, 야요이 토기가 식민지 조선에서도 발견되고 있다는 현실적 문제와 만나게 된 것이다. 이에 타당성을 보태어준 것이 하마다의 주장이었는데, 하마다는 일본의 유적과 조선의 유적은 불가분의 관계에 있고, 이와 관

---

22   鵜浦裕,「進化論と内地雜居論」,『北里大学教養部紀要』第22号, 北里大学教養部, 1988, pp.82~99.

련하여 해석해야한다[23]는 주장을 명문화한다. 하마다는 조선반도의 유물조사에 직접 관여하면서 일본에서 발견되는 토기와 조선반도와의 연관성을 설명했다. 당시 식민지 지배하의 조선에서는 조선총독부 주관의 고적조사사업이 추진되었는데, 이때 참여한 하마다는 "조선반도의 남쪽지역 고분조사가 일본의 고대사에 커다란 광명을 줄 수 있다"[24]고 주장하며 조선반도의 고분조사가 일본의 고대사와 관련이 깊다는 것을 상정했다.

물론 일본 내부에서도 고분 조사가 전개되었고 이때 내부에서 발견되는 토기와 식민지 외부에서 발견되는 토기의 비교방법이 새로운 척도로 부상한다. 이는 기존의 식민지 확대에 따른 외부와의 조우에 의해 생겨난 내부의 인식을 생산해가는 과정이기도 하다.

실제로 일본에서는 "도쿄 혼고구(本鄕區)에서 패총이 발견되면서 야요이식토기라고 명명"[25]된 것인데, 이는 조몽토기와는 형태가 다른 토기가 발견됨으로써 명명된 야요이식 토기였고 그러한 시대가 존재했음을 상정하게 되었다. 그리고 "야요이식토기와 함께 출토되는 것들 중에 석칼, 돌도끼, 마제석검 등이 만주와 조선에서 발견되는 대륙계석기와 유사"[26]하다는 것이 밝혀지게 된다.

여하튼 조몽토기와는 다른 토기가 존재한다는 것을 알게 되었고

23 　濱田耕作, 「日本の古墳に就いて」, 『歷史と地理』 第3卷 第2卷, 大鐙閣, 1919, p.47.

24 　濱田耕作, 「朝鮮の古跡調査」, 『民族と歷史』 第6卷 第1号, 1921, p.71.

25 　工藤雅樹, 전게서, p.209; 長谷部言人, 「石器時代住民と現代日本人」, 『歷史と地理』 第3卷 第2卷, 大鐙閣, 1919, p.17.

26 　鳥居龍藏, 「滿州の石器時代遺跡と朝鮮の石器時代の遺跡との関係に就て」(『東京人類学会雑誌』 259号), 『鳥居龍藏全集』 第8卷, 朝日新聞社, 1976, pp.551~552.

석기시대 자체를 재점검하면서 새롭게 고찰되기 시작한 것이다. 학문적으로 새로운 통찰이 필요하게 되고 이에 동반하여 유물에 관한 지식이 정밀성을 띠면서 고고학 인류학적인 방면에서 인종론과 민족론도 또한 새롭게 전개되기 시작한다.

이 시기는 오바 이와오(大場磐雄)의 표현처럼 학문의 분열과 공적(公的)인 헤게모니를 위한 학문의 경쟁시대[27]였다. 이때 일본민족의 형성을 설명하는 새로운 담론창출을 둘러싸고 기타와 하마다가 '인종문제'에 대해 대립하게 된다. 그 대립의 접전을 제공한 것은 1917년에 실시된 가와치(河內)의 고우(國府) 유적이었다. 이 고우 유적의 발굴은 단순한 고고학뿐만 아니라 고대연구의 전분야에 걸친 획기적인 변혁으로 등장한다.

이는 당시 기존의 통념을 깨는 획기적인 '사건'으로 등장한 것이다. 특히 이 조사를 통해 공식적으로 발간한 조사보고서는 "가장 완벽하고, 상대인의 정신세계와 문화생활 문제 파악에 기여했다"[28]고 평가할 정도의 실체적 사상(事象)이었다.

고우의 발굴품 중에는 "석기시대 유적이라고 불리는 종래의 타제(打製) 돌화살촉, 석창 등이 발견"[29]되었는데, 문제는 이러한 유적의 발굴품의 종류에 관심이 있는 것이 아니라 형식 해석의 문제가 대두

27　大場磐雄, 「日本石器時代研究小史」, 『ドルメン』 第4巻　第6号, 岡書院, 1935, p.7; 大串菊太郎, 「津雲貝塚及国府石器時代遺跡に対する二三の私見」, 『民族と歴史』3巻4号,　日本學術普及會, 1920, p.1; 濱田耕作, 「河内国府石器時代遺跡発掘報告」, 『京都帝国大学文科大学考古学研究報告』 第2册, 1918, p.225; 鳥居龍蔵, 「河内国府の新発掘に就て」, 『有史以前の日本』, 『鳥居龍蔵全集』第1巻, 朝日新聞社, 1975, p.201.

28　西田直二郎, 「日本上代の文化に就て」, 『歴史と地理』第3巻 第2巻, 大鐙閣, 1919, p.127.

29　濱田耕作, 「河内国府石器時代遺跡発掘報告」, 전게서, p.13.

된 것이다. 이는 일본인의 조상이 석기시대부터 내지에 살고 있었음을 확인시켜 주었다.

그런데 그것은 기존의 역사학에서 해석하는 조몽식토기=아이누, 야요이식 토기=원일본인(현재 일본인의 원형)이라는 도식의 경계가 허물어지고 그러한 전제에 모순과 의구심이 제기된다. 실제 이 발굴 조사에 참여한 하마다는 고우의 유적 발굴품을 보고 그 해석은 쉽지 않은 것[30]임을 논했고 도리이 류조 또한 “양자가 동일시기에 혼재해 있었다는 것이다. 이러한 사실은 어떻게 해석해야 하는가”[31]라며 크게 주목해야할 대상으로 여겼다. 사실상 고우의 유적을 가지고 조몽시기 토기와 야요이 토기가 병존함을 어떻게 해석해야 하는지 사회적으로 논쟁이 되었던 것이다.

하마다는 토기의 연구가 고고학적 연구의 기초를 이루고 인종의 같음과 다름, 문화의 변천, 시대의 선후 등에 관한 사고에 가장 중요한 의의가 있는 것이며 야요이식 토기는 일본인의 인종문제와 밀접한 관련을 가진 것으로 고우 발견 토기가 여기에 해당된다[32]고 언급한다. 구체적으로 하마다는 “동일지점의 상층에서 야요이식 토기가 풍부하게 발견되는 사실과, 원시적 조몽토기가 야요이식 토기보다 하층위에서 발견되는 것을 통해 동일인종이 시간적 과거에 제작한 토기라고 해석”[33]한다. 즉 하마다의 인종해석 논리 속에서의 원일본

---

30 大串菊太郎, 「津雲貝塚及国府石器時代遺跡に対する二三の私見」, 『民族と歴史』3巻4号, 日本學術普及會, 1920, pp.21~22.

31 鳥居龍蔵, 「機内の石器時代」, 『鳥居龍蔵全集』第1巻, 朝日新聞社, 1975, p.192.

32 濱田耕作, 「河内国府石器時代遺跡発掘報告」, 전게서, p.35.

33 濱田耕作, 「河内国府石器時代遺跡発掘報告」, 전게서, p.41.

인은 일본내에서 하나의 인종이 외부의 영향을 받아 진화한 것으로 설명하는 내재성에 중심을 두었고, 외부는 내부가 변용하는 영향만 주었을 뿐이라고 윤곽을 결정지었다.

이와같이 동일 인종이 시간적 변화에 의해 발전한다는 하마다의 논리는 유럽에서 배운 고고학의 학문에 근거를 두었다. 하마다는 자신이 서구에서 배운 층위적 방법론이라는 학술적 이론을 제시한다. 즉 하마다는 "땅 속에 유물의 층위에 의한 상하관계를 통해 시대를 규명하는 것"[34]이라며 층위에 의한 구분법이 가진 해석방법을 가치있는 담론으로 동원했다.

하마다는 고우 유적을 발굴한 후 서로 다른 조몽식토기, 야요이식 토기가 동일한 장소에서 층위를 달리하여 발견되는 것은 동일한 종족이 만든 것이며, 이는 연대적 차이[35]라고 해석하는 층위 구분의 논리를 활용했다. 이러한 관점은 일본에서 고고학적 영향력을 가진 만로의 논설도 활용한다. 만로가 제시한 "고우의 석기시대 유적은 신석기시대의 유물에 관계없이 구석기의 형식을 유류(遺留)하는 것"[36]과 의견의 궤를 같이 했다. 또한 조몽시대·야요이시대는 동일민족이 시간·년대의 추이에 따라 변용된 차이라고 분석한 하마다와 같은 논리는 앞에서 언급한 것처럼 인류학에서는 마쓰모토 히코시치로(松本彦七郎),[37] 하세베 고톤도가 있었다.[38]

---

34 濱田耕作, 「遺物遺跡と民族」『民族と歷史』 1巻2号, 日本學術普及會, 1919, p.21.

35 赤松啓介, 전게서, p.62.

36 濱田耕作, 「河内国府石器時代遺跡発掘報告」, 전게서, pp.30~31.

37 松本彦七郎, 「日本先史人類論」, 『歷史と地理』 第3卷 第2卷, 大鐙閣, 1919, pp.27~28.

38 赤松啓介, 전게서, p.62.

이들은 고우의 유적이 아이누인지 야요이인지 서술했는데 토기의 종류가 다르지만 동일 계통이라고 보는 시간문제로 보는 점에서 동일했다. 특히 하세베 고톤도는 에미시·하야토·구마소 등은 문화적 단계의 차이에 의해 생겨났다고 보았다. 이러한 입장은 다시 도리이 류조의 "야요이식 토기와 아이누파의 토기는 상호 조금도 연락관계를 갖고 있지 않다"[39]는 논리와 충돌하게 되는데, 이것은 기타와 도리이를 중심으로 하는 소위 인종의 차이 강조파와 하마다를 비롯한 마쓰모토, 하세베의 인종 동일론파의 논쟁으로 확대된다.

이러한 진지한 도전들은 영구적인 구조로서의 조몽시기 야요이시기의 틀이 아님을 해체시켰고, 이러한 논쟁 속에는 문화적 단계 차이라는 차이를 설명해야만 했다. 그런데 여기서 조몽토기와 야요이토기의 차이성을 객관화하지 않으면 안 되는 문제가 대두된다.

그렇지만 그들은 결과적으로 조몽시기와 야요이시기라는 시대적 구분을 특징지었고, 시간의 발달에 의한 차이라는 논리를 창출하는 과정에서 공모관계에 놓여 있었다. 물론 조몽시기와 야요이시기가 존재한다는 것을 시간적 추이에 의해 변용되는 양상이라는 논리가 만들어지고, 그 양상을 대상화하면서 고고학적 발굴품과 분리 불가능성을 확립시켰다. 이것은 하나의 중요한 텍스트로 등장하면서 역사해석 및 인종과 민족의 해석이론이 권력을 쥐고 학지로 등장하게 된 것이다.

그런데 이것은 다시 유용한 과학적 근거를 얻었지만 기타와 하마

39　鳥居龍蔵,「閑却されたる大和国」, 전게서, pp.182~183.

다의 대화는 이론의 체계조건들이 달랐다. 하마다는 "문헌을 이용하는 것이 존중할만한 것임은 말할 것도 없다. 그러나 역사이전, 혹은 문헌의 가치가 적은 역사시대의 연구에 즈음하여 미리부터 종래의 역사가가 후세의 편찬물 혹은 전설 등을 통해 연구한 결과를 선입하여 이에 얽매이는 것은 피해야할 것이다. 이것은 우리들이 무의식적으로, 또는 의식적으로 가장 빠지기 쉬운 경향이다. 그리해서는 고고학의 과학으로서의 새로운 공헌을 넓은 의미의 역사 연구에 기여할 수 없게 되고, 그 존재의 가치를 잃게 된다"[40]고 주장한다. 이에 대해 기타는 "문헌상의 자료를 포기하고 어떻게 그들이 처음부터 동일한 자들이었다고 결론지을 수 있는가. 어떻게 문헌적 자료를 제외할 수가 있을 것인가"[41]라며 기존 문헌을 중시하지 않을 수 없다는 입장을 취한다.

이것은 어쩌면 동일한 대상에 대해 한쪽은 고고학상으로 다른 한쪽은 역사상으로 따로따로 해설하고 있는 것이라고 해석되지만, 결론적으로 역사나 일본인의 루트를 확정하는 작업에는 동일한 목적이 존재했기 때문에 상호간의 종합적 판단이 필요했고 영향관계를 무시할 수 없었던 것이다.

기타는 하마다가 「가와치 고우 석기시대 유적발굴보고」를 발표한 후 토기의 계통과 인종문제에 대해 언급한 것에 반론을 제기한다. 하마다가 고우 유적에서 발견된 일종의 조몽토기 및 야요이토기를 통해 동일 민족의 손에 의해 만들어진 것이라는 주장을 언급하며, 차

---

40 濱田耕作, 「遺物遺跡と民族」, 『民族と歷史』 1卷2号, 日本學術普及會, 1919, p. 22.
41 喜田貞吉, 「九州の古代民族について」, 전게서, p. 105.

이가 생긴 것은 주로 문화와 시간적 연대의 차이에 의한 것에 대한 반론이었다.[42] 이에 대해 기타는 하마다의 문화·연대의 차이에 대한 논리에 납득하지 못함을 피력한다. 이와 같은 논쟁은 두 가지 문제를 노출시켰다. 첫째 이주자들의 접촉에 의해 혼효·융합되어 일본민족이 형성되었다는 것이다. 물론 기타와 하마다 사이에는 차이성이 존재했다.

하마다는 조몽인이 외래와 접촉을 통해 야요이인으로 발전했다는 논리인 반면 기타는 조몽인을 야요이인이 정복하여 혼효를 이루었으며, 그 과정에서 피의 농담에 의해 이인종으로 남는 아이누가 있었고, 일본민족으로 발전한 인종이 있었다는 논리이다. 물론 기타와 하마다는 혼합민족 논리의 구체적 내용에 대해서는 차이성이 존재했지만, 기타와 하마다 사이에는 공통분모가 있었다. 즉 일본인종의 형성논리에 동일함이 존재했다.

오늘날 일본민족이 다수 민족들의 동화 융합에 의해 이루어진 것을 하마다박사도 승인하고 있음에 틀림없다. (…중략…) 동화·융화가 일본에서 이루어진 것이 아니라 일본민족이 해외의 어느 땅에선가 이미 성립했고, 나중에 이 섬나라에 도래했다고 해석할 수 있는 것은 아닐까.[43]

일본민족이 다수의 민족들의 동화·융합에 의해 이루어진 것이며 대체적으로 오늘날과 큰 차이가 없는 민족이 규슈에도, 중부(中部)에

42　喜田貞吉, 「九州の古代民族について」, 전게서, p.104.
43　喜田貞吉, 「九州の古代民族について」, 전게서, pp.106~107.

도 긴키(近畿)에도 살고 있었다는 것이다. 즉 일본민족은 일본 외부에서 이미 존재했다가 일본 내지로 도래했다고 보았다. 혼효, 동화의 특성이 일본의 외부 외국에서 성립했고 그들이 일본에 도래했다는 의미에서의 혼효와, 일본 안에서 동화와 혼효가 이루어졌다는 입장이 씨름을 하게 되는 것이었다.

하마다는 "내가 상상하기에 야요인의 문화는 토기 상으로도 영향을 주어 조몽토기에서 점차 야요이식토기로 변했는데, 아이누의 일부는 처음부터 일찍이 이민족과 동화를 이룬 것"[44]이라는 입장을 고수했다. 엄밀히 말하자면 이 둘 사이에는 동화나 혼효에 대한 내용에 차이가 있었지만, 이 논쟁은 혼성의 문제를 시대적 담론으로 공유했고, 혼성이 일본의 외부에서 일어난 것이냐 아니면 일본 내지 안에서 일어난 것이냐를 두고 환상을 투여하는 것이었다.

기타는 하마다의 주장과 고고학적 발굴품의 연구성과를 해독하며 자기 고유의 이론으로 발전시켜 나간다. 기타는 외부에서 도래한 야요인이에 의해 일본 내지에서 변용과 교체가 이루어졌다는 주장을 이어간다.

---

44 濱田耕作, 「河内国府石器時代遺跡発掘報告」, 전게서, p.40.

4. 공적담론으로서의 혼합민족론

그렇다면 이러한 인식을 가진 기타의 사고 속에서 민족과 인종의 구분은 어떤 것이었을까. 기타는 민족의 의미를 영어의 네이션(nation)과 연결시켰다. 즉 네이션을 국민이라고 번역했지만 기타는 이를 민족이라고 번역해야 한다고 설명한다. 그렇지만 여기서 간과해서는 안되는 것은 기타 인식 속에서 민족은 반드시 인종이 같아야만 하는 것은 아니며 "민족은 다양한 인종의 혼합에 의해 이루질 수 있다"[45]고 본 점이다.

혼합을 강조하는 기타가 일본민족을 구성하는 인종은 중부아시아 방면에서 온 표류자들이 중국, 만몽(滿蒙)을 거쳐 조선반도를 통과하여 일본으로 온 것이라고 여긴 것이다. 물론 기타는 중앙아시아에서 이주한 자들이 지나인이 되기도 했고 몽고인이 되기도 하였으며 조선인이 되어 서로 다른 민족으로 발전한 것이지만 그 종착역이 일본이었고, 그들이 바로 아이누[46]라고 보았다.

이와 같은 기타의 혼합민족론은 니시무라 신지(西村眞次)의 문화전파론과 연결된

니시무라 신지(西村眞次)
출처 : 水野祐, 「西村真次」,
『文化人類学群像3』, アカデミア出版, 1988,
p.125.

---

45 喜田貞吉, 「民族の同化」, 『朝鮮及滿洲』第156号, 朝鮮及滿洲社, 1920, p.9.
46 喜田貞吉, 「民族の同化」, 상게 잡지, pp.9~10.

다. 니시무라는 맨체스터 학파의 인류 단원설을 수용하여 '하나의 인종이 세계로 퍼진 것'이라는 설을 활용한 자로서 세계의 모든 인종과 문화는 각각 연관성을 가지고 있다고 생각한다.[47] 즉 중부아시아는 본가(本家)이며 각 나라를 분가(分家)로 설정하여 인류 모두가 하나의 동일한 조상을 가진 것이라고 보았다.

따라서 니시무라는 일본인만이 동포가 아니고 또한 동일 종족이 아닌 인류전체가 동포인 것[48]으로 파악한다. 이와 맥을 같이하여 기타는 단원설을 주장하고 본가와 분가로 이어지는 논리를 통해 문화적 다양성이 생겨났다는 진화론적 입장에서의 동원론을 설파한다.[49] 기타가 이러한 개념을 설정하는데 있어서 근거가 된 것은 진화론이었고, 이를 바탕으로 거시적인 시점에서 보면 인류 전체가 하나에서 파생되었다는 주장이다.

진화론에 근거한 기타의 논리를 원근법적으로 고찰해보면 인류전체가 동원(同源)으로, 이 동원을 다시 세분화해 보면 조선과 일본이 가장 가까운 친척으로서의 동원이라는 것이다. 따라서 기타는 이를 통해 야요이계통이 조선반도에서 이주한 자들로 설명할 수 있었던 것이다. 기타의 입장에서는 인류가 동원이라는 관계를 설정하여 인류의 인과성을 설명하고 기원과 발전 등의 원리를 설명한 것이다.

다시 말하면 기타라는 일본인의 입장에서 타자인 조선민족의 인종이 규범화되고 형태화된다. 그것은 일본으로 건너온 조선인을 설명

47　西村愼次, 『文化移動論』, エルノス, 1926, pp.22~25.

48　喜田貞吉, 「民族の同化」, 전게 잡지, p.10; 미쓰이 다카시(三ッ井崇), 「일선동조론(日鮮)同祖論)'의 학문적 기반에 곤한 시론」, 『韓國文化』 33, 서울대 한국문화연구소, 2004, p.258.

49　喜田貞吉, 「日鮮両民族同源論」, 『喜田貞吉著作集』 第8卷, 平凡社, 1979, p.359.

하기 위해 필요한 개념의 전략에서 촉발된 것이었다. 기타가 확인하고 싶었던 것은 조선민족이 부여계와 지나계가 혼효하여 생성된 민족이라는 점[50]이며 그들이 일본의 천손민족과 연결된다는 논리로 설명한다. 이처럼 일본민족이 본래 다수의 요소를 통해 성립되었다는 기타의 논리는 『신선성씨록(新撰姓氏錄)』을 통해 증명된다. 기타는 "일본민족은 황별, 천신, 천손의 후예이며 여러 종류 민족의 복합으로 성립"[51]되었다고 보았다. 또한 동시에 일본민족 안에서의 차이도 존재함을 인정한다.

각각 다소의 지방적 특색을 가지고 있다. 같은 일본민족이라고는 해도 규슈인과 오슈인(奧州人) 사이에는 약간의 차이가 보인다. 같은 규슈라 하더라도 북부와 남부 사이에는 또한 약간의 차이가 있음을 피할 수 없다. 일본민족이 결코 단순한 자들이 아니며 또한 서로 다른 민족의 집합이 아니라, 혼합하여 만들어진 하나의 복성민족임이 충분히 입증되었다.[52]

기타는 일본민족의 복성을 역사를 살펴보면 곧바로 이해할 수 있다는 것이다. 그것을 뒷받침할 수 있는 논리의 구체적인 내용이 바로 일본민족 혼합설이었다. 기타는 일본민족 혼합설을 일본의 신화 해석과 연결하여 제시한다. 기타는 일본에서의 지역적 차이를 통해 일본의 조몽토기와 야요이식토기를 설명하고 조선에서 이주한 자들도

---

50 喜田貞吉, 「朝鮮民族とは何ぞや(日鮮両民族の関係を論ず)」, 『喜田貞吉著作集』 第8卷, 平凡社, 1979, p.353.

51 喜田貞吉, 「日鮮両民族同源論」, 『喜田貞吉著作集』 第8卷, 平凡社, 1979, p.367.

52 喜田貞吉, 「日鮮両民族同源論」, 상게서, p.369.

일본민족도 혼효했다고 해석한다. 물론 기타와 하마다가 혼효성에 대해서 논쟁하지만 과거의 역사상을 재현하고 있다는 의미에서는 '탈'역사화하지 못했다고 할 수 있다. 기타와 하마다는 국가공동체의 역사만들기에 관여했고 역사만들기의 현장에 있었다.

기타가 보기에 일선동조론은 당연한 시선이었고 혼합민족론과 긴밀하게 결부되었다. 그것은 다시 식민지배의 시대적 배경과 맥을 같이하게 되었고, 일본민족이 기존의 이민족을 혼합하여 발전해온 것처럼 주변민족을 동화·융화하여 새일본민족으로 재생해야 됨을 논한다. 기타는 역시 석기시대를 조몽토기와 야요이식토기의 구분을 주장하면서 결과적으로는 다른 시대임을 강조하고 있었다. 다시 말해서 기타는 조몽과 야요이 두 종류의 토기가 현저하게 상위한 것으로 도저히 동일민족의 손에 의해 이루어진 것이 아니라고 보는 입장이다.

그런데 하마다는 '전자(조몽식)가 후자(야요이식)의 기본을 만든 인종으로 후자의 주요 혈액은 전자이다'[53]라며 혈액문제를 제시하게 된다. 즉 하마다는 야요이인과의 조몽인의 접촉이 있었지만 진화의 중심 혈액은 조몽인이라고 주장한다. 하마다는 조몽인과 외부의 야요이인이 접촉하기는 했지만, 그것은 일본민족 내부에서 야요이인의 외부를 영향으로 받아들이면서 일본내부의 조몽인이 일으킨 문화라고 정의한다.

기타와 하마다의 논리에는 외부와의 접촉이 있었다는 점에서는 공

---

[53] 喜田貞吉, 「九州の古代民族について」, 전게서, p.135.

통점이 있지만 문화에 원모체(原母體)가 존재하고 외래문화가 들어와서 원모체가 성장한 것[54]인지 아니면 기존의 열등적 문화에 우수한 문화를 가진 인종이 들어와서 원모체를 구축하거나 동화시켜 전혀 새로운 문화를 이루어낸 것인지 양자택일을 요하는 문제로 대두된다. 하마다는 변동이 일어난 것, 변화가 있었던 점을 인정하지만 인종·민족 간에 확실한 변동이 있었다는 것은 믿지 않았다. 여기서 괄목할 만한 것은 하마다가 말하는 인종과 민족 간의 확실한 변동을 믿지 않는다는 점이다. 하마다는 역사를 "교체를 주장하는 설은 믿을 수가 없으며, 내부의 민족이 외부의 약간의 민족적 분자를 받아들여 혼융(混融)을 반복하여 오늘날에 이른 것"[55]이라고 주장한다.

물론 기타도 조몽토기인이 완전히 일본열도에서 구축되어 단시간에 절멸했다는 의미는 아니었다. 두 개의 인종 중 하나가 완전히 퇴진하여 전체가 후자와 교체되었다고는 생각하지 않았다. 기타는 때로는 전자의 전체가 혹은 일부가 원래의 토지에 남은 채로, 즉 기존에 존재했던 인종도 남아있으면서 후자의 정복에 의해 동화·융화되어 간 것이라고 해석하는 것이다.

기타는 일본민족이 성립되는 과정에서 아이누인을 구축하면서도 아이누인의 피가 일본민족의 피와 섞였음을 부정하지 않았다. 그러나 기타는 그 피의 섞임이 일본민족에게 흡수된 것으로, 아이누적인 것이 남아있던 아이누인은 변함없이 이족화(異族化)되었다[56]고 논한

---

54 濱田耕作, 「日本文化の源泉」, 『東洋思潮』 第2卷, 岩波書店, 1936, p.29.
55 濱田耕作, 「日本原始文化」, 『日本歷史』, 岩波書店, 1935, p.33.
56 喜田貞吉, 「九州の古代民族について」, 전게서, p.137.

다. 기타가 일본민족의 혼합성을 이야기하기 위해 아이누와 야요이인이 혼합되는 상황을 재현하고 있었다. 즉 야요이인들에 의해 정복된 에미시들이 일본의 여러 지방으로 이동되었고 그들이 내지인들과 섞이는 과정을 설명한 것이다.

이러한 사실을 반복하면서 상당한 부분을 에미시들이 시간적으로 일본의 전국에 퍼지는 상황을 그려내고, 섞임의 과정을 이론화하며 그 프로세스를 정교화했다. 이러한 동화와 혼효를 통한 섞임이라는 사변적인 주장은 역사학을 이해하는 방식을 점유하게 된 것이다. 물론 결론은 이러한 과정을 설명함으로써 앞에서 언급한 바와 같이 결국 우수한 야요이 민족에게 아이누인이 병합되었다[57]는 시대적 담론을 이어 간 것이다. 즉 기타는 자신의 역사학을 실증적 방법론을 투영하여 담론화하가는 과정에서 고고학자들이 논하는 조몽토기와 야요이식토기의 구분을 통해 '민족'의 성립을 규정하는 논지를 전개해간 것이다.

4. 일본민족성과 셀프 오리엔탈리즘

여기서 중요한 것은 기타와 하마다의 논쟁이 결국 일본민족의 우

57　喜田貞吉,「考古学上より見たる蝦夷」,『ドルメン』第4卷 第6号, 岡書院, 1935, p.174.

수성을 강조하고 있는 점이다. 기타는 인종과 민족이 다르다는 것을 통해 인종적으로 잡다한 민중이 일본으로 들어와 공동생활을 이루면서 통혼함으로서 인종적, 민족적 차별이 희박해지는 과정을 설명한 것이다. 기타는 민족의 차이를 인종의 차이보다 범주를 크게 잡았고, 민족은 정신적·문화적·의식적인 것 등을 통해 형성되는 것이라고 보았다.[58] 바로 이러한 형상화의 조건들은 일본민족의 성립과 원리적으로 상통한다고 보았다. 이것은 일본제국의 발달과도 연계되며 동시에 현재적이라고 보았다. 그 현재적 의미 속에서 바로 역사의 발달상황이 오버 랩[59] 된다.

기타는 일본민족의 성립을 역사학적인 입장, 즉 신화를 배제하지 않는 자세에서 일본민족을 천손민족과 이즈모민족으로 나누었다. 물론 『기기(記紀)』 편찬이 의도성에 따라 전하는 내용이 다르다는 것과 신화형태나 종류가 다르다는 것은 간과해서는 안 되지만, 기타는 신화 속에서 천손민족의 신화에 북방관계가 보이지 않는 것에는 이유가 있다고 보았다.

다시 말해서 북방민족과의 관련성을 직접적으로 서술하지 않은 것은 조상을 천상, 즉 다카마가하라에 있다고 보았고 지역적인 것을 초월하여 천공(天空)을 밝히는 태양, 즉 아마테라스 오미카미였기 때문이라고 보았다.[60]

---

58 喜田貞吉, 「蝦夷およびアイヌと縄文式石器時代人」, 『喜田貞吉著作集』 第9卷, 平凡社, 1980, pp.109~110.

59 喜田貞吉, 「東北民族研究序論―歴史家の観たるわが民族観」, 『喜田貞吉著作集』 第9卷, 平凡社, 1980, p.14.

60 喜田貞吉, 「日鮮両民族同源論」, 전게서, p.376.

기타는 조선반도를 포함하여 북방민족의 태양숭배 사상과 연결시켜 해석한다. 즉 "천손민족이 태양을 조상으로 여겨 숭배하는 사상과 동일한 사상이 조선·만주방면에도 많이 전해진다. 이들은 모두 동일민족이며 따라서 동일한 신화를 소유하고 있는 것이다. 우리나라 황실의 선조라고 적고 있는 아마테라스 오미카미가 태양의 위덕을 갖추고 있다"[61]고 기술했고, 따라서 신화에서 전해지는 천손강림의 전설은 일본 황실의 기원을 설명하기 위해 전해지는 것이라고 관련성을 비로소 성립시킨다. 기타는 신화에서 설명하는 아마테라스 오미카미를 선택했고, 그것이 광명에서 유래된 것임을 이론화했다.

기타는 또한 조몽토기와 야요이토기를 아이누와 일본민족의 인종적 차이를 설명하는데 활용하면서, 이즈모민족과 천손민족 신화를 중첩시켰다. 결과적으로 기타는 일본민족을 이룬 천손민족이 이즈모민족을 모두 융합하여 장점을 취하고 단점을 보완하여 제국신민을 이룬 것처럼, 조선도 이처럼 일본과 혼합·융화하여 하나의 일본민족을 이루어야 한다고 주장하게 된다.[62]

일본이라는 국가의 발전은 "소국가를 점차로 합병하여 나라를 다스리는데, 1910년의 한국병합은 일본의 이상적인 표현이었다"[63]는 주장이 바로 그것이다. 이는 다시 일본 영토내의 민중 중에서도 서로 다른 민족들을 볼 수 있는데, 그것이 지방적으로 혼슈, 시코쿠, 규슈에 따로 살았던 민족들이며 메이지유신 이후에는 홋카이도에서 진

---

61 喜田貞吉, 「日鮮両民族同源論」, 전게서, p.378.
62 喜田貞吉, 「日鮮両民族同源論」, 전게서, pp.413~414.
63 喜田貞吉, 「奈良朝に於ける我が国家の発展気分を論ず」, 『史学文学論集』, 岩波書店, 1935, p.7.

출하여 마침내 타이완, 조선, 만주에 이르는 민족들을 동화 · 혼효했다[64]는 논리로 이어진다. 이처럼 기타의 입장에서는 과거 야요이인종, 즉 천손인종이 도래하여 일본민족으로 조몽인을 동화시키면서 피의 혼합을 이루었듯이 현재적 역사 진행에서도 홋카이도의 타이완 · 조선 · 만주까지도 일본으로 혼효할 수 있다고 본 것이다.

이러한 역학은 하마다가 주장한 바와 같이 조몽인은 야요이인을 만나면서 발전한 일본민족이라는 원칙과는 차이를 지녔지만, "대륙에서 인종적 파동이 일본국토에 점차 영향을 주었는데, 북아시아의 만주인 · 몽고인으로 조선반도를 거쳐 도래했다고 생각된다. 때문에 우리나라의 문화가 크게 발전할 수 있었던 것이다. 도래의 반복을 통해 현재의 일본인이 성립된 것이다"[65]라는 논리와 맞물리면서 원일본인의 루트를 창출해낸 것이다.

기타는 원일본인이 조몽인인가 야요이인인가를 둘러싸고 하마다와 논쟁을 벌였는데, 외부문화와 재래문화라는 표현을 빌리며 문화 사이에 존재하는 우성과 열성을 사유대상화 한다. 하마다 또한 원일본인을 찾아내기 위해 고군분투했는데, 결론에 이르러서는 조몽인과 야요이인의 테두리를 넘어 일본민족이 외부에서 영향과 감화를 받은 부분이 있지만 내부에 잠재한 우수성은 소멸되지 않았고 민족이 가진 문화특질, 즉 일본문화의 특질이 강하게 남는 것이라고 보았다.

그리하여 하마다는 "일본의 경우를 보면 고유문화의 세력이 대단한 우성이라고 생각된다. 또한 여기서 일본문화의 세계적 사명감을

64 　喜田貞吉, 「日本民族の構成」, 『喜田貞吉著作集』 第8卷, 平凡社, 1979, p.58.
65 　濱田耕作, 「日本原始文化」, 전게 잡지, pp.30~31.

도출해낼 수가 있다"[66]고 주장한다. 기타의 주장처럼 일본 내부의 동화와 외부의 융합을 통해 일본민족이 마침내 일본제국으로 발전했는데, 양쪽의 우량의 성질을 유전받아 혼혈하여 대일본국민을 생성했다고 보는 논리와 동일성을 가졌다.[67] 이는 결국 일본민족의 사명감으로 발전하는데, 여기서 사명감이란 메이지 천황의 은혜를 통한 동양평화건설이라고 주장한다.[68]

이는 역사학과 고고학의 만남을 통해 새롭게 추출되는 시대 구분 즉 조몽토기와 야요이토기의 발견에 의해 문화현상을 바탕으로 혼효와 동화를 설명하면서 일본민족론을 해결한 결론이었다. 기타가 재생산한 것은 일본민족은 일본 주변 인종의 혈액을 혼효했고 문화도 받아들였기 때문에 결과적으로 사해동포라는 것이다.

이것은 바로 일본이 세계의 어느 민족 중 이민족에 대해 포용력과 동화력이 풍부하다는 것에 보편성을 담보하려 했다. 이러한 묘사를 통해 기타는 일본민족이 타민족의 문화를 혼효하고 동화시키면서 장점을 섭취하고 단점을 보완하면서 진화의 극대화가 이루어졌는데, 일본은 근대에 이르기까지 타민족의 침략이나 정복에 의해 전복되는 일이 없이 아마테라스 오미카미의 황은을 이어 발전해온 것으로 역사를 재현했다.

---

66 濱田耕作,「日本文化の源泉」, 전게 잡지, p.33.

67 喜田貞吉,「日本民族槪論」, 전게서, p.51. 지금 우리나라의 국위(國威)는 해외에도 진출하여 타이완, 조선을 병합하여 만주국과는 형제의 나라 관계이다. 때마침 메이지천황 폐하에게는 '감사의 대은혜' 아래에 동양평화를 위해 동포행복을 위해, (…중략…) 사해(四海)는 모두 동포이다. 동아 민족들이 가진 요소들을 우리 일본민족은 가지고 있는데 이를 보아도 가장 가까운 관계를 가진 동포 중의 동포이다.

68 喜田貞吉,「日本民族の構成」, 전게서, pp.75~76.

기타의 이러한 담론은 바로 기존의 역사학과도 거리를 두고 혼효
와 동화의 원용을 통해 독자적 발상을 제시하는데, 그것은 제국주의
와 결합하는 국수주의적 셀프 오리엔탈리즘에 빠질 위험성을 내포하
고 있었다.

제3장 이민족의 재발견과 신화 재구성

1. 인종론과 역사학의 만남

일본에서 아이누와 에미시는 어떻게 해석되었을까. 이것은 일본이 근대 국민국가를 형성하던 시기에 일본 내부의 일본인종론을 다룰 때 필연적으로 등장하는 논쟁거리였다. 이때 일본의 인종이나 민족에 대한 해석은 혼합민족론에서 단일민족론으로 중심축이 이동했다는 논리만으로 설명해버리기에는 뭔가 부족하다는 인상을 준다.[1]

즉 인종이나 민족문제가 일본 안에서 아이누와 에미시를 일본민족의 혼합론에 귀착시키는 내부문제 해결 체제였다는 것만으로는 불만

---

[1] 오구마 에이지(小熊英二), 조현설 역, 『일본 단일민족신화의 기원』, 소명출판, 2003, pp. 40~49.

족스러운 전개가 담겨 있다. 다시 말해서 일본인종론의 담론 편제 속에 감춰진 내적 변용을 설명해내지 못하는 것 같다. 따라서 필자는 그러한 담론 편제가 과연 어떠한 방법론으로 어떻게 대상화되면서 정의되었는가 그 성분을 살피지 않으면 안 된다고 본다.

이를 위해 본 논고에서는 공통적으로 혼합민족론을 주창한 기타 사다키치(喜田貞吉)와 도리이 류조(鳥居龍藏)를 살펴볼 필요가 있다. 이 두 학자는 공통적으로 일본민족론을 재구성했으며 원일본인이라는 일본민족을 창출하는데 견인차 역할을 했던 인물이다. 특히 기타와 도리이는 이인종으로서의 에미시와 아이누에 대한 해석을 전개했으며, 그 해석을 통해 일본민족론을 재구축했다.

그런데 문제는 바로 이들이 에미시나 아이누를 해석하는 인종학이 이미 선험적으로 존재했다는 점이다. 즉 인종과 민족의 개념을 일본 내부에서 형성하기 이전에 서구인들에 의해 아이누라는 인종의 호칭이 명명되었다. 인종 개념은 생물학적 분류어로서의 학술개념인데, 이것이 일본에서 수용되면서부터 아이누라는 이인종 문제를 해결하는 학문적 개념어로 활용되었다. 그런데 바로 그것 자체가 문제였던 것이다. 새로운 영역으로 나타난 인종학이라는 학문적 성향은 일본인의 조상을 어떻게 규정해야 하는가라는 물음을 던져준 것이다.

특히 이러한 문제는 텍스트인 『고사기(古事記)』와 『일본서기(日本書紀)』에 근거를 두고 맹목적으로 문헌을 신봉하는 역사학과 부딪치게 되면서 새로운 개념으로서 실증적인 일본인종론을 어떻게 접목시켜야 하는가라는 이데올로기가 등장하게 된 것이다.

그러한 일본민족 규정논리에 대해 기타와 도리이가 펼친 담론에는 상호간에 인식론적 차이성이 존재했지만 한편으로는 동일성을 통해 오히려 일본인 표상에 공적인 역사학으로 현실 속에 이데올로기로 확립되는 수순을 밟았던 것이다.

2. 학제적(interdisciplinary) 방법론과 혼합론

기타와 도리이 두 사람은 공통적으로 역사학, 고고학,[2] 인류학을 축으로, 민속학, 지리학 등을 연결하는 학문적 방법, 즉 학제적(interdisciplinary) 방법론을 지니고 있었다.

기타는 민족사, 사회사, 미술사, 건축사, 종교사 등 일본사학 분야 연구는 물론이고 고고학, 역사지리학을 섭렵하고 있었다. 방법론적으로도 현지조사 및 실물연구를 중시했다. 도리이 또한 현지조사와 역사학, 문헌학, 고고학을 활용하여 인종론을 전개한 인물이었다. 특히 기타와 도리이는 도쿄대학 교내에서 얼굴을 마주친[3] 사이이기도

2　吉開将人, 「東亜考古学と近代中国」, 『「帝国」日本の学知』, 岩波書店, 2006, p.137.

3　田畑久夫, 「喜田貞吉と法隆寺(上)」, 『奈良学研究』第2号, 奈良学学会, 1994, p.62. 기타 사다키치는 도쿠시마(徳島)중학교에 입학했다. 당시 도쿠시마 시내에 거주하던 도리이와 같은 중학교에 통학했을 가능성이 크다고 보았다. 그러나 주지하다시피 도리이는 심상(尋常)소학교를 1년 재학했을 뿐, 그 이후는 학교에 다니지 않았다. 20살 때에 은사인 쓰보이 쇼고로(坪井正五郎)의 권유로 상경하여, 향리인 도쿠시마에는 돌아가지 않았다. 반면 기타는 양친부모가 거주하고 있어 자주 도쿠시마에 들었던 것과는 대조적이다. 또한 기타 사다키치는 담배를 애호했으나, 도리이는 담배를 피우지 않았다. 1893년 도쿄제국대학 문

하면서 동시기에 휴가(日向, 현재의 미야기 현)조사를 동시에 실시하기도
했다.[4]

　도리이는 고분조사를 통해 유사(有史)이전에 북규슈에서 휴가 지역
으로 이동해온 집단이 존재했다[5]고 보았다. 도리이는 북규슈에서 이
주해온 자 아이누와 남방에서 이주해온 자들을 하야토로 명명하면서
일본민족이 북방과 남방에서 이주한 자들의 혼합이라고 주장하게 된
것이다. 동시에 기타 사다키치는 규슈 지역의 석기시대 유물 분포를
분석하여 북부에서는 야요이식에 속하는 것이 존재하고, 정확하게
아이누식이라고 인정할 만 한 것은 발견되지 않는 점과 남쪽으로 내
려갈수록 아이누식의 유적이 점점 혼재해 있다는 것에 착안하게 된
다.[6] 이를 통해 야요이토기와 아이누식토기의 병용을 설명하면서 인

학문과대학 국사과에 입학한 기타는 바로 이과대학 교수 쓰보이의 인류학과 고고학 강의
를 들었다. 같은 해 쓰보이의 조수이면서 이과대학 표본정리계(標本整理係)에 임명된 도
리이와는 서로 교류가 있었을 것으로 추측된다. 이처럼 기타와 도리이의 학문적 입장이나
연구방법은 유사점이 많이 보인다. 그러나 이 둘의 차이도 명확했다. 즉 기타는 국내의 필
드조사가 많았고, 도리이는 해외 필드조사가 많았다.

4　휴가 조사는 1912년과 1917년까지 도쿄제국대학과 교토제국대학을 중심으로 한 연구자
들이 5번에 걸쳐 발굴조사가 실시되었다. 도리이와 기타는 둘 다 아리요시 추이치(有吉忠
一)라는 미야자키현(宮崎県) 지사(知事)의 의뢰에 의해서였다. 그러나 발굴조사 결과는 아
리요시 추이치 지사가 기대했던 방향 즉 일본 건국 역사(천손 니니키노미코토〈瓊瓊杵尊〉
와 고노하나노사쿠야히메(木花咲耶姫)의 능이라고 전해지던 오사호(男狭穂)고분과 메사
호(女狭穂)고분을 필두로, 사이토바루(西都原) 고분군(古墳群) 발굴을 현창하는 것에서 시
작되었다. 처음에는 이러한 의도도 있어, 발굴조사가 조사보고서가 작성되어 발표되는데,
조사 총결과는 발표되지 않았다. 동일한 이유로 조사를 실시한 기타는 휴가고대사(日向古
代史)를 집필했으나, 간행이 늦어져 1929년에 발표되었다. 기타의 집필부분이 고대사까지
여서 이 이후는 히다카 시게타카(日高重孝)가 집필을 했다. 기타의 전집에는 실려 있지 않
다. 그 후 기타 자신이 집필한 부분을『휴가국사(日向国史)』로 출간했다. 田畑久夫,『鳥居龍
蔵のみた日本』, 古今書院, 2007, p.100, p.105, p.128, pp.283~284.

5　鳥居龍蔵, 「考古学上より見たる遼之文化図譜第一冊一第四冊」,『鳥居龍蔵全集』 第4卷, 朝日
新聞社, 1976, p.419.

6　喜田貞吉, 「九州の古代民族について」,『喜田貞吉全集』 第8卷, 平凡社, 1979, p.150; 中山平次

종의 혼용을 설명했다. 이처럼 규슈지역의 조사를 통해 인종의 이동이나 변용 또는 혼용이 있었다는 시점에서 기타와 도리이는 공통적이었다. 그런데 문제는 이러한 혼용의 문제를 역사적 사실로서 풀어내는 전철(轉轍)이 작동했다.

3. 에미시 해석과 혼효성

에미시에 대한 해석방법은 고적조사라는 실증확인을 통해 규슈지역의 지역성과 일본열도와 신화를 연결하여 설명하는 방법이 활용되었다. 그러나 이때 한편으로는 에미시와 아이누의 연관성을 강조하면서 그들의 열등성을 정리해야 하는 문제가 등장했다. 아이누는 일본민족의 이인종이며 열등한 존재로 일본인에게 혼효했거나 동화했는데 이들을 일본민족으로 규정할 것인지 아니면 일본민족으로부터 배제해야 할 대상인지 그 해결책에 딜레마를 안고 있었다. 한편으로는 이종족인 아이누의 해석을 통해 신화 속에서 등장하는 하야토, 구마소, 에미시 등에 대한 해답을 찾으려 고군분투한다.

이처럼 일본민족에 대한 규정을 둘러싼 담론이 전개되면서 인종들 상호간에 차이성과 동일성을 규명해내는 것이 중요했다. 이는 당시

郎, 「遺物上より見たる古代の北九州文化」, 『歴史と地理』 第3卷 第2卷, 大鐙閣, 1919, p.53.

기타와 하마다가 논쟁을 벌인 것으로 유명한데, 이 둘의 논쟁에 의해 아이누식토기를 사용한 민족과 야요이식토기를 사용한 민족과는 본래 다른 민족이 일본 국토에서 접촉한 것인가 아니면 하나에서 일본민족이 조몽시기와 야요이시기로 진화한 것인가라는 문제가 부각되었다. 이는 아이누토기와 야요이토기의 차이성을 통해 일본민족으로 진화하는 일직선상의 시대인식을 전제로 한 것이었는데, 이 진화내용에 대해서는 서로 다른 해석을 도출해내고 있었다.

이러한 시기별 분류방식은 시간적 진화논리와 문화가 만나게 되면서 기타와 도리이가 동시에 전개한 일본 원민족론이 부상한 것이다. 이 둘은 공통적으로 일본인의 선주와 도래라는 논리 속에서 인종이 교체하는 시점을 중시하고 있었다. 그것은 바로 그들이 인지하는 진화 속에 비춰진 즉 하위라고 간주한 자들을 포함하는 방식을 동반하고 있었다.

그런데 기타에게서 중요한 것은 인종상의 구별이 아니라, 제도나 관습에 의해 배제나 차별이 이루어진다는 논리였다. 물론 이것은 민족이나 인종의 차별을 부정하는 전형적인 평등론자적 혼합론자의 정당화론인 것이다. 예를 들면 마히토(間人) 혹은 하시히토(間人)란 양민(良民)과 천민(賤民)의 중간에 위치한 자들의 호칭으로, 즉 "양민이라던가 천민이라는 자들이 시대에 따라 세상에서 보는 것이나, 국법으로 정해진 것이 항상 한결같지 않은 것처럼 마히토로 인정하는 자들도 고금에서는 자주 그 실체를 달리하고 있다. (…중략…) 이처럼 마히토나 하시히토는 시대에 따라 여러가지 변천을 보여주었고, 그들의 정의나 호칭도 달리했다. 요컨대 양천(良賤)의 중간에 있다는 의미로 우리나라에서는 어느 시대에도 사실상 민중의 다수를 차지하고 있었다. 물론 민족적인 상위가 아니라 단순하게 경우따라 일어난 신분상의 구별이었기 때문에 시대에 따라 항상 신진대사를 해왔다"[7]고 보고 양천은 시대에 따라 그들에 대한 시선도 달라지고 한결같지 않으며 그 실체가 다름을 논한다.

당시는 일본인을 민족과 계급으로 나누어 일본민족을 논하던 시기로 이는 누마다(沼田)에 의해서도 마찬가지였다. 누마다는 "계급 중에 에타(穢多)에 관한 것이 있다. 에타의 기원에 관해서는 여러 설이 있는데, 아직까지 귀착하지 못하고 있다. 요컨대 인종학상 구별이 있는 것이 아니라 제도나 관습상에서 온 명칭이다. 특별하게 인종상 구별에 의해서 나온 것이 없진 않지만, 그것은 근소한 것으로 예외적인 것"[8]이라고 보는 것처럼 제도나 관습에 중심을 두고 있었다.

기타와 누마다는 계급문제를 제도나 관습상의 문제로 보았고, 인종상의 구별이 아님을 믿고 그곳에서 새로운 일본인종론을 기획하고 있었다. 이러한 기타와 누마다의 인종관은 도리이와는 약간 대조적이었다. 도리이는 아이누 혹은 일본민족이 진화를 통한 인종의 발전이라는 입장이기 때문에 인종적 차이는 곧 문화적 차이로 변용되는 것으로서 아이누는 마지막까지 이인종으로 간주할 것이라고 주장한다.

이러한 일본인종의 문제는 다시 계급문제와 연결시켜 해석하거나, 경우상의 문제로 연결시키는 논리는 일본인종의 혼합론과 궤적을 함께한다. 즉 기타나 누마다, 도리이는 에미시를 일본인의 일부로서 일

---

7   喜田貞吉,「間人考」,『先住民と差別』, 河手書房, 2008, p.114.
8   沼田頼輔,『日本人種新論』, 秀英舍, 1903, p.214.

본인종으로 해석해야하는 입장과 그것이 경우에 다른 문제로서 이인
종의 배제와 또 한편으로는 일본민족의 평등 위에서 통합되는 논리
를 개발해야만 했다.

역설적으로 말하자면 에미시의 아이덴티티는 바로 일본인의 아이
덴티티에 의해 밝혀지는 것으로 일본 내부의 민족 아이덴티티 결정
과 직접적으로 일체화하고 있었다. 우선 기타와 도리이, 누마다의 주
장을 보면 모두 혼합민족을 찬양하고 중시하는 자세를 취하고 있는
것처럼 보인다. 즉 모두 혼합민족론을 주장하는 내셔널리스트로 그
려지는 것이다. 이 혼합민족 내셔널리즘이란 일본인들의 집단 아이
덴티티를 구축하기 위해 일본민족의 우수성을 강조한다는 의미이다.

이러한 논리 구조 속에는 다시 에미시의 문제가 강조되어 있고, 에
미시와 일본인 사이의 차이를 소거하거나 통합해야만 했다. 바로 경
우상이나 제도 관습상 차이를 가진 자들이라는 관점에서 그것을 찾
아내고 그들과 어떻게 다른지를 설명해내야만 했다. 이때 등장한 것
이 바로 '구스'의 문제였다.

도리이는 치시마아이누가 독립된 존재였을 때 그들을 '구시(クシ)'
라고 칭했었다.[9] 그리고 구이(クイ, 苦夷), 가이(蝦蛦·蝦夷), 구즈(クズ, 國
栖)는 동일한 호칭이므로 치도리아이누 및 일본 전국토에 구시라는
이름을 가진 아이누'[10]는 모두 동일한 인종이라고 보았다. 도리이는
구시를 해석하여 에미시가 구시이며 구시가 아이누라는 논리를 확보

9　鳥居龍藏, 「考古学民族学研究·千鳥アイヌ」, 『鳥居龍藏全集』 第5卷, 朝日新聞社, 1976, p.337.

10　宇田川洋, 「鳥居龍藏·千鳥アイヌ·考古学」, 『近代日本の他者像と自画像』, 柏書房, 2001,
　　　pp.154~155.

하였고 그와 동시에 일본열도 안에서 잡거했던 아이누의 특징을 증명해냈다. 도리이는 아이누인을 구즈라는 독자적인 호칭으로 설명하고 구즈가 아이누라고 부르짖었던 것이다.

이를 표면에 내세운 것은 도리이 뿐만이 아니라 기타도 마찬가지였다. 기타는 도리이와 공통적으로 구스(久須)라는 이름에 대해서는 북륙(北陸) 방면의 에미시를 고시인(高志人)이라고 말하고, 가라후토아이누라고도 하며, 치도리 아이누를 구시라는 말로 에미시를 가리키는 것이라고 보고, 구시, 고시(コシ), 구이(クイ)가 모두 동일 언어로, 에미시(蝦夷) 또한 '가이(カイ)'의 음역이라는 것을 승인해 간다.

구스와 에미시의 관련을 논하면서도 단순하게 에미시라고만 규정할 수 없고 그것은 또 쓰치쿠모(土蜘蛛)와 관련이 있다고 보았다.[11] 말할 필요도 없이 기타가 내린 에미시와 구시의 정의는 도리이의 입장과 유사했고, 정확하고 구체적인 논리를 제시한 것이었다. 물론 도리이는 "아이누＝구시"[12]라고 해석하고 있었다.

이에 반해 기타는 구스를 석기시대에서 야요이식토기를 사용한 선주토착인이라고 주장한다. 기타는 구즈를 다음과 같이 말하고 있다.

나는 유물유적의 연구상으로 구즈인(國栖人)이 역시 하야토(隼人)나 고마히토(肥人)나 이즈모 민족, 하지시(土師部)라고 불리던 것과 마찬가지로, 석기시대에 야요이식토기를 사용한 선주토착민 중 하나의 민족이라고 생각한다. 그들은 고전설에서 구니쓰카미(國津神)나 지주신(地主神)이

---

11 喜田貞吉,「国栖の名義」,『先住民と差別』, 河出書房, 2008, p.32.

12 鳥居龍蔵,「考古学民族学研究・千鳥アイヌ」,『鳥居龍蔵全集』第5巻, 朝日新聞社, 1976, p.494.

라고 전해지는 자들이다. 토착민을 구니우도(國人)라고 부르는 것은 이곳 저곳 예가 많다. 구스(國栖) 혹은 문자 그대로 '구니스미(クニスミ)' 즉 이 전부터 나라에 살고 있던 사람의 의미인 듯하다.[13]

기타는 또한 구즈인의 민족적 연구라며 하나의 민족이라고까지 보았다. 석기시대인 중 구스가 '에미시족'이라고만 볼 수 없고 『히타치풍토기(常陸風土記)』에 구즈(國巢)를 쓰치쿠모 또는 야쓰카하기(八束脛)라고 호칭하는 것을 인용하고 『에쓰고풍토기(越後風土記)』의 야쓰카하기(八束脛)가 쓰치쿠모(土雲)의 후대인이라는 것을 피력했다.[14]

기타의 논리에 의하면 고대에는 에미시라는 단일한 종족이 아니라 서로 다른 두 종족이 시대를 교대하면서 존재했다는 인식을 보였다. 이는 누마다가 "구즈 또는 혈거의 민족이라고 하며, 쓰치쿠모와 동일 인종이라고 하는 것은 『히타치풍토기』의 이바라기조(茨城條)에도 적혀 있다", "요시노(吉野)의 구즈일족은 일찍이 왕에게 귀순하여 말하자면 구즈의 공물로 토산물을 헌납했다. 그들에게 전해지는 속악(俗樂)도 구즈(國樔)의 춤(舞)이라고 칭하고, 오랫동안 조정 의식[15]에서 행해진 것으로 해석했다. 이처럼 아이누와 구스를 연결시키면서 아이누를 재해석하는 '신(新)아이누론'이 형성되고 있었다. 도리이 역시 기

---

13 喜田貞吉, 「国栖の名義」, 전게서, pp.33~34. '구니스(クニス)'가 줄여서 '구스(クス)'가 된 좋은 예는 '하니시(ハニシ, 土師)'가 '하지(ハジ)'가 되고, '다누가(タヌガ)(陸)'가 '다가(タガ)'가 된 예를 제시하고 싶다. 약간 부정할지도 모르지만, '오로가무(オロガム, 拜)'가 '오가무(オガム) 미즈마타(ミズマタ, 水派)'가 '미마타(ミマタ, 用明紀)'가 되는 모양과 닮았다.

14 喜田貞吉, 『斎東史話』, 立命館出版部, 1935, pp.345~346.

15 沼田頼輔, 『日本人種新論』, 秀英舎, 1903, pp.44~46.

타와 누마다의 논리 속에 감춰진 본질을 꿰뚫고, 마이너리티 집단으로서 쓰치쿠모나 구스를 하나의 균질된 아이누로 형용했다. 그리고 도리이는 치시마 조사를 통해 아이누인종 의식을 자연스럽게 형성했던 것이다. 그것은 곧 일본 고서를 등장시키는 논리로 연결되었다.

일본의 사서(史書)에 7세기 이전 진무천황(神武天皇)경에 일본에 구즈(國栖)라고 부르던 아이누종족이 있었음을 기록하고 있다. 구즈는 현재 치도리 아이누와 같은 다테아나 주거민으로서 쓰치쿠모(土雲), 쓰치쿠모(土蜘蛛)의 한 종족이었다. 쓰치쿠모는 쓰치 즉 땅의 거미(구모, 蜘蛛)라는 의미일까. 각 종족 중에서도 가장 세력이 강했던 구즈는 야마토의 요시노강(吉野川) 원류지역에 거주했다. 그들은 천황의 즉위식에서 피리를 연주했다. 그리고 옛날에는 일본 중부지역인 히타치(常陸國)국에도 구즈가 있었다. 『히타치노쿠니풍토기(常陸國風土記)』가 그것을 잘 말해주고 있다. 이 구즈도 역시 다테아나 주거에 살았고 쓰치구모라든가 야쓰가하키(ヤツガハキ)라는 것으로 불렸다.[16]

이처럼 도리이는 구즈, 쓰치쿠모, 에미시, 아이누를 설명해냈는데, 이를 더욱 구체화하시키지만 어디까지나 내부적 변화에 중심을 두었다. 다시 말해서 기타는 암묵적 이해를 얻은 아이누 인종의 종류를 논하면서도 동쪽의 끝과 서쪽을 대비시키며 시대나 경우에 따라 그 명칭이 변용되는 것이 반복됨을 설명했다. 길지만 인용해 보기로 하자.

---

[16] 鳥居龍藏, 「考古学民族学研究・千島アイヌ」, 『鳥居龍藏全集』 第5卷, 朝日新聞社, 1976, pp.338~401.

동방민족의 명칭 중 고사에 나타난 것은 에미시(ㅗㅣ ㅲ)라고 말하며, 에
비스(ㅗㅌㅈ), 에조(ㅗㅆ)라 칭하고, 문자로는 하이(蝦夷), 하적(蝦狄), 모인
(毛人)이라고 쓴다. 혹은 단순하게 이(夷) 또는 적(狄)이라고 한다. 이 에미
시를 부르는 호칭 중에서도 아라에미시(麤蝦夷), 니기에미시(熟蝦夷), 쓰
가루(都加留)의 종류가 있으며 이들은 후슈(夷俘), 이후(俘囚), 도리코(虜)
등으로 불렸다. 또는 사헤키(佐伯)라고 불리기도 했다. 그 외에도 쓰치쿠
모(土蜘蛛), 구즈(國栖), 야쓰카하기(八束脛)라 칭한다고 전해지기도 한다.
그중에서도 이 계통에 속하는 자들이었다가 나중에 일반적으로 동국인
(東國人)과 섞여 동인(東人)이라는 이름으로 불리었으며 근래에는 통례적
으로 아이노(ㄱㄱ ノ) 혹은 아이누(ㄱㄱ ㅈ)라는 호칭으로 세상에 알려지게
되었다. 이런 많은 명칭은 항상 동일하다고 보기는 어렵고, 시대에 따라
경우에 따라 또 문화의 정도에 따라 자주 그 이름을 달리하였다.[17]

기타는 도리이의 논고에 반론을 전개했다기보다는 도리이의 아이
누 결정론에 가담한 반면 기타는 에미시의 종류를 구분해내고 그 내
부에서 경쟁한 인종들을 경우와 시대적 변화 문제와 연결시키면서
그 중요성을 발신한 것이다.

---

17 喜田貞吉, 「倭人考」, 『喜田貞吉著作集』 第8卷, 平凡社, 1979, p.160. 쓰치쿠모(土蜘蛛)는, 데
나가(手長), 아시나가(足長)에 대해 『일본기(日本紀)』에 해석이 있다. 진무천황이 가스라기
(葛城)의 쓰치쿠모를 정벌했다는 곳에, '쓰치쿠모라는 사람들은 몸통이 짧고, 손발이 길다.
난장이이다'라고 한다. 쓰치쿠모란 선주 이민족에 관한 속전적(俗傳的) 명칭으로 결국 선주
민족의 한 부류에 대한 폄하적인 호칭이다. 『세쓰풍토기(摂津風土記)』에서 설명하는 것처
럼, 땅속에서 주거하는 자라는 것에 유래했는데, 쓰치고모리(土篭)의 의미라고 해석한다.
이것이 전와되어, 쓰치구모(ツチグモ)라 부르고 흙속에서 혈거하는 쓰치쿠모(土蜘蛛)로 연
상되고, 키가 작은 손발이 긴 사람이라는 설이 일어난 것이다. 喜田貞吉, 『齋東史話』, 立命館
出版部, 1935, p.345.

물론 말레이 계통 이론[18]도 포함해야 했지만, 동쪽과 서쪽의 이인종을 동시에 일본의 일부로서 다시 내부의 차이성을 설명하는 논리를 합리화시키려고 한 것에서 기타의 의도를 읽어낼 수 가 있다.

이때 등장하는 것이 바로 누마다인데 누마가가 주장하는 "에미시인이 북방에 구축된 것과 마찬가지로 그들도 북방으로 퇴각하고 자멸한 것으로 보아야 할 것이다. 또는 야마토 민족과 잡혼하여 고유의 특질을 잃었을 것"[19]이라는 자멸인가 혼합인가를 선택해야 하는 기로에 서 있었다. 특히 도리이와 기타가 설명하듯이 에미시의 종류에 대한 해석은 동일하다.

기타는 에미시의 혼합을 그려냈다. 얼핏 보면 기타나 도리이, 누마다가 공통적으로 에미시에 대해 설명하고는 있지만, 기타의 입장은 일본민족론과 혼합의 의미가 특별했다. 그리고 그 혼합론에는 아이누인들의 차이를 설명하는 측면과, 동시에 하나의 인종으로 균질화해가는 측면이라는 모순이 병존하고 있었다.

기타는 일본에서 "게코(景行)천황시기에 이르러 다케우치노 스쿠네(武內宿禰)가 칙서를 받아 동국(東國)을 순찰하고, 에미시라는 특이한 민족이 살고 있다는 것을 보고한 것"[20]을 시작으로 다시 에미시의 역

---

18 当時蝦夷ハ常陸ノ国ヨリ東北ニ蔓延セシモノノ如シ．其ノ他ノ古文書ニ蝦夷ノ事ヲ記セル皆常陸或ハ常陸以北ニ係わレリ．サレバ景行天皇ノ世ニ当リテ，蝦夷ハ常陸以北ニ在リテソレヨリ西南ニハアラザリシヲ知ルベシ．蓋，古史ノ記載素ヨリ充分信シ難ケレバ其ノ年代ト土地トハ少シノ違アルベシトイヘドモ．猶其ノ大要ハ正シカルベシ．グリヒス・モウルス・ミルン，其他ノ古物家　　歴史家諸氏ノ云フ如ク，蝦夷ハ我国ノ土蕃ニテ，曾テ我全島ニ蔓延セシモノナレバ，前ニ引ケル景行天皇ノ条ヨリモ猶古ク其名史籍ニアラハレタルベク，又レヲ記ルス所斯バカリ著シク区別シテ特筆スルコトナカルベシ．沼田頼輔, 전게서, pp.35~36.

19 沼田頼輔, 전게서, p.50.

20 喜田貞吉,「本州における蝦夷の末路」,『先住民と差別』, 河手書房, 2008, p.46.

사적 사실을 확인하면서 내지로 이주한 에미시의 말로(末路)를 그려 냈다. 그 말로는 기타의 입장에서 보면 일본민족으로 동화·융합해 가는 논리였으며 그 동화의 경로를 설명해내는 방식으로 정당성을 확보하려 했다.

기타는 일본 전국에 퍼져 살았던 에미시를 상정하면서 에미시가 에조와 연결되고, 그러한 호칭 속에 포함된 차별적 논리와 에미시의 입장을 존중한다는 상대적 입장을 주장하게 된다. 기타는 아이누의 기원을 설명하면서 원래는 차별적 존재가 아님에도 불구하고, 동이 북적(東夷北狄)이라는 열등적 능력[21]과 연결시켜 그들을 표상했다는 것을 비판적으로 지적했다.

이처럼 기타의 아이누연구는 아이누의 차별을 부정하며 그 아이누가 왜 그러한 위치로 전위되었는가를 설명하는 논리였다. 물론 이러한 기타의 논리는 구로카와 마요리(黑川眞賴)가 주장하듯이 "「에미시 인종론(蝦夷人種論)」에서 일본신화에 등장하는 아이누 혹은 에미시가 일본열도의 선주민이라고 생각하는 것은 잘못된 것이라고 보고, 구로카와의 견해에 의하면 황실의 명령에 따르지 않는 자들이 에미시 라고 불린 것이라 말하며 그들은 일본인과 다른 민족이 아니라고 주

---

21 喜田貞吉, 『肅東史話』, 立命館出版部, 1935, p.88. 아이누는 말할 것도 없이 에조(ェソ)인데 같은 에조라도 지나의 동이북적(東夷北狄)이라는 문자를 사용하여 동방의 오슈(奧州)의 에조에는 이(夷) 혹은 하이(蝦夷)라는 문자를 사용하기도 하고, 에쓰고(越後)에서 데와(出 羽), 쓰가루(津軽)등 북부의 에조에는 적(狄) 또는 하적(蝦狄)이라는 문자를 사용하기도 하 였다. 모두가 그것을 에조(ェソ)라 읽는데, 아이누란 원래 에미시에 대한 일종의 존칭(敬 稱)이었다. 그것도 사실상 이들에 대해 우월감을 가진 와인(화인)들은 이 언어에 대해 아 견(阿犬), 봉견(逢犬), 혹은 축약하여 견(犬)이라는 글자를 사용했다. 그리하여 견(犬)과 조 로(上臈)가 합자하여 설화를 만들어냈던 것이다.

장"[22]하는 논리와는 다른 것이었다. 다시 말해서 구로카와가 주장하는 것은 황실을 따르지 않았던 자들까지도 에미시(延美志)라는 논리를 흡수하고 있었다.

이렇게 본다면 직설적으로 아이누가 일본 조정에 복종하지 않는 자라는 논리를 펼친 기존의 아이누 주장자들과는 다시 거리를 두는 것은 기타가 할 수 있는 최대의 작업이었다. 그저 구로카와가 주장하는 조정의 이단자들이라는 논리를 타파하고, 기타는 에미시의 종류를 통해 통상적 아이누론과는 약간 다른 논리를 설정하고 있었다. 물론 그렇다고 해서 그 첫 걸음이 기존 논고와의 대결을 주장하는 것도 아니었다. 말하자면 기타는 기존 논고들과의 조화 그리고 일본민족론의 창조라는 차이화를 수행하려고 했다.

4. 혼합민족론과 또 하나의 경계

기타의 에미시 사관(史觀)을 한마디로 정리하면 그것은 이중구조를 지니 것이었다. 즉 일본과의 동조가 강조되는 한편 일본민족과 에미시인의 차이가 설명되었다.

기타는 일본민족과 아이누는 '피로 혼합'되었는데, "일본민족에게

---

22 伊藤雄志,『ナショナリズムと歴史論争』, 風間書房, 2005, p.153.

아이누의 피가 섞였다는 것에 대해서는 3개의 길이 있다. 하나는 석기시대 이래 아이누계통의 주민이 살던 그대로 일본민족에게 병합되어, 지방적으로 그 피가 유전되었다는 것이다. 또 하나는 우리 국가가 성립된 이래 에미시 지역으로 발전하여 그 지역을 개발할 때 선주의 에미시를 내지의 이곳저곳으로 이주시켰는데, 점차로 이들이 자신들의 유래를 잊고 모두가 일본민족으로 융합·동화했다는 것이다. 다른 하나는 앞에서 언급한 것처럼 나중에까지도 에조치로 남은 오우지방의 원주민이 그대로 에조치에 진출한 일본민족에게 동화되어 그 유래를 잊게 되었다는 것이다. 이 3개의 길을 거치면서 많은 아이누의 피가 우리 일본민족 속으로 혼입되게 된 것"[23]이라고 구분했다. 즉 일본민족 중에 아이누의 피가 섞임과 동시에 아이누 쪽에도 일본민족의 피가 혼입되었다는 쌍방 혼혈이었다.

또 하나는 에미시가 일본민족과 혼혈을 이루었는데, 이들 에미시를 동화시킨 일본인의 특징을 논했다. 기타가 취한 동화와 혼혈의 역사관은 또한 두 가지의 요소를 가지고 있다. 하나는 앞에서 언급했듯이 일본민족과 에미시가 혼혈했다는 피의 섞임이라는 '동혈(同血)' 논리에 긍정적 평가였다. 그것은 일본인 속에도 에미시의 피가 에미시 속에도 일본인의 피가 혼혈했다는 전제였다는 점에서 특이했다. 그러나 혈연적으로 혼혈을 이루었다고 보고 '평등한 존재'로 치환시키는 형태로 에미시와 일본민족은 일체화 한 것처럼 주장하면서도 다시 일본민족과 차이를 지닌 민족으로 그려냈다. 그것은 바로 황실에

---

23 喜田貞吉, 『齋東史話』, 立命館出版部, 1935, p.124.

대한 태도 문제였다.

즉 일본민족은 에미시를 경영하는데 있어서 "그들에게 위엄과 은혜로서 대하고 덕을 가지고 지도하면서 일본민족으로 동화시키는 것"[24]이었다고 보았다. 바로 여기서 황실에 복종하거나 동화, 융합된 자들 중에 "천황에게 봉사하고 주인이라고 여기는 자들에게 충성을 다하는"자들이 사에키베(佐伯部)였고[25] 이들 에미시는 모두가 일본민족 속으로 혼입되었고, 일본민족 속에 적지 않은 에미시의 피가 흐르고 있다는 것,[26] 그런 의미에서, 일본민족은 모두 같은 피[27]가 흐른다고 보았다. 그리고 여기서 주목해야만 하는 것은 황실과 민족이라는 용어의 등장이었다. 물론 이러한 표현은 기타가 가진 특별한 어법이었다. 기타는 일본민족의 천황이 이인종을 은덕으로 베풀고 있었던 것을 주장했다.

멀리 떨어진 곳에는 황실의 손이 미치지 않았고, 천황의 덕과 은혜를 입지 못하는 구마소(熊襲)라든가 에미시라 불리던 토인이 많이 살고 있었다. 구마소는 서남쪽의 규슈지방에, 에미시는 동북(東北)의 오우(奧羽)지방에 있었다. 이 구마소도 에미시도 천손강림이전부터 이곳에 살고 있었던 자들로 옛날에는 널리 중앙에까지 퍼져 살았던 것이다. 점점 천황의 은덕에

---

24 喜田貞吉, 「本州における蝦夷の末路」, 전계서, p.47.
25 유랴쿠(雄略)천황시기에 에미시를 징발하여, 부족한 군대를 보충했는데, 그것이 사에키베(佐伯部)라고 한다. 喜田貞吉, 『日本歷史物語』, アルス, 1928, p.92.
26 喜田貞吉, 「本州における蝦夷の末路」, 전계서, p.67.
27 모든 일본인에게는 적다 많다의 차이뿐이며 동일한 피가 흐른다. 喜田貞吉, 『日本歷史物語』, アルス, 1928, p.10, p.12, p.13.

복종하여 중앙에서 가까운 곳부터 차례로 일본민족의 동료가 되었다.[28]

다시 말해서 기타는 원래 아이누를 비롯한 선주민족, 그 이외에도 복수의 인종이 있었지만, 그들은 모두 황실에 복종하여 일본민족으로 통합되어 간다고 말하고 있다. 그 통합 방식이 바로 혼합인데, 기타의 표현을 빌리자면 그것은 복성민족화하는 것이다. 기타는 "일본국민은 실제 하나의 복합민족이라는 것은 의심할 여지가 없다. 그렇지만 그 복합민족인 것은 결코 단순한 잡다한 것의 집합과는 다르다. 우리 일본제국의 국가는 수천 년의 경력을 갖고 있으며, 상호간의 착종된 혈연을 갖고 있고 사상과 신념을 하나로 하는 하나의 민족이 수천이래의 역사에 의해 서로 연결되고 종가를 가장으로 하며 천황이 계시며 원수로 봉재하고 있다"[29]는 결론에 다다른다.

반복해서 말하면 천황을 중심으로 하나의 복합민족을 이룬 것이라고 주장하는 것이다. 어디까지나 천황이 종가로서 피와 은혜가 복성민족의 혼합의 중심이 되었다. 그러나 이때 기타의 인식론적인 문제는 이인종과 일본민족이 혼합과 동화를 거치면서 천황을 중심으로 한 제도적인 완성을 이루게 되었다고 간주했지만, 그 과정을 다시 도리이는 세 종류의 에미시로 분류하면서 차이의 경계를 재설정한다.

내가 인용한 사료는 『일본서기』이다. 따라서 신뢰할 수 있는 정확한 자

28 　喜田貞吉, 상게서, p.52. pp.93~94.
29 　喜田貞吉, 「「日本民族」とは何ぞや」, 『先住民と差別』, 河出書房, 2008, p.25; 喜田貞吉, 『齋東史話』, 立命館出版部, 1935, pp.10~13.

료이다. 『일본서기』에는 주목할 만 한 사이메천황(齊明天皇) 5년(659년)에 당나라의 황제에게 사절로 간 이야기가 있다. 사절 중에는 남자1인, 여자1인의 미치노쿠에미시(奧蝦夷, 아마도 니기에미시〈熟蝦夷〉)가 있었다. 당나라 황제가 그 두 사람을 보고 기이하게 여겨 '누구인가, 일본에는 얼마나 있는가'라고 물었다. 사절은 '그들은 카이(蝦夷) 또는 에미시(蝦夷)라는 자들로 세 군으로 나누어져 있다. 제1군은 가장 원거리 지역에 있는 쓰가루, 제2군은 지금도 반역을 계속하는 아라에미시(麤蝦夷), 제3군은 우리나라에 복속하여 세금을 납부하는 니기에미시(熟蝦夷)가 있다. 그들은 우리 일본에 살고 있다 고 설명했다.[30]

도리이는 에미시를 니기에미시(熟蝦夷)와 아라에미시(麤蝦夷), 그리고 쓰가루(都加留)로 구분하고, 일본과 동화를 이루지 못한 국가통일에 편승하지 못한 '인종'을 읊은 것이다. 그 한편으로 천황에 의해 통합의 완성은 다시 차별의 시작이기도 하다는 정치관을 표출하고 있었던 것이다. 이것은 누마다도 마찬가지였다. 누마다는 정치상의 구분은 아니라고 했지만, 이미 니기에미시가 왕화(王化)를 입은 자[31]들로 간주하고 있는 것은 정치적이기에 충분했다. 천황에게 복속하지 않는 이인종을 다시 이인종화한다는 의미에서 정치적인 권력관계로 수렴되는 일이었기 때문이다.

---

30 鳥居龍藏, 「考古学民族学研究・千鳥アイヌ」, 『鳥居龍藏全集』第5卷, 朝日新聞社, 1976, pp.404~405.

31 沼田頼輔, 전게서, p.104. pp.123~124. 누나마는 "아이누가 야마토(大和)와 경쟁했다는 것은 이미 앞에서도 언급했다. 그렇지만 이는 주로 아라에미시에 속하는 자들로, 니기에미시는 일찍부터 야마토족의 문화를 받아들여 숙화(熟化)하여, 마침내 야마토족과 융합하여 그 혈액을 섞고, 흔히 말하는 일본인종의 일부를 이루게 되었다. 어떻게 야마토족과 융합하게 되었는가는 역사적으로 설명이 가능하다"라고 설명했다.

이러한 담론 속에는 피의 혼합이 중요한 개념으로 인지되었는데[32] 피의 혼합보다도 천황의 은혜와 덕을 받아들이지 못하면, 다시 배제의 대상이 되었던 것이다. 일본인으로서의 자각은 바로 이러한 피의 혼합과 천황의 은덕에 복종하는 논리를 양립시키려는 것이 바로 기타와 도리이, 누마다의 사상적 과제였던 것이다.

특히 기타가 혼합론이나 복성민족론을 환골탈태하여 천황에게 복속하는 단일적인 일본민족상에 답하기 위한 것이었다. 이렇게 기타는 혼합론을 주장함으로서 아이누와 일본민족과의 조화를 확보했고, 일본민족의 특성으로 천황을 주장하고 있었다. 바로 이곳에 사용된 논법은 동화와 배제의 연속이었다.

5. 혼합민족론과 신화의 기억

이러한 논조를 전개하는 가운데 기타와 도리이, 누마다에게 한 가지 곤란한 상황이 생겨났다. 즉 동화를 강조하면서도 배제의 '규정'에는 두 가지의 문제점이 등장했다. 즉 신화에 등장하는 천손민족의 루트와 아이누의 열등성을 배제하는 문제였다. 즉 일본민족의 우수성을 담보해야 하는데 그것을 구성하는 핵심인종을 정하는 문제였다.

---

[32]　喜田貞吉,『日本歷史物語』, アルス, 1928, p.13.

기타가 앞에서 언급했듯이 일본민족이 복성민족이라는 것, 그것이 "일본민족이 훌륭한 복성민족이라는 것은 고고학자나 인류학자의 연구가 증명될 뿐 만 아니라 역사가 훌륭하게 그것을 말해주고 있다. 그리고 그것은 우리 일본민족에게는 자랑스러워할 일"[33]이라는 내용을 설명해내야만 했다.

그것은 당시 혼합민족론의 대세와 일치하는 문맥 속에서 찾아내야 했는데,[34] 기타는 일본과 문화적 유사성이 많은 조선과의 사이에서 찾아냈다. 이러한 혼합민족론의 인식은 다시 신화로 연결되었는데 기타는 아이누와 도래인의 접촉을 논하면서 문화적 우수성이 발전했던 장소에서 이동한 높은 문화적 수준을 제시한다.

우리 일본민족은 천손강림 이전부터 이 나라에 많은 민중들이 천손민족과 합쳐서 이루어진 것인데, 그 이외에도 외국에서 건너온 자들이 동료가 된 자들도 적지 않다는 것을 앞에서 언급했다. 외국이라는 것은 주로

---

[33] 喜田貞吉,『斎東史話』, 立命館出版部, 1935, p.74.

[34] 고닌(弘仁)천황 시기에는 만다신노(萬多親王)의 성씨록(姓氏錄)에 나오는 3별로서 황별, 신별, 번별을 분류하기도 하였다. 沼田頼輔,『日本人種新論』, 秀英舍, 1903, p.195. "나라의 히노쿠마(檜前),『씨성록』 한인 자손의 이름이 있다. 낙랑군을 두었었는데 이것이 대방군이 되었다. 한인(漢人)의 식민지였다. 이들은 고구려에게 멸망하였다. 이중에는 일본에 귀화한 자들이 있다. 히노쿠마라는 성은 귀화인의 자손이다." 鳥居龍蔵,「文化史より観たる浅草寺」,『鳥居龍蔵全集』 第2巻, 朝日新聞社, 1975, pp.473~474. 이시카와(石川)라는 것도 구메(久米)와 관계가 깊은 것으로,『성씨록』에서보면, 구메토모타케(久米朝武内宿禰)의 5세인 이나메노스쿠네(稲目宿禰)의 맏아들이라고 적고 있다. 鳥居龍蔵,「武蔵野及其周囲」,『鳥居龍蔵全集』 第2巻, 朝日新聞社, 1975, p.33. 유게이베(靫負部)를 이끌고 궁문을 경비했다는 부분이 있다.『신선성씨록(新撰姓氏録)』에 의하면, 유게이베는 원래 구메베(久米部)로서, 유랴쿠(雄略)천황은 궁내를 지키게 하였다.『신선성씨록』에 유랴쿠천황이 유게이베를 통해 경비의 임무를 맡겼다고 적고 있다. 喜田貞吉,「倭人考」,『喜田貞吉著作集』 第8巻, 平凡社, 1979, pp.204~205.

지나나 조선인인데, 그 중에서도 지나는 예부터 나라를 열고 문화가 크게
약진했던 나라였다. 또한 조선도 지리적으로 지나에 가까워 일찍부터 지
나인이 들어오기도 하여 지나와 교통하여 지나의 문화를 전수받았기 때
문에 일찍부터 지나인과 조선인의 도래에 의해 진화된 문화가 우리나라
에 전해졌다.[35]

당연히 일본인의 조상은 아이누 이후에 조선반도에서 건너온 자들
로, 그들은 정복민들을 의미하는 것이었다. 물론 도리이도 "한인(漢
人), 고려인(高麗人) 등 귀화인이 이주하여 문화발전을 도왔다"[36]는 논
조와 누마다의 "일본의 쓰시마는 조선과도 연결되었다고 보면, 대륙
에서 이주했다는 것도 의심할 여지가 없다"[37]고 논할 정도로 기정사
실화 되어가고 있었다. 이를 도리이는 "유사이전에 고유일본인이 들
어오고 나아가 원사시대에 이르러 이즈모파(出雲派)가 들어왔다. 그
리고 이어서 천손파(天孫派)가 이곳에 온 것"[38]이라고 표현했다. 그리
고 이러한 이즈모파와 천손파는 다시 기타에 의해 구니쓰카미로 변
용되면서, 구니쓰카미로 불리던 선주민의 해석을 제시한 것이다.
　기타는 특히 "아마쓰카미와 구니쓰카미 양 계통 사이의 친밀한 관
계로 연결되어 있다는 것은 황실의 일만이 아니다. 즉 아마쓰카미와

35　喜田貞吉,『日本歷史物語』, アルス, 1928, p.72, p.80.

36　鳥居龍藏,「武蔵野先住民の生活と現存せる遺跡」,『鳥居龍藏全集』 第2卷, 朝日新聞社, 1975,
　　p.398.

37　沼田頼輔,『日本人種新論』, 秀英舍, 1903, p.100.

38　鳥居龍藏,「武蔵野及其周囲」,『鳥居龍藏全集』第2卷, 朝日新聞社, 1975, p.119; 沼田頼輔,『日
　　本人種新論』, 秀英舍, 1903, p.174.

구니쓰카미는 매우 외숙(和熟)한 관계를 가지고 연결되었으며 결국 아마쓰카미가 아버지, 남편이고 구니쓰카미는 어머니, 아내로 연결되어 이어져온 것"[39]이라고 주장한다. 이것은 기타가 지금까지 주장한 아이누를 비롯한 선주민족 이외의 복수의 인종을 총괄하는 내용이었다.

그것은 학제적이고 일본민족이 혼합이라는 것과 천황의 은덕을 연결하는 통합과정을 성립시키는 논조로 이어진다. 기타는 "원래 위로는 황실을, 아래로는 일반서민에 이르기까지 그 조상신으로서 아마쓰카미(天神)·구니쓰카미(地祇)로 연결되듯이, 일본민족이 아마쓰카미와 구니쓰카미를 조상신으로 받들어 모시는 두 민족의 완전한 융합, 동화에서 나온 복합민족이라는 것을 입증하는 것"[40]이라고 전제하고, 일본민족의 혼합과정과 민족의 통일 과정을 제국신민으로 형용했다.

과연 그렇다면 구니쓰카미라고 불리며, 선주 토착 민중이라 불리는 자들은 과연 어떤 계통에 속하는 자들일까. 원래 천손민족이란 어떠한 유래를 지니고 있을까. 나는 고고학자, 토속학자, 인류학자, 사회학자, 그 이외에 여타 전문학자들의 연구와 상보적으로 제휴하여 이를 연구해보고 싶다. 선주 토착 주민의 수무(綏撫)동화에 대해서는 시도장군(四道將軍)의 지방순찰, 게이코천황의 구마소 친정(親征), 야마토다케루노미코토(日本武尊)의 서정정벌 등 우리 고사(古史)에서 전한다. (…중략…) 우리 야

---

39 喜田貞吉, 『齋東史話』, 立命館出版部, 1935, p.72.
40 喜田貞吉, 「「日本民族」とは何ぞや」, 전게서, p.28.

마토(日本) 조정이 열린 이래 유랴쿠천황 시기에 이르기까지 우리의 황위발전의 진상을 분명하게 기술하는 것이라고 이해할 수 있다. 우리 황실의 무위융성(武威隆盛)의 상황을 기술한 것으로, 항상 평화적으로 우리 천손민족이 끊임없이 이속(異俗)을 동화와 융합의 열매를 맺고 있는 것은 말할 것도 없다. 정벌을 통해 모인(毛人) 55국, 중이(衆夷) 66국의 민중도 모두 우리의 충량한 제국신민이 되고 서로 결합하여 일본민족을 구성하게 되었다.[41]

이처럼 '일본민족=제국신민'의 길은 석기시대의 다른 두 민족이 상호간에 동화와 혼합이 이루어지는 과정이며 천손이 강림했다는 신화를 등장시켜 진무천황이 아마테라스 오미카미의 신칙(神勅)을 완수하기 위해 야마토에 이주하는 논리와 연결시켰다. 바로 이러한 과정 속에서 "천황 국가가 전국으로 퍼져나가고, 일본제국의 영토가 확장되면서, 일본민족이 완성 되었던 것"[42]이었다. 그러니까 기타의 입장에서는 결국 혼합에 의한 천손민족화가 이루어지는 것인데, 이것이 기타가 논하는 진정한 일본민족[43]이었던 것이다.

이러한 기타의 논조는 도리이가 인류학적 입장에서 아이누를 유물에 근거한 인종학적 분석을 원용하고, 역사학적 고서의 논리를 천황과 연결시켜 공동체의 기억을 체현한 것이다. 기타와 도리이, 누마다는 공통적으로 우수한 야마토 민족을 형성하는 요소로서 아이누와

---

41 喜田貞吉, 「「日本民族」とは何ぞや」, 전게서, p.29.
42 喜田貞吉, 『日本歴史物語』, アルス, 1928, p.56.
43 喜田貞吉, 「「日本民族」とは何ぞや」, 전게서, p.25.

일본인의 혼효, 융합을 중시하면서도 결국은 동화주의자적 시선으로 기울어지면서 아이누나 그 외의 주변 마이너리티는 일본신민으로서 복종해야 한다고 본 것이다.

이인종 그들은 인종적인 멸종이 아니라, 일본신민으로 새로이 탄생하는 것이었다. 그것은 또한 인종의 절멸이 아니라, 일본의 천황에 동화하면서[44] 이인종은 일본민족이면서 천황의 신민으로 호명된 것이다. 일본제국의 '신민화=국민화'는 마이너리티의 모든 차이성을 극복하는 천황의 논리에 의해 '신민'으로 존속되기 때문에 그것은 아무런 모순이 존재하지 않게 되는 것이다. 이러한 논리는 기타와 도리이, 누마다의 혼합민족론에 의해 근대 일본의 국민창출 즉 내적차이를 소거시키고 정신문화의 창출과 천황이 묶이면서 마이너리티의 개별성을 일본 안에서 순화시킨 것이었다.

이것은 바로 기타나 도리이가 노골적으로 말하듯이 일본화의 내실은 "우리 대일본제국은 세계에서도 유례없을 정도의 오랜 건국의 역사를 가지고 있다. 그리고 위로는 만세일계의 황실을 모시고, 역대천황의 위엄은 지금도 빛나고, 그로서 융창(隆昌)한 국운을 이루어왔는데"[45] 이는 "세계에 국가는 많지만 우리들이 살고 있는 대일본제국처럼 만세일계라고 하여 옛날부터 언제까지나 동일한 혈통의 천황폐하를 받들어 모시고, 천양무궁(天壤無窮)이라 하여 천지의 모든 곳에 언제까지나 변하지 않는 그런 명예가 있는 나라는 찾아볼 수가 없는 것"[46]이었다.

44　本名瀬高嗣,「アイヌ「滅亡」論の諸相と近代日本」,『近代日本の他者像と自画像』, 柏書房, 2001, p.62.

45　喜田貞吉,「本州における蝦夷の末路」,『先住民と差別』, 河手書房, 2008, p.45.

그렇기 때문에 기타가 제시하는 천황찬양은 기타의 문맥으로 말하자면 일본인과 일본민족의 철저한 신화적 텍스트로 돌아가는 만세일계의 국민이라는 일본제국의 마이너리티들을 철저히 매몰시키는 사학을 구축한 것이었다. 이는 다시 혼합론의 주창자인 도리이가 "일본에서는 유일무이, 무시무종(無始無終), 신성, 전지(全知), 전선(全善)으로 만물을 제조한 천제에 대해 배례기원(拜禮祈願)을 행한다. 일본의 천황, 황조, 창시자, 건국자는 우리 국민들을 위한 존재하며, 천제(天帝) 대리는 조국통치를 위해 존재한다. 결점이 없는 완전자비에 국민들은 숭경하고, 복종하며, 외경(畏敬)을 느끼고 존숭하고 엎드린다. 위인이나 신성한 천황에 대해 불변의 충성심, 조국에 대한 지혜, 선행, 공훈을 세우는 국민의 존숭의 대상이다. 그것은 논리적으로 타당하다"[47]는 신화의 구조적 틀을 따라간 입장과 기타의 신화 해석이 맞닿으면서 천황에 복종하는 이유를 발견한 '기억의 장소=신화'를 복창한 것이었다.

46 　喜田貞吉, 『日本歷史物語』, アルス, 1928, p.3.

47 　鳥居龍蔵, 「考古学民族学研究・千鳥アイヌ」, 『鳥居龍蔵全集』第5卷, 朝日新聞社, 1976, p.512.

제2부

로컬리즘의 정치성과 내적 오리엔탈리즘

제4장 고고학의 전유와 세계적 대화의 변질

1. 고고학과 내러티브(Narrative)

일본의 '고고학(考古學)'은 사이토 다다시(齋藤忠)가 지적하듯이 서구의 '아르케올로지(archaeology)'와 만나면서 재구축된 인공학(人工學)[1]이다. 서구 지식에 첨예하게 노출되었던 메이지기 서구 이론이나 서구인들에 의해 제시된 일본 유물에 대한 연구에 영향을 받으면서 자신들의 유물 해석에 대해 주체적이고 과학적인 지식으로 다시 설명해야하는 자각에서 시작되었다. 말하자면 고고학이라고 부르는 개념이 서구인에 의해 주어진 지식이라는 피동적 문맥에서 탈하여 주체적

---

1 齋藤忠, 『考古学史の人々』, 第一書房, 1986, pp.98~137.

고고학을 구축하기 위해 시도되었던 것이다.

이런 의미에서 본다면 일본의 고고학은 스스로의 과거 루트를 검증하는데 충실했던 학문이라고 볼 수도 있다. 그 과정에서 일본의 고고학자들은 식민지 조선 조사를 통해 일본 내부에서 형성된 자신들의 고고학 이론을 재확인했고 제국주의적 고고학 아이덴티티를 갖게 되었다.

그러한 내부적 내러티브는 결국 자신들의 제국성을 식별(識別)하지 못하는 한계를 갖게 되었다. 이는 달리 표현하자면 그들은 시원(始原)으로서의 과거를 복원한다는 명목아래 과거의 역사적 공간을 균질적으로 해석해냈고, 그 과거에 대한 공통적 특징을 찾아내는 작업이었던 것이다. 그런 의미에서 일본의 고고학은 과거에 대한 공동체 기억을 구현해 내는 마케팅에 성공했던 제국주의적 학지였던 것이다.

문제는 이러한 인식론에 대한 비판도 간과해서는 안 되지만 이러한 인식에 이르는 논리가 실체적인 유물해석을 통해 이루어졌다는 점에서 자연성을 확보했고, 그것을 자명한 것으로 각인했다는 점이다. 물론 그러한 인식을 소유하게 된 공동체적 인식의 장을 비판할 수 있지만, 문제는 그러한 고고학적 인식이 세계적 대화와 서구를 촉구하는 일본의 보편적 고고학 이론이 제시되었다는 측면이다.

여기서 문제로 삼는 것은 후자 쪽인데, 일본의 고고학이 제국주의와 결탁했다는 측면에서 일본의 고고학 개념이나 고고학 자체를 전면부정만 한다면, 역사적 제약을 극복하는 담론을 찾으려는 시도를 부정하는 것이 되며 피식민자가 아닌 다른 입장의 시각을 상대화하지 못한다는, 즉 오히려 배타적이라는 성질을 드러내게 되는 것이다.

다시 말하면 일본은 서구라는 중심에서 발생한 개념을 통해 아시아라는 변경 지역에서 다시 세계적 논리와 대등한 주체적인 고고학 개념을 찾아내려 했기 때문이다. 이러한 논리의 체현자로서 일본 고고학계의 원조인 하마다 고사쿠(濱田耕作)의 인식의 변용을 살펴볼 것이다. 고고학에 대한 하마다의 의식변화를 통해 서구의 고고학 개념을 어떻게 일본 내부에서 유효하게 개념화하고, 고고학이 제국의 인식론으로 탈구축되었는지를 살펴보려는 것이다. 단순하게 서구의 고고학을 일본에서 받아들이면서, 옥시덴탈리즘으로 발전했다는 제국주의 고고학 비판으로 끝내는 것이 아니라 일본인 입장에서 발화하는 주체를 자각하면서 서양 중심주의적인 담론에 포섭되지 않는 비중심적인 공간을 어떻게 구축할 수 있을까를 묻는 문제이다.

2. 고고학과 인종론의 대화

하마다는 일본 고고학의 거장으로 평가받지만,[2] 하마다가 연구자의 길에 들어섰을 때는 일본 대학에서 고고학이 아직 제도적으로 정착되지 않았던 시절이었다. 즉 하마다는 원래 고고학을 전문적으로 전공한 연구자가 아니었다.[3] 이런 의미에서 하마다가 고고학을 인지

---

2   林純平, 「濱田耕作」, 『関西学界展望』, 文友堂書店, 1938, p.44.

하마다 고사쿠(濱田耕作)(1936년 교토제국
대학교수시절 사진)
출처:『日本考古学選集14-濱田耕作』,
築地書館, 1975 참조.

하게 되는 시기와 하마다의 고고학적 고고학적 이론을 살펴볼 필요가 있다고 본다.

하마다는 쓰보이에게 중학생 때부터 교육을 받은 인물이다.[4] 그 영향의 내실은 후술하겠지만, 당시 고고학에 있어서 선구적 역할을 한 쓰보이 조차도 고고학이라는 용어나 학문적 성격에 대해 분명한 정의를 갖고 있지 않았다.

쓰보이는 고고(考古)라는 용어를 '옛 것을 고찰하는 것'이라는 맥락으로 생각하고 있었기 때문에 역사가도 문학가도 모두 고고연구자[5]가 될 수 있다고 보았다.

그렇지만 쓰보이는 한 발 더 나아가 '고물(古物), 고건조물(古建造物), 유적 등에 관한 실지연구를 기초로 하여 과거의 사실을 정확하게 추고(推考)하는 일에 종사하는 것이며 고물 유적을 통해 문자자료에는 나타나지 않는 세계를 밝히는 것'[6]이라고 기술했다. 다시

---

3   吉開将人, 「東亜考古学と近代中国」, 『「帝国」日本の学知』, 岩波書店, 2006, p.137.

4   濱田耕作, 『通論考古学』, 雄山閣, 1922, p.3.

5   三宅米吉, 「日本考古学発達の概略」, 『考古学雑誌』 第7巻 第12号, 考古学会, 1917, p.736; 八木奘三郎, 『日本考古学』, 博文館, 1906, pp.5~6.

6   坪井正五郎, 「考古学の真価」, 『日本考古学選集 坪井正五郎集 上』, 築地書館, 1971, p.32. 全体考古学と云ふのは何であるかと云へば, 古い品物や, 又は様々の古跡に就て, 往昔のことを考へ極むる学問であります. 往昔の事を知るには文字を以て書き留めた歴史に依て見ても分かりますが, 併し乍ら其れに見えない事柄, 即ち歴史上には確かに見えぬ事が, 様々の古器物や古跡を調べると知れる事が有ります.

말해서 쓰보이는 고물 등을 통해 과거의 사실을 추론하여 문헌에 나타나지 않는 세계를 그려내는 것이라고 해석한 것이다.

이처럼 고고학은 과거의 사회 현상을 추론하는 하나의 지식 체계였다. 즉 쓰보이의 관심은 고고학 발굴품을 통한 고대사회의 재현에 있었을 뿐 고고학을 둘러싼 담론 재편성에 관심을 둔 것은 아니었다. 쓰보이는 인류의 과거 사회를 검증하는 것이 고고학이라고 주장하고 있었다. 당시 학문적 성격이 엄밀하게 분리되지 않았던 것도 이와 같은 이유에서였다고 볼 수도 있지만 쓰보이는 고고학과 인류학을 연계하여 인류학의 고고학이라는 표현을 사용했고, 인류학을 위한 고고학이라고 보고 있었다.[7]

쓰보이가 의도한 것은 인류학을 중심에 두고, 이를 보충하는 중요한 주변 학문으로서 고고학을 상정하고 있었고, 고고학적 자료를 통해 인류의 과거를 실체적으로 체현해낼 수 있다고 본 것이다. 쓰보이의 고고학에 대한 태도는 고고학이라는 개념 자체나 인류학의 개념 자체를 재구성하는 것이 아니었다. 그렇지만 쓰보이가 실시한 고고의 의미나 고고학의 의의에 대한 해석은 일본 고고학계의 개조(開祖)적 역할을 담당하고 있었다.

여기서 재고해야만 하는 것은 이러한 쓰보이의 영향을 받은 하마다의 인식 속에 쓰보이의 이러한 논리에 회수되는 것과 회수되지 않는 부분이 존재했다는 점이다. 전자의 쓰보이의 고고학적 해석에 회수된다는 의미는 고물을 통한 과거의 해석이라는 것을 수용한다는 점과

---

7   坪井正五郎, 『人類学講義』, 国光社, 1908, pp.1~3.

그 방법론을 모방한다는 의미이다. 그와 반대로 후자 쪽 논리는 고고학이라는 성격의 재구축을 다룬다는 의미에서 차원이 다른 문제이다.

먼저 하마다는 인류의 현상론이라는 표현을 사용하여 여러 인종의 토속들을 비교하여 고대 인민의 유적 유물을 연구하는 것[8]이라며 쓰보이가 제시한 고대 인민의 생활연구라는 측면을 계승했다.

물론 하마다는 후자 쪽의 고고학 담론의 재편성을 시도하기 이전에는 유물에 대한 해석을 통한 고대인의 생활해석에 공감하고 있었다. 그런데 문제는 토기나 석기의 발굴을 통해 증명되는 유물을 인종해석으로 연결시켜가는 점에 있었다. 당시 고대인의 토기 제작자가 누구인가, 즉 고서에 기록된 에미시(蝦夷) 아이누인가 아니면 아이누 이전의 코로보쿨인가라는 논쟁이 대립하고 있었다.

하마다는 이 논쟁에 가담하면서 후자 쪽을 주장하는 쓰보이의 코로보쿨설에 반대한다. 중요한 것은 하마다가 쓰보이의 코로보쿨론에 반론을 제기했다는 점에 있는 것이 아니라, 하마다가 유물해석과 인종해석 논쟁을 거치면서[9] 석기시대 인종론을 주장하게 된다는 것이다. 즉 코로보쿨논쟁이 석기시대 인종론으로 진화된 것이었다. 쓰보이는 코로보쿨 논쟁에서 석기시대의 인종론으로 비약하는 것을 경고한 반면 쓰보이는 석기시대 인민을(아이누인가 코로보쿨인가를) 확정하지 않더라도 그들의 "과거상태를 회상하는 것"[10]이라는 시점에는 문제를 제기하지 않았다.

8　濱田耕作,『通論考古学』, 雄山閣, 1922, p.31.

9　濱田耕作,「再び石器時代人民に就きて」,『東京人類学雑誌』第200号, 1902, p.72.

10　坪井正五郎, 「再び石器時代人民に関する浜田氏の間に付いて」, 『東京人類学雑誌』 第200号, 1902, p.76.

쓰보이와 하마다는 결국 석기시대를 조사하는 것으로 과거 상태를 회상해내는 것이라고 보는 디스플린에 통일점을 만들었다. 이처럼 하마다는 쓰보이와의 논쟁을 경험하면서 석기시대에 관한 유물과 인민에 대한 해석문제로 관심축을 이동했다. 이를 본다면 하마다는 단지 유물해석을 통한 고대인의 인종 판별에 관심사가 있었던 것이지 고고학 개념 자체의 아이덴티티 편성문제는 아니었다. 다시 말해서 하마다는 쓰보이와의 논쟁 속에서 석기시대인의 인종에 대해 관심을 가졌고, 석기시대라는 것이 존재한다는 것을 전제로 하고 있었다.

3. 아르케올로지(archéologie)에서 고고학으로

앞서 밝혔듯이 쓰보이가 언급한 고고학이라는 용어는 일본 내에서 고고(考古)라는 명칭으로 사용되고 있었다. 그것은 '옛 것을 생각한다'는 것을 전제로 한다는 점에서 서구의 고고학과 공통점을 찾기도 했지만 하마다는 고고학에 대한 새로운 특징과 고고학개념에 대한 재구성을 시도한다. 먼저 하마다가 관심을 가진 것은 고고학에 대한 어원적 특징이었다.

우리들이 사용하는 '고고학(考古學)'이라는 말은 영어의 아르케올로지

(archaeology)의 번역인데 이 말은 불어, 이탈리아어, 독일어 등의 말에서도 적어도 철자를 달리할 뿐 널리 사용되었고, 원래는 희랍어의 아르햐이오로기아(ἀρχαιολογία, arkhaiologia)에서 비롯된 것이다. 이는 고물(古物)의 의미를 가진 아르햐이(ἀρχαιο)와 학문이라는 의미의 로고스에 의해서 만들어진 것이다. 그 어원상으로 말하자면 모든 고대의 사물을 연구하는 학문을 말하는 것으로 (…중략…) 그렇지만 이것은 단순하게 아르케올로지라는 말의 쓰임에 대한 것으로 진정한 고고학적 연구법을 일신한 것은 이미 언급한 것처럼, 빙켈만(joham johachim Winckelmann)의 공적이라고 하지 않을 수 없다.[11]

하마다는 아르케올로지(archaeology)가 고물(古物)의 의미를 가진 '아르햐이오로기아'를 어원으로 하는 고대의 사물을 연구하는 학문이라고 해석했다. 그렇지만 이는 단순히 아르케올로지라는 말의 쓰임에 대한 것일 뿐이라고 보고, 고고학적 연구법을 개척한 빙켈만에 대해 관심을 가졌다. 후술하겠지만 하마다에게 있어서 처음으로 빙켈만의 이론을 통해 고고학 연구법과 고고학을 도킹시킬 수 있었다.

하마다는 영어의 아르케올로지를 번역하면서 이 말의 원의(原義)가 고물(古物)의 학(學)이거나 고대를 연구하는 학(學)을 의미하며, 옛날 역사를 포함하는 넓은 의미로 사용[12]한다고 받아들였다. 하마다는 아르케오로지를 번역하여, 처음에는 고물학(古物學)이라고 했다가 나중에 '고고학(考古學)'이라는 말로 바꾸어 간다.[13]

---

11 濱田耕作, 『通論考古学』, 雄山閣, 1922, pp.3~4.
12 濱田耕作, 『考古学研究法』, 雄山閣, 年度不明, p.2.

하마다는 고고학이 가진 의미 속에 서구와 동양의 공통점이 고물 (古物) 연구라는 근거를 통해 아르케올로지와 고물연구[14]를 합체했다. 당시 쓰보이가 제시한 일류의 모든 과거를 연구하는 학문으로서 고고학적 자료를 활용하는 논리와 아르케올로지라는 말의 원의(原義)를 도킹시키면서 고고학의 의미를 재구축했다.

하마다는 이를 확대하여 '과거 인류의 물질적 유물(에 의한 인류의 과거)을 연구하는 학(學)'[15]을 고고학이라고 보았다. 고고학은 과거의 인류의 흔적인 유적이나 유물을 연구하는 학문으로서 과거 인류의 집단으로서의 행동양식이 대상이 된 것이다. 쓰보이의 고고학은 고고학과 인류학을 접목시키고 서구의 아르케올로지를 재편성하는 과정이었다.

이러한 개념 위에서 하마다는 유물과 유적의 차이를 재규정하면서 "고고학은 문헌과의 교섭이 없는데, 종합적 연구를 진행하기 위해서는 문헌과의 교섭관계를 필요로 한다. 문헌학적 기초 없이는 고고학은 한발도 나아갈 수가 없다"[16]며 문헌 쪽도 중시했다. 특히 용어로서의 문헌 '사(史)'와 고고학의 '자(資)'가 사적 자료로서의 사료(史料)라고 본 것이다. 즉 사료란 오리지널 소스라는 의미이고 유물과 문헌이 자료가 되어 역사를 해석한다는 의미이다. 문헌 사료도 고고 사료도 역

13　濱田耕作, 『通論考古学』, 雄山閣, 1922, p.5.

14　三宅米吉, 「日本考古学発達の概略」, 『考古学雑誌』第 7 卷 第12号, 1917, pp.735~736.

15　濱田耕作, 『通論考古学』, 雄山閣, 1922, p.11. 원문에는 "Archeology is the science of the treatment of the material remains of the human past"이고 일본어로는 "考古学は過去人類の物質的遺物に拠り人類の過去を研究する学なり"라고 적고 있다.

16　濱田耕作, 『考古学研究法』, 雄山閣, 年度不明, p.19.

사적 혹은 학술적인 의미가 붙은 자료가 되는 것이다. 특히 문헌 부분 이외에도 언어학과 체질인류학의 연구도 동원되어야 하며 이를 종합하여 정리된 것이 자료가 될 수 있으며, 이를 가지고 비로소 완전한 결과[17]로서 인류의 과거를 연구하는 총체적인 작업이 될 수 있다고 보았다.

이것은 근본적으로 과학의 원리를 동원한 것이었다. 여기서 과학이란 자연과학과 문화과학 두 분야로 나누어지는데, 고고학과 인류학도 과학이라고 본 것이다. 특히 고고학이나 인류학은 "문화과학에 속하는 것이며 문화를 다루고 있는 것"[18]으로 문헌이나 민속, 고고 등의 모든 것을 총칭하며 인간이 남긴 사료를 통해 역사를 구축하는 것이었다. 하마다는 이집트 고고학자인 페토리를 인용하며 "고고학은 인문과 과학의 양면성"[19]을 가진 것으로 고고학은 인류 '문화'의 일부분으로서 풍속, 미술, 종교, 경제, 문헌, 사학으로 존재하는 것으로 보았다.

고고학은 인류 문화의 과학인데 이것은 각각의 분야에 의해 풍속사적, 미술사적, 혹은 종교사적 혹은 경제사적 방면에서 고찰되고, 이것은 결과적으로 커다란 문화사적 연구로 총체화되는 것으로 보았다. 고고학을 연구하는 것은 단순하게 고고학의 활동이 아니라 문화사 연구자로서 나아가는 것으로 본 것이다.[20] 즉 '문화'란 인류의 집단적 생활양식으로서의 역사라고 생각한 것이다.

17　濱田耕作, 「考古学上より見たる九州の古代民族」, 『東亜考古学研究』, 岡書院, 1930, p.608.
18　大山柏, 「所謂人類学と史前学との関係」, 『人類学論叢』, 岡書院, 1929, pp.146~147.
19　濱田耕作, 『通論考古学』, 雄山閣, 1922, p.23.
20　濱田耕作, 『考古学研究法』, 雄山閣, 年度不明, pp.20~21.

4. 문화연구로서의 고고학과 보더스케이프(border-scape)

하마다가 생각하는 과거란 문헌자료가 나타나기 이전을 말하는 것으로, 고고학이라는 방법론을 구사하여 그 과거를 짜내고 학문적 성과로 생산해내는 것을 목표로 했다. 고고학적 자료에 의해 인간의 행동양식이 추출되는 고고학적 방법을 활용한 것이다. 그러한 고고학적 방법은 그 자료를 통해 유물의 역사시대를 결정하고 그 유물 자료의 사실들을 종합하여 과거의 문화, 즉 생활을 복현(復現)해 내는 것으로 연결되면서 문화연구로 승화되어간 것이다.

고고학은 인간의 행동양식을 유물을 통해 학적으로 분석하는 방법론인데 그 자체가 학문으로 정치되는 순간이었다. 이는 고고학과 문화연구가 학문화된다는 의미이다. 하마다가 보기에 문헌사료가 있었던 시대에는 당대의 인간이 당시의 양식을 기록한 것이기 때문에 그것을 중심으로 하여 해석이 가능하지만 문헌이 없었던 시대에는 그것을 복원하는 방법으로 유물이 존재한다는 것이다.

그 유물적 차원에서 유물을 통해 도출하려는 것은 생활양식으로서의 문화라는 해석이었다. 하마다는 특히 유물 중에서 토기에 초점을 맞추어 그것에 문화라는 개념을 대입시킨 것이다. 하마다의 입장에서 보면 한 사회조직의 고유한 특성이 문화로 정의되고 그 생활이 문화와 연결된다고 본 것이다. 단정적으로 말하자면 고고학으로 파악되는 문화요소 즉 토기를 예로 들면 그 토기를 사용하던 생활양상을 문화라고 상정하고 그러한 일례의 문화요소를 연구하여 그것을 총체화하여 명명하는 것을 시도한 것이다. 더 구체적으로 들여다보면 하마다는 소재별로, 즉 토기라면 토기를, 석기라면 석기에 주목하는 방식으로 그 개별적 요소의 차이를 설정했다. 이러한 개별적 요소가 문화의 원소를 이루게 되는데, 이를 종합적으로 연구하는 것을 '문화연구'라고 승화시킨 것이다.

문화연구는 인간의 소유물로서 인류의 집단적 생활양식으로서의 역사라고 생각한 것이다. 그러므로 생활양식 속에는 문헌만이 사료가 되는 것은 아니라 유물, 고고, 민속 등이 충분한 자료가 될 수 있었다. 이처럼 문화나 시기를 구분하는데 활용한 고고학상의 유적이나 유물은 그 시대적 특징, 즉 생활 속에서 어떠한 이기(利器)가 재료로 사용되어졌는가에 따라 석기시대, 청동기시대, 철기시대로 구분된 것이라고 이해한 것이다.

하마다는 서구에서 전개된 석기-동기-철기의 삼 시대의 구분법을 통한 시대변화 논리를 활용하고 있었다.[21] 이러한 삼 시대 구분법을 직접적으로 수용하면서 하마다는 시대 구분에 대해 그 시대에 사용했던 이기를 통해 시대를 구분하는 논리와 그러한 시기 구분이 갖는 문제점이었다. 이처럼 하마다가 관심을 가진 것은 시대 구분의 명명법과 그 명명 자체의 기원과 변용에 대한 자각이었다.

---

21 濱田耕作, 「考古学上利器の材料による時代の区分に就いて」, 『東亜考古学研究』, 岡書院, 1930, pp.596~598. 1806년에 패총이나 돌멘을 연구하는 위원이 1816년에는 코펜하겐에 고물박물관이 설립되었다. 그리고 이 박물관 창립 이래 약 50년간 관장이 된 것이 톰슨이다. 이 박물관은 채집품을 정리하고 분류하여 석기시대, 청동시대, 철기시대를 사용했는데, 이 분류법을 고고학 상, 인류 문화에 이기의 사용 재료에 의해 분류한 것이 시초이다. 이 석기·동기·철기의 3시대 분류법은 전문가에 의해 대체적으로 승인되었다. 학계의 대세는 이 3시대 분류법을 점차 채용하게 되었다.

시대적 구분의 기원과 시대구분을 앞서 언급한 쓰보이와의 논쟁 속에서도 있었듯이 하나의 이기를 통한 시대구분에 대한 설명이라는 점에 착안하게 된다. 즉 "이 분류법에 의한 석시대란 결코 인류가 돌만을 이기로 사용했다는 의미는 아니다. 목기(木器)나 골각기나 패총기와 같은 것을 사용하는 것을 허용한 것도 있고, 단 주로 사용한 현저한 재료가 돌이라는 의미이다. 그리고 청동기시대, 철기시대라는 것도 마찬가지로 이들 금속이외에도 다른 금속을 알지 못했다는 의미는 아니다"[22]라며, 실은 석기시대와 구석기시대의 경계의 모호성을 지적하고 명칭의 작위성에 의문을 던진 것이다.

하마다는 지금까지 일본에서 사용하던 구석기시대와 신석기시대라는 시대구분의 명명은 고고학이라는 담론 내부에 규정된 진실로서 존재하는 것이 아니라 그것이 영국이나 프랑스에서 작위적으로 명명된 학설이라고 보고 그 변천 과정을 확인했다. 이를 통해 하마다는 어디까지나 시대구분이 작위적 변용을 거친 것이라고 제시하면서 보다 더 적절하게 정의를 내리기 위한 이론적 반성을 시도할 필요가 있다고 보았다. 다시 말해서 하마다는 기존에 의식하고 있었던 석기시대가 신구(新舊) 두 석기시대 사이에 커다란 경계가 있다고 생각했지만 점점 연구가 진행되면서, 그 두 시대 사이에 과도기가 있었고 급변한 것이 아님을 알게 되었다.

그것은 기존의 인식처럼 구석시시대가 있었고 다시 신석기시대로 변용한 것이 아니라 중간시기를 거쳤는데, 그것이 석기시대 후기인

---

22 濱田耕作, 「考古学上利器の材料による時代の区分に就いて」, 『東亜考古学研究』, 岡書院, 年度不明, p.598.

지 신석기시대 초기인지 확인할 수 없음을 깨닫게 된 것이다. 하마다
는 그 '틀'을 자명한 학설로 받아들인 것이 아니라 다시 논의되어야 한
다고 제창한 것이다. 그것은 앞서 하마다가 언급한 고고학의 '연구 방
법론' 즉 고고학 연구법의 특징인 '층위적 방법'과 연결하여 생각했다.

고고자료의 신구관계를 중첩시키면서 주로 지층의 누적층과 형식
학적인 변화에 근거한 해석[23]을 적용시켰다. 시대적 구분법을 통해
그 시대의 사회나 문화를 해석해내고 그러한 '해석'에 대한 테제가 인
정을 받았던 것이다.

그것은 곧 과거 생활에서 사용하는 사물로서의 토기는 일상생활과
밀착되어 있는 것으로 토기가 다름은 서로 다른 생산수단을 가진 사
회로 설명되었고, 그러한 사회의 차이를 시대의 차이로 규정하면서
도 토기가 층위에 따라 발견되는 것을 어떻게 설명해야 하는가라는
문제로 발전한 것이다. 조몽문화나 야요이문화라고 정의하던 시대적
차이가 시간적인 계통성으로 증명되었지만, 그것이 동일한 층위에서
발견된다는 공간적인 문제를 해결하는 새로운 '틀'이 구상된 것이다.

1) 국지성(locality)의 재해석과 장소의 헤게모니화

하마다는 석기시대가 신구의 차이에 의한 시대구분, 토기의 양식
과 생활이 달랐다는 차이의 발견에 의한 문화의 복현이었지만, 과도

---

23 濱田耕作, 「遺物遺跡と民族」, 『民族と歷史』 1卷2号, 1919, p.21; 濱田耕作, 『考古學研究法』,
    雄山閣, 年度不明, p.15.

기가 존재했다는 것에 초점을 맞추었다.

하마다는 고고학의 연구방법론에서 사용된 층위법 연구를 중첩시키면서 시대와 문화의 계보를 재구축한다. 즉 "인류의 문화가 고고학상의 이기(利器)의 주요 재료를 이용한 것에서 석기시대, 청동시대, 철기시대의 세 단계를 거쳐 발전해왔다는 것은 세계 각 지방, 각 민족에게도 거의 보편적인 현상"[24]이라고 보면서 하마다는 고고학의 연구범위를 시간과 공간으로 구분하기 시작한다.

전자의 시간은 신구의 시간적 의미를 포함하면서 그것을 세계적 시간으로 보편화했다. 후자의 공간은 세계의 모든 '국가와 지방'이었다.

어느 한 나라의 문화, 한 민족의 문화를 한편으로는 세계의 다른 국민, 민족과의 관계에서 고찰하는 태도와, 또 한편으로는 유사이전부터 역사 이후에 이르기까지 모든 것을 하나의 연속성 속에서 고찰하지 않으면 안된다는 태도가 학계에 매우 현저하게 나타났다. 즉 문화의 관련연속을 증명할 수 있는 여러 자료가 연이어서 학계에 나타나게 되었다.[25]

하마다는 서구의 시간개념에 근거를 두고 신구가 교체한다는 논리를 제시하는 한편, 이기 사용 물질로 구분한 문화적 시기를 공시적인 세계적 시간으로 보아야 한다는 새로운 담론 편성을 제시한다. 그것은 고고학이라는 학문적 성격을 변화시키는 작업이라기보다는 고고학=문화연구라는 측면과 연관시키며 역사해석의 문화권과 지역연구

---

24 濱田耕作, 「日本文明の黎明」, 『濱田耕作著作集』 第1卷, 同朋舍, 1988, p.143.
25 濱田耕作, 「石金両時代の過渡期の研究に就いて」, 『濱田耕作著作集』 第1卷, 同朋舍, 1988, p.131.

를 링크시키는 새로운 지형도를 그리려 시도한 것이다. 그러한 시도의 시발점은 세계적 시간과 공간에 대한 하마다의 시선이었고, 그것은 중심과 주변, 중앙과 로컬의 경계를 해체하는 작업이었다.

즉 구석기시대와 신석기시대, 그 중간에 벌어진 과도기라는 시대를 재구성하면서 서구의 시간개념과 일치하는 시각으로 일본의 석기시대를 조망하게 된 것이다. 그것은 동시에 공간에 대한 확대이기도 했다. 그리고 시간적 변천을 고찰하면서도 또한 이 토기가 지방적으로 어떠한 변화특징을 나타내는가, 각 지방 상호간에 어떠한 교섭관계가 있었는가하는 문제에 대해 외연을 확대시켰다.

이는 "일본의 석기시대의 문화와 인종의 본질을 연구하면서 이 토기의 지방적, 시대적 연구의 정확한 기초가 먼저 만들어지지 않으면 안 된다는 것을 통감하고, 이 기본적 연구의 충분한 가치를 인정하지 않는 사람은 없다"[26]고 보며 문화와 인종을 연결하려 했다. 다시 말해서 신구의 차이에 변화가 일어나기 위해서는 "기술적 진보와 형식의 변용은 갑자기 발생하는 것이 아니라 고도의 문화를 가진 인종 혹은 문화와의 접촉에 의한 결과"[27]이기 때문에 자연스럽게 인종과도 연결되고 있었다.

고고학의 유물이나 유적에 대한 해석 즉 '토기의 형식'에 의한 시간변화의 논리를 중시하면서 일본의 조몽식토기와 야요이식토기의 구분을 계승하는 한편, 층위적 사실이 실존한다[28]는 것을 통해 문화현

---

26 濱田耕作, 「壺—東亜古代土器概説」, 『東亜考古学研究』, 岡書院, 1930, p.87.

27 濱田耕作, 「日本文化の源泉」, 『東洋思潮』第2巻, 岩波書店, 1935, pp.9~10.

28 濱田耕作, 「日本原始文化」, 『日本歴史』, 岩波書店, 1935, p.15. 하마다는 "일본에서 석기와 함께 발견되는 토기에는 두 개의 큰 종류가 있다고 볼 수 있다. 그 첫 번째가 조몽식토기이

상의 일부로서 실체 과학적으로 기술하는 새로운 학문구상이었던 것이다. 그러므로 하마다의 입장은 지방적 차이와 시간적 차이가 가져오는 전통적 입장, 즉 직선적인 발전단계적 입장에서 서구의 시간 논리 규정에 회수되는 동양의 고고학 자료를 문화로 기술하는 시점을 전개했다.

하마다는 일본을 하나의 일본으로 그려내지 않고 각각의 지방적 차이를 통해 국가를 분할해냈다.[29] 그것은 동시에 고고학적 자료의 근간을 이루는 토기의 형식에 고유성이 존재한다는 인식에 바탕을 두었으며, 그 인식을 통한 문화 해석 논리로서 고대 역사의 독자성을 형성해가는 다른 의미에서의 역사 재구축 논리를 내포하는 것이었다.

이것은 토기라는 문화요소 해석을 이용해 "진보한 토기 제작법이 나타난 것은 아마도 대륙방면에서 문화적, 인종적으로 새로운 파동이 전해져온 결과로서 야요이시기에 이르러서 농업도 병행되었다는 증거이며 경제적 생활에 커다란 변화가 생겼다"[30]라며 토기변용과 인종의 접촉을 설명해냈다. 인종의 이동과 토기의 변화가 일어난 계기

___

고 다른 하나가 야요이식토기이다. (…중략…) 이 두 종류의 토기 중 조몽식토기가 야요이식토기에 비해 오래된 것이라고 하는 것은, 동일 유적 중에서도 전자가 하층에, 후자가 상층에서 발견되는 층위적 사실에 의해서도 분명하게 알 수 있다"고 논한다.

29 濱田耕作, 「日本原始文化」, 상게서, p.18. 석기시대의 문화는 간토에서 도호쿠지방에 걸쳐 문화가 가장 큰 발전을 이루었고, 이에 비해 야요이식 토기를 동반한 석기시대 문화는 서일본에서 긴키지방에까지 걸쳐 번영했던 것에는 이론(異論)이 없다. 근래에는 석기유물 중 년대와 지방적 차이를 가장 현저하게 나타내는 토기를 연구하여, 이를 아쓰데식(厚手式), 우스데식(薄手式)라고 나누기도 하고, 혹은 독특한 유물이 나오는 장소를 대표하여 각종의 형식을 분류하는 방식이 나오기도 했다. 이들 분류 중에는 단순한 지방적 차이에 불과한 것도 있고, 커다란 문화를 나타내는 것도 있다.

30 濱田耕作, 「日本の民族・言語・国民性及文化的生活の歴史的発展」, 『濱田耕作著作集』 第1卷, 同朋舍, 1988, p.317.

가 되었고, 실제로 토기의 사용에 의해 사회가 변화한 것이 문화적 현
상으로 나타났다고 제시한 것이다. 하마다는 석기시대의 토기특질을
구분하면서 이를 문화적 양상의 차이로 연결시키는 과정에서 인종의
이동이나 접촉이 생겼다는 논리를 연결시킨 것이다.

　이것은 문화의 변용이 일어나는 계기가 되었고 이러한 문화적 발
전은 시간적 · 공간적으로 문화전파나 이동으로 나타나고, 한편으로
는 문화적 · 사회적 · 경제적 발전이 이루어지는데 이것은 전세계적
으로 발생했다는 관점이었다. 달리 말하면 문화적 발전은 '국가'와 '민
족'의 경계가 없이 세계적 횡단을 통해 이루어진 것이었다. 그것은 다
시 지역의 발전과 진화를 해명하는 하나의 중요한 열쇠로 작동했다.

　특히 동아시아의 일본열도와 일본열도 주변과의 비교를 통해 '세
계적'시점으로 증폭되었으며, 국가의 경계를 뛰어넘어 교섭이 가능
한 실천적 인식으로 제시되었다. 하마다는 "선사시대연구는 유구한
옛날에 존재했던 고립된 하나의 시대 연구에 그치는 것이 아니라 연
관성 속에서의 원사시대, 역사시대와 문화사적 연결성을 통해 관찰
연구를 하지 않으면 안 된다. 시간적 전후의 상관관계에 주의를 기울
이면서도, 공간적으로 일본 문화를 단순하게 일본적 산물이라고만
보는 것이 아니라 동아(東亞) 문화상(文化相)으로 지나, 조선, 북아(北
亞), 서역(西域)의 문화와 연결하여 이를 고찰하는 것"[31]이 필요하다고
인지하게 된다. 과거의 조몽이나 야요이시대를 다시 원사시대나 역
사시대라는 역사적 개념으로 치환하고, 이를 공간적으로 확대하여

---

31 濱田耕作, 「石金両時代の過渡期の研究に就いて」, 『濱田耕作著作集』 第1巻, 同朋舎, 1988, p. 133.

동아시아 문화권이라는 새로운 문화시스템으로 발전시키고 있었다. 이는 당시 시베리아를 조사한 도리이 류조의 세계적 문화흐름[32]을 가져오면서 체계성을 띠었다.

일본 석시시대의 문제는 그 토기 문제도 하나의 커다란 세계 선사문화와 연결되며 지역의 단독성 포기가 선언된다. 다시 말해서 일본열도의 문제는 세계적 문화의 문제, 인종의 문제와 연결되는 것이었다.

그것은 "일본의 신석기시대문화는 멀리 동북 유럽에서 북아시아에 퍼지면서 이동한 인종이 산출한 것이다. 그리고 그 하나의 부족이 동쪽 일본 섬에 건너갔는데, 이처럼 아이누인이 원(原)북방인종에서 가장 일찍 분리한 것"[33]을 알 수 있다고 주장했다. 물론 이러한 인종의 이동문제는 중국과 조선을 연결시키면서 로컬의 문제를 재고시킨다.

그렇지만 하마다는 바로 이러한 논점들을 종합하면서 새로운 문제를 제시한다. 즉 도리이가 제시한 문화이동의 연속성의 문제를 통해 문화적 이동은 인정하면서도 그것이 지방의 분화인가 아니면 문화의 교체인가를 설명해야 한다고 주장한다.

다시 설명하자면 하마다는 문화이동설을 통해 이동에 의해 그 지방이 발전한 것인지, 아니면 본원지가 있고 이주자들이 자극을 주어 그 모태가 발전한 것인지에 대한 해석에 주의를 기울이고 있었다. 그러한 의미에서 하마다는 중국문화 이동의 변화와 중국의 문화 그 자체에 관심을 둔 것은 아니었다. 바로 이동의 문제에서 생겨나는 문화가 자생이나 주위의 영향에 의한 교체냐라는 문제에 관심이 집중되었다.

---

32 濱田耕作, 「壺—東亜古代土器概説」, 『東亜考古学研究』, 岡書院, 1930, pp.91~92.

33 濱田耕作, 「日本文明の黎明」, 『濱田耕作著作集』第1卷, 同朋舎, 1988, p.148.

이제까지 하마다가 조선반도와 중국의 동북부의 토기문화를 설명해온 것은 바로 이 문제를 해결하기 위한 것이었다. 하마다는 자신이 직접 사이토바루(西都原)를 조사하면서 이 지역의 고분의 특징을 통해 지방적 분화의 논리를 정립하게 된다.

이것은 하나의 지방에서 일어난 고분양식의 변화에 지나지 않는다. 우리나라 전체에서 한 시대에 일제히 일어난 변화라는 것은 아니다. 또는 대륙문화를 받아들이면서 각 지방 각 민족들이 이 순서가 반드시 일치한다거나 하는 것을 말하는 것은 아니다.[34]

여기서 하마다가 사이토바루를 조사하면서 하나의 지방에서 일어난 변화라는 논리를 설정하고, 그것을 각 지방이나 민족이 일시적으로 일어나는 현상이 아니라고 주장하는 근거는 시대적 특징이 동시에 진행될 수 없다는 입장이었다. 조몽시대가 세계적으로 존재하지만 그것은 이동과 상호 영향에 의해 지방적으로 차이가 생긴다고 본 것이다. 석기가 나누어지는 측면에서 연속적으로 시차를 두고 나타난다는 입장과 동시에 그것이 인종의 이동이나 문화접촉이 차이를 두고 일어난다는 것을 연결하고 있었다.

이 논의에서 중요한 것은 하마다가 석기시대를 층위적으로 보아야 한다는 주장을 근거로 이 시기의 변동은 "동일민족 인종간에 약간의 민족적 분자를 보태어 혼융(混融)을 반복하여 오늘날에 이른 것"[35]이

---

34 濱田耕作, 「日向西都原の方形墳(第2百10号塚)」, 『濱田耕作著作集』 第1卷, 同朋舍, 1988, pp.39~40.

35 濱田耕作, 「日本原始文化」, 『日本歷史』, 岩波書店, 1935, p.33.

라는 내부인종의 진화설로 정리하여 발표했다.

세계적 시간의 흐름과 문화적 양상의 흐름을 교차시키면서 일본에 발달한 인종, 민족이 내부에서 혼용하고 발달했다고 그려낸 것이다. 외부의 영향을 받지만 일본 내부에서 자생적으로 발달했다는 학설로서 혼합민족론의 내용을 외부와의 접촉을 통한 내부발달론으로 규정했다. 그럼으로써 인종교체설을 주장하는 기타 사다키치(喜田貞吉)의 학설을 부정하게 된다.

기타는 미야자키(宮崎)현의 고분을 조사하고, 그 미야자키현의 고분은 구마모토(熊本)현의 고분과 다르다고 주장한다. 그것은 결과적으로 미야자키현의 고분을 만든 인종과 구마모토현의 고분을 만든 인종은 서로 다름을 제시한 내용이다. 이에 대해 하마다는 "고분양상이 다른 구조나 여러 가지가 다르다는 것은 인종차이에 의한 것이라고 하면 이것은 꽤 곤란한 문제이다. 동일한 인종이라 하더라도 다른 것을 만들 수도 있는 것이다. 반대로 다른 인종이라 하더라도 동일한 것을 만들 수 있는 것이다. 또한 옛날사람이 가지고 있던 많은 유물에서 불과 한 두 개를 보고 안이하게 결론을 내리는 것은 아니라고 본다. 규슈에서 고분을 제조한 민족과 기내(畿內)지방의 고분을 만든 민족과 동일한 일본인이며 종족상이나 인종상의 차이를 인정할 수 없다"[36]고 강조했다.

36　濱田耕作, 「考古学上より見たる九州の古代民族」, 『東亜考古学研究』, 岡書院, 1930, p.613, pp.617~618. 하마다는 "구마모토(熊本)와 가고시마(鹿児島)와 같은 지방에는 옛날부터 하야토(隼人)라든가 구마소(熊襲)라는 자들이 있었다고 말하는 것이 고서(古書)에 적혀 있다. 이를 어떻게 볼 것인가라는 반문을 받았다. 우리들도 이러한 것을 고서에서 보았다. 실제 그 고서에는 구마소의 나라라든가, 하야토의 나라라고 적고 있다. 그러나 구마소는 오늘날 우리들이 이야기하는 '인종상의 이인종'을 나타내는 것일까. 물론 하야토라고 쓰고

이러한 기타의 학설을 하마다는 층위적 고고학 해석 연구방법을 접합시켜 반론을 제기하며 자신의 주장을 정교화했다. 하마다 자신의 말을 빌리자면 동일한 장소에서 층위가 다르게 발견되는 토기해석을 통해[37] 조몽시기와 야요이시기, 즉 두 문화 간의 구별이 재협상되어야 함을 주장했다.

하마다는 인종과 문화의 연결점을 새로이 편성해냈고, 인종과 문화를 융합시키면서 본격적으로 보다 근본적인 의미로서의 인식론적 패러다임의 전환을 일으킨 것이다. 근대적 고고학의 과학과 인식의 통합을 설정하면서 문헌학에 근거를 둔 기존의 역사학과는 거리를 두면서 고고학 담론을 재편하면서 새로운 형태의 '문화생성론'을 제시하게 된 것이다.

5. 세계적 대화와 일본특수성의 재정치화

하마다는 세계적 공통현상으로서의 시대구분을 차용하면서 지방

<hr>

있지만, 그것은 일본인과 유럽인과 다르고, 지나인과 일본인과도 다르다고 적고 있는가하면, 고서에는 그것을 판단하고 있지 않다. 단지 하야토라든가 구마소라고 적고 있을 뿐이다. 그러나 그것은 인종 종족이 다르지 않고 풍속이나 언어의 사투리가 달랐을 뿐이다. 단순하게 명칭을 붙인 것이라고 해석해도 지장이 없을 듯하다"라고 주장했다.

[37]　濱田耕作, 「考古学上より見たる九州の古代民族」, 『東亜考古学研究』, 岡書院, 1930, pp.624~625.

적 차이에 의한 느리고 빠름을 통해 동아시아 지역을 중국, 조선, 일본으로 묶어내는 사회 상황을 구축해냈다. 그것은 서구의 개념을 유용하면서도 새로운 문화권을 엮어내는 논리였다. 그런 변용에도 불구하고 지역의 고유성과 피의 중심이라는 '중앙'에 대한 공간적 관심은 새로운 역학 구조를 생산하게 했다. 이를 위해 하마다는 객관적이고 과학적이며 공평한 기술이 필요하다고 보았다.

하마다는 이를 위해 외부자의 시선, 즉 외국인이 본 일본과 일본인이 본 일본의 국민 서술이 필요하다고 보았다. 그것은 최신의 서양적 고고학이론이나 외국인들의 일본 국민 해석이론의 수용을 위해 노력할 뿐만 아니라 그러한 이론을 일본인 입장에서 일본의 국민을 둘러싼 연구를 통해 객관적인 자세를 취한다는 의미였다.

다시 말해서 하마다는 중국과 조선, 일본의 유물·유적의 사례를 가지고 서양이론인 고고학을 재차 대상화하여 일본의 문화현상에 새로운 논리를 투영하는 고고학과 일본문명 구도를 구축해낸다. 하마다는 일본이 새로운 문화의 창출자로서 역사의 무대에 서게 되었다고 주장한다. 즉 하마다는 일본의 문명이 원래 아시아에서 서광을 비추기 시작한 것[38]이라고 주장한다. 하마다는 문화와 문명을 명확하게 구분하지 않았다. 왜냐하면 문명은 하나가 아니며, 또한 문명 속에는 일본적인 것도 있고, 서양적인 것이 혼재한다고 보았기 때문이다. 동시에 동일한 문명 안에서도 옛 것과 새 것이 존재한다는 사중구조로 설명했다. 하마다는 이처럼 다양한 요소들이 뒤섞여 있고 그것들의

---

38 濱田耕作,「日本文明の黎明」,『濱田耕作著作集』第1卷, 同朋舍, 1988, p.144.

결합체가 문명이라고 보았다.

이러한 문명관을 갖게 되는 하마다의 인식변화의 궤적을 다시 보면 고고와 서구의 아르케올로지를 접목한 고고학 이론을 새롭게 체계화하면서 형성된 것이다. 하마다는 일본의 고고학을 서양이론을 수용하면서 일본 내부에서 형성한 내부적 견해를 접목시키는 방식을 취했다. 그 논리를 일본문명에 오버 랩 시키면 외국문명의 요소를 받아들이면서 일본문명을 설명해내는 것이었다. 물론 결과적으로 일본문명의 특색을 찾는 작업을 시도한 것이다. 하마다는 "일본문명의 특색을 한마디로 말하면 그 문명을 형성하고 있는 요소가 아니라, 그 요소의 결합과 조합의 힘 그리고 새로운 것을 보태고 그것을 동화시켜 자신의 것으로 만들어온 바로 그것에 의의가 있다"[39]고 설명했다. 결국 하마다는 여러 문명들이 혼합되어 화학반응을 일으켜 커다란 세계적 규모의 문명성을 갖게 된 것이 '일본문명'이 가진 특색이라고 본 것이다.

이를 설명하는 것은 이론적으로 아시아대륙과 남방에서 흘러온 문화루트를 설정했다. 즉 가라후토, 치시마 그리고 남쪽의 류큐, 타이완에서 흘러온 문화들의 "총합으로서 일본 문명"[40]을 그려냈다. 이에 그치지 않고 하마다는 일본문화가 외국문화의 영향을 받아서 이루어졌지만, 문제의 핵심은 "모체가 된 것은 어디까지나 일본민족이 사는 국토이며 그 모체 속에 외래문화가 이식되고 발육된 것"[41]이며 문화의 생

---

39 濱田耕作, 「日本文明の起原」, 『濱田耕作著作集』 第1卷, 同朋舍, 1988, p.187.

40 濱田耕作, 「日本文明の黎明」, 상게서, pp.147~148.

41 濱田耕作, 「日本文化の源泉」, 『東洋思潮』 第2卷, 岩波書店, 1935, p.29.

산자 또한 인종상으로 우리 일본인 조상이 중심이었다고[42] 주장했다.

일본 내부의 고유성에 가치를 두었고 일본문화와 문명을 중심에 두면서 동시에 그것 자체를 새롭게 구축하고 있었다. 바로 이 시점에서 일본문명의 고유성과 주체성을 확립하고 있었던 것이다. 여기서 주의해야 할 것은 일본이라는 국가 안에서의 고유성만을 강조한 것이 아니라, 일본 외부의 문화를 받아들이면서 형성한 세계적 시선과 긴밀하게 뒤얽혀 있음을 제창한다. 하마다는 일본이 가진 '고유문화'는 우성이라는 점과 일본문화의 세계적 사명감[43]을 강조한다.

하마다는 외부로부터의 유입된 문화적 영향이라는 측면을 통해 '세계적 시선'으로 국가와 지역을 재구성하면서 서구와 대등한 시점이라는 주장을 이어갔다. 일본이 가진 세계사적 사명감을 갖지 않을 수 없는 이유를 석기시대까지 거슬러 올라갈 수 있었고, 문화의 혼용이 이루어진다는 논리를 접목시키면서 일본문명을 고대에서 근대, 서양과 동양문화의 융합으로 설명해냈다.

하마다는 "일본의 문화생활 발전을 유사이전 석기시대부터 보아온 것처럼 연면적인 5천년 혹은 3천년의 역사생활 사이에, 항상 대륙으로부터 고도의 문화를 수입하여 이를 철저히 동화시켜가는 과정에서 반복적으로 지나문화의 정수를 거의 남김없이 섭취한 곳에 나아가서는 서양제국의 문화를 수입하고 이를 동양문화의 경우와 마찬가지로 철저히 동화한 결과 동서문화의 융합이 가장 잘 어울리게 이루어진 것"[44]이라며 일본국민의 크레올성을 강조했다. 그렇기 때문에 특수

42　濱田耕作, 「日本文明の黎明」, 『濱田耕作著作集』第1卷, 同朋舍, 1988, p.145.

43　濱田耕作, 「日本文化の源泉」, 『東洋思潮』第2卷, 岩波書店, 1935, p.33.

한 역사적 발전을 갖게 되었고, 그것은 다시 현재로 치환되어 제국일본이 나타난 것으로 그 우수성을 강조하고 있었다.

하마다는 일본이라는 로컬-내셔널리티를 초극하는 트랜스 포지션을 통해 서구와 대등한 일본국민의 모습을 체현시킨 것이다. 그것은 일본이 과거부터 실천해온 문화 융합 경험을 독자화하면서 로컬 포지션에서 세계적 포지션으로 지적 영역을 수평화했다. 그리고 다시 일본 문명을 새로운 헤게모니를 지닌 특수 문명으로 수직화했던 것이다. 이처럼 하마다는 고고학 이론과 연구방법을 통해 로컬과 세계성을 재구성하는 지적 스펙트럼을 통해 탈경계성과 탈영토성을 구현하면서 지적 대상과 거리를 유지하지 못하고 국민국가의 주체로서 재경계화했던 것이다.

44　濱田耕作, 「日本の民族・言語・国民性及文化的生活の歴史的発展」, 『濱田耕作著作集』 第1巻, 同朋舍, 1988, p.335.

제5장 고고학의 동원과 로컬리즘의 재구성

1. 식민지와 국민국가

일본이 실시한 식민지배정책의 특징으로 일본내지연장주의를 내세운다. 다시 말해서 식민지 지배정책의 핵심논리가 동화정책이었고, 피지배민족에게 일본화를 강요했다는 폭력성이 지적되어 왔다.[1] 이처럼 일본이라는 자국의 이데올로기를 기준으로 피지배민족을 폄하하는 이론을 창출하고, 지배이데올로기의 정당성을 유지했다는 점에서 비판적 화살은 피해갈 수가 없었다.[2]

1 　최석영, 『일제의 동화이데올로기 창출』, 書景文化社, 1997, pp.16~64; 최석영, 『일제하 무속론과 식민지권력』, 서경문화사, 1999, pp.24~25.

2 　이순자, 『일제강점기 고적조사사업 연구』, 경인문화사, 2009; 青野正明, 『朝鮮農民の民族宗

그런데 문제는 식민지지배 체제의 구조 비판이 국민국가의 체제 비판이라는 이론으로 은근슬쩍 둔갑하고, 국가일반의 문제로 슬라이드 되면서 근대 국민국가 전체의 문제로 탈바꿈하게 되는 것에 있다.[3]

새로운 시공간을 만들어내고 이러한 시공간은 다시 기존패러다임으로는 풀어낼 수 없는 현실적 강박관념과 분열증을 만들어낸다. 전자의 강박관념이란 일제의 식민지지배 폭력성을 '올바르게 기억'하고 제시하려는 시도이다. 이 기억의 길을 잃지 않기 위해 조선총독부를 비롯하여 일본제국의 폭력성을 반복해서 강조한다.

한편으로는 국민국가 일반론을 대입함으로써 일본제국은 국민국가 보편의 문제로 식민지 지배정책의 재(再)사유를 유도한다. 이러한 두 대립적 욕망은 제국의 문제를 복잡하게 만들고 다층적 구도의 문제로 치환하면서 사변적 내속성(inherent)의 한계점을 끄집어내게 된다. 즉 피식민자의 입장과 제국국민이었다는 이항대립적 구도의 피구속성의 문제이다.

본 장에서는 바로 이러한 쌍방적 문제를 조선총독부의 고적조사사업 정책에서 살펴보고, 고적조사 사업에 내재되어 있는 정책논리의

教』(東京 : 社会評論社, 2001), pp.83~98 참조; 朴賢洙, 「日帝의 朝鮮調査에 관한 研究」, 서울대 박사논문, 1993, pp.61~95; 金性致, 「朝鮮史編集会의 組織과運用」, 『韓国民族運動史』 3, 知識産業社, 1989, pp.121~164; 青柳綱太郎, 『総督政治史論』(全), 京城新聞社, 1928 등이 있다.

3　小森陽一, 『ポストコロニアル(postcolonial)』, 岩波書店, 2006, pp.iii~iv. 고모리 요이치의 표현을 빌리면, 식민지주의적 언설(담론) 즉 문명과 야만, 정복자와 현지인, 주인과 노예, 진화와 후진, 진보와 정체, 중심과 주연(周縁), 진실과 거짓이라는 이항대립주의적 개념을 히에라르키 속으로 봉인하는 언어속에서 구성된 주체와 그에 저항하는 대항하는 주체의 쌍방을 분석하는 것에 전략적 역점이 놓여졌다는 것을 인식하면서, 식민지지배가 끝난후, 식민지시대의 많은 유산을 불식하지 못한 채 맞이한 것으로 세계를 지배한 세력이라는 의미에서 신식민지주의 즉 포스트라는 접두사를 붙인다고 비판적으로 기술한다. 바로 이점에서 포스트 콜로리얼적인 상황에 대한 분석 시도가 이루어지고 있다.

특징을 밝혀내려 한다. 이는 기존 연구들처럼 조선총독부의 정책사업의 일환으로써 고적조사사업을 식민지화 과정의 지배 이데올로기 창출이었다고 반복해서 비판하는 서사보다는 그러한 정책을 수행하는데 동원된 연구자들의 논리구조를 밝혀내고, 그를 통해 식민지지배정책의 비판적 견해뿐만 아니라 국민국가의 내적 폭력의 문제까지도 풀어낼 수 있는 담론을 찾아내고자 한다.

나아가 일본 고고학의 성립과 식민지의 문제를 재삼 다루는 이유는 이른바 일본 중심주의의 유지정책과 깊은 연관을 가진 것이며, 근대일본의 아이덴티티의 변형 시발점이기도 하기 때문에 그 시원적 문제를 되짚어보는 기회다.

이를 위해 필자는 하마다 고사쿠(濱田耕作)라는 인물을 중심으로 조선총독부가 주관한 고적조사사업의 특징인 동화정책과 국민국가 논리의 문제점에 대해 새로운 분석을 시도하려 한다. 하마다는 조선고적조사사업의 핵심멤버로서 조선의 유적과 유물을 조사한 일본의 대표적 고고학자였다. 하마다는 조선의 고적조사가 "야마토(大和) 민족의 근원(本源)을 알고 그 인종적 혹은 언어적 전래를 알기 위해 조선의 고대사 연구가 필요하다"[4]고 기술한 것처럼 조선의 고고학 조사는 일본의 과거를 이해하기 위한 조사사업이었고, 일본적 '고고학 디스플린'을 통한 조사정책사업이었다.

하마다는 결과적으로 총독부 정책과 연동하여 일본제국의 국민국가를 완성하는 이론적 근거를 제시하게 되는데, 겉으로 보기에는 하

---

4   濱田耕作, 「朝鮮の古跡調査」, 『民族と歷史』 第6卷 第1号, 1921, p.1.

마다가 일본의 외부인 조선 조사를 통한, 국민국가의 외부를 상대화하는 것처럼 보였다. 하지만 하마다는 고고학적 역사학 개념 속에서 '조선민족=일본민족→신민→동아민족'이라는 인식의 변이를 일으키며 총독부 정책 수립의 핵심적 이데올로기를 재생산해낸다. 그런데 그 방법론 속에는 고고학과 역사학, 인류학을 횡단하는 학제적 월경을 통한 초역사학이라는 교섭학이 존재했다. 그와 동시에 피차별민족의 시선을 상대화한다는 의미에서 제국주의자의 시선이 아닌 피차별자의 시선을 인지한다는 역시선(逆視線)이 존재했다.

이러한 하마다의 고고학적 조사방법 역학 속에는 로컬과 글로벌리즘의 변주곡사이에서 도출한 이론인 것처럼 보이지만 결국 일본중심주의적 오리엔탈리즘으로 회귀하는 한계점을 지녔다. 이를 달리 표현하면 하마다는 서구인에 의해 주창된 당시의 '고고학' 이론을 받아들이면서 결국 고고학이라는 학지를 동원하여 조선총독부와 정책적으로 연계하여 조선을 재발견하며 '일본=중심', '조선=주변'이라는 경계를 재창출해 냈던 것이다.

하마다의 제국주의적 시선과 식민지 정책관여에 대한 분석은 지금까지 일본제국주의의 논리를 피지배자입장에서 일면적으로 비판한다는 한계점을 극복하고, 일본이 주변 인종이라는 마이너리티의 논리를 역으로 활용하여 제국 신민으로 나아가는 논리를 창출하는 모순성을 밝혀 국민국가가 가진 '내부 공동체' 창출논리의 한계까지도 짚어낼 수 있을 것으로 기대된다.

2. 고고학과 식민지 그리고 아이덴티티

배형일은 일본민족이라는 근대적 개념을 확실하게 성립시킨 것으
로 고고학과 인류학 조사를 지적했다.[5] 이는 고고학과 인류학이라는
학지를 근대적 인공품으로 해석하면서, 이러한 인공물에 의해 탄생
한 일본민족이라는 것도 동시에 인공적인 것으로 보았다.

다시 말해서 일본민족도 바로 근대라는 시간을 뚫고 나오면서 구
축되고 확산된 담론이라는 시각이다. 그러한 일본 내부의 공동체 형
성에 기초를 제공한 것은 역으로 고고학이라는 근대적 방법론이라는
것이다. 그러나 배형일은 '민족'이라는 개념이 구체적으로 일본 내부
에서 고고학으로 개념화되고 일본에 어떻게 수용되는지를 제시하지
않고 있다.

물론 이러한 문제점을 보완하듯이 이소마에 준이치(磯前順一)는 과
거에 자신을 투영하는 방법론으로써 문헌과 고고유물(考古遺物)이라
는 자료의 역할을 제시한다. 즉 '말(言葉)'과 '사물(物)'의 세계를 날카롭
게 지적하고 있다. 이소마에는 일본 『기기(記紀)』에 숨겨져 있는 민족
의 심연성이 고고유물에 투영되어 있다고 믿는 국민의 기원의 문제

5 　배형일, 「신화 속 고토(故土) 복원을 위한 유적 탐색」, 『일본의 발명과 근대』, 이산, 2006,
　　pp.253~257; 小安宜邦, 『日本ナショナリズムの解読』, 白澤社, 2007, p.130. 고야스 노부쿠니
　　(小安宜邦)는 일본민족의 의미를 고고학적 레토릭과 연결시키면서 근대 학문의 전개방식
　　을 해독한다. 즉 고고학이라는 개념이 가져오는 역사적 지층을 밝혀내는 것이고, 해독이란
　　역사적 지층의 언설상의 개념들이 어떻게 성립되는가를 읽어내는 것이라고 주장한다. 특
　　히 고고학적 해독 작업이라는 것이 일본민족의 에스닉적인 기원을 탐색한다는 의미가 아
　　니라, 오히려 그러한 기원을 찾아내려고 하는 학문적 지향 논리와 그러한 언설을 비판적으
　　로 해독한다는 입장이다.

에 대한 이의를 제기한 것이다.

이소마에는 특히 시원적 과거라는 역사를 이야기할 때 균질한 '우리들'이 형성되고 공동체 내부의 공감을 확보해가는 동질화의 수용돌이를[6] 문제시 하고 있다. 그런데 이러한 인식론적 경로에 연구지평을 열면서도 이소마에는 일본민족을 재구성할 때에 나타나는 탈인식론의 경로 자체를 내부의 인식론적 구조로 풀어내고 있다.

필자가 보기에는 자아 인식 속에서 나타난 내부 차이성만으로 드러나는 자각뿐만 아니라, 동시에 식민지 확대에 동반된 실체적 타민족과의 조우에 의한 인식론적 재구성이라고 생각하는데 바로 이 부분을 다루고 있지 않다고 생각된다. 이러한 문제를 다시 세계적 지형도로 조감해 본다면 서구에서 이루어진 동양학자들의 동양의 고고학적 조사는 정치적 색채를 띠고, 동양학=식민지학으로 방향을 잡았던 시기와 연동하고 있었다. 특히 식민지를 직접 답사하여 현지의 실상을 파악하는 실천 식민지학으로 발전하고 있었다.[7]

이를 모방하듯이 일본의 고고학자들은 식민지 조선을 실지 조사하는 경험과 고고학 이론을 접목시킨 것이다. 물론 이러한 식민지의 고고학적 조사 참여에는 현실적 모순이 존재하는데, 이것을 다시 일본의 고고학과 연결하거나 서구의 고고학 이론을 접목시키는 양상으로 치환하면서 일본 고고학의 아이덴티티를 재정립하는 쌍방적 움직임을 통한 이중구조가 융합되고 있었다.

이것은 특히 일본의 고고학자 하마다 고사쿠에게서 나타나는 특징

---

6 磯前順一, 『記紀神話と考古学』, 角川学芸出版, 2009, p.9.

7 藤原貞朗, 『オリエンタリストの憂鬱』, めこん, 2008, pp.124~125.

으로, 하마다가 '고고학'이라는 서양적 담론을 활용하면서 일본 옥시
덴탈리즘(Occidentalism)을 어떻게 표상하는가 그 수행과정을 살펴볼 것
이다. 이때 일본 고고학과 하마다가 가진 문제점을 서구에서 유입한
고고학 이론 그 자체의 분석에 두는 것이 아니라, 고고학이라는 학지
의 방법론을 통해 과거의 생활을 리얼하게 복원한다고 믿고, 그 리얼
리티를 진실이라고 이해하면서 자기 중심주의적 세계관을 형성한다
는 레토릭을 분석하려는 것이다. 이와 같은 과정은 특히 식민지지배
나 내부의 마이너리티 문제를 해결한다는 의미에서 인식의 초월성이
라는 방법론이 새로운 차별과 배제를 준별(峻別)하지 못했다는 점에
문제의 초점을 맞추려 한다.

3. 조선고적조사와 일본 고대사 복원의 꿈

잘 알려진 것처럼 조선이 일본제국의 일부로 편제되기 이전에 조
선반도의 고적유물(古跡遺物) 조사가 있었다. 세키노 다다스(關野貞)가
1902년에 실시한 고건축(古建築) 관련 기록이다. 이후 1905년에 이마
니시 류(今西龍)에 의한 조사가 있었고, 1909년부터는 도리이 류조(鳥
居龍藏)에 의한 석기시대 유적조사가 이루어졌다. 특히 1909년부터
1914년까지 조선반도 조사를 실시한 세키노가 중심이 된 팀의 고적

조사사업은 "대규모의 기획으로서 당시 고고학계에 이채를 띠고 있었다"[8]고 평가될 정도로 대규모의 획기적인 사건이었다.

이러한 조사는 총독부 주도에 의한 것이었고, 세키노는 도쿄제국대학의 조교수, 이마니시와 도리이 또한 총독부의 촉탁이라는 신분이었기 때문에 제국의 권력을 등에 업고 있었던 것은 분명하다. 특히 총독 데라우치 마사타케(寺內正毅)에 의한 고적사업의 의도는 이 고적조사에 참여한 고고학자의 관심과 친연성을 갖고 있었다.

총독부의 정책실시라는 제도의 정비와 학문적 조사라는 순수한 연구의 입장이 상호간의 보완작업으로 진행되었으며, 그것을 총체화하는데 기여한 학문이 바로 고고학과 인류학, 그리고 역사학의 융합이었다. 그곳에는 정책과 학문의 교섭되는, 즉 정책과 학문 세계라는 각각의 고유세계가 융합되어 식민지의 역사를 내지에 동화시키는 술책을 작동시킨 결과로 이어졌다. 학적 지식이 오히려 반대로 후자 쪽인 동화논리를 끊어주는 것이 아니라, 정책의 근원자료로서 활용되는 역할을 담당했던 것이다. 특히 조선의 고적조사가 정책 반영을 위한 실질적 자료의 획득이라는 본질론으로 환원되고 해석되는 과정에서 '조선인'이라는 '주체'는 상실되고 없었다. 조선 총독부의 정책입안을 위해 내지에서 온 지식인들에 의한 '고고학 조사'는 총독부와 지식인들이라는 '위로부터의 시선'에 의한 이데올로기 창출이었던 것이다. 그것은 조선이 식민지시기에 일본적 근대 국민국가 체제로 편입되면서 하나의 제도적 학지로 활용되는 측면이 강했고, 그것은 어디까지

---

8   濱田耕作,「朝鮮の古跡調査」,『民族と歷史』第6卷 第1号, 1921, p.49.

나 일본인들이 기획하고 의도하는 일본적 근대국가 틀 안에서의 고적조사였다는 것이다.

1) 유물에 대한 시선

일본 내지의 학자들이 조선의 민중적 생활서사인 고고학적 유물을 조사해야할 필요성을 주장했지만, 그것은 '조선인'의 주체성에 근거를 둔 것이 아니었다. 그들은 조선의 고고학 조사를 통한 조선의 고대 복원을 실현한다고 주장했지만, 앞서 언급한 것처럼 어디까지나 식민지 지배층의 시각이라는 한계를 벗어나지 못했다.

물론 식민지 고고학 조사에 적극적으로 관여한 세키노는 고적조사를 실시하는 이유가 조선인을 이해하기 위한 것으로, 조선인 당사자의 시선으로 조선의 역사를 보아야 한다고 주장하기도 했다. 그리고 역사의 유물들은 조선인의 입장에서 가치를 판단해야 한다고 주장했다.

그러나 세키노의 이러한 주장, 즉 조선인의 입장에서 조선의 역사를 본다는 논리의 반대편에는 일본의 고대사를 위해 조선 고적조사가 필요하다는 선험적 이중인식이 존재했다. 조선인의 입장에서 조선인의 시선으로 보면서도 궁극적으로는 일본의 고대사를 재조명하는 매개체로서 인지한 것이다.

조선반도에 최초로 조사를 실시했던 세키노는 "처음에는 개성, 평양 그리고 (…중략…) 나아가서 고령, 창녕, 영산, 진주, 하동, 구례, 광주, 나주를 지나 목포에 이르렀다"[9]고 회상했다. 이러한 조사지역은 조사지역 범위를 그려내는 하나의 기준이 되고, 점차 조사 중심지역을 북선(北鮮), 즉 함경도 지역과 남선(南鮮), 즉 경상도로 나누었다. 특히 미카미 쓰기오(三上次男)는 "고분발굴을 위해 투자한 노력은 대단한 것이었다. 이 시기의 고분발굴은 사료가 충분하지 않던 조선 고대사의 결함을 보충하려는 의도에서 시작된 것으로 낙랑군(樂浪郡)·고구려·신라·가야의 중심지 고분이 조사대상으로 선택되었다. 그 중에서도 가장 힘을 쏟은 것은 낙랑과 신라 고분이었다"[10]고 밝히듯이 이 고고학 조사의 의도와 기획은 일본인이라는 자신들의 자의적 편재에 의거하고 있었다.

고적조사가 전국을 조사대상으로 삼았다고 하지만, 이처럼 그 내실은 북부지역과 남부지역을 이분화하면서, 그 두 지역을 중점적으로 조사 대상지로 삼았다. 물론 학문적 성향까지는 뚜렷이 나타났다고 판단할 수는 없지만, 전국조사라는 다양성을 가장하면서 특정지역을 선택하고 집중한다는 로컬 고유성을 연출하는 이중구조를 취했다.

이는 앞에서 언급한 것처럼 정책과 학문의 통합적 전체상이라는 학적 자료의 발굴이었다. 그럼으로써 도달하게 되는 이론은 "대동강 남쪽에서 발견된 토기 및 칼, 창, 거울 등 이것들은 모두 신라와 가야(伽倻)와는 그 취향이 전혀 다르다. 말하자면 낙동강 연안에 있는 가야의 고분과 경주에 있는 신라의 고분 사이에는 관련이 있음을 인정하

9　関野貞,「伽倻時代の遺跡」,『考古学雑誌』第1卷 第7号, 1911, pp.1~2. 더 구체적으로 보면 세키노는 "철도선을 따라 경성(京城), 개성, 황주, 평양, 의주, 묘향산을 보고, 경성부근에서는 남한산(南漢山), 수원, 강화도, 돌아오는 길에 공주, 은진(恩津), 부여와 경주를 보았다. 그리고 작년에는 주로 남조선(南朝鮮)을 조사했다"고 논한다.

10　三上次男,「朝鮮考古学の発達」,『日本考古学講座』2, 河出書房, 1956, p.116.

지만 이것들이 평양에 있는 고구려의 그것과 관계가 있다는 것을 인정하기 어렵다"[11]는 논리구조로 시종일관하고 총독부의 정책을 위한 자료제시로 마무리되었다.

그러나 바로 이 자료제시 과정에서 역사 해석에 대한 갈등이 빚어졌다. 즉 학술적 연구 영역에서 한사군과 고구려유적에 대한 일본인들끼리의 발굴품 해석에 대한 갈등과 역사기술의 변용이 일어났다. 이는 고고학과 역사학이 내포한 순(純)학문의 세계가 접촉하면서 생긴 새로운 영역이었다. 여기서 바로 조선 고고학사의 발굴에 대한 정책사와 학설적 차이의 출현이 갖는 의미가 무엇이었는지를 동시에 고려할 필요성이 대두된다.

이러한 문제는 조선 고고학의 전체 진행과정 중에서 한사군과 고구려 유적 논쟁이 어떠한 의미를 가지고 있는지를 좀 더 명확히 보아야 할 필요가 있다는 의미이다. 특히 고적조사에서 드러난 석기시대의 유물로서 석기와 골각아기(骨角牙器), 그리고 토기를 대상으로 삼으면서 함경북도와 경상남도의 타제석기의 비교를 통해 지리적 구분을[12] 중시하면서 한편으로는 지역적 특징과 고고학이라는 학문이 통합되는 과정의 일면이기도 한 것이다.

문제는 그 통합학문의 내부에서 갈등이 생기면서 역사해석에 대한 이중성이 드러나고 있었다는 점에 주목해야 한다는 것이다. 물론 그 내부적 학설의 변천 달리 말하면 지역과 고고학적 해석의 추이를 살펴보면 "세키노에 의해 평양부근의 고분은 고구려의 것이라고 생각

---

11 梅原末治, 『朝鮮古代の文化』, 図書慣行会, 1972, p.11.
12 濱田耕作, 「朝鮮の古跡調査」, 『民族と歴史』 第6卷 第1号, 1921, p.11.

되었으나, 1910년에 도리이가 최초로 한(漢)의 낙랑군의 유적임을 지적"[13]하면서 도리이의 주장이 새롭고 독자적인 것으로 높이 평가되어 간다.

바로 여기서 고고학적 방법론이 동원되면서 새로운 역사해석이 도리이 류조라는 인류학자에 의해 새로운 지평을 연 것이다. 그와 동시에 이 조사를 계기로 북부지방과 남부지방의 석기의 차이를 구별하는 성과, 즉 강조하자면 지방적 차이이라는 장소의 문제를 인지하게 된 것이다. 이 시기에 조선의 고고학을 구축하면서 일본인 학자들 사이에서 갖게 되는 역사해석과 고고학, 인류학의 접촉이 이루어졌던 것이다. 다른 한편으로 고고학은 고고학의 고유성이라는 이념만으로 독립할 수 없고 역사학과 인류학이 링크되면서 성과물들의 해석이라는 비로소 고고학으로서의 내실을 구비하게 되는 것 자체도 가능해진 것이다.

그런데 이러한 조선반도 고고학 조사에서는 세 개의 문제점을 낳았다. 첫째는 북선에서 발견되는 토기를 둘러싸고 인종의 이동을 해석하는 논리가 만들어졌고, 둘째는 일본과의 친연성＝동조론으로 연결시키는 점이다. 셋째는 바로 조선의 고적조사를 통해 형성한 조선의 고고학을 만선학(滿鮮學)으로 외연을 확대하고 이를 '동아시아의 고고학'으로 확대해석해가는 단초를 형성한다.[14]

---

[13] 鳥居龍蔵, 「洞溝に於ける高句麗の遺跡と遼東に於ける漢族の遺跡」(『史学雑誌』 21編 5 号, 1910), 『鳥居龍蔵全集』 第8卷, 1976, p.604; 関野貞, 「伽倻時代の遺跡」, 『考古学雑誌』 第1卷 第7号, 1911, p.12. 세키노는 고구려 유적이라고 주장했던 자신의 이론을 도리이의 지적 이후에는 "대동강 남쪽 고분은 고구려의 것인가 혹은 낙랑군(楽浪郡) 것인가는 더 상세한 조사를 한 후에 판단해야 하며 가볍게 단언할 수 없다"며 신중한 태도를 보이게 된다. 그러나 결국 이것이 한(漢)나라의 유적으로 방향을 잡아간다.

그중에서도 이마니시와 구로이타 가쓰미(黑板勝美), 이나바 이와키치(稻葉岩吉) 등은 세키노나 도리이 류조가 전개한 논쟁을 통해 고구려 유물과 연결시키려는 선입견을 다시 만선으로 통합된 동아역사로 설명해야하는 필요성을 감지하게 된다. 이러한 상황 속에서 새롭게 대두된 것이 조선의 고고학과 일본의 고고학의 접촉인 것이다. 그것은 지역이라는 문제를 재구성하는 방식으로 동아고고학이라는 사생아를 낳게 된다.

4. 조선 조사와 탈영토주의

조선에서 실시한 고고학적 조사에 의해 발견된 유물과 유적의 해석을 통해 역사와 연결시키는 논리는 이전 것과는 다른 고유한 해석이라는 의미를 갖게 되었다. 이것이 근거가 되어 지역적 특징이라는 개념이 대두되고, 그것을 활용한 연구를 진행하면서 다시 총체적 역사학이라는 근대성을 띤 학문으로 재탄생하고 있었다. 이것은 고고

---

14 井上直樹, 「近代日本における高句麗史研究ー「滿鮮史」・「滿州史」と関連させて」, 『고구려연구』 제18집, 고구려발해학회, 2004, pp.325~372. 이노우에 나오키(井上直樹)의 지적처럼 이나바 이와키치(稻葉岩吉)의 논고를 참조하여 1922년으로 볼 수 도 있지만, 이미 조선 고적조사를 실시하면서 만주, 즉 한나라와 조선의 관계를 설명하는 논리를 인지하고 있었다고 본다. 이미 고적조사에서 지나와 한사군의 연결점에 의해, 이것을 만선불가분(滿鮮不可分)의 논리가 형성되고 있었다고 본다.

학적 발굴품의 지역적 특징을 찾아낸다는 신념아래 이루어진 다른 형태의 정책으로 기능하는 한편, 오히려 후자를 보강하는 움직임으로 추동되고 있었다.

하마다는 총독부의 고적조사사업의 추이와 그것에 동참한 일본 내지의 연구자들에 대한 서술에 관심을 가졌다. 하마다는 고고학분야에만 그치는 것이 아니라 역사학, 인류학의 방법론적 특징들까지의 학설 변천을 더듬어보고, 결과로서 각각의 학통(學統)에서 고고학의 계보를 재구축하는 작업을 진행시켰다.

그것은 동시에 고고학의 근간을 이루는 인류학과 역사학이라는 타 영역을 흡수하는 다른 의미에서 '고고학의 재구성'작업이었다. 한편으로는 기존의 고고학적 고유성 그 자체의 존립기반을 튼튼히 하는 계기도 되었다. 예를 들면 역사학자 이마니시 류가 조선사연구를 위해, 구로이타 가쓰미가 조선사편수를 위해 실시한 조선의 유적·유물 조사가 인류학자 도리이에 의한 발굴조사는 공통의 이익으로 작동한 것이다. 이들 사이에는 상호간의 차이화나 거리두기가 소거되면서 하나의 일률적인 논리로 합체되고 이것은 다시 "보다 넓은 의미로 파악하기 위해서 조사범위를 만주 일부에도 확대"[15]하는 동아고고학으로 체현되어갔다.

이렇게 본다면 어디까지나 고고학이라는 개념을 보다 정확하게 정의내리기 위한 이론적 방법론으로서 타학문과의 교류가 있었던 것이 아니라 역사학 자료의 제공이라는 텍스트로 재생되는 과정이었다.

15　梅原末治,『朝鮮古代の文化』, 図書慣行会, 1972, p.8.

그것은 타학문과의 조우와 교섭과정을 통해 고고학으로서의 아이덴티티를 고민하면서 동시에 타학문을 대상화하면서 신고고학 담론을 재구성하는 길이었던 것이다.

이러한 과정에서 중심 축 역할을 담당했던 하마다는 유적, 유물들 중에서도 토기와 고분해석에 집중했고, 다시 비교연구라는 방법을 통해 공통점과 차이점을 부각시키는 방향으로 나아갔다. 그것은 앞서 언급한 것처럼 도리이의 조사를 원용하기도 하며 동아연구로 확대시켜간 것이다.[16] 그러니까 하마다는 동아고고학이라는 입장에서 조선의 고적조사의 가치를 찾아낸 것이다. 다시 말하면 하마다는 고분이라는 증거물을 비교하여 각 지역마다, 국가마다의 차이성과 독특성을 찾아내어 동아연구를 진행한다는 담론을 재편해가고 있었던 것이다.

1) 고대사 복원과 역사 갈등

낙랑유적의 고고학적 유물들을 통한 역사해석에 차이가 발생하는데 그 중심에는 역사학자 이나바 이와키치(稻葉岩吉)가 자리하고 있었

---

16 濱田耕作, 「朝鮮の古墳」, 『東亞考古学研究』, 岡書院, 1930, p.452. 하마다는 "나는 시종일관 주위의 여러 지방의 고분과의 관계를 살펴보는 것을 잊지 않았다. 이 비교연구 방법에 의해 비로소 이들 나라들과의 유사 성질을 밝혀내고, 문화적 관계를 살펴볼 수 가 있기 때문이다. 또한 이들의 상이점을 판별할 수 도 있는 것이다. 어떠한 점이 특수한 발달을 이루고 있는가를 알게 되면, 조선 문화의 위치와 특질을 비로소 알 수 있고, 또한 동아 여러 나라의 특히 일본 고대 연구에 공헌할 수 있기 때문이다. 요컨대 조선을 위한 조선 연구가 아니라, 동아연구를 위한 조선을 목적으로 하면 조선연구의 가치는 한층 더 크다는 것을 각성할 수 있을 것"이라고 주장했다.

다. 이나바는 한반도 북부에서 낙랑유적이 발견된다는 점에 착안하여 그곳에 이주한 자들을 정치상으로 실패한 패잔자들이라고 주장했다.[17] 이나바의 논리를 보면 이순자가 지적하듯이 "일제가 이 지역(한사군과 고구려) 유물·유적에 우선적인 관심을 갖게 된 이유는 역사이래로 한반도가 중국의 영향력 하에 있었음을 강조하고, 이를 통해 한민족의 독자성을 부인하여 일제의 한국침략과 지배를 역사적으로 정당화, 합리화하려는 타율성론의 증명의도가 반영된 것"[18]이라고 보는 해석은 일견 타당하다. 그러나 당시의 주변 인물들과 좀 더 비교해 보면 역사 해석이 가진 다층성을 엿볼 수가 있다.

앞서 언급한 세키노나 이나바와는 달리 하마다는 북선에서 발견된 발견품들의 우월성을 강조한다. 하마다는 "조선 북반부가 한인의 직접 지배하에 있었고 놀랄만한 화려하고 장엄한 한문화의 세례를 받아 동이(東夷) 여러 민족과 전혀 다른 생활을 영위하고 전혀 다른 정치조직 아래에 있었던 것이다. 실로 반도에서의 한위진(漢魏晋)의 군현(郡縣)제도의 유지는 동방 여러 민족의 문화적 발전의 등대"[19]였다고 논한다. 이나바는 낙랑조사 결과를 통해 조선반도의 북부를 한나라의 식민지로 본 반면 하마다와 도리이는 반대로 그 우수성을 강조했다. 이는 당시 역사해석을 둘러싸고 지적 헤게모니의 사상전 속에서 고고학 자료, 인류학적 조사의 관점에서 서로 대립되는 역사서술이 전개된 것이다. 물론 낙랑군을 한나라의 식민지로 보는 이나바는 조

---

17 稻葉君山, 『支那社会史研究』, 大鐙閣蔵版, 1922, pp.275~276. 군산(君山)은 이나바 이와키치를 가리킨다.

18 이순자, 전게서, pp.98~111.

19 濱田耕作, 「朝鮮の古跡調査」, 『民族と歴史』 第6卷 第1号, 1921, p.38.

선 열등성을 강조하는 측면에서 조선 열등민족론을 주창하는 입장이었기 때문에 하마다와 도리이와는 차이를 가졌고 제국주의 시각의 소유자로 직접적인 비판이 가능했다고 본다.

그러나 문제는 그렇다고 해서 하마다와 도리이가 조선반도에 유입된 한나라 문화의 우수성을 강조하는 것이 일본인입장에서 조선을 옹호하는 발언이었다고 보아서는 결코 안 될 것이다. 역사학자 이나바가 주장한 조선민족 열등론도 일본인이라는 외부자의 시선이었고 하마다와 도리이가 낙랑군 민족의 우수성을 강조한 것도 일본인을 위한 반대편에 서있었다는 의미에서 동일한 맥락이었다. 다시 말해서 한민족(漢民族)의 조선반도 유입이 갖는 것과 그 한민족이 우수하다고 보는 견해에는 이유가 있었다.

먼저 지나[20] 문화의 영향이 조선반도에 영향을 주었다는 것을 지형적 세력 논리로 설명하면서, 지나의 정치상의 대변동, 인종상의 대이동이 조선반도에 영향을 끼친 것이라고 설명하는 이유를 살펴보아야 할 것이다. 하마다는 다음과 같은 북방지형도를 그려낸다.

주나라 말기 진나라(秦)에서 한나라(漢) 초기에는 이 지나 민족의 인종적, 문화적 파동이 동방으로 크게 일게 되었다. 한나라 무제(武帝)때의 세력은 가장 현저한 것이었는데, 동아의 역사상 가장 중대한 사건이었다. (…중

20　지나(支那)는 중국을 가리키는데 스테판 다나카, 박영재, 함동주 역, 『일본 동양학의 구조』(문학과지성사, 2004, p.18)에 의하면 근대 일본의 국학자들은 중국이라는 용어에 담긴 야만, 문명 혹은 내부, 외부라는 의미에서 일본을 분리하기 위해 지나를 사용했다고 한다. 본 논고에서는 그러한 의미보다는 당시 문헌에 나타난 용어의 리얼리티를 살리기 위해 그대로 사용하도록 한다.

략…) 주나라 말기 혹은 그 이전부터 한민족(漢民族)의 인종문화상의 확대 세력을 기초로 하여 시작되고 있었고, 동시에 성공했음에 틀림이 없다.[21]

지나의 역사변동과 한민족 사회의 확대에 의한 이동지도를 그리면서 한나라의 청동기시대와 철기시대의 시대를 구분해냈다. 하마다의 해석에 따르면 가령 한나라의 역사 해석 틀을 자명한 학설로 제시하면서 문제의 중심 요점을 일본과 연결시켰다.

결론적으로 하마다는 한나라(漢) 식민지 낙랑의 고분이 지나의 그것과 동일한 구조를 가지고 있으며[22] 그러한 지나식(支那式)의 영향을 받아 고구려의 분묘형태가 나타났다고 보았다. 그러나 "남방은 지나의

한(漢)나라 식 거울과 그 전파. 오른쪽은 조선과 일본에서 발견된 자료.
출처 : 赤松啓介, 『東洋古代民族史』, 白揚げ社, 1939 참조.

21 濱田耕作, 「日本文明の黎明」, 『濱田耕作著作集』 第1卷, 同朋舍, 1988, p.151.
22 濱田耕作, 「朝鮮の古墳」, 『東亜考古学研究』, 岡書院, 1930, p.459.

영향을 받은 점이 적고 약간 특별한 형식이 발달했는데, 그것이 일본의 분묘와 닮았다"[23]며 일본과의 유사성을 강조한다. 고고학적 자료에 의한 유물해석의 범주가 남선과 일본의 연관성으로 크게 변화되고, 고고학과 역사학 또한 그것과 연동하여 '일선동조론'의 강화가 일어난다. 특히 김해지역의 최초 발굴자인 이마니시 류와 도리이 류조, 구로이타 가쓰미의 1914년과 1917년 발굴, 그리고 1920년 가을에 실시한 우메하라 스에지(梅原末治)의 패총발견[24]을 통합하여 일본과 남선은 원사(原史)시대에 자매관계였고 일본의 문화는 대체적으로 반도에서 유입되었다[25]는 관점으로 체계화 된다.

결론적으로 조선반도의 남쪽과 일본이 밀접한 관계를 가졌다는 점이 전경화되고 독자화된 것이었다. 하마다 또한 지나의 시대적 흐름의 변천과 조선반도의 지역적 특징을 연결시키면서 동시에 남선을 일

남쪽조선 고분에서 출토한 도자기와 일본에서 발견된 도자기의 비교
출처 : 梅原末治, 『日本考古学論攷』, 弘文堂, 1940, p.461.

---

23 濱田耕作, 「朝鮮の古墳」, 상게서, p.478.

24 濱田耕作, 「朝鮮に於ける考古學的調査研究と日本考古學」, 『濱田耕作著作集』 第1卷, 同朋舍, 1988, p.284.

25 濱田耕作, 「朝鮮の古墳」, 『東亜考古学研究』, 岡書院, 1930, p.468.

본과 연결시키는데 중추적인 역할을 담당한다.

그것은 정책면에서 고고학적 조사의 유물발견뿐 만이 아니라 학문적으로도 고고학과 역사학의 이데올로기화를 꾀하는 것이었다. 그것은 실증적 자료를 중시하는 역사학의 흐름을 재편성하는 한편, 그것을 지나와 조선의 문제로만 다루는 것이 아니라 조선과 연결된 일본 지역의 일부로서 일본 고대사의 복원을 과학적으로 기술하려는 새로운 학문으로 연결해 가는 단초가 된 것이다.

2) 조선 고고학과 일본 내지의 연결

그러나 하마다는 역사학적 입장에서 기존의 역사학 해석에 회수되는 낙랑 해석을 전개한 것이 아니었다. 그것은 고고학과 인류학을 접목시켜 역사를 기술하는 시점이었는데, 하마다 자신이 말하는 것처럼 '고고학'의 특징으로 다루는 입장을 특화시켜간다. 하마다의 유물 해석 논리는 북쪽과 남쪽을 구분하면서 조선반도의 남쪽과 일본 규슈지방 그리고 내지의 관련성을 기술하는 데에 있었다. 하마다는 특히 토기의 연속성 문제를 거론하면서 지나의 시대적 흐름과 연동시켜 일본의 고대 토기시대를 해석하는 이론을 대입한다.[26]

---

26 하마다는 "김해의 화폐 하나는 모든 유적들과 연관을 가지고 있다. 뿐 만 아니라, 일본의 치쿠젠(筑前)이나 단고(丹後)의 화폐와 함께 돌화살촉(石鏃), 철화살촉(鉄鏃), 동철(銅鏃) 등의 유적도 모두 이것과 자매 관계를 가진 것으로 뒤엉킨 실이 이 하나를 가지고 풀어지는 느낌을 갖는다. 이들 유적 유물과 함께 지금 조선 각지에서 돌멘이라는 거석분묘가 그 내부에서 석검(石劍), 동검(銅劍)등이 출토되어 새롭게 그 시대를 추찰할 수 있게 되었다. 이러한 사실로 보아도 얼마나 조선의 조사 결과가 우리나라의 고고학과 중요하게 연락관

지나의 역사적 변혁과 조선반도의 역사의 요동을 연결하면서 다시 조선반도가 일본내지와 연결된다는 시선은 지나와 조선 그리고 일본을 아우르는 논리로서 '동아시아적' 시선으로 확대하는 동심원을 그리고 있었다. 그것에는 국가와 민족의 구별이 해체되고, 고고학이라는 발굴품 해석에서 나온 '사적(私的) 관념'이 역사적 복원이라는 '공적' 영역으로 침투해가는 방식으로 과거의 복원이 공식화되어 간다.

석기시대의 문화 조류는 곧바로 쓰시마(對馬) 해협을 지나 기타큐슈(北九州)에 중국 서부에 전파되고, 특히 원시 야요이식 토기는 발달하고 정비된 형식으로 전달되었다. 그러나 이들 대륙문화는 기타큐슈에 그대로 보존된 것이 아니라, 특히 원시 야요이식토기는 기후와 풍토에 혜택을 받아 크게 발달하였고, 기타큐슈에서 기내(畿內)로, 동해(東海)로, 동산(東山)으로, 관동(關東)으로 한발 한발 그 변화와 함께 특색을 발휘하여 완전한 일본의 야요이식토기가 되었고 마침내는 조몽식토기 문화를 구축하고 융합·조화하여 새로운 것이 되었다.[27]

여기서 하마다가 남선과 기타큐슈를 연결하는 논리 틀로 삼은 것은 야요이식토기였다. 하마다는 그러한 자료의 연결성을 통해 조선반도 남쪽과 기타큐슈, 기타큐슈에서 다시 일본으로 이동하면서 야요이식토기를 가진 자들이 조몽식토기를 가진 자들을 구축(驅逐)하거

계를 가지고 있는지를 알 수 있을 것"이라고 보았다. 濱田耕作, 「東亞古代土器槪說」, 『東亞考古學硏究』, 岡書院, 1930, pp.66~67; 濱田耕作, 「朝鮮に於ける考古學的調査硏究と日本考古學」, 『濱田耕作著作集』 第1卷, 同朋舍, 1988, p.286.

27 濱田耕作, 「朝鮮の古跡調査」, 『民族と歷史』 第6卷 第1号, 1921, p.17.

나 융합 조화를 이루어냈다는 것을 지적하고 있다.

하마다의 조몽식토기와 야요이식토기의 시대적 구분 평가가 정확하고 객관적이다 아니 그렇지 못했다라는 것이 문제가 아니라 여기서는 하마다가 남선과 기타큐슈를 하나의 지역으로 묶어내고 있다는 점에 중요한 논점의 핵심이 존재한다. 그러면서 그 이면에 복선으로 야요이식토기를 가진 자들이 내지를 동진(東進)했다는 신화를 제시한다. 다시 말하면 매우 단편적인 소묘에 지나지 않지만 하마다의 해석은 고고학적 해석이외에 신화 해석과도 연결되는 논리를 포함하고 있었다.

고고학의 해석에 중점을 두면서도 조선반도 남쪽이라는 외부를 내지와 연결시킴으로써 일본의 고고학적 시대 구분 논리와 고대역사를 조감하려 했던 것이다. 하마다는 조선의 남선과 일본 내지를 연결시킴으로서 고고학과 역사학의 학지를 근대 일본의 개관적 학문으로 성장시키고 있었다. 그것은 다시 일본의 '문명'과 연결시킨다.

그렇다면 이 신(新)민족은 어디에서 도래했는가 하면 이것은 조선반도를 통해 이루어진 것인데, 이 문화가 특히 규슈(九州)에서 서(西)일본에 현저하게 나타난다는 사실은 조선의 고고학상의 소견에서 추찰이 가능해진다. 그리고 이 민족의 파동은 반드시 일회에 끝난 것이 아니라 반복해서 이루어진 것이라고 상상한다. 이러한 유입은 실로 일본문명의 여명기에 가장 중요한 사건으로서 여기에 비로소 새로운 일본의 문명이 발족하게 된 것이다.[28]

하마다는 일본 내지에 신민족이 도래해왔으며 그것은 조선반도를 통해 반복적 이루어졌고 이를 통해 일본문명이 여명을 열었다고 보았다. 이는 교류를 설명하면서 일본 문명의 시작을 기술하면서 고대사와 고고학의 접목을 실현시키고 있었다.

이러한 시기에 역사학계에서 등장한 기타 사다키치(喜田貞吉) 또한 고고학적 발굴품을 통해 특히 토기 형식들을 통해 인종의 이동을 해석했다. 기타는 하마다와 마찬가지로 북선에서 발견된 한나라의 유물의 관련성과 남선에서 발견된 유물의 기타큐슈와의 유사성을 통해 역사해석을 지역적 차이라는 개념으로 일본의 인종을 설명했다. 즉 조선민족이 북쪽과 남쪽(한나라와 조선반도)이 혼효했다고 해석했고, 그것을 중첩시켜 다시 남선과 일본을 연결시켜 해석한다. 기타는 조선과 일본이 동원(洞源)인데 그 동원성 색채가 그 어느 국가들보다도 짙다는 것으로 설명하고 그것을 이해할 수 있을 논리를 혼합설(混合說)로 제시한다.

조선민족은 선주(先住)의 한인(韓人), 즉 왜인(倭人)적인 것, 만주방면에서 남하한 부여계적인 것, 지나에서 도래한 한족(漢族)적인 것이 주요 요소가 되어, 그것이 상호간에 혼효하여 오늘날의 조선민족을 이루게 되었다. 그런데 우리 일본민족 또한 마찬가지로 부여계통인 자들과 비교적 가까운 관계를 갖고 있다고 믿고 있다.[29]

---

28 濱田耕作,「日本文明の黎明」,『濱田耕作著作集』第1卷, 同朋舍, 1988, p.150.
29 喜田貞吉,「日鮮両民族同源論」,『喜田貞吉著作集』8, 平凡社, 1979, p.412. 朝鮮民族は, 先住の韓人即ち倭人のもの, 満州方面から南下した扶余系のもの, 支那から渡来した漢族のものなどが主たる要素となつて, それが互いに混淆して, 今日の朝鮮民族をなしたもので, 我が日本

기타의 혼합설은 지역의 차이라는 시각을 통해 국경을 소거시키면서 조선과 기타큐슈의 연결하여 고리화하면서 다시 지역을 재분할해낸다. 그것은 북선과 남선을 재분할하는 논리와도 연결되고 북선은 만주와 연결되는 역사관으로 재해석한다.

그 연장선상에서 일본 내지 안에서도 지역에 의한 차이성을 제시한다. 일본민족 안에서의 차이성, 그것은 인종적, 시대적 차이라는 패턴을 만들어냈다. 하마다는 "근래 도쿄대학의 마쓰무라 료(松村瞭)가 내지의 각 지역의 주민들에 대해 조사한 골격상의 계수에 대해서 보아도, 각지 각각에 다소의 지방적 특색을 가지고 있다. 같은 일본민족이라고는 해도 규슈인과 오슈인(奧州人) 사이에는 약간의 차이가 보인다. 같은 규슈라 하더라도 북부와 남부 사이에는 또한 약간의 차이가 있음을 피할 수 없다. 그리고 차이가 있는 것 중에서도 가장 극단적인 것을 비교하면 일본민족 안에서도 전혀 다른 별개의 민족이라고 해도 지장이 없을 정도의 간격이 있는 것도 적지 않다. (…중략…) 말하자면 일본민족이 결코 단순한 자들이 아니며 또한 서로 다른 민족의 집합이 아니라 혼효하여 만들어진 하나의 복성민족(複成民族)이라는 것은 사실상 충분히 입증"[30]되었다고 기술했다.

기타는 일본민족의 혼효성과 함께 지방적 차이도 강조한다. 그리고 그것을 지역의 재배치라는 구도 속에서 동원의 문제와 전파의 문제로 재해석해낸 것이다. 이러한 기타의 전략은 일본에서의 지역적 차이를 통해 일본의 조몽토기와 야요이식토기의 교체를 설명하고

民族亦是と同じく, 扶余系統のものと比較的近い関係を有すると信ぜらるる.

30 喜田貞吉, 「日鮮両民族同源論」, 『喜田貞吉著作集』 8, 平凡社, 1979, p.369.

조선 민족과의 혼효성도 제시한다.

　이렇게 도착된 혼효성은 일본 내의 차이와 국가 간의 차이를 시간의 차이로 설명하고, 시간의 추이에 의해 일본민족으로 혼효되는 과정을 중첩시킨다. 이러한 입장은 동시대의 하마다가 전개하는 시대구분과 조선의 유적조사와 연동되면서 공통적으로 창출한 이론이었다. 식민지 고고학의 결과물이 일본 내지의 역사학과 연결되며 고대 복원의 꿈이 현실로 나타나고 있었던 것이다.

5. 기억공동체 이데올로기의 표본화

　이처럼 하마다와 기타는 고고학과 역사학의 접목을 통해 '일선동조론' 담론의 틀을 자명한 것처럼 과학성을 동원하여 제시했다. 조선반도의 고적조사가 일본 내지에서 벌어진 고대사 해석을 둘러싼 담론편성 상 중대한 문제로 새롭게 등장한 것이다. 특히 논쟁의 중점대상이 된 것은 조선의 남쪽과 일본 내지의 연결문제였다. 하마다는 조선반도의 남쪽과 일본의 유사성이 존재한다는 논조를 제시했지만 그것에 그치는 것이 아니라, 그렇다면 그 지역적 새로운 형식의 시대가 출현할 때의 문제를 연속과 특수발달이라는 논리로 재해석하기 시작했다.

이는 새로운 이론으로서 외부의 영향과 내부의 발달관계를 이론화하는 작업이었고, 일본 내부에서만 거론된 고대해석을 외부와의 관련 속에서 재고해야 하는 커다란 문제로 등장한 것이다. 조선반도 북쪽에서 발견한 유물들이 지나의 영향을 받은 것임에 틀림이 없고, 그것이 지역적 특징으로 나타났음을 재차 확인했다. 그것은 동시에 조선반도 남쪽과 기타큐슈에서 발견되는 유물들의 형식을 보아도 서로 연결성이 깊음이 파악되었다. 그런데 발굴품들의 유사성은 이해가 되지만 그러한 발굴품들의 차이성을 부각시키면서 그 해석에 새로운 국면을 제시한다.

하마다는 조선반도 북쪽의 고분을 보면 지나의 영향을 받은 것이 분명하지만, 동시에 조선의 고유한 문화가 잔존(殘存)하고 있으며 그것은 조선의 독자적인 모습이라고 보았다. 또한 남쪽은 일본 고분과 매우 닮았으면서도 또한 차이가 있다는 것에 주목했다. 하마다는 후자 쪽인 바로 그 차이의 문제에 관심을 집중시켰다.

특히 하마다는 이마니시가 경남 함안군(咸安郡) 고분에서 발견한 특수한 유물인 비둘기 모양의 그릇과, 우메하라가 경주 금령총(金鈴塚)에서 발굴한 기마인물들을 통해 조선의 문화에 독자성이 존재함을 제시했다.

진귀한 의장(意匠) 형식을 가진 그릇(fancy-form vases)은 일본에서는 거의 볼 수 없는 것이다. (…중략…) 원래 지나에서는 부엉이 모양 등 새 모양을 가진 토기가 있었고 동기(銅器)로서도 발달했을 뿐만 아니라, 여러 가지 진기한 의장을 가진 그릇이 있다. 그러나 이것들이 조선의 기물

에 영향을 준 것이라고는 생각하지 않고, 이는 조선의 독자적 발달로 볼 수 있을 것이다.[31]

하마다는 이마니시와 우메하라가 발견한 유물들과 지역적 특성을 통해 유물의 의장형식의 차이를 해석했다. 그리고 조선의 유물이 독창적으로 꽃을 피워갔다고 분석했다. 이는 일본에서도 볼 수 없는 형식이며 동시에 지나의 영향을 받지 않고 형성된 독창적인 형식임을 설파한다. 하마다는 재차 토기의 도질(陶質)에 대해서도 마찬가지의 해석을 전개했다.[32]

조선 고고학의 근간을 이루는 현지조사 발굴품에 탁월성을 제시하는 것이었다. 그렇지만 그것은 일본과의 차이성을 강조하여 조선문화의 우수성을 논하는 포즈를 취하는 듯했다. 그러나 그 본질은 전혀 달랐다. 일본인들 즉 그들의 연구는 조선 사례를 힌트로 삼고, 참조항목으로 삼아 일본 내지를 다시 대상화하는 자료로 삼는 계기를 얻었다.

엄밀하게 말하면 조선 유물의 독창성을 논하면서 일본 내부의 고고학 해석에 상대화의 빛을 비추는 것을 시도한 것이다. 그러니까 조

---

31 濱田耕作, 「東亜古代土器概説」, 『東亜考古学研究』, 岡書院, 1930, pp.73~74.

32 濱田耕作, 「東亜古代土器概説」, 상게서, p.68. 하마다는 "처음에는 한나라시대 토기의 영향을 받아 발달한 것이라고 보았으나, 기물(器物) 형식을 통해 양자가 전혀 다른 별개의 계통 토기로, 신라 토기는 한나라 시대의 자기(瓷器)의 영향을 받지 않았다. 야요이식의 적색 토기를 만든 남선의 토민(土民)이 어떻게 이처럼 견치(堅緻)한 도질(陶質)을 가진 토기를 만들게 되었는가. 그들 자신의 문화 그것은 자연적으로 발달한 것일까. 아니면 외래의 영향에 의한 것일까. 나는 당시의 문화 대세에서 추찰해보면, 한식의 도자기 가마법 혹은 그 수법이 남선에 유입되면서 동시에 그 자극에 의해 이러한 우수한 도질기(陶質器)를 산출해내게 되었다고 생각한다. 한나라 시대에서는 볼 수 없는 견치한 도기가 출현했다는 것은 특별한 고도 기술의 결과"라고 추측했다.

선의 토기를 해석하면서 그 독자적 특징을 인정함으로써 일본 내지의 고적 유물의 독창성을 찾는 방향을 제시하게 된다. 이것은 일본 내부에서 일본인종론의 루트를 둘러싸고 벌어진 코로보쿨, 에스키모, 에미시, 아이누 설이 교차하고 있었고, 조몽토기와 야요이식토기를 만든 인종들 사이의 민족의 혈연관계를 설명하는 작업이 분출되던 시기와 맞물리고 있었다.

이 시기 일본의 인종론은 모스라든가 미른, 그리고 쓰보이와 고가네이(小金井)의 고대인의 인종해석 경쟁[33] 속에서 전개된 일본인종론의 총체적 정리시기이기도 했다. 이때 하마다는 서구인들의 인종론과도 호응관계를 가지면서 일본인 내부, 즉 기타와의 논쟁을 통해서도 고고학적 유물의 지역적 사례를 근거로 일본인종의 특징을 일관되게 주장한다. 그것은 바로 혼혈의 '양상'을 둘러싼 문제였다. 기타는 조몽식토기와 야요이식토기를 구분하면서 "조몽식민족을 야요이식민족이 구축하고, 혹은 이들을 병합했으며 민족적 우위를 차지하고 있었지만 결코 조몽식토기가 민족의 뒤를 이어간 것이 아니다"[34]라고 보고, 양자의 교체를 주장한 것이다.

기타는 혼혈과 병합이 이루어지면서도 인종은 교체했다고 주장한 것이다. 이에 대해 하마다는 조몽식토기의 사용자들과 야요이식토기 사용자들의 혼혈이 있었고, 그렇지만 "당시 이미 형성된 일본인의 본질을 변화시킬 정도의 대변동을 일으킨 것은 아니기 때문에, 우리들은 이를 일본인이라고 부를 수 있는 것이다. 물론 그 혼혈 요소는 지

---

33 鳥居龍蔵, 「考古学民族学研究・千島アイヌ」, 『鳥居龍蔵全集』 第5巻, 朝日新聞社, 1976, pp.320~338.

34 喜田貞吉, 「日本石器時代の終末期に就いて」, 『日本考古学選集8―喜田貞吉集』, 築地書館, 1972, p.20.

방적으로 다소 차이는 있다"[35]고 주장한다.

이로 인해 기타와 하마다가 '원일본인'을 두고 논쟁을 벌이지만[36] 하마다는 석기시대에 조몽토기를 사용한 것과 야요이식토기를 사용한 두 계통을 분절하여 나눈 것이 아니라 연속성으로 본 것이다. 하마다는 "이전에 일부학자들처럼 일본 문화사의 무대에 새로운 민족이 도래하여 옛 민족을 멸망시켰다는 등 교체를 주장하는 설은 믿을 수가 없다. 아니 동일 민족, 인종의 어간에 약간의 민족적 분자를 보태고 혼융(混融)을 반복하여 오늘날에 다다른 것"[37]이라고 주장한다.

그것은 조선반도가 한(漢)나라의 영향을 받으면서 새롭게 신라 토기를 이루어냈듯이 조선반도에서 이주한 자들에 의해 기타큐슈가 영향을 받았지만, 혼합을 통해 새로운 문화를 만들어냈고 그것은 일본에서 독특하게 발전하게 되었다고 주장하는 근거가 된 것이다. 처음에는 규슈지방에서 조선반도의 영향을 받아 발전했지만, 이후에는 오히려 그들을 능가하는 세력이 일본 내지에 중심을 이루고 전국을 통일해 간다고 주장한다.

특히 하마다의 인식은 한(漢)나라와 조선, 조선과 일본 규슈를 경계가 없는 지역의 문제로 연결시키면서 고적유물의 사례를 단서로 중심을 창출하는 논리를 재구성하게 된 것이다. 그것은 바로 긴키(近畿)지방에서 발견된 고적조사들을 통해 확고해 진다. 하마다는 "야마토, 가와치, 셋쓰(攝津)의 구릉지역에 남아있는 고분을 보아도 확실하다.

---

35 濱田耕作, 「考古学上より見たる九州の古代民族」, 『東亜考古学研究』, 岡書院, 1930, p.619.
36 喜田貞吉, 「九州の古代民族について」, 『喜田貞吉全集』第8卷, 平凡社, 1879, p.133.
37 濱田耕作, 「日本原始文化」, 『日本歷史』, 岩波書店, 1935, p.33.

『기기(記紀)』에 상대(上代)시대의 제도(帝都)가 많은데, 이 지방이 일본 문화의 중심이었다는 것을 말해주는 것과 일치하는 것이다. 우리 일본민족은 적어도 오진천황(應神天皇), 닌토쿠천황(仁德天皇) 이전 수 백 년 전부터 독특한 문화를 만들고 있었던 것"[38]이라고 주장한다. 이는 조선의 고적조사 발굴품을 해석하는 과정에서 독자성과 특수 발전론 이론을 일본 내지에 대입하는 한편 그것을 일본 내부의 고분해석과 인종해석으로 이론을 다시 편성하면서 결론을 내리고 있었다.

결과적으로 하마다는 "조선방면에서 들어온 새로운 부족은 다소 있었지만, 대체적으로는 그 성질이 변하지 않고 옛날그대로 전대(前代)에서 계속되고 있었다는 것을 알지 않으면 안 된다. 아니 이 인종, 민족의 현저한 변동을 생각하게 해 줄만한 자료는 없고 전대와 후대 문화들사이에 밀접한 연결관계는 인종민족의 불변성을 추찰하게 해 준다"[39]고 보고, 일본 내부의 독자적 발달론을 주창하게 된다.

대륙 도래의 신문화를 수용한 규슈에 있던 일본인은, 우리나라 황실의 조상에 통솔되어 긴키지방에 진출했다. 이 통합(consolidation)을 기획한 것이 진무천황(神武天皇)의 동정(東征)으로서 (…중략…) 야마토(大和)를 중심으로 형성된 야마토 조정은 마침내 그 통일성을 강고히 했다. 한편 규슈지방에 남아있던 구마소(熊襲)와 관동(關東) 동북을 점거하고 있던 에미시(蝦夷)를 정복했다.[40]

---

38   濱田耕作,「遺物遺跡から見た上代の近畿地方」,『濱田耕作著作集』第1卷, 同朋舍, 1988, pp.62~63.

39   濱田耕作,「日本原始文化」,『日本歷史』, 岩波書店, 1935, p.32.

40   濱田耕作, 「日本の民族・言語・国民性及文化的生活の歴史的発展」, 『濱田耕作著作集』 第1卷, 同朋舍, 1988, pp.318~319.

이처럼 진무천황의 동정(東征)으로 긴키지방에 진출하고 일본의 통합이 이루어진 것을 설명해냄으로써 고고학이 가진 실증성을 띤 과학적 견해를 토대로 기기신화의 등장하는 '야마토다케루노미코토(日本武尊)'를 설명해냈다.

그것은 오진·닌토쿠천황의 전방후원분형을 통해『기기』신화가 가졌던 사실적 구심을 고고학적 유물인 고분의 존재를 통해 기댈 수가 있었던 것이다. 그것은 단순하게 일본 내부에서 기기신화가 전설로서 세속화해가는 과정 속에서 사실로 기억해야 하는 일본민족의 근원이라는 이론을 재생시키고 증명하는 것이었다.

이것은 하마다가 총독부의 고적조사 사업에 관여하게 된 계기를 회상하던 자신의 바램이 이루어지는 순간이었고, 상상의 과거를 복원하는 순간이었다. 하마다는 자신이 조선 고적조사에 참여한 이유에 대해 "야마토 민족의 근원을 알고 그 인종적 혹은 언어적 전래를 알기 위해 우리들 선배학자들은 다년간 많은 연구를 거듭했지만 아직 만족할만한 의견에 도달한 것은 아니다. (…중략…) 적어도 일본 고대문화를 알고, 고대 정신을 고찰하기에는 조선의 고대사 연구가 단순하게 타산지석 수준에 머무르지 않고, 살이 되고 피가 되는 것이 많음을 알지 않으면 안 된다"[41]고 논하던 것처럼 하마다 자신이 그려내고 싶었던 고대라는 선입견 속에서 펼친 조선고적조사 참여였던 것이다.

결론적으로 조선고적조사 기획은 고고학이라는 근대 학지를 활용

---

41 濱田耕作,「朝鮮の古跡調査」,『民族と歷史』第6卷 第1号, 1921, p.1, p.71.

하여 일본민족의 고대를 재정의하려는 시도였으며, 그 식민지에서 얻어낸 결과는 일본인이 상상하던 고대 일본민족을 복원해낸 것이었다. 그것은 일본 내부에서 존재한 『기기』 신화를 조선의 고고학적 조사와 연결시키면서 인종이나 민족연구를 통해 상상의 과거를 설정하고 찾아낸 일본민족론이었던 것이다.

하마다는 "독일의 학자는 논문을 쓰기 위해 재료를 모은다. 그렇기 때문에 그 논문전체의 취지에 맞지 않으면 재료도 동시에 사용하지 않게 되는 경우가 많다. 독일적 학풍은 세계의 학계에서 배제되어야만 한다"[42]고 보았던 자신의 인식을 망각하면서 일본민족을 복원해야 한다는 기억 공동체의 자장 안에 갇히게 된 것이다.

---

42   濱田耕作, 『東亜考古学研究』, 岡書院, 1930, pp.489~490.

제6장 일본 근대역사학과 타자에 대한 시선

1. 근대 역사학과 신화학

일본 근대 역사학의 출발은 내부 신화 해석이론의 틀을 재구성하는 논쟁 속에서 이루어졌다. 그렇다면 이때 신화이론이 어떻게 재구성되고 형성되어 갔는지는 매우 중요한 일본의 근대 신화 이해가 될 것이다. 그것은 다시 주변 민족에 대한 신화를 재구성하는 이론으로 확대되는데 그 연관관계를 살펴볼 수가 있다.

이미 잘 알려진 것처럼 메이지기 일본사학의 흐름을 주도한 것은 관학아카데미즘사학[1]이었다. 특히 일본 근대 역사학의 원류라고 일

1　工藤雅樹, 『日本人種論』, 古川弘文館, 1979, pp.136~137. 물론 관학아카데미즘이라는 한 흐

컬어지는 시게노 야스쓰구(重野安繹), 구메 구니타케(久米邦武), 호시노 히사시(星野恒), 나카 추요(那珂通世) 등에 의해 출발했다.[2] 이들은 신화를 국가의 생성 궤적이자 정사(正史)의 기원이라는 정통성을 내세우는 논리로 설정했다.[3] 그 과정에서 주목했던 것은 역시 국가기원에 관한 서술문제였다. 그러나 건국신화의 비합리성, 즉 일본 기년(紀年)의 상이성에 대한 문제가 부상했는데 이를 해결하기 위해 주변국의 문헌참고를 통한 합리적 서술방법을 찾게 되었다.

그러나 그것은 결국 일본이 근대를 경험하면서 만들어낸 메이지 시기의 신화관념[4]의 생성 그 자체가 일본이라는 공동체 안에서 '신도'에 관한 재해석을 비롯해 인종에 관한 해석까지 외연을 확장하면서 총체화시켜가는 과정이었다. 다시 말하자면 당시의 신화인식=기년 문제발생=가공론은 일국(一國)=일본 안에서 그 내용을 규정하고 있지만, 그 논리는 일본 국가를 넘어 제국의 판도를 그리듯이 넓게 파급되어 작동되었던 것이다.

바로 이점이 근대적 신화인식이라는 보편주의가 환골탈태하여 조선신화 해석 논리로 전화되었으며 결국은 조선신화의 부정론을 낳게 된 것이다. 본고에서는 어떠한 역학 속에서 일본 공동체 내부 현실에

름만 존재한 것도 아니고, 역사연구 흐름이 당시 다른 파벌들과 무관계속에서 존재했던 것은 더더욱 아니다. 그 내부에도 몇 개의 조류(潮流)가 있었다. 또한 이 3대 조류의 어느 쪽에도 속하지 않는 분파도 있었다는 지적을 간과할 수 없다.

2　오구마 에이지(小熊英二), 조현설 역,『일본 단일민족신화의 기원』, 소명출판, 2003, pp.121~128; 이만열, 「日帝官學者들의 植民史觀」,『韓國史講座』, 一潮閣, 1982, pp.501~504.

3　永原慶二,『20世紀日本の歷史学』, 吉川弘文館, 2003, p.26.

4　세키네 히데유키, 「한일합방 전에 제창된 일본인종의 한반도 도래설」,『일본문화연구』 제19집, 동아시아일본학회, 2006, pp.163~185.

이데올로기[5]로 주술이 걸리는지 그 내용을 구체적으로 제시하면서 그 일면을 살펴보기로 한다.

2. 고서(古書)에 대한 해석 이데올로기의 발생

기년(紀年) 문제는 근대와 연동하면서 새로운 문제로 부상하기 시작했다. 태양력의 사용으로 인한 시간인식의 변화와 그것이 제도화되는 과정에서 역사에 대한 실감에 괴리가 발생하기 시작했다.

한나라 식의 시간개념에 근거하여 제왕의 직위시기를 기록한 『일본서기(日本書記)』의 허위성 또한 데이터를 부분적으로 밖에 기재하지 않은 『고사기(古事記)』의 문제를 (…중략…) 1877년대에는 전혀 다른 방법으로 제시되었다. 그것은 기년을 설명하는 간지(干支)의 '사실(史實) 정합성을 묻는 문제였다. (…중략…) 1877(메이지 10)년대에 나타난 갖가지 사론(史論)은 어떠한 입장에서 이러한 문제를 어떻게 대처할까 새로운 방법의 모색이 진행되었다.[6]

---

5 페터 지마 저·허창운, 김태환 역, 『이데올로기와 이론』, 문학과 지성사, 1996 참조. 페터 지마의 이 저서는 이데올로기와 이론에 대한 논의를 전개하고 있다. 이데올로기가 '왜곡된 주관적 인식'으로 보고 이론을 '참됨·진실·객관적 인식'이라고 설정하여 이데올로기에 오염되지 않은 자유로운 인식을 사회학적인 방면에서 서술한다. 필자가 참고하는 것은 술화(述話)자가 발화(発話)하는 것은 그 집단의 이해관계, 관심 및 가치지향을 표현한다는 의미로 보고 그런 점에서 모든 술화는 이데올로기적이라는 지적을 존중하여 활용하고 있다.

물론 기년론(紀年論)은 일찍이 모토오리 노리나가(本居宣長)와 이시하라 마사아키(石原正明) 등에 의해 촉발되는데[7] 그들은 모두 일본의 기년이 '가공'이라는 점에 주목했다. 이어서 1878년에 나카 추요(那珂通世)가 『상고년대고(上古年代考)』를 비롯해 1888년 9월 잡지 『분(文)』에 「일본상고년대고(日本上古年代考)」를 게재하면서 기년에 관한 논쟁이 지상(誌上)에서 전개되기 시작했다.[8] 다나카(田中)는 상고(上古)의 역사적 사실(史實)을 확정하려는 논리를 찾아내기 위해 기년논쟁을 주도했던 나카 추요를 인용하면서 다음과 같이 지적한다.

사실(史實)을 정 위치로 재배열하기 위해서는 확실한 기준을 설정하지 않으면 안 되었다. 여기서 나카추요가 착안한 것은 「한사(韓史)」였다. 이미 18세기 말에 후지이 사다모토(藤井貞幹) 등에 의해 『기기(記紀)』의 기년을 고찰함에 있어서 그 유용성이 인정된 조선의 사서(史書), 즉 『삼국

---

6   田中聡, 「「上古」の確定—紀年論争をめぐって」, 『江戸の思想』 8, ペリカン社, 1998, p.61.

7   森清人, 『日本紀年の研究』, 詔勅講究所, 1956, pp.10~13; 李永植, 「일본서기의 연구사와 연구방법론」, 『한국고대사연구』 27, 서경문화사, 2002, pp.178~182. 메이지 이전의 에도시대(江戸時代)의 '기년'문제 제시는 아라이 하쿠세키(新井白石)와 도 데칸(藤貞幹)를 들고 있다. 아라이 하쿠세키는 서기의 기년에 오류가 있음을 지적했고 도 데칸은 진무천황 시기를 주말(周末)·진초(秦初)의 시기와 비교하면서 설정하여 서기의 기년에 약 600년 연장이 보인다고 주장했다. 그리고 『동국통감(東国通鑑)』과 『성씨록(姓氏錄)』을 인용하여 스사노 오노미코토(素盞烏尊)가 진한(辰韓)의 군장(君長)이라고 적고 600년을 빼면 기년이 부합하지 않는다고 지적한다.

8   丸山二朗, 전게서, p.62. 기년의 진위와 기년설정에 관한 문제가 사회적 잇슈로 등장한 것은 요시다 도고(吉田東伍)와 구메 구니타케의 논고이다. 요시다는 "우리나라 고사에 나타난 기년이 상세하다고는 말할 수 없다. 말하자면 신대(神代)의 태고 적에는 황조(皇祖)의 신성함을 지니고 있지만 그 년 수가 정확하다고 불 수 없음을 알아야 한다". 吉田東伍, 『日韓古史断』, 冨田房, 1911, p.3. 요시다와 구메의 논고가 발표된 이후 기년논쟁은 1888년 중반에 피크를 맞이하게 되는데 1889년 전반기부터는 새로운 논점은 나타나지는 않고 이전 논쟁의 번복이었다. 田中聡, 전게논문, p.65.

사기』와 『동국통감』을 참조했다. 그리고 그러한 사료적(史料的) 가치를 확인하는 것에 그치지 않고, 일본과 한국이 진구황후(神功皇后)의 정한(征韓)이래 정치적 · 문화적 교류의 역사를 공유하고 있다는 사실(史實)을 쌍방이 객관적으로 기록하고 있다고 보았다. 간지와 기술내용이 맞지 않는 경우는 보다 확실성이 높은 한사(韓史)의 기록에 따라 『기기』의 기년을 간지에 의존하여 간지일원(干支一元)=60년 단위로 전후를 이동시켜 각 시기의 실년대(實年代)를 확정하는 작업을 착수했다.[9]

다나카의 주장처럼 일본인은 주변국의 역사서와 비교하는 방법을 통해 자신들의 기년을 확정하려는 작업에 착수했다. 특히 일본에 역일(曆日)을 사용하기 시작한 것은 스이코천황(推古天皇) 12년부터인데, 나카 추요는 그 이전의 역일은 없었다고 보고 일본의 사가(史家)가 가공하여 조합한 것이라고 보았다. 그리고 『일본서기』에 기재된 백제왕실 기록인 『삼국사기』, 『삼국유사』, 『동국통감』과 비교하여 그 간지에 차이가 있다는 점을 지적했다.[10]

진구황후(神功皇后)의 정한 역사를 사실로 기록하기 위해서 확실성이 높은 『한사』의 기록에 따라 『기기』의 기년을 간지에 의존하여 그 역일을 계산하는 방식으로 간지와 천황가의 연대를 상정하려 했지만, 간지가 맞지 않는 문제가 생긴 것이다. 그때 문제가 된 진구황후의 연대를 확정하기 위해 계산해보면 천황의 즉위기간을 1세가 28년이나

---

9 田中聡, 전게논문, p.66.

10 丸山二朗, 전게서, p.66; 李永植, 「일본서기의 연구사와 연구방법론」, 『한국고대사연구』 27, 서경문화사, 2002, p.179.

30년이라는 계산법을 찾아냈는데 이러한 계산법 확정에서 특히 문제가 되는 것은 '부(蔀)'[11]의 문제였다.

특히 1부(一蔀)를 1260년으로 보고 스이코천황 9년이 신서에 해당하는 시기라고 설정하고 이를 기준으로 소급하여 1260년 전 즉 주(周)나라의 혜왕(惠王) 17년(BC660)을 신서(辛酉)의 해로 보고 일본의 기원을 맞추었다. 바로 이 1부(蔀)의 수(首)를 신국년(辛國年)의 원년(元年)으로 가정했기 때문에 바로 여기서 부(蔀)의 문제가 발생한 것이다. 즉 진무(神武) 9년 소급을 설정한 후에 계산했기 때문에 기년이 맞지 않았던 것이다.[12]

나카 추요는 이 문제를 해결하기 위해 간지 120년 상향조정 논리를 주장했고 진구황후를 가공의 인물로 설정했다.

---

11 丸山二朗, p.55. 일원(一元) 즉 다시 말하면 간지가 한번 순회하는 60년은 인간의 신체구조도 변화가 발생하고, 또한 일부(一蔀 : 21元)즉 1260년에는 정치상으로도 대변혁이 일어나 국가의 대변혁이 발생한다는 설이다. 육십갑자(六甲)는 60년으로 이것을 일원(一元)이라고 부른다. 그리고 46·26상승(相乘)이라는 것은, 46상승(四六相乘)은 46＝24로 육십갑자의 4배이고, 26상승은 26＝12로 육십갑자의 2배이다. 또 여기서 4배의 4원(四元)과 2배의 2원(二元)과 처음의 육십갑자 1원(一元)의 일원(一元)을 보태어 7원(七元)이 된다. 이 7원 즉 420년간은 세 번의 이변(異變)이 있었다고 설명하고 게다가 37상승(三七相乘) 즉 37＝21로 21원(二十一元 : 1260년)을 일부(一蔀)로 보고 있다.

12 森清人, 전게서, p.57, p.64; 丸山二朗, 전게서, p.152. 호시노도 스이코천황 12년을 시작으로 역일(曆日)을 사용했지만 역일을 제정하던 시기에도 부수(蔀首)를 사용하던 습관이 남아있어서 진무천황(神武天皇) 즉위 해를 추정하여 신서(辛酉)의 해로 정했다고 보았다. 그러므로 1부(一蔀)를 1260년으로 계산하는 나카 추요와 동일하다고 볼 수 있을 것이다. 이 점에서 나중에 구로이타(黑板)가 스이코천황 9년에 해당하는 신서(辛酉)의 해를 기준으로 천황1세 즉위 해로 정하는 것에 의해 개혁을 단행한 성덕태자의 하나의 이상이 실현된 것이라고 논하게 된다. 이후 최대의 논쟁점은 신공기년이 4세기라고 보는 설과 3세기라고 보는 '기년논쟁'으로 전개된다. 4세기론의 대표자가 나카 추요, 구메 구니타케, 호시노 히사시, 구로이타 가쓰미이며, 3세기라고 보는 입장은 요시다 사타키치(吉田貞吉), 모리 기요히토(森清人)였다.

3. 기년(紀年) 문제 해결과 전통의 탄생

나카는 신화란 후대의 가공물이라고 인식하는 입장이었기 때문에 그렇게 주장했던 것이다. 물론 나카의 120년 상향조정 논리는 후대의 역사가들에게 비판받게 되지만[13] 그 논리 전개 방식을 보면 우선 천황 기년 표시를 『삼국사기』의 「백제본기」와 대조하여 진구섭정을 기재하고 있었다. 이 논리를 구라니시 유코(倉西裕子)가 제시한 표를 보면 다음과 같다.

〈표 진구기 항목과 백제 기년 대조표〉[14]

신공기의 항목 (神功紀の条)	서기(西曆年) *1	백제 기년(百済紀年)	간지(干支)	신공기의 기술내용(神功紀の記述内容)
①신공섭정55년 (神功摂政五十五年)	375년	근초고왕(近肖古王)30년	을유(乙亥)	백제 근초고왕 죽음
②신공섭정56년 (神功摂政五十六年)	376년	근구수왕(近仇首王)2년 *2	병자(丙子)	백제 왕자 기스케(百済の王子貴須)를 내세워 즉위
③신공섭정(神功摂政)64년	384년	침류와(枕流王)원년	갑신(甲申)	백제 기스케왕이 몰락. 왕자 침류왕이 왕위 계승
④신공섭정(神功摂政)65년	385년	침류왕(枕流王)2년	을유(乙酉)	침류왕이 몰락. 왕자 아화(阿花)가 너무 어려 숙부인 진기(辰斯)가 즉위

*1 : 서기로는 『삼국사기(三國史記)』「백제본기(百濟本紀)』에 의해 실년대 확인이 필요하다. *2 : 『서기(書紀)』는 「월년칭원법(越年稱元法)」으로 『삼국사기(三國史記)』는 「당년칭원법(当年稱元法)」에 의거하여 편년(編年)되었기 때문에 『서기(書紀)』에 있어서 백제왕 즉위 해는 『삼국사기(三國史記)』에는 「원년(元年)」이 아니라 「2년(二年)」에 설정한다.

13　倉西裕子, 『日本書紀の真実—紀年論を解く』, 講談社, 2003, pp.28~29.

14　倉西裕子, 상게서, p.24.

나카 추요는 백제의 근초고왕(近肖古王) 시기와 진구황후 시기를 억지로 맞추기 위해 근초고왕 이전의 백제의 네 명의 왕을 삭제했다. 나카는 실제로는 백제 제12대왕인 근초고왕을 제7대왕으로 상정했기 때문에 "백제 왕들의 연대는 근초고왕 이전은 의심가는 점이 많다. 시조격인 온조(溫祚)왕은 근초고왕의 7대조가 되는데 그 사이 200년 정도 간격이 있는 것을 보면 온조왕의 즉위는 근초고왕의 이전 373년이라고 보아야 하는데 이는 믿기 어렵다"[15]며 무모하게 네 명의 왕을 삭제해 버렸다.

이렇게 계산한 나카 추요의 기년 책정 방식은 중국(漢)의 조선사에 적힌 연대와 비교할 때 120년이나 차이가 나는 모순이 발생한다.[16] 결국 나카는 이 문제를 해결하기 위해 『일본서기』의 기준에 의한 연대 조정과 일본신화의 모순해결을 꾀했다. 다나카 사토시(田中聰)도 지적하듯이 "『기기(記紀)』의 기년 중에서 신용할 수 없는 것이 안코(安康) 천황 이전인데, 특히 진구(神功)·오진(応神) 천황시기를 실제보다 간지(干支) 2원분(120년)을 소급하여 표기하고 있는 것"[17]으로 "삼한정벌이 사실(史實)로서 나타난 것은 백제12대 근초고왕 시기였음에도 불

---

15 森淸人, 전게서, p.141. 중국의 자료 중 신공기(神功紀) 대조관계는 『삼국지(三国誌)』「위서(魏書)」 그리고 『진서(晋書)』「기거주(起居注)」에 게재된 기사가 있다. 다시 말하면 『위서(魏誌)』와 『진서(晋書)』의 신공기(神功紀)의 게재를 보면 신공섭정(神功摂政) 39년은 위조(魏朝)의 명제(明帝)의 경초(景初) 3년(서력 239년)에 해당하게 된다. 또 신공섭정 43년은 정시(正始) 4년(서기 243년)이 되고 신공섭정 69년은 서기269년에 해당한다고 이해할 수 있다. 이것을 『일본서기』를 기준으로 하여 『삼국사기』와 비교한 것과 중국의 『위서』,『진서』와 비교했을 경우에는 120년의 차이라는 모순이 생기고 있는 것이다.

16 연민수, 『고대한일관계사』, 혜안, 1998, pp.28~30.

17 李永植, 「日本書紀의 연구사와 연구방법론」, 『한국고대사연구』 27, 한국고대사학회, 2002, pp.179~180.

구하고 『기기』에는 그것이 초고왕대(肖古王代) 즉 근초고왕보다 백 여 년 전의 진구섭정기의 사건이라고 쓴 점 등에서 두드러진 작위를 확인할 수가 있다"[18]는 점이다.

이것은 이미 『일본서기』의 기준에 의한 연대 '가공설'과 일본신화의 모순 문제해결을 위한 정합과정이 이루어졌고 이는 역사해석의 인식을 형성해가는 과정이었으며 그 대표자가 나카 추요였다. 그러나 이러한 행보는 사실적인 가치로서의 합리성은 완전성을 갖추지 못했다. 왜냐하면 나카의 기년 상정론은 자신들의 입맛에 맞는 기년을 설정하기 위한 비판을 실시했기 때문이다.[19]

자국의 왕위계승의 정당성을 증명하기 위한 문명화된 기년을 유입하면서 자국의 표준성을 타국에 제시하기 위한 자기 확인의 표현이기도 했던 것이다.

이러한 기년논쟁은 결국 두 가지의 인식을 내포하게 된다. 첫째, 고대사를 바탕으로 한 신화 해석은 정확한 연대의 입증이 불가능하다는 점. 둘째, 따라서 작위가 가능하다는 논리이다. 이러한 기년논쟁을 거치면서 신화 해석에 하나의 전통이 창출되어가는 한편, 일선동조론과 관계를 맺는 신도에 관한 해석에서도 논쟁이 발생하게 된다.

---

18 田中聰, 전게서, p.59.

19 森清人, 전게서, p.58. 모리는 "나카 추요는 이른바 스이코 9년 소급설(推古九年逆推説)을 하나의 '합(合)'이라는 문자를 빠뜨리고 있는 듯 싶다. '21원(二十一元)'이 '일부(一蔀)'라고 한다면 일부(一蔀)는 나카추요가 주장하는 것처럼 1260년이 되는데, 그 다음의 '합1320년(合一千三百二十年)'이라는 것은 그 앞의 '육십갑자일원(六甲爲一元)'과 합하여 합계 1320이라고 해석된다. 따라서 당연히 제2부수(第二蔀首)는 구메 등이 주장하는 것처럼 제1부수(第一蔀首)에서 1320년 후인 신서(辛酉)의 해(年) 즉 사메7년(齊明七年)의 신년(辛年 : 661)으로 보아야 할 것이다"고 지적한다.

4. 신도 해석을 둘러싸고

구메 구니타케(久米邦武)는 일본의 신도는 고대부터 존재했다고 보는 인식에 서 있었다. 구메는 제천(祭天)과 일본의 신도를 연결시키면서 해석하고 있는데, 제천의 원래 의미는 '천신(天神)의 아들을 나라의 제왕으로 모시는 것'이라고 해석했다.

이는 고대사회를 제정일치의 시대로 상정하고 그 행사 중의 하나가 제천행사라고 이해했던 것이다. 구메는 제천행사를 이해하는 것이 국체를 아는 것이며 신도를 아는 것이라고 보았다. 신도를 이해하는 것은 곧 국체를 아는 것이라는 의미에서 신도를 일본의 국체논리와 연결시키고 있었다.[20] 국조(國祖)를 하늘과 동렬에 놓고 제사지내는 것이며 조(祖)라 칭하는 그 자체가 실제로는 제천이라고 보았다. 그러나 이렇게 일본의 국체논리와 연결시키면서도 신도는 동양에서는 이미 5천 년 전에 나타난 보편적인 행사라고 주장했다.

구메는 이처럼 제천과 관련하여 고대 동아시아의 공통적인 행사로서 '제천=신도론'을 주장했는데 이 논리는 요시다 사타키치(吉田貞吉)에게로 계승되었다. 그렇다면 과연 구메의 견해에 대해 어떤 면에서 동일한 것을 느꼈으며, 어떤 점을 계승했는지를 살펴볼 필요가 있을 것이다. 그것은 바로 구체적 변용방식을 찾아낼 수 있기 때문이다. 구메는 신도는 일본의 제천이라고 소개하며 다음과 같이 논한다.

---

20 久米邦武, 「神道は祭天の古俗」, 『史学雑誌』 第23号, 1891, pp.7~8.

이 제천 대전(大典)은 니나메사이(新嘗祭)인 것이다. 니나메사이는 아마데라스 오미카미(天照大神)를 제사지내는 것이 아니다.『기(紀 : 일본서기)』의 신대권(神代卷)에 니나메사이는 중국에도 있다. 니나메사이는 동양의 오랜 풍속이다. 한국(韓土)에도 그러했다. 후한서(後漢書 : 위지도 마찬가지)에 고구려(高句麗)의 10월 제천(祭天)은 온 나라의 행사였다. 그를 일컬어 동맹(東盟)이라 한다고 적혀 있다. 동맹(東盟)과 동명(東明)으로 예(濊)와 마한(馬韓)은 여름과 겨울 두 번 행사를 치렀다. 부여(扶餘)는 제천행사를 지내는 대회 기간 중에 연일 음식과 가무를 즐겼는데 이를 영고(迎鼓)라 한다. 이 나라는 12월에 대회를 열었다. 일본의 니나메사이도 예부터 두 번 행한 것임에 틀림없다.[21]

구메는 일본의 니나메사이가 일본의 고유한 것이 아니라 동양인의 하늘에 대한 배천(拜天)행사라는 견해였다. 그러나 그것을 다시 해석하면 동양의 배천행사로서 신도이기도 하지만 그것이 천황과 연결되었다는 논리를 전개하기에 이른다.

신도국가 일본을 육성한 것은 자모(慈母)의 은혜이다. (…중략…) 모든 지구상의 나라들이 모두 신도 안에서 나온 것이다. 갖가지 변화는 있었지만, 국체를 유지하고 순차적으로 진화한 것은 일본뿐이다. 신도 그자체가 규정하는 국가제왕을 봉재하는 논리를 변혁하지 않은 것은, 신도의 오랜 풍속을 잔존시키고 일부러 폐기하지 않고 신진대사의 활성세계를 통

21　久米邦武, 상게논문, pp.10~11.

과해 시대의 흐름에도 뒤떨어지지 않으면서 모든 국가는 주재자(主宰者)를 세워서 정무(政務)를 통괄해야 하는데 그 존숭의 자리는 결코 인간의 힘으로 결정할 수 없는 것이다. 일본의 만대일계(万代一系)의 천황을 받드는 것은 이 지구상에 또 얻을 수 없는 역사이다.[22]

구메의 이러한 논리는 이중적인 의미가 담겨 있다. 구메는 조선과 동원적인 의미의 제천행사로서 신도를 해석하는 '일선동원론'이다. 그러나 이는 국체를 손상시키는 의미로 해석될 수도 있었다. 구메의 이러한 입장은 필화사건에 연루(連累)되기도 하지만[23] 신도를 이해하는 방법론 중의 하나로서의 역할을 했다.

이에 대해 구도 마사키(工藤雅樹)가 "일련의 논고 때문에 대학을 쫓겨난 배경을 보면 국체에 반하는 논리를 주장한 것처럼 보이나 그뿐만 아니라 구메의 경우는 일찍부터 메이지정부의 한일관계의 움직임과 연동하면서 논지를 주장하고 있었다"[24]고 지적한 것처럼 결과적으로 구메는 일선동원론자로서 그 원인을 제공하고 있었던 것이다.

---

22 久米邦武, 상게논문, pp.22~23.
23 田中彰, 『近代日本思想大系 13 : 歷史認識』, 岩波書店, 1991, pp.557~560.
24 工藤雅樹, 전게서, p.149.

5. 신화 해석의 중층성 : 신화 해석과 인종분류

사학계의 기년문제를 들고 나왔던 대표적인 나카 추요는 신화에 대해 어떠한 입장이었는지 다시 한 번 짚어 보기로 하자. 나카의 「조선고사고(朝鮮古史考)」는 조선의 고대사에 대해 서술한 중국문헌을 자료로 삼아 역사를 해석하고 있다. 특히 나카는 「조선·낙랑·현토·대방 고찰(朝鮮·樂浪·玄菟·帶方考)」이라는 소제목의 논고를 보면 그 내용을 더 구체적으로 이해할 수 있는데 이를 검토해보기로 한다. 나카는 중국문헌의 『사기(史記)』를 참조하여 이 문헌에 처음으로 조선에 대한 기술이 등장한 점에 주목했다. 나카는 그리고 『한서(漢書)』, 『사기(史記)』, 『삼국지(三國誌)』, 『후한서(後漢書)』 등의 문헌들을 활용하여 조선신화에 대해 기술한다.

나카는 『한서』를 참조한 결과 단군은 "전부 조선인이 만든 것(全ヶ朝鮮人ノ作リタル者ナリ)"[25]임을 알 수 있다고 주장했다. 또한 『동국통감』에 기록된 기자(箕子)조선을 인용하며 확언하기를 『한서』에는 기록되어 있지 않은 단군을 조선인이 주관적으로 만들어낸 것이라고 했다. 그리고 나카는 단군이 기록되어 있는 『삼국유사』를 승려 일연이 날조(捏造)한 것이라고 비판한다.

『삼국유사』에서 단군의 이름을 왕검(王儉)이라고 하는 것은 평양의 옛

25　那珂通世,「朝鮮古史考」,『史学雑誌』第5編第4号, 1894, pp.40~41.

이름인 왕검(王儉)의 검(儉)글자에서 사람인변으로 바꾼 것이다. 이 전설은 불법(佛法)이 건너온 뒤 승려의 날조에 의해 만들어진 것이다. 이것을 조선의 고전(古伝)에 의한 것이라고 볼 수 없음이 명료하다. (…중략…) 승려의 망설(僧徒ノ妄説)을 역사상의 사실로 보고 이를 기록한 유일한 권근(權近)의 『동국사략(東國史略)』에 의거하여 1418년이라 한다. 이 기록 밑에 사신(史臣)의 안(案)을 적으며 '재적무징(載籍無徵)'이라고 말하는 것으로 보아 증거가 될만한 것은 없고 또한 후세의 승려 망탄(妄説)임을 알 수 있다.[26]

결론적으로 보면 그것은 단군신화를 부정하는 입장에서 신화 가공설을 주장한 것이었다. 그리고 그와 관련하여 「조선반도와 낙랑(朝鮮半島ㅌ樂浪)」 문제를 제시하기에 이른다. 나카는 "『한서』에 전하는 왕검성(王儉城)은 낙랑군(樂浪郡) 옥수(沮水)의 동쪽이라고 적고 있는데, 이것이 조선 압록강을 가리킨다는 것은 오류이며 『지리지(地理誌)』에 의하면 압록강(鴨綠江)의 옛 명칭은 마자수(馬訾水)로서 옥수(沮水)라고는 기록하고 있지 않다"[27]고 주장한다. 『지리지』에 기록되어 있는 '옥수'는 낙랑군 통치의 남쪽으로 규정하고 있었다. 즉 지금의 대동강을 가리킨다. 이 논리는 조선반도를 지배하던 낙랑이 압록강 만주지역에서 대동강, 즉 평양 아래 지역으로 내려가는 것을 확정짓는 것이었다.

또한 조선반도의 이주자에 대해서는 "중국의 동북변방 즉 지금의 만주와 조선 땅에 살던 고대인의 인종은 중국의 역사에 의거해 생각

---

26 那珂通世, 상게논문, p.42.
27 那珂通世, 상게논문, pp.47~48.

해보면 장백산(長白山) 이북에는 숙진(肅眞)이 있다. 숙진은 남쪽에 현
토낙랑의 변방지역에는 맥(貊) 인종이 있고 낙랑과 맥의 남쪽에는 지
금의 조선남부지역에는 한(韓)종족이 있다"[28]고 논한다. 낙랑지역과
한족에 대한 설명 이유는 다음과 같은 논지를 들어 진술한다.

> 맥(貊)은 그 이름이 오래되기는 했으나 고서(古書)에 보인 것은 그 이름
> 뿐이다. 사적 역사에 나타난 것은 한서(漢書) 고조기(高祖紀) 4년 8월 (…중
> 략…) 이 처음이며 한위(漢魏) 때 이르러 점차 부여(扶餘), 고구려(高句麗),
> 옥저(沃沮), 예맥(濊貊) 등의 제 종족이 나타나기 시작했다. 이들 종족을
> 맥인(貊人)이라고 하는 것은 우선 한서(漢書) 왕망전(王莽伝) (…중략…) 동
> 이전(東夷伝)에는 요동(遼東)지역 바깥을 맥인이라며 구려(句驪)라고 적고
> (…중략…) 후한서에 「구려(句驪) 일명 맥(貊)」이라고 하는 것은 고구려인
> 이 맥종(貊種)이라는 것이 분명해진다.[29]

나카는 『한서』를 참조로 하여 조선반도 북부에 나타난 고구려를
부여, 고구려, 옥저, 예맥과 함께 등장한 하나의 종족이라고 설정했
다. 이 4개 종족들의 친연성을 부각시키며 고구려인이 '맥종(貊種)'임
을 상정하고 있었다. 그리고 부여의 이름이 『한서』에서 처음으로 보
이며 『논형(論衡)』에는 부여의 선조인 동명왕(東明王)에 대해 적고 있
는 부분을 참고하여 고구려의 시조가 잘못 전해지고 있음을 확인할

28　那珂通世, 「朝鮮古史考」, 『史学雑誌』 第5編第5号, 1894, p.34. 肅眞氏ノ南玄菟楽浪ノ旁地ニハ,
　　貊ノ諸種アリ楽浪ト貊トノ南, 今ノ朝鮮南部ノ地ニハ韓ノ諸種アリキ.
29　那珂通世, 상게논문, p.38.

수 있다는 것이다. 그러므로 부여의 위치를 다시 정립해야 할 필요가
있다고 지적한다.

위지동이전에 (…중략…) 읍루(悒婁)는 숙진씨(肅愼氏)의 나라로 위지
동이전에 '읍루는 부여의 동북쪽에 천여리가 떨어져 북으로는 옥저(沃沮)
와 접하고 있고 그 토지는 산이 많은 험악한 곳'이라고 적고 있다. 서쪽은
송화강이 있고 동쪽은 동해바다에 이른다. 장백산을 중앙으로 하여 두만
강 이북에 흩어져 살던 종족이었다. 선비는 동호의 유족(遺族)으로 흉노
의 옛터에서 살았으며 그 동쪽에는 요수(遼水)의 강에 이른다. (…중략…)
부여국은 요수의 동쪽 송화강 남쪽에 있었으며 선비, 읍루, 고구려에 접
하고 있었다고 본다면 대충 지금의 봉천(奉天) 지역의 동북부 경계가 된
다. 이렇게 고려해본다면 부여지역은 지금의 개원현(開原縣)의 경내에 있
었던 것이 된다.[30]

이상과 같은 부여국에 관한 설명에는 조선반도로 이주한 부여족이
설명되고 있지는 않다. 이처럼 부여족의 이동과 지금의 봉천지역을
부여왕도의 터라고 설명하는데 그치고 있다. 이를 달리 표현하자면

---

[30] 那珂通世, 「朝鮮古史考」, 『史学雑誌』 第5編第6号, 1894, pp.37~38. 魏志東夷伝ニ「扶餘在長
城北去玄菟千里南興高句麗東與悒婁西與鮮卑接北有弱水方可二千里戸八萬其民土著有宮室倉
庫牢獄多山陵広澤於東夷之域最平敞土地宜五穀不生果」トアリ. 悒婁ハ古ノ肅慎氏ノ国ニシ
テ,魏志東夷伝ニ「悒婁在扶餘東北千余里濱大海南與北沃沮接未知其北所極其土地多山險」ト
アリ.西ハ松花江ヨリ,東ハ日本海ニ至リ,長白山ヲ中央トシテ,豆満江以北ニ散処セル人種ナ
リ.鮮卑ハ,東胡ノ遺種ニシテ,匈奴ノ故地ニ拠リ,其ノ東部ハ遼水ノ濱ニ至レリ.弱水ハ,今ノ松
花江ヲ指セルニ以タリ.扶餘ノ国ハ遼水ノ東松花江ノ南ニ在リテ,鮮卑悒婁高句麗ニ接シタレ
バ,大抵今ノ奉天府ノ東北境ナリ.トアルヲ合セ考レバ,扶餘王都ノ故地ハ今ノ開原縣ノ境内ニ
在ルナリ.

부여족에는 두 종류의 부여족이 존재했고 부여족이 이동하여 고구려를 세웠다고 주장하지만, 이 부여족은 부여족 중에서도 별개의 부여족이라고 설명한다.

고구려 시조 주몽에 대해 말하면 난을 피해서 남쪽으로 내려가 졸본강에 이르러 나라를 세웠다고 적고 있다. 이처럼 황당한 전설이 탄생한 것은 잠시 덮어두기로 한다. 해부루 천도설에 의하면 주몽이 태어난 곳은 말하자면 동부여로서 동해 쪽에 있었던 것으로 보인다. 그렇지만 동해쪽은 부여와 먼 거리에 있었고 또한 『위서』「고구려전」에 주몽에 관련하여 '부여를 버리고 동남쪽으로 갔다'고 적고 있는 것으로 보아 동해 쪽은 방향이 맞지 않는다. (…중략…) 부여 땅은 강역(彊域)의 넓은 지역으로 주몽이 나라를 세운 졸본 땅도 부여의 경내에 있었으며 졸본 부여라고는 하지만 고구려인은 그 본국인 부여에는 '북'자를 넣어 구별할 필요가 있다. 제기(濟紀)에도 '주몽 북부여에서 난을 피해 졸본부여에 이르렀다' 혹은 '주몽은 북부여에서 태자로 태어났다' 등 이 원 주석에는 '북부여왕 해부루'라고 적고 동부여라고 말하지 않는 것을 보면 동천(東遷)설은 믿을 수가 없다.[31]

---

[31] 那珂通世, 상게논문, pp.43~44. 即句麗ノ始祖朱蒙ニシテ, 難ヲ逃レテ南ニ走リ卒本川ニ至リテ, 国ヲ建テタルコトヲ記セリ. 此等ノ伝説ノ荒誕ナルコトハ, 暫ク置キ. 解夫婁遷都ノ説ニ拠レバ朱蒙ノ生レタル所ハ, 所謂東扶餘ニシテ, 東海ノ濱ニ在リシガ如シ. サレトモ東海ハ, 即日本海ニシテ, 扶餘トハ相去ルコト甚遠ク, 且魏書句麗伝ニ朱蒙ノ事ヲ記シタルニ「棄扶餘東南走」トアレバ, 東海ノ濱ニテハ, 方位合ハズ. 広開土王碑ニ「惟始祖鄒牟王之創基也出自北扶餘」トアリ. 扶餘ノ地ハ彊域甚広ク, 朱蒙ノ国ヲ建テタル卒本川ノ地モ, 扶餘ノ界内ニシテ, 卒本扶餘ト云ヘルガ故ニ麗人ハ, 其ノ本国ナル扶餘ニハ北字ヲ加ヘテ区別シタルナリ. 済紀ニモ「朱蒙自北扶餘逃難至卒本扶餘」, 又「朱蒙在北扶餘所生子来為太子」其ノ原注ニ「北扶餘王解夫婁」ナド見エテ, 東扶餘ト云ヘルコト更ニ無ケレバ, 東遷ノ説ハ信ズベカラズ.

부여를 두 종류로 구분하면서 그 두 흐름이 지역에 의해서 구분된다고 서술한다. 다시 말하자면 조선반도에 이주한 부족은 부여족 중에서도 가장 남쪽에 위치하던 부여족이라고 설정한다. 조선반도 이주자는 우수한 혈통을 이어가는 북부여가 아니라 남쪽의 별개 부여족이라는 것이다. 그것은 곧 고구려의 선조가 된 것은 북부여족이 아니라 남부여족이라는 주장이다.[32] 나카의 이러한 주장은 미우라 슈코(三浦周行)의 역사해석으로 이어져가고 있었다. 미우라는 '신화'에 대하여 다음과 같이 논술한다.

조선의 개국전설로는 단군과 기자를 들지 않으면 안 된다. 대체적으로 중국역사에는 기자전설을 게재하고 있으며 조선의 역사는 단군전설을 주로 적고 있다고 말할 수 있다. 그렇지만 신화전설의 괴이(怪異)가 많은 것은 동서 여러 나라에서 항상 나타나는 것이기 때문에 스토리가 논리적이지 않다고 하여 일괄적으로 비난하기보다는 그것이 원시적 민족 그 자체인가 후대에 만들어낸 이야기인지를 연구해야 하는 것이 문제라고 생각한다.[33]

---

32 那珂通世, 상계논문, pp.47~48. 扶餘ハ,遼東ノ古国ニシテ悒婁ノ西南ニ在リシコト,魏志後漢書以下諸書異辞ナシ.然ルニ魏書ニハ「豆莫婁国在勿吉国北千里去洛六千里旧北扶餘也,在失韋之東東至於海」トアリテ,失韋勿吉ノ東北ニ在ル豆莫婁国ヲ以て北扶餘ノ旧地ト為シタルハ,決ク魏書ノ撰者ノ疎謬ナリ.坪井博士ノ古朝鮮形勢考(史学会雑誌第参拾五号)ニハ,此ノ魏書ノ文ニ拠リテ,北扶餘ヲ遼東ノ扶餘ト区別シ,北扶餘ハ,高句麗ノ祖ニシテ,遼東ノ扶餘ハ百済ノ祖ナリト云ヘリ.所謂北扶餘ナル者ハ,即遼東ノ扶餘ニシテ別所ナルニハ非ズ.扶餘トハ全ク縣隔セル所ナルヲ,扶餘ノ旧地ト誤認シタルニ由リテ,魏志ニ扶餘伝ノ水土風俗ヲ取リテ記入シタルニテモアルベシ.句麗人ガ扶餘ヲ北扶餘トモ云ヘルコト,百済人ノ句麗ト同ジク北扶餘ヨリ出デタルコトハ,広開土王碑魏書麗紀,済紀,国史等ニヨリテ明瞭ナレバ,坪井博士ガ南北扶餘ヲ区別シタルハ,附会ノ説ナリ.

33 三浦周行, 「朝鮮の開国伝説」, 『歴史と地理』 第1巻 第5号, 大鐙閣, 1918, p.6.

미우라는 조선의 신화를 두 가지로 보았다. 즉 단군신화와 기자인데, 이 두 신화를 거론함에 있어서 중요한 점은 이 신화의 특이성에 문제의 초점을 맞추는 것이 아니었다는 사실이다. 여기서 문제 삼아야 할 것은 논리적으로 앞뒤가 맞는지 안 맞는지의 문제가 아니라 후대인의 개작인지 아닌지를 구분해야 한다는 점이다. 즉 원시적 민족을 나타내는 것인지 후대인의 개작인지를 구분해야 한다는 것이다.

이러한 견지에서 단군신화의 출처는『삼국유사』인데 이 저서보다 빠른『삼국사기』에 단군신화 기술이 보이지 않는다는 점을 거론하며 단군신화가 원시민족 간의 신화가 아니라는 의미로 해석이 가능하다는 것이다. 또한 조선 고대의 할거적(割據的) 형세를 감안해보더라도 통일된 신화를 성립했다고 하기에는 의심의 여지가 있다는 것이다.[34]

미우라는 단군신화가 하나의 통일관념으로 성립할 수 없었던 것은 지정학적으로 분산되어 있었던 이유가 있었음을 증거로 설명한다. 미우라는 또 한 가지 단군신화의 형식 문제를 거론한다. 단군이 고산(高山)에 강림한다는 것은 일본신화와 그 형식이 비슷하기는 하지만 그 내용이 다름을 주장한다. 미우라는 기존의 일선동조론 부정하는 입장에서 신화론을 주장한다.

단군신화에 비하면 기자전설이 게재된 것이 더 오래전이고 이미『상서(尙書)』「홍범대전(洪範大伝)」주석에 주나라(周) 무제(武帝)가 은(殷)을 멸망시킨 끝에 기자를 해방시키려 했지만 기자는 그것을 싫어하고 조선

34　三浦周行, 상계논문, p.7.

으로 도망쳤기 때문에 무왕(武王)은 이 기자를 조선에 가두었다고 적고 있다. 그런데 『사기(史記)』에도 『전한서(前漢書)』에도 대략 같은 내용을 싣고 있다.[35]

미후라는 기자조선을 인정하면서 조선의 신화와 일본신화의 차별성을 강조했다. 일본의 천손강림과는 달리 조선의 기자신화는 주나라의 이주자이지 강림한 것이 아니라고 설정했기 때문에 일선동조론과는 다른 점을 강조했다. 또한 천손강림의 단군신화는 후대 승려의 선작(撰作)이라고 논한다. 미우라는 기자신화가 단군신화보다 더 신빙성이 있다고 논한다. 더욱 중요한 것은 신화 그 자체는 '인정'하려는 의도 속에서 단군신화 쪽보다 기자신화에 더 평가를 두었는데, 거기에는 이유가 있었다. 즉 기자조선이 중국에서 온 이주자에 의해 건국되었다는 의미는 중국의 패잔자들이 조선으로 흘러들어갔다고 주장하기에 적합한 신화였다.

조선민족의 민족성을 희박화하고 중국의 속국임을 주장하는 논리였다. 즉 조선민족의 열등성을 강조했다. 이처럼 신화의 해석논리에 숨겨진 레토릭은 두 가지가 존재했다. 그것은 역사를 구성하는 신화와 그 신화를 근거로 하여 역사를 해석하는 '인종'의 변별이 그것이다. 나카와 미우라가 주장하는 신화론 사이에는 '동일성'과 '상이성'이 존재했다. 즉 나카는 일본신화의 가공성을 인지했기 때문에 그 논리에 바탕을 두어 조선의 단군신화도 부정했다. 그리고 미우라는 신화의

---

35 三浦周行, 상계논문, p.8.

가공성을 인정하면서 단군신화는 부정한 반면 기자신화는 인정하는 입장을 취했다. 동조론을 주장하는 호시노와 구메의 논리에서 보이는 차이성과는 다른 차이성을 띠고 있다. 즉 호시노는 신라의 소시모리(曾尸茂梨)를 스사노 오노미코토(須佐之男命)와 관련시키면서 일본신화의 연장선에서 해석했다.

그러나 여기서 중요한 것은 나카의 인종해석 전개였다. 나카는 고구려 종족을 '맥종(貊種)'으로 보았으며 부여족의 일파라고 해석했다. 그렇지만 부여족은 우수한 종족과 열등한 종족의 두 파가 있는데 고구려에 남하한 것은 열등한 쪽이라고 주장한다.

미우라는 이 논리를 부연하여 단군신화의 천손강림 형식을 부정하고 기자조선을 중국과 연결시키면서 그 열등성을 주장했다. 즉 미후라는 신화자체를 부정하지는 않았지만 단군신화를 부정하면서 일본의 천손강림 산화와는 동일하지 않다고 주장하며 동조론을 부정했다. 이처럼 신화 자체를 해석하는 논리는 여러 층위가 존재했다. 야마지 아이잔(山路愛山)은 구메 구니타케의 「신도는 제천의 고속(神道は祭天の古俗)」이라는 논문이 국체에 반하는 논문이라는 평을 받고 대학에서 쫓겨난 것에 대해 다음과 같이 논한다.

사실(史實)을 찾기 위해서는 어떤 고려를 해야 할 것인가. 만약에 말살할 수 있는 논거가 있다면 (역사)의 말살도 가능하다. 만약 우리들 선조의 흔적을 찾아내어 우리가 신의 전수라는 심연을 알기 위해서는 어떠한 연구도 자유롭지 않으면 안 될 것이다.[36]

　야마지는 국체보호의 이름 아래 연구의 자유를 제한하는 것에 반대하고 있었다. 즉 야마지가 역설하는 것은 1909년 시점에서 '국체의 호지(國体の護持)'를 이유로 학문의 자유를 제한하는 부조리를 질타하고 있다.

　　역사의 사실을 확실하게 하기 위한 고문서를 최상의 것으로 한다. (…중략…) 재판관이 소송에 대해 결단을 내리기 위해서는 증거물에 의해 이치를 따지듯이 역사 고문서(古文書)는 바로 이러한 증거물이 된다.[37]

　즉 실증사학의 중요성을 강조했다. 특히 일본과 한국의 '동종(同種)'을 주창하는 대표적인 사학자인 기타 사다키치(喜田貞吉)의 견해를 참조할 필요가 있다. 기타의 '일본민족성립론'의 골자를 파악할 수 있는 것이 1910년의 『한국 병합과 역사』인데, 여기서 기타는 야마토 민족은 다른 타 종족과 "'상호 혼합한 결과'이며 '많은 종족을 우리의 종족 안에 수용하여 전부 이를 동화 융합했다"[38]고 보았다. 기타는 '동원(同源)이란 무엇인가'라며 자신의 동원의 의미를 제시한다. 기타는 자신이 사용한 '동원'의 개념은 실체를 가늠하기 어려운 막연한 것으로 단순하게 '기원(起源)이 같다'라는 넓은 의미로 이를 이해해서는 안 된다고 주장했다. 그렇다면 이 동원이라는 것을 어떻게 상정해야 하는지를 자문하여 기타는 그 지역의 생활상태나 주위환경이 달

36　山路愛山,「日本現代の史学及び史家」,『太陽』9月, 日本名書出版, 1909, p.171.

37　重野安繹,「日本式尊ノ事ニ付史家ノ心得」,『史学会雑誌』第拾壹号, 1890, p.11.

38　喜田貞吉,『韓国の併合と国史』, 三省堂, 1910, pp.64~65.

라지면서 결국은 인종과 민족이 별개로 나눠진 것으로 해석했다. 그래서 그 기원을 찾아보면 일본과 조선은 원래 하나였다는 것으로 기술한다.

> 일선양민족(日鮮兩民族)이 (…중략…) 동원이라고 해도 결코 그 조상은 단순한 것이 아니다. 양자 동원(同源)은 하나의 커다란 가지에서 두 개의 작은 가지로 나누어진 것 같은 단순한 것이 아니다. (…중략…) 세계의 모든 민족 중에서 조선과 일본 양 민족은 가장 가까운 관계를 가지고 있다고 말하지 않으면 안 된다. 나는 이러한 의미에서 일선양민족동원(日鮮兩民族同源)이라는 말로 해석한다.[39]

기타는 조선과 일본이 단순한 동원 관계가 아니라 세계 어느 민족과 비교했을 때 동원성의 색채가 가장 짙다는 것이다. 이 논리의 구체적인 내용이 '일본민족 혼합설'인 것이다. 기타는 일본민족 혼합설을 일본의 신화 해석과 연결한 민족해석에 제시한다. 그 신화 속에는 조선과 일본의 관계를 포함하고 있었다. 일본민족을 천손민족(天孫民族)과 이즈모 민족(出雲民族)으로 나누었다.

> 우리나라 신화에는 천손민족(天孫民族)의 기원을 설명하는 아마테라스 오미카미(天照大神)에 관한 것과, 이즈모민족(出雲民族) 기원을 설명하는 오오쿠니 누시노카미(大國主神)에 관한 두 계통이 착종(錯綜)하여 전해진

---

39 喜田貞吉,「日鮮両民族同源論」,『民族と歴史』第6巻 第1号, 1921, p.9.

다. 그렇지만 여기서 주의해야할 것은 이들 신화를 게재하고 있는 고서
(古書)가 대부분이 황실이나 국가의 유래를 적고 있으며 그 존엄한 이유
를 나타내기 위해 편찬된 것이라는 점이다. 『고사기』는 비교적 정직한
편이어서 이즈모 민족에 관한 내용도 상세하게 적고 있지만, 『일본서
기』의 경우 황실 본위의 색채가 농후하여 구니쓰카미(國津神)의 기사를
생략하고 있다. 여하튼 우리나라 신화에 이즈모민족과 천손민족이 존재
했다는 것은 의심할 여지가 없을 것이다.[40]

이와 같이 기타는 일본 신화를 『고사기』와 『일본서기』를 참조하면
서 이즈모민족 신화와 천손민족 신화로 나누어 분류하는 방식을 취
하고 있었다. 기타는 『기기』 편찬에 의도성에 따라 그 전하는 내용이
다르다는 것과 신화형태나 종류가 다르다는 점에 주목한 것이다. 그
렇지만 각 지방의 지형형세에 의해 신화형태가 변화한 것이지만 결
국 동일성을 갖추고 있다고 해석한 것이다.

천손민족이 태양을 조상으로 여겨 숭배하는 사상과 동일한 사상이 조
선 · 만주 방면에도 많이 전해진다. 우선 부여 · 고구려 · 백제의 전설에도
조상의 아버지는 태양이며 어머니는 바다의 신이라고 전한다. 이들은 모
두 동일민족이며 그렇기 때문에 동일한 신화를 소유하고 있는 것이다. 우
리나라 황실의 선조라고 적고 있는 아마테라스 오미카미가 태양의 위덕
을 갖추고 있다고 믿는 것은 말할 것도 없다. 그리고 진무천황의 할머니

204　내적 오리엔탈리즘 그 비판적 검토

나 어머니는 모두 바다의 여신이며 부여전설에는 대륙이기 때문에 어머니를 하백(河伯)이라고 적은 것은 우리나라처럼 바다의 나라는 그를 해신(海神)이라고 전하고 있는 것이 틀림없으며 그것이 그 지방의 지형형세에 의해 변화한 것이라고 해석된다. 그러므로 이들은 모두 상관관계가 있다고 인정할 수 있을 것이다.[41]

천손민족이 태양을 조상으로 여겨 숭배하는 사상과 동일한 사상이 조선과 만주에 존재함을 강조하면서 이들은 모두 상관관계가 있다고 인정한 것이다. 기타는 신화의 유사성을 통해 조선과 일본의 동원논리를 합리화시키고 있었다.

6. 근대일본의 신화담론과 조선신화 인식

관학아카데미즘 사학파로 1875년에 수사국(修史局)에서 근무하면서 활동했던 호시노 히사시는 일선동조론을 주장한 중심인물이다. 특히 호시노가 『사학잡지(史學雜誌)』에 발표한 「본국의 인종·언어에 대해 고찰하고 세상의 진정한 애국자에 묻는다(本邦ノ人種言語ニ付鄙考ヲ述テ世ノ眞心愛國者ニ質ス)」는 논고는 일선동조론의 대표적인 저술이

41 　喜田貞吉, 상계논문, p.28.

다. 호시노는『일본서기』의 내용을 근거로 다음과 같이 설명한다.

나는 이전부터 우리나라(일본 : 필자)의 고적과 일한교섭에 대해 조사
했는데 두 나라는 원래 하나의 지역으로 국경이 없었다. 나중에 각각의
나라로 바뀐 것은 덴치천황(天智天皇)이후에 시작된 것이다. 그렇다면 상
대시기에 이미 조선땅을 통치하고 있었다고 하는 것과 한일의 인종과 언
어가 동일하다고 말하는 것은 국체를 더럽히는 혐오스러운 점이 조금도
없는 것이다.[42]

호시노는 일본과 한국이 동조(同祖) · 동원이라는 입장을 취했다. 그
는 결코 그것을 일본의 국체를 더럽히는 일이 아니며 오히려 일본천
황계의 확대성을 강조하고 찬양하는 논리라고 해석했다. 이와 같은
해석의 근거로『일본서기』의 기록을 제시하며 그 신빙성을 높이 사
고 있었다.

그리고『일본서기』에 근거를 두고 스사노 오노미코토가 강림한
장소를 확정했다. 즉 "스사노 오노미코토와 이타케루노 미코토(五十
猛命)는 신라에 도착했고 그 후 내지에 건너온 것이 명확하다. 다만
다음과 같은 일서(一書)에 따르면 스사노 오노미코토는 그 아들을 내
지로 파견하고 자신은 한토(韓土)에 체재했다고 한다. 신라땅, 즉 한

42　星野恆, 「本邦ノ人種言語ニ付鄙考ヲ述テ世ノ真心愛国者ニ質ス」,『史学会雑誌』　第11号,　史
学会,　1890,　pp.19~22.　吾輩ハ兼々本邦古籍ニ就キ,日韓交渉ノ件ヲ査セシニ,二国ハモト一城
ニシテ他境ニ非ス,其全ク別国ニ変セシハ,天智天皇以後ニ始マルヲ見得タリ然ラハ上世嘗テ
韓土ヲ統治シ給ヒシト云ヒ日韓ノ人種言語同一ナリト云フモ毫モ国體ヲ汚スノ嫌ナキノミナ
ラス(…後略…).

반도의 동부 도성 지금의 경상도의 경주이다. 삼한(三韓) 중에서 가장 우리와 가까운 나라이다"[43]라는 부분이다. 호시노는 소시모리(曾尸茂梨)를 『야사카샤구기집록(八坂社旧記集綠)』의 지적에 따라 한국어(韓語)로 소(牛)를 소시(ソシ)라 하고, 머리(頭)를 모리(モリ)라 호칭한다는 것을 참조하여 소머리(牛頭)의 의미라고 해석한다. 그래서 우두산(牛頭山)은 지금의 강원도 춘천이 아니고 신라의 경상도지역이라고 주장한 것이다. 그는 언어의 비교를 통해 역사를 해석하는 '비교언어방법론'을 이용했다. 이 논리는 요시다 도고(吉田東伍)에게 전승되었는데 그것은 다음과 같은 주장으로 서술된다.

소시모리 부자(父子)의 도한(渡韓)에 대해서는 『기기(記紀)』의 주석 해석에 그 설명이 있으므로 여기서는 다루지 않겠다. 소시모리(曾尸茂梨)는 신라지방 지명으로 소시모리란 한국어 우두(牛頭)의 의미로 그들 지역의 명산 이름이다. 우리가 속되게 스사노(素戔)를 우두천왕(牛頭天王)이라고 칭하는 이유가 바로 여기에 있다. 호시노 씨는 '일한은 원래 같은 지역으로 인종언어도 동일했다'며 야사카고증(八坂考証)을 인용하여 '스사노 오노미코토를 우두천왕이라 칭한 것은 불교신자가 처음이 아니다'라고 했다. 한국땅에서 온 것이라고 보아야 하며 그 우두산을 낙랑(평양)이라고 하는 것도 틀린 것이다.[44]

소시모리가 신라의 수도인 경주지역을 가리키는 호칭으로 지금의

---

43 星野恒, 상계논문, p.19.
44 吉田東伍, 『日韓古史斷』, 冨田房, 1911, pp.35~36.

강원도나 평양이 아니라는 입장이 확정되어가고 있었다. 즉 신라는 일본의 천황계와 인연이 깊은 지역으로 설정되었다. 중대한 관심사가 신대(神代)에 왕권을 확대했다는 명확한 증거를 발견하고 있었고 적절한 신화로 해석하는 역사로 계승되어가고 있었다. 이처럼 일선동조론은 일본사학자들에 의해 일본고대사를 연구하는 와중에 형성된 주장이었다. 특히 동양사학의 창시자로서 유명한 시라토리 구라키치(白鳥庫吉)는 1904년부터 도쿄제국대학 교수를 겸하고 1908년에는 남만주철도 도쿄지사에서 만주조선역사지리조사부를 주관한 인물이었다.

시라토리는 기본적으로 신화가공설의 입장이었으며 특히 단군신화에 관해서는 승려가공설을 강하게 내세우고 『삼국유사』를 비판한다.

후세의 학자 승려가 고의로 괴담을 작위하여 고래(古來)의 전설이라고 거짓으로 칭한 것이거나 혹은 전해내려오는 구비를 자신의 상상에 의해 서술하여 (…중략…) 조선의 옛 전설 중에서 가장 망탄(妄誕)의 극에 이른 것은 단군전설이다. 단군은 『한사(漢史)』에 보이지도 않는다. 『삼국유사』에는 위서(魏書)의 연여실술기별집(燃黎室述記別集)에 삼한(三韓) 「고기(古記)」를 발췌하여 기술하고 있다. 그러니 『삼국유사』에 게재되어 있는 고기는 망설의 극(極)에 있으며 전설의 본색을 알 수 있는 소재이다.[45]

이러한 의견은 나카 추요의 학설에 동조하는 논리로 시라토리는

45　白鳥庫吉, 「朝鮮の古伝説考」, 『史学雑誌』 第5編 第12号, 1894, pp.9~10; 白鳥庫吉, 「檀君考」, 『白鳥庫吉全集』 第3卷, 岩波書店, 1970, pp.1~14.

그것에 영향을 받고 있음을 인정하고 있었다.[46] 다시 말하면 이는 신화부정론자로서 조선사를 재고하는 관점에 서 있음을 알 수 있다. 시라토리도 나카의 영향을 받으면서도 승려날조설을 주장한 것이다. 결국 시라토리는 단군을 불교의 전파와 관련을 짓고[47] 그 신화에 등장하는 어휘가 불교경전에서 유래한 것이 있다고 주장했다. 시라토리는 단군신화의 가공설을 나카, 호시노, 구메의 뒤를 이어 전개하고 있었던 것이다. 일반적으로 말하는 신화가공론은 실은 무엇을 위한 신화가공인가에 따라 그 질적인 차이가 존재했다. 즉 일본신화의 가공성을 자각하면서 신화의 합리성을 위한 가공이 필요한 논리와 신화가 가공되었다는 것은 결국 그 신화가 거짓이라는 것을 규명할 수 있기 때문이다. 일본의 신화 해석에 대한 입장은 구체적으로 조선과의 대조를 통해 오히려 조선신화의 가공성에 확신을 갖기 시작했는데, 그럼으로써 타자의 신화를 재단해버리는 결과를 낳은 것이다.

결국 호시노를 비롯해, 구메 · 요시다 · 시라토리 · 기타 등 메이지기 근대 지식인들은 자신의 해석을 타민족 신화에 적용한 제국주의적 시선임을 자각하지 못했고, 타민족의 아이덴티티를 배제하는 제국주의적 시선을 가진 공동체 원론을 취했던 것이다. 역시 타민족신화에 대한 내적 오리엔탈리즘적 시선의 자장 속에 멈췄던 것이었다.

---

46 白鳥庫吉, 「檀君考」, 상게서, p.11. 시라토리는 다음과 같이 논한다. 나카 추요는 「조선고사고(朝鮮古史考)」에 단군(檀君)을 해석하기를 '이 전설(伝説)은 불교가 동쪽으로 흘러온 후 승려에 의해 날조된 망설(妄説)으로'라고 지적한다. 나도 이 전설에 대해서는 씨(나카 추요)와 견해를 같이 한다. 단지 씨(나카 추요)는 이를 승려 망설 사학으로 취급하여 전혀 무시하고 폄하하지만 나는 이 망설에는 망설 나름대로의 강구책이 있다고 인정한다. 그러나 시라토리 역시 단군 신화 자체를 인정하는 것은 아니었다.

47 白鳥庫吉, 「檀君考」, 상게서, pp.14~21.

<표3 신화인식과 일선동조론 인식>[48]

이름	동조론		신화		일본신화		조선신화	
	긍정	부정	긍정	부정	긍정	부정	긍정	부정
호시노 히사시 (星野恒)	○	×	○	×	○	×	스사노오노미코토설 (素戔嗚尊説)	×
구메 구니 타케 (久米邦武)	○	×	○	×	○	×	「神道は祭天の古俗」	×
요시다 도고 (吉田東伍)	○	×	○	×	○	×	진무동정(神武東征)	×
야마지 아이잔 (山路愛山)	○	×	○	×	神話調節論	×	?	×
구로이타 가쓰미 (黒板勝美)	×	○	×	○	×	○	×	○
시라토리 구라키치 (白鳥庫吉)	○	×	×	○	×	○	×	○
미우라 슈코(三浦周行)	○	×	○	×	○	×	×	○
쓰다 소키치 (津田左右吉)	×	○	×	○	×	○	×	○
기타 사다키치 (喜田貞吉)	○	×	○	×	○	×	×	○
이마니시 류 (今西龍)	×	○	○	×	○	×	×	○

---

48 工藤雅樹, 전게서, pp.136~268에서 필자 발췌 작성.

제7장 내적 차이의 주장과 연대 담론

1. 르상티망(ressentiment)과 일본민족의 원형

이하 후유(伊波普猷)가 자신의 『일본문화의 남진』이라는 저서에서 "남하한 일본민족의 이동을 민속학적으로 고찰한 것"[1]이라고 밝히고 있듯이 이하 후유는 일본민족이 북방에서 흘러내려와 오키나와로 이동했다는 '남진론'을 주장했다. 반면 이에 대립되는 논리로서 야나기타 구니오(柳田國男)는 "적어도 이들 섬(오키나와)의 생활을 보면 이는 사물의 출발에 해당하는 것으로 세상의 끝이라고는 생각할 수 없다"[2]

---

1   伊波普猷, 『日本文化の南漸』, 樂浪書院, 1939, p.1.
2   柳田国男, 「海南小記」, 『世界教養全集』 21, 平凡社, 1962, pp.82~83.

이하 후유(伊波普猷)
출처 : 色川大吉,『柳田国男』, 講談社, 1978, p.101.

며 북진론을 주장했다. 다시 말해서 야나기타 구니오는 오키나와의 조사를 통해 오키나와가 세상의 끝, 즉 종착점이 아니라 사물의 시작이라 할 수 있는 출발점이라고 주장했다. 이하 후유와 야나기타는 남진론과 북진론을 각각 제창하면서 대립하고 있었다.

그런데 남진론과 북진론 논쟁은 이전에 다케고시 요사부로(竹越与三郎)와 야마지 아이잔(山路愛山) 사이에도 존재했었다. 다케고시는 『남국기(南國記)』에서 일본인과 말레이인이 원래 동일인종이었다는 '남진론'을 주장했고, 야마지는 『일본인사(日本人史)』에서 일본인종의 북진론을 주창했다.[3]

이들의 논쟁은 결국 도리이 류조(鳥居龍藏)의 '혼합민족론'이라는 일본민족론 주장에 의해 종결된다.[4] 여기서 중요한 것은 이들 다케고시와 야마지의 논쟁이 어느 한쪽을 두고 일본기원을 주장한다는 의미에서 일면적이었던 반면 이하 후유와 야나기타는 일본민족이 혼합민족이라는 공통분모를 가지면서 남진이냐 북진이냐를 놓고 첨예하게 대립했던 것이다.

---

3 전성곤, 「일본의 '인종' 경합 논리와 제국주의 : 비교방법론의 양상을 중심으로」, 『日本思想』 제14호, 韓國日本思想史學會, 2008, pp.113~138.

4 鳥居龍藏, 『鳥居龍藏全集』 第1卷, 朝日新聞社, 1975, pp.410~424.

그런데 문제는 이하 후유가 오키나와 출신으로서 '오키나와학'을 창출한 인물이고, 야나기타는 일본인으로서 '일본민속학'을 일구어낸 학자인데, 이러한 입장차이에서 대립하는 논쟁을 제시한다는 점이다. 결과적으로 보면 이하 후유와 야나기타는 제국주의의 지배자입장과 피지배자입장이라는 '상위한 위상' 속에서 각각 민족적 아이덴티티를 제창하고 있었던 것이다.

일본이 폐번치현(廢藩置縣)에 의해 오키나와를 일본내지로 편입시킴으로써 오키나와는 일본제국주의의 영토로 호명되었다. 그러한 역사적 상황 속에서 이하 후유는 1921년에 오키나와를 방문한 야나기타를 만나면서 '오키나와학'을 창출하는데 발을 들여놓는다. 따라서 야나기타의 권유가 없었더라면 오키나와학의 아버지로서 태어날 수 없었을 것이다.[5]

이하 후유는 『류큐인종론(琉球人種論)』과 『고류큐(古琉球)』를 집필하면서 『고류큐의 정치(古琉球の政治)』라는 저서를 엮어낸다. 『고류큐의 정치』의 서문을 보면 야나기타의 권유로 『고류큐의 정치』라는 제목으로 저서를 공표하게 되었으며, 일본민족의 지족(支族)으로서 오키나와가 형성된 역사를 서술한다고 당당히 밝히고 있다.

그리고 이 저서를 야나기타에게 송부하여 논쟁을 꾀한다.[6] 한편 야

5 　綾部恒雄, 『文化人類學群像』 3, アカデミア出版社, 1998, pp.108~109.

6 　伊波普猷, 『古琉球の政治』, 郷土研究社, 1927, pp.71~72. 나는 이전에 이 논문이 게재된 신문을 오려내어 야나기타 구니오(柳田國男) 씨에게 보낸 적이 있는데 야나기타 씨는 반론을 인정하고, 또한 여러 가지 주의 점을 적어주었다. 그중 한 구절 중에는 "지금 야나기타 자신이 읽고 있는 가토 겐지(加藤玄智) 등이 참가하는 신도 담합회와 연구자단체에게 이를 읽어보게 하였더니, 내지에서의 신도연구가로서 유명한 히라타(平田)학파가 일대를 풍미했는데, 이에 반하는 설을 말하는 자는 용서치 않았는데, 그 원형이 오키나와 섬의 풍습과

나기타는 1921년 12월 규슈를 출발하여 오키나와를 방문했는데 오키나와조사를 통해 획득한 결과물이 바로『해남소기(海南小記)』이다.

이처럼 역사적 관련성을 띤 이하 후유와 야나기타의 운명적 만남이었지만 두 학자가 내린 결론은 서로 다른 인식으로 표출된다. 물론 둘 중 어느 한쪽의 이론이 정당하고 옳은 것을 묻고 따지는 것이 아니라 두 사람이 모두 언어학자 쳄버린(Chamberlin)의 영향을 받았다는 점, 그리고 류큐는 일본에서 남하한 것이라는 주장이 무엇보다도 중요한 것이다. 이하 후유의 남진론은 야나기타의 '북상(北上)' 구상과는 길항 관계에 놓여있었지만, 현지인의 증언이라는 측면에서 또는 '일류동조(日琉同祖)'라는 점에서 이 두 사람의 논리는 공통된 인식을 가지고 있었다.[7]

그런데 문제는 이하 후유의 일류동조론이 피식민자의 입장이라는 서발턴(subaltern)적 위치에서 표현한 주체의 표상이었는데 일본제국주의를 긍정하는 정치적 위험성과 오키나와의 주체를 설정하는 위험한 균형을 유지하는 딜레마를 안고 있었다[8]는 점이다. 물론 야나기타는 일본민족의 원형을 찾아내려는 욕망 속에서 오키나와를 발견했다. 이렇게 보면 이하 후유와 야나기타는 공통적으로 원형의 재현이라는 욕망이 존재했는데, 이하 후유가 제국주의자 측의 논리를 수용

매우 닮았다고 말하는 자가 한둘이 아니었다. 그리하여『인류학회잡지(人類学会雑誌)』를 모아 남도의 신앙생활을 보다 자세하게 살펴보니, 놀랄 정도의 공통성을 발견했다. 남도의 연구자가 고종교의 원형을 살펴보는 것은 부러울 따름이다"고 적고 있다. 실로 야나기타의 말 그대로이다.

7　村井紀,『南島イデオロギーの発生』, 岩波書店, 2004, p.272.
8　村井紀, 상게서, p.271.

하면서 또 다른 주체를 형성하는 시선을 가졌다는 점이다.

그것은 다시 야나기타의 입장에서 보면 피식민자의 입장에서 논하는 자신의 주체형성 욕망을 활용하면서 제국의 판도에 끌어들이는 주체형성의 욕망이 존재했다는 점이다. 이들의 공통점은 다시 공동체의 해체와 재식민화라는 현재적 숙제를 보편성의 문제와 연결하여 고민하게 만드는 현재적 의미가 있다고 본다. 이를 위해 먼저 이하 후유의 오키나와 역사학 기록과 주체의 문제점을 살펴보기로 한다.

2. 이하 후유의 고대해석과 그 특징

일본제국에 의한 류큐의 폐번치현이라는 역사적 사건을 경험한 이하 후유는 일본제국주의를 경험하고, 제국주의의 붕괴와 함께 역사의 뒤안길로 후경화(後景化) 되었지만 이하 후유의 업적은 다시 전경화를 맞이하고 있다.[9] 이하 후유는 오키나와라는 지역의 특성을 드러

___

9 이하 후유는 역사학, 언어학, 민속학자로 일컬어진다. 중학교 시절에 은사인 다지마 리사부로(田島利三郎)의 영향을 받아 『오모로사우시(おもろさうし)』의 연구를 결심하게 되었다고 한다. 1906년에 도쿄대학 문학과 언어학과를 졸업하고, 오키나와로 돌아와서는 계몽활동에도 종사했다. 특히 오키나와도서관 설립에 관여했고, 관장으로 활동하면서, 류큐사(琉球史) 강연에도 적극적으로 활동하다가 1921년 야나기타 구니오와의 만남을 통해 학문을 하기도 결심하고 『오모로사우시』 연구에 몰두한다. 이후 도쿄로 상경하고 언어, 민속, 역사, 문학 등 광범위한 분야에서 저서를 남겼다. 이하 후유는 『고류큐(古琉球)』, 『오모로사우시』, 『교정 오모로사우시(校訂おもろさうし)』, 『오나리가미의 섬(をな

내는 오키나와학을 창출했다. 물론 이러한 이하 후유의 업적에 대해 일본제국주의에 동화를 강조한 입장이라는 비판적인 평가를 내리는 경향과, 그와 반대로 반골자(反骨者)의 얼굴을 주장하는 입장으로 첨예하게 대립된다.

그러나 순수하게 연구 논고만을 중시하는 입장도 존재한다. 타협자와 반골자의 이항대립적인 얼굴은 이하 후유의 사상이 가진 양면적인 성격, 즉 일본과 동화하려는 논리와, 오키나와의 독자성을 유지하려는 노력의 모순에서 오는 해석인 것이다. 이러한 이하 후유의 입장은 『고류큐의 정치』에서도 잘 드러나 있다.

이하 후유는 류큐에서 삼산(三山) 분쟁시대, 즉 류큐가 중산(中山), 남산, 북산이라는 세 개의 왕국으로 분열된 상태에서 아마미키요(アマミキヨ)파의 종교계통을 계승한 중부의 주권자들에 의해 중앙집권과 제도적 통일을 이루어냈음을 주장한다.

이하 후유는 류큐의 역사 중에서 상진왕(尙眞王)시대에 류큐군도(琉球群島)가 정치적으로 통일함과 동시에 종교적으로도 통일한 점을 가와카미 하지메(河上肇)의 논고에서 그 유사성을 찾아낸다.[10] 즉 일본의 스진천황(崇神天皇)의 조정이 신궁(神宮)과 황거(皇居)를 따로 마련했다는 사실을 바탕으로 국가통일의 시기를 기획했다는 점에 집중한

り神の島)』, 『오키나와고(沖縄考)』, 『오키나와역사이야기(沖縄歷史物語)』 등을 집필하였다. 이를 종합하여 '오키나와학'이라고 부른다.

10 이하 후유가 참고 했다고 밝히는 가와카미 하지메(河上肇)의 「崇神天皇ノ国家統一ノ一大時期ヲ劃スモノナリト云フノ私見」, 『京都法学会雑誌』 第6卷 第1号, 1911, pp.136~148. 이 논고 이외에도 「政体ト国体」, 『京都法学会雑誌』 第6卷 第3号, 1911, pp.10~51; 「意志自由ノ否認」, 『京都法学会雑誌』 第6卷 第6号, 1911, pp.78~86; 「琉球糸満ノ個人主義的家族」, 『京都法学会雑誌』 第6卷 第9号, 1911, pp.111~142 참조.

다. 다시 말하면 숭신천황 시기에 신궁과 황거가 분리되었다는 것은 천황 씨의 씨신(氏神)이었던 황조신령이 처음으로 종족 전체의 신이 되었음을 의미한다.

한마디로 말해서 가와카미는 신궁과 천황이 기거하는 장소가 구분되는 역사적 사건이 생긴 숭신천황기에 대해 재해석을 시도한다. 반면 아리가 나가오(有賀長雄)는 "진무천황의 건국 때 신으로 숭배하는 마음이 조상이라고 존경하는 마음과 서로 다른 점이 있었는데, 신기(神器)와 함께 있는 것이 부모와 함께 살고 있다는 느낌을 주었다. 그러나 세상을 다스리다 보니 숭신의 마음이 조상을 존경하는 마음보다 커져 마침내 동거할 수 없게 되고, 신성함을 모독할 우려가 있다고 보아 별도로 분리하게 되었다"[11]고 주장했다. 물론 이에 대해 반박하는 것은 아니지만, 가와카미는 신궁과 황거의 분리가 나타나게 된 것이 여러 씨족들 또는 종족이 이 시기에 천황의 씨족을 통해 통일되었기 때문에 이전에는 천황씨의 씨신에 불과했던 황조신령이 여기서 처음으로 그들 씨족 또는 종족의 공동신이 되었다는 것이다.

다시 말하면 신궁과 황거의 분리가 이 시기에 나타났으며, 이러한 시대를 맞이한 것은 정치상으로 천황씨의 세력이 그 씨성이 아닌 사람들에게까지 위력이 미치게 된 것이며, 종교상으로도 천황씨의 씨신의 세력이 그 성씨 이외의 사람들에게 미치게 된 것이라고 보았다.[12] 이는 가와카미의 표현을 빌리면 여러 씨족들이 모여 살면서 하

---

11 有賀長雄, 『大日本歷史』, 博文館, 1922, p.108.

12 河上肇, 「崇神天皇ノ国家統一ノ一大時期ヲ劃スモノナリト云フノ私見」, 전게 잡지, pp.139~140.
　　神宮皇居ノ別行ハルルニ至リシテハ種々ノ氏族又ハ種族カ是ノ時ヲ以テ我カ天皇氏ノ為メニ統
　　一融合サルルニ至リシカ為メニ従来ハ単ニ天皇氏ノ氏神タルニ過キサリシ皇祖ノ神霊カココニ

나의 종족을 이루게 된 경우 씨족 중 가장 세력이 강한 씨신이 종족 전체의 신이 된다는 논리이다.

그와 동시에 가장 세력이 강한 씨족의 성씨는 정치상으로도 종족의 수장이 될 뿐만 아니라, 종교상으로도 최고의 신관(神官)으로서 공동의 신을 제사지내는 특권을 갖게 된다고 해석할 수 있다.[13] 이는 고대 희랍신화에도 유사하게 나타났는데[14] 일본에서도 『일본서기(日本書紀)』를 살펴보면 스진천황시기에 처음으로 야마토(大和) 조정의 위력이 일본열도에 세력을 떨쳤던 사관과 연결된다.[15]

그리하여 스진천황시기에 신궁과 황거의 분리가 처음으로 있었다는 사실은 천황이 신위를 훼손하지 않기 위해서가 아니라, 천황 씨족의 신이 천황의 내부의 신에 그치지 않고 더 넓은 범위의 공동의 신의 경지에 이르렀기 때문이라고 해석할 수 있을 것이다. 즉 황조의 아마테라스 오미카미(天照大神)가 야마토 민족 공동의 조상신이 되는 계기가 된 것이다. 동시에 일본에서 많은 신들을 모신다는 이야기는 결국 천황씨의 조상신이 이미 공동의 제신이 된 뒤에도 씨족들이 각각 제

始メテ是等氏族又は種族ノ共同ノ神タルニ至リシタメニテ換言スレハ神宮皇居ノ別是ノ時ヲ以て行ハルルニ至リシハ政治上ニ於ケル天皇氏ノ勢力か其ノ氏以外ニ及フニ至リシニ伴ふて宗教上ニ於ケル天皇氏ノ氏神ノ勢力モ亦タ其ノ氏以外ニ及フニ至リシカ為メニ外ナラス.

[13] 河上肇,「崇神天皇ノ国家統一ノ一大時期ヲ劃スモノナリト云フノ私見」, 전게 잡지, p.143. 多数ノ氏族相合シテ一ノ種族ト為ル場合ニ於イテハ其ノ相合シタル氏族ノ中ニ於イテ最モ勢力アル氏ノ神か一歩ヲ進メテ新タニ発生シタル種族全体ノ神ト為リカクテ相合シタル数多ノ氏族ハ皆ナ之ヲ以て共同ノ神ト為スニ至ルナリ.   …   其ノ氏ノ神ハ他ノ氏ニ属スル人々ニ依ッテ崇拝セラレ漸ヲ追フテ種族全般ノ帰依ヲ受クルコトト為ル也乍併此ノ如ク或ル勢力アル氏ノ神カ種族全体ニ解放セラルルコトト為リテモ其ノ神ノ祭事ハ依然トシテ従来ノ氏ノ特権ニ属スルモノニテ即チ最モ勢力アル氏ノ氏上ハ政治上ニ於イテ種族ノ首長タルノミナラス宗教上ニ於イテモ種族最高ノ神官トシテ其ノ同ノ神ヲ祭ルノ特権ヲ有スルモノトス.

[14] 河上肇,「崇神天皇ノ国家統一ノ一大時期ヲ劃スモノナリト云フノ私見」, 전게 잡지, p.145.

[15] 河上肇,「崇神天皇ノ国家統一ノ一大時期ヲ劃スモノナリト云フノ私見」, 전게 잡지, p.146.

신을 모시고 있었다는 해석이 가능해진다. 결과적으로 일본에서 종교상의 통일과 융합이 일어나서 일본이 '하나'로 통일된 것이라고 보았다.[16]

가와카미의 이러한 해석을 모방하여 이하 후유가 전개한 것은 일본의 숭신천황시기와 류큐의 상진왕(尚眞王)시기로 이는 무엇보다도 중요하다. 류큐에서는 상진왕이 중앙집권을 실시하여 씨족들을 통일시키고 융합함으로써 씨족 종족 공동의 제신이 완성되었다고 보았다.

상진왕은 오기야카모이(オギヤカモイ)라 부르는 사람으로 서기 1477년(文明9년)에서 1526년(大永6년)까지 거의 50년간 류큐군도를 지배한 명군(名君)이다. 상진왕이 류큐역사상 어떠한 지위를 차지하고 있었는지를 알기 위해서는 먼저 삼산(三山) 분쟁시대 전후의 류큐의 사회상태를 살펴볼 필요가 있다. 14세기 초엽에 류큐가 중산, 남산, 북산이라는 세 개의 왕국으로 분열된 것처럼 적고 있는데, 이들 세 지방이 독자적으로 발달하여 이 시대에 각각의 국가형태를 취한 시대였다. 씨족 중 가장 강한 자를 추

---

16 河上肇, 「崇神天皇ノ国家統一ノ一大時期ヲ劃スモノナリト云フノ私見」, 전게 잡지, pp.147~148. 而シテ今マ仮リニ崇神天皇ノ御代ヲ以テ宗教上ノ一大統一アリシ時代ナリトセシカノ神宮皇居ノ別始メテ行ハルト云フノ事実ハ只タ天皇カ神威ヲ瀆サンコトヲ恐レ給ヒシテ由ルト解釈シ去ルコト如何アラン余ハ之ヲ以テ天皇氏ノ神カ菅ニ天皇氏ノ内部ニ於ケル神タルニ止マラスシテ更ニ広キ範囲ニ於ケル共同ノ神タルニ至リシカ為メニ始メテ之ヲ皇居ニ祭ラスシテ別ニ神社即チ磯堅城の神籬ヲ立テテ茲ニ祭リ給フニ至リシモノト解セント欲ス. 即チ天照大神カ吾カ大和民族共同ノ祖神タルニ至リシ発端ナリ. 若シ夫レ日本大国鬼神ノコトニ就イテハ少シク思フ処アレド今マ溢リニ憶説ヲ立テスシテ止マン. 只タ彼ノ大物主神ニ至ッテハ之ヲ以て其ノ頃新タニ征服セラレシ或ル有力ナル氏族ノ祖神ト解シテ恐ラク過ナカラン. 若シ夫レ別ニ八十万ノ群神ヲ祭リ給ヒント云フカ如キハ盖シ天皇シ祖神既ニ共同ノ祭神タルニ至リシト雖モ独ホ各氏族ハ皆ナ其レ其レノ祭神ヲ有セシノ事実ヲ指セルモノト見ルヘシ. 扨テ此ノ如クニシテ宗教上ノ統一融合即チ人心ノ統一融合アリ, 天社国社各々定マル所アッテ疾病始メテ息ミ国内漸ク謐リ五穀既ニ成ッテ百姓饒ヒヌト云フヘシ.

대하여 수장으로 모셨는데, 생존경쟁 결과 분리와 합병을 거듭해왔다. 14세기 초두에 이르러 마침내 3개의 단체로 수렴된 것이다.[17]

이하 후유의 오키나와학 구축의 주된 초점은 류큐 왕조에 의한 오키나와통일과, 일본의 내지통일의 유사성이라는 일본 내지와 오키나와의 관계에 중점을 두었다. 그런데 문제는 이하 후유가 오키나와학의 통합논리를 일본제국 통합과정에서 모델을 찾은 점이다. 이하 후유에게 있어 오키나와 연구는 오키나와 내부의 조화와, 일본과 오키나와의 조화라는 두 가지의 지상과제를 동시에 해결하려는 것에 있었다.[18] 또한 이하 후유는 오키나와의 민속, 종교를 일본과의 관련 속에서 찾아내고자 고군분투했다. 그 시발점이 된 것은 노로(祝女)라는 여성신관에 대해 관심을 가지고 니간(根神)이나 넷추(根人)의 역할을 찾아내었고, 왕과 기코에 오호기미(聞得大君)의 관련을 통해 정치와 종교에 대해 기술하기 시작했다.

이처럼 이하 후유는 노로라는 여성신관에게 관심을 두었다가 결국 류큐인의 종교가 일본의 고신도(古神道)와 거의 동일한 것이라고 제시한다. 그 중에서도 류큐인의 종교적 통일을 이룬 기코에 오호기미를 모신 기코에 오호기미오돈(聞得大君御殿)이 대표적 신으로 자리매김한 이유를 다음과 같이 제시한다.

---

17 伊波普猷,『古琉球の政治』, 郷土研究社, 1927, p.8.
18 小熊　英二, 『「日本人」の境界—沖縄・アイヌ・台湾・朝鮮　植民地支配から復帰運動まで』, 新曜社, 1998, p.335.

류큐 신도의 본산격인 기코에 오호기미오돈은 이때부터 슈리(首里)의 데시라즈(汀志良次)였는데, 옛날에는 슈리성 정문 앞의 소노히야 무오타케(園比屋武御嶽)의 뒤편에 있었다는 전설이 있다. 지금은 그 흔적을 오돈(御殿) 야시키(屋敷)라 부른다.[19]

다시 말해서 류큐의 수도인 슈리에서 기코에 오호기미를 모시는 장소가 류큐 전체의 종교적 통일로 나타난 것이며 류큐의 최고신을 기코에 오호기미로 형상화했다. 이는 가와카미가 제시한 것처럼 류큐의 왕조가 하나로 통일된 상가(尚家)의 시대를 등장시킨 것이다. 동시에 이하 후유는 구체적으로 최고의 신으로서 기코에 오호기미를 정신적 상징물이라고 주장한다. 가와카미가 제시한 스진천황의 신궁과 황실의 분리를 이하 후유는 기코에 오호기미가 류큐 왕실과 분리되는 논리로서 동일선상에 놓고 해석한다.

한편 이하 후유는 『여관어쌍지(女官御双紙)』라는 류큐의 신에 관한 일을 적은 책의 제시를 통해 신관을 기코에 오호기미가 기미(君) 중 최고의 위치에 있음을 증명했다. 이 신사에서 근무하고 제사를 담당하던 자가 미혼의 왕녀인 것을 발견했다.

옛날에는 여성이 최고의 자리에 있었고 왕비 다음의 지위로 개정되었다고 적고 있는데, 그녀는 국민의 최고의 신관이었고 국민의 최고의 신관이었으며 신 앞에 국민을 대표하는 자임을 제시했다.[20]

---

19 伊波普猷, 전게서, p.31.
20 伊波普猷, 『古琉球の政治』, 郷土硏究社, 1927, p.32.

이하 후유는 신직에 종사한 것이 여성이었으며 당시 최고의 신관으로서 왕비 다음의 지위를 확보하고 있었다고 주장한다. 이를 통해 고대에는 여성의 지위가 높았음을 제시했고 여성의 역할이 중시되던 모권사회를 묘사하고 있었다. 여성이 말을 탔다는 징후를 포착하여 여성이 말을 탔다는 편린을 기술한다. 나고야 사겐타(名越左源太)의 『남도잡화(南島雜話)』를 보면 여성이 말을 타는 모습을 싣고 '부인의 승마'라고 설명되어 있다.[21] 따라서 이하 후유는 기코에 오호기미가 말을 탔다는 기록을 제시한다. 다시 말해서 고대에는 여성의 활동이 왕성했다는 사실과 결합한 것이다.

이하 후유는 이를 통해 여성의 지위를 최고의 위치로 전환시키면서 여성의 위상을 재창출해낸다.[22] 특히 신관으로 무엇보다도 기코에 오호기미에서 신인(神人)에 이르기까지 묘사하며 마치 하나의 조직도처럼 류큐의 모든 노로쿠모이, 넷추, 신인이 국민최고의 신관인 기코에 오호키미의 명령 하에 전체가 움직인다는 연관성을 설파한다. 다시 말해서 류큐의 민족적 종교로서의 기코에 오호기미가 존재했음을 일본과의 연관성을 동시에 거슬러 올라가며 주장했던 것이다.

이하 후유는 결과적으로 동조론을 통해 오키나와와 일본과의 조화를 확보하면서 오키나와의 개성을 주장했다. 즉 그는 오키나와인을 류큐민족이라는 독자적인 민족이라고 호소했다. 『고류큐』로 대표되는 초기 이하 후유의 오키나와사관은 이를테면 이중구조를 지닌 것

---

21 名越左源太他,『南島雜話』1, 平凡社, 1984, p.192.
22 伊波普猷, 전게서, p.77.『일본서기(日本書記)』하쿠호(白鳳) 11년 4월 부분을 보면, "부녀자가 말을 타고 남자처럼 행동하는 것은 그 자체로 발생한 일이다"라고 말하고 있는데, 일본의 상고(上古)시기에도 처음에는 류큐처럼 부인들이 말을 탔던 것이다.

이었다. 즉 일본과의 동조가 강조되는 한편, 류큐 민족의 영광스러운 역사가 설명되었다. 오키나와인은 일본인이지만 일본인과는 다른, 즉 동조임을 강조하면서 류큐민족임을 부르짖었던 것이다. '동조'라는 틀을 만들어 일본과의 조화를 확보함에 따라 처음으로 그 틀 내에서 오키나와 내셔널리즘을 창출해내는 것을 가능하게 했던 것이다. 그런데 아이러니컬하게도 일본과의 동조론은 오히려 오키나와의 개성을 보증하는 아이콘으로 작동했던 것이다.

3. 이하 후유의 특수성과 보편성

이하 후유는 특히 구메 구니타케(久米邦武)의 『일본고대사(日本古代史)』를 인용했는데, "고대의 무격존중은 일본과 지나와 한국이 동일했다"는 표현을 빌려 북방과의 동일성을 강조했다.[23] 당시 이하 후유는 고대에 존재했던 동아시아에서의 종교적 특성까지 동일함을 제창[24]하는 입장에 서 있었다. 류큐에서 민족적 종교인 기코에 오호기

---

[23] 久米邦武, 『日本古代史』, 早稲田大学出版, 1907, pp.51~53. 이하 후유는 구메의 『일본고대사』를 참조한 것은 확실해 보이나, 이하 후유가 제시하는 참고문헌의 페이지가 달랐다. 이것은 이하 후유가 인용하는 문장의 페이지가 정확하지 않은 이유에 대해서는 생각해 볼 여지가 있다.

[24] 이하 후유 자신은 하네다 도오루(羽田亨)의 「北方民族の間に於ける巫に就いて)」(1916)를 참조하고 있었다. 羽田亨, 『羽田博士史学論文集』 下卷, 言語·宗教篇, 東洋史學会, 1958,

미가 쇠퇴하면서 무격의 대표, 즉 도키〈覡〉나 유타〈巫〉가 생겨나 공인되었다고 논한다.

모든 종교에는 신비적인 요소가 포함되어 있는데, 오키나와의 민족적 종교에도 또한 그것이 포함되어 있다. 옛날에는 가민추(神人), 즉 고데(コデ)는 신비적 힘을 가지고 있어서 신탁(神託)〈류큐의 고어로는 미스즈리(ミスズリ) 또는 미세세르(ミセセル)라고 한다〉을 선전하는 자라고 믿고 있었는데, 나중에는 그러한 힘을 갖지 못하는 이름뿐인 가민추도 출현하게 되었다. 그리하여 신탁을 선전하는 자는 마침내 이것을 직업으로까지 삼게 되었다. 이는 말하자면 도키와 유타라고 칭하는 자들로 생령(生靈), 사령(死靈)의 구치요세(口寄)(죽은 자의 혼을 불러 자신의 입을 빌려 말하게 하는 것으로, 류큐에서는 이를 가카이몬(カカイモン)이라 한다. 일본 상고시대의 신내림과 같은 것이다)를 겸하게 되었다.[25]

이처럼 일본의 도키와 유타의 역할을 논하고 신탁[26], 의무(醫務),[27] 점을 치는 행위[28]로 규정하면서 동아시아의 공통적 특징으로 귀속시킨다. 이하 후유는 하네다 도루(羽田亨)의 「북방민족사이의 무에 대하여(北方民族の間に於ける巫に就いて)」를 인용했다. 하네다는 터키와 퉁구스, 몽고지역에도 무(巫)가 존재하는데, 일본에서 말하는 미코(ミコ),

---

pp.473~489.

[25]　伊波普猷, 『古琉球の政治』, 郷土研究社, 1927, pp.84~85.

[26]　伊波普猷, 상게서, p.91.

[27]　伊波普猷, 상게서, p.106.

[28]　伊波普猷, 상게서, p.97.

가무나기(カムナギ) 등에 해당한다고 보았다. 무는 사람들의 길흉을 예언하기도 하고 병을 치료하기도 하는데, 이를 샤머니즘(Shamanism)이라 부른다[29]고 제시했다. 그런데 그 특징을 보면 여무(女巫)가 존재했고 제사에 관여했음을 주장한다.[30]

그렇다면 무(巫)를 북방민족들 사이에서는 무엇이라고 불렀을까. 그들 몽고, 퉁구스, 터키족 등의 인종이나 적어도 언어에 대해 연구를 하면 할수록 그들의 자매관계를 확인할 수 있다.[31]

물론 이하 후유는 몽고어, 기르기스어, 위구르어 터키 및 퉁구스어를 구체적으로 인용하거나 설명하지는 않았지만 조선과 퉁구스, 몽고, 터키, 페르시아 등의 각국의 언어에 보이는 무(巫), 즉 샤먼을 칭하는 동북아시아의 '문화'로 이해하고 있었던 것이다.

그것은 오키나와의 노로라는 샤먼의 역할과 기코에 오호기미라는 최고의 신관이 존재했음을 정당화시키면서 류큐왕국의 과거를 재현하는 방법론이었다. 또한 그것은 오키나와만이 가진 특수함이 아닌 동아시아에 존재하는 일반적인 아이콘으로 입지를 굳혔던 것이다. 한편 이하 후유는 시대가 변하면서 노로의 역할이 쇠퇴하게 됨을 '진화론적'인 시각에서 해석한다. 물론 이하 후유는 노로와 기코에 오호기미가 하나의 정치상으로 필요했던 기관이며 제도라고 해석했다.

---

29 羽田亨, 「北方民族の間に於ける巫に就いて」, 전게서, p.473.
30 羽田亨, 상게서, p.475.
31 羽田亨, 상게서, p.497.

따라서 아무리 민족적 통일을 이룬 종교였다 할지라도 시대가 변하고 다른 종교와 만나게 되면 제도로서 가치를 상실하게 된다고 보았다. 이것은 오키나와뿐만이 아니라 '제도'가 가진 숙명이라고 여겼다. 그렇기 때문에 고대에 아무리 아름다운 제도였다 할지라도 그것이 사명을 다하면 새로운 제도에 그 지위를 양보하지 않으면 안 되는 것이 '제도'라고 본 것이다.

이하 후유는 귀스타브 르 봉(Gustave Le Bon)의 『민족발전의 심리』를 참조했는데, 귀스타브는 "국민의 심리에 영향을 주는 요소들을 연구하면서도 국민적 성격은 영구불변하는 것이라고 보아 (…중략…) 고정성이 존재하기 때문에 종족혼이 변화하는 것은 매우 고루하다"[32]고 보았다.

이하 후유는 귀스타브가 말하는 국민의 심리변용 논리에 관심을 갖고 심리의 결과물로 나타나는 제도에 초점을 두었다. 즉 역사적으로 이름을 남긴 문명국은 정복자로서 다른 종족들을 융합하면서 발전하게 되는데, 이 종족이 어떻게 용광로 속에 넣어 주조해내는지를 설명해낸다. 그것을 통해 국민혼을 발현시키고 국민의 감정, 사상, 제도, 신앙 및 미술이 모여 국민혼으로 작동되는데, 타국민으로부터 문명의 요소를 빌려올 때에는 그 국민이 외부요소를 받아들이면서 변화하는 힘이 있어야 한다[33]고 보았다.

그렇지만 외부를 받아들여 내부를 발전시키는 것은 문명의 요소를 받아들여 변화를 일구어내는 것으로 두뇌의 세포가 수백 년을 거치면서 만들어진 것이라고 본다면, 이종(異種) 유기체의 감정이나 요구

---

32 ギュスターヴ・ル・ボン著 大日本文明協会訳, 『民族発展の心理』, 大日本文明協会, 1910, p.31.

33 ギュスターヴ・ル・ボン著, 大日本文明協会訳, 상게서, pp.76~77.

에 접합한 것으로 변화하는 것은 하루아침에 이루어지는 것은 아니다. 변화를 이루는 것은 유전적 축적력 뿐이다. 과거의 유산인 문명의 요소를 심리조직에 변화시켜야만 겨우 유화(類化)된 것이라고 볼 수 있다.[34]

다시 말해서 국민의 감정, 사상, 제도, 신앙 및 미술이 문명을 만들어내는 요소들인데, 이는 국민의 심적 요소이며 문명을 만들어내는 특유의 요소이며 그것이 바로 심적 조직의 성과[35]라고 본 것이다. 이러한 의미에서 본다면 문명요소를 변용시키는 신종교, 신언어, 신제도를 채용하여 어떻게 변화하는가가 중요한 것이다.

이하 후유는 예를 들어 제도가 이미 시대가 변했음에도 불구하고 그것이 존재한다면 그 제도는 오히려 감옥으로 변하여 인간을 노예화한다고 보았다.[36] 따라서 국민의 진화를 위해 제도 속에서 찾는다면, 그 제도도 새로운 제도에 그 지위를 양보하지 않으면 안 되는 것이 제도 그 자체의 이상이라고 논한다.

이러한 인식으로 이하 후유는 류큐의 신도가 그 사명을 다하고 쇠퇴한 것은 오히려 당연한 것이라고 말한다. 때문에 하나의 조상신으로 돌아간 기코에 오호기미가 원래 하나의 씨신으로 돌아간 것은 당연한 것이라고 보았다.

수년전 상가(尚家)에서는 데시라즈(汀志良次)에 있었던 민족적 종교의

---

34 ギュスターヴ・ル・ボン著, 大日本文明協会訳, 전게서, pp.97~98.
35 ギュスターヴ・ル・ボン著, 大日本文明協会訳, 전게서, p.100.
36 伊波普猷, 『古琉球の政治』, 郷土研究社, 1927, p.106.

본산인 기코에 오호기미오돈을 매각하고 신체(神體)를 상가의 저택 안으로 옮겼다. (…중략…) 400년 전 상가가 정치상의 중심이었던 그리고 종교상의 중심이었을 때 조상신은 그 집을 떠나 신사에 진좌되었는데, 1879년 폐번치현이 되자 상가가 정치상, 종교상의 중심에서 떠나게 되어 그 조상신은 다시 원래의 집으로 돌아갔다.[37]

역사적 사건으로 현재적 상황인 폐번치현으로 인해 류큐 왕국이라는 구제도는 이제 역사의 뒤안길로 사라졌지만 류큐인은 일본제국이라는 신제도 속으로 들어가게 되었다. 이하 후유는 이를 새로운 '소생'이라 해석한다.

인간사회에는 제도라는 것이 있고 기관이 있는 것은 신체에 옷을 입히는 것과 마찬가지이다. 실체인 인간이 성장하면 이전의 제도나 기관은 이미 맞지 않는 것이 된다. 이때에는 제도나 기관을 개조하거나 이들을 없애고 신제도나 신기관을 채용하는 것은 (…중략…) 실체적인 내용이 발달하여 이것을 감싸는 형식이 낡은 것이 된다는 것을 알아채지 못하면 형식이라는 것은 모르는 사이에 감옥으로 변화한다는 것을 알지 않으면 안 된다.[38]

1879년의 폐번치현과 함께 오키나와는 300년 전으로 돌아가게 된 것이며 자유를 되찾은 것이라고 보았다. 그런데도 류큐인들이 아주 오랜 세월동안 노예라는 경험과 순치되어 해방을 맞이했음에도 불구

---

37 伊波普猷, 상게서, p.107.
38 伊波普猷, 『古琉球の政治』, 郷土研究社, 1927, p.109.

하고 이를 받아들이지 못하고 있다고 여겼다.

그리고 이하 후유는 다케고시 요사부로가 『남국기』에서 일본인과 말레이인이 원래는 동일인종이었다고 주장하는 남진론에 대해 비판을 가하면서 류큐의 역사는 대일본 역사의 축소판이라고 주장한다. 즉 일본이 대국으로 성장할 수 있었던 것은 이하 후유의 말대로 일본인이 대국민이 될 수 있었던 것은 단 한 가지 이유 통일성에 있었는데 그것은 류큐도 마찬가지라는 것이다.

> 야마토민족의 장점은 통일성이 강한 점에 있다. 그 하나의 지엽인 류큐종족이 류큐군도에 흩어져 살았어도 역시 동일한 개성을 발휘하고 있다. 그들의 이주지는 크고 작은 50여개의 섬으로 되어 있는데, 그 근해는 파도가 밀려오는 험악한 곳이며 통일을 이루는데 쉽지가 않았다. 하지만 그들의 정치적 본능은 이 불편한 것을 이겨내고 북방의 종가를 흉내내어 훌륭한 왕국을 건설했다.[39]

류큐가 통일을 이룬 것을 일본의 통일성과 연결시키면서 통일성은 혈기왕성한 젊음을 가진 자가 아니면 통일할 힘도 강하지 못했는데, 많은 종족의 혈액을 흡수하고 많은 새로운 사상을 흡수했기 때문에 건전한 국민이 될 수 있었던 것으로, 류큐도 마찬가지로 2천 년 전 남도에 이주한 변종이 된 류큐인이 일본인으로 편입되는 것이라고 본 것이다.

---

[39]　伊波普猷, 상게서, p.110.

류큐의 진상을 알고 있는 사람은 류큐처분의 결과로 인해 흔히 말하는 류큐왕국이 멸망했지만 류큐민족은 일본제국 속으로 들어가 부활하게 된 것을 알지 않으면 안 된다.[40]

이하 후유는 오키나와가 재생할 수 있는 길은 일본제국으로 편입되는 것이라고 보았으며 그럼으로써 류큐인으로 부활된다고 주장했다. 그것은 "남도인이 일본민족으로부터 갈라져 나왔지만, 고대신화와 국사의 사이에 유사점이 적지 않은 것은 남도에 이주한 시대가 일본 건국 이전으로 거슬러 올라간 것을 시사하는 것"[41]이며 일본 "기기(記紀)의 개벽신화는 야마토민족이 조직화한 것인데, 천(天)에 대한 사상이 현저하게 발달하여 그 우주관이 입체적으로 된 것은 지나(支那)사상의 영향"[42]이라고 주장한다. 그리하여 결과적으로 일본보다 오히려 오키나와에 고대의 일본이 존재한다고 피력한다.

토기는 당시 문화의 가장 좋은 표식을 보여주는데 문양의 비교연구를 통해 이를 남긴 것이 아이누가 아니라, 일본민족의 조상이며 건국당시에는 꽤 독특한 문화를 발달시키고 있었다.[43]

이하 후유는 일본민족이 원래는 아이누보다 훨씬 이전에 이주해온

40　伊波普猷, 『古琉球の政治』, 郷土研究社, 1927, p.123.

41　伊波普猷, 『日本文化の南漸』, 楽浪書院, 1939, p.830.

42　伊波普猷, 상게서, p.858.

43　伊波普猷, 상게서, p.863.

것이라고 주장하면서 그 분파로서 북쪽에서 남으로 이주한 류큐의
조상이라고 주창한다. 이때 야나기타와의 논쟁이 벌어진다. 이는 야
나기타가 일본민족에 류큐인이 혼합되었다는 논진을 펴면서 오키나
와를 포섭하는 논리로 전개된다.

4. 야나기타 구니오의 『해남소기(海南小記)』와 남도론

『해남소기』는 1921(大正10)년 12월 19일에 출발하여 2월 9일에 돌아
오는 여정 속에서 수집한 고어(古語), 고속(古俗)을 기록한 것이다. 야나
기타는 오키나와의 나하(那覇), 구니가시라(國頭), 미야코시마(宮古島),
이시가키시마(石垣島)를 방문하면서[44] 적은 기록이라고 술회했다.[45]
비록 여행기록이기는 하지만 중요한 것은 야나기타가 류큐를 방문하
고 나서 일본인의 기원을 오키나와로 설정한다는 점이다.[46]

  야나기타의 오키나와 여행의 목적은 일본이나 일본인을 알기 위한
것이지 오키나와의 향토성을 규명하는 것에 있었던 것은 아니다. 따

---

[44] 福田アジア, 『柳田國男の民俗学』, 吉川弘文館, 2007, p.74.

[45] 柳田國男, 「海南小記」, 『世界教養全集』 21, 平凡社, 1962, p.8. 「해남소기(海南小記)」는 1925
년 4월에 처음 간행된다.

[46] 伊波普猷, 『孤島苦の琉球史』, 春陽堂, 1926, pp.9~10; 柳田國男, 「海南小記」, 『定本柳田国男集』
第1巻, 筑摩書房, 1963, pp.217~316; 柳田國男, 「海上の道」, 『定本柳田國男集』 第1巻, 筑摩書房,
1963, pp.1~215.

라서 야나기타는 일본인의 원 조상을 규명한다는 아프리오리를 가지고 오키나와를 찾았던 것임에 틀림없다.

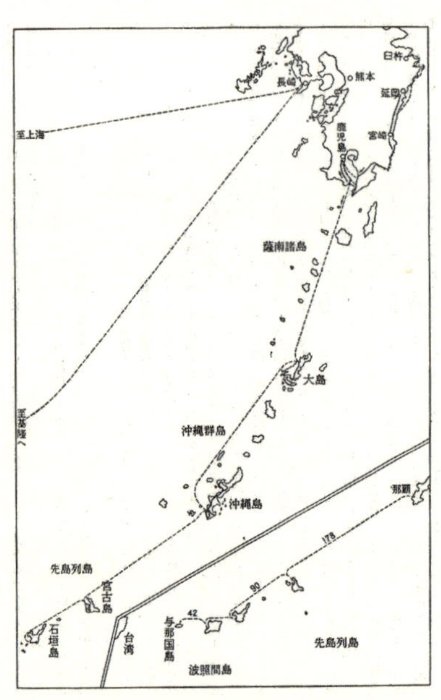

야나기타 구니오柳田國男의 『해남소기』여행 행로
출처 : 後藤総一郎監修, 『柳田国男伝』, 三一書房, 1988, p.561.

이하 후유의 연구가 오키나와 학문의 출발점이라고 한다면 『해남소기』는 이하 후유가 일본의 문화사연구로 연결하는 견인차 역할을 했다. 이하 후유는 야나기타의 성원에 힘입어 '오모로 사우시'를 학문적으로 연구할 수 있었다고 하는데, 후쿠마(福間)는 이요리 쓰토무(伊從勉)의 입장, 즉 이하 후유가 일본과의 대등함이 좌절되자 '원고향성을 유지하는 오키나와의 연구와, 야나기타의 '원일본'에 대한 이미지 추구를 위한 오키나와연구라는 입장이 르상티망(ressentiment)이라고 비판하는[47] 것도 일리가 있다고 논한다.

야나기타는 오키나와의 고어(古語) 등을 일본본토의 민속과 관련시키면서 『해남소기』를 기술했는데, 특히 오키나와의 사회와 역사를 파악하는 방법은 오키나와인의 생활 습속으로 그것이야말로 오키나와에 나타나는 고유한 특징이라고 규정한다. 야나기타는 고어를 통

---

47 福間良明, 전게서, pp.220~221; 伊藤幹治, 『日本人の人類学的自画像』, 筑摩書房, 2006, pp.25~37. 야나기타의 일국민속학 논리의 밑바탕에는 내셔널리즘이 존재했고, 이를 이하 후유는 상대화하여 트랜스내셔널리즘을 형성했다는 논리로 정리했다.

해 일본과 오키나와의 관련성을 설명해가는 방식을 취했다.

> 우물을 가와(カワ)라고 부르는 것은 오키나와의 섬만이 아니다. 규슈에서도 널리 이카와(イカワ)라고 부르고 있다. (…중략…) 야마토 섬에서는 보통 볼 수 있는 우물을 미야코(宮古)에서도 야에산(八重山)에서도 쓰리카(ツリカー)라 부른다. 줄에 화병 같은 것을 가지고 사용하는 의미에서 나온 말이다.[48]

야나기타는 내지와 오키나와 언어의 유사성을 설명하면서 오키나와와 내지와의 동일성을 모색했다. 야나기타에게 있어 첨예한 과제로 떠올랐던 '기원'에 대한 설명이 오키나와의 언어가 하나의 단서를 제공해주었다. 또한 야나기타는『남도잡화』등을 이용하여 어린아이들의 놀이문화를 둘러싼 새로운 특징을 지적하기도 했다. 물론 내지에 존재하던 어린이의 놀이문화가 잔존해 있는 곳이 오키나와라고 본 것이다.[49]

이처럼 집중적으로 오키나와에 대한 시선은 야마토와의 일치성을 찾아내는 작업으로 이어졌다. 그중에서도 고대의 신도에 대해 의미

---

48 柳田国男,「海南小記」,『世界教養全集』21, 平凡社, 1962, p.86. 야나기타는 다음과 같이 말한다. "20여년 전에 오키나와를 여행한 사람 이야기에 12살, 13살의 소학교 여학생이 콩크기만한 문신을 새긴 것이 귀여웠다고 했다. 오키나와현에서는 일반적으로 하치지(ハチジ)라 부른다. 게이초(慶長)의 초기에 간행된 류큐신도기에도 문신을 새기는 풍속을 적고 있는 것을 보면, 핫쓰키의 전음(転音)이라는 것을 알 수 있다. 오시마(大島)에서는 못박기(釘突き)라고『남도잡화(南島雜話)』에 있는데, 이것도 하리쓰키(針突き)의 오자가 아닐까." 그리고 감저(甘藷), 감자(唐芋), 돼지(ぶた) 등을 쳄버린의 저서를 참조하고 있었다. 柳田国男「海南小記」, 상게서, p.28, p.43.

49 柳田国男,「海南小記」,『世界教養全集』21, 平凡社, 1962, p.33.

를 부각시키고 그 일치성을 강조하는 논의로 심화시켜간다. 고대에
는 오키나와에 신도가 융성했는데, 그것은 현존하는 일본 내지와 동
일하며 일치하는 부분을 간과해서는 안 된다는 것이다. 물론 그에 대
한 증거로서 역시 오키나와가 신도와 관련이 있음을 알 수 있다.[50] 특
히 중앙집권을 이룬 정치적 특징의 사회를 중산(中山)시대에 집중했
으며 상가(尙家)시대로 초점을 맞추었다.[51]

　이하 후유는 가와카미의 논고를 예로 들며 오키나와의 정치적 통
일시대를 상가의 통일시대로 유사함을 도출해냈던 논리와도 동일하
게 만났다. 특히 여기서 중요한 것은 기미기미, 즉 노로에 의한 종교
의 통일과 그것이 정치로 이어졌다는 제정일치를 부각시킨다.

　일반적인 역사에는 오시마(大島)군도가 류큐 귀속의 섬이 된 것은 문명
3년 이후의 일이라고 적혀 있는데, 이것은 오류이다. 중산시기에 주인에
게 공물을 바치는가 바치지 않는가는 그 시대의 안즈(按司) 집의 사정에
의한다. 섬사람들은 같은 옷을 입고 같은 말로 이야기하고 같은 계절에
같은 방법으로 마을의 신을 제사지낸다고 한다면, 이 국가는 처음부터 하
나였던 것이다. 그렇기 때문에 기미기미의 기관이 왕가(王家)의 제어를
받아 속계(俗界)의 군주가 종교의 힘을 이용하여 36개의 섬이 통일을 이
루었을 때 북쪽의 섬들도 이에 맞추어 변하지 않았다. 다시 말해서 정복
당한 것이 아니라 초목이 바람에 흔들리듯이 귀복(歸服)했던 것이다.[52]

<hr>

50　柳田国男,「海南小記」, 상게서, p.92.
51　柳田国男,「海南小記」, 상게서, p.39.
52　柳田国男,「海南小記」, 상게서, p.37.

군주들이 종교의 힘을 이용하여 통치를 시도한 것에 내요이 주로 할애된다.[53] 특히 신과 교통하며 금기를 가진 노로, 즉 다시 말해서 노로의 역할이 심층적으로 제시되고[54] 고대일본의 제정일치시대의 모습을 가시화시켰다. 이처럼 오키나와의 신도와 내지의 신도에서 동일성을 찾았고 제정일치시기의 유사함을 찾아내었다. 그런데 여기서 주목해야만 하는 것은 야나기타가 오키나와와 일본의 동일성을 논하지만, 인종의 이동 경로가 남쪽에서 북쪽으로 올라온 '북진론'을 주창한 점이다.

아시아의 동쪽 끝 해도로 들어온 자들이라는 것만 알지, 북쪽에서 남쪽으로 내려온 것인지, 그 반대로 남쪽에서 북쪽으로 이동한 것인지 (…중략…) 지금은 어떠한 억측도 가능하다. 그렇지만 이 작은 섬사람들의 생활을 보면 그것은 오히려 원시초기의 형태에 가깝지 끝이라고 생각하기는 어렵다.[55]

위의 야나기타의 논리는 이하 후유가 주장하는 논리, 즉 일본인종이 북쪽에서 남방으로 이동했다는 '남진론'과는 상반되는 논리이다. 야나기타는 일본민족의 원형이 오키나와이지만 그 인종이 남쪽에서

---

53 柳田国男, 「海南小記」, 상게서, pp.67~68. 야나기타는 다음과 같이 표현한다. "종교의 투쟁이 있었다. 야에산도 오키나와에도 마찬가지로 무녀(巫女) 신도였는데 마을이 서로 떨어져있었던 탓인지 신앙의 계통도 달랐다. 아카하치(赤蜂) 토벌의 배에는 특히 기미하에(君南風)라 불리던 구메시마(米島)의 무녀의 우두머리를 태우고, 적의 퇴치를 기원하게 하였다. (…중략…) 미사키오타케(美崎御嶽)의 신덕(神德)과 오나리(ォナリ)의 조력으로 배들은 모두 무사히 돌아왔는데, 두 여자는 오아모(大阿母) 즉 무녀의 수장으로 임명되었다. 이로서 기코에오호기미의 신도에 통일되었던 것이다".

54 柳田国男, 「海南小記」, 상게서, p.90.

55 柳田国男, 「海南小記」, 상게서, p.83.

북진해온 것이라 본 것이다. 여기서 이하 후유의 논리와 야나기타의 논리 중 어느 쪽이 사실인지 진위를 따지는 것보다 중요한 것이 있다. 문제의 초점은 "현지인의 증언이라는 측면과 '일류동조'라는 점에서 공통된 인식을 가지고"[56] 있었다는 점이다.

물론 이하 후유는 당시 오키나와에 대해 관심이 없었던 시기에 오키나와를 단순히 식민지지배지로서의 위치가 아니라, 일본인과 동일한 조상임을 강조하면서 새로운 관심을 끌 수 있는 기회로 삼았다. 그 이유는 당시 관심의 대상이었던 일본민족의 과거에 대한 설명과 해명이 복잡하게 얽혀 있던 시기에 일본민족의 루트에 대한 실마리를 풀어줄 수 있는 신뢰의 장소로서 오키나와를 설정했기 때문이다.

그런데 야나기타의 주장에 의해 이하 후유는 자신이 지금까지 주장해온 오키나와와 일본의 일류동조론에 남진과 북진을 둘러싸고 균열을 일으켰다. 하지만 그와 같은 현실인식 속에서 서로 자신의 입장에서 과거를 바라본 상상의 고대를 체현해냈다는 점과, 당시의 학지였던 비교언어학을 동원한 내면의 창출이었던 점에서 '재오리엔탈리즘'의 위험성도 존재했던 것이다.

---

56 村井紀, 전게서, p.272.

/제3부/

본질주의와 혼효주의
그리고 상대주의

제8장 기타 사다키치의 일본제국 신민론

1. 트랜스 포지션에 대한 도전

기타 사다키치(喜田貞吉)는 주변인종인 에미시(蝦夷)[1]를 끌어들이면서 일본민족론을 설명하고 그 연장선상에서 일본민족=일본신민론을 제창했다는 것을 이미 지적했다. 나아가 천황의 은혜를 입은 민족국가=일본이라는 제국의 학지(學知)를 창출해 내는데 성공한다. 이러한 기타의 입장에 대해 이마니시 하지메(今西一)는 국가와 민족의 상관성을 동화와 융합의 논리를 원용하여, 대륙침략의 논리로 전화되는 위험성

1 　高橋崇, 『蝦(えみし)夷』, 中公新書, 1992, pp.2~27; 海保嶺夫, 『エゾの歴史』, 講談社, 1996, pp.8~11.

을 지적[2]하면서 제국주의적 인식을 비판했다. 물론 이마니시의 지적처럼 그러한 위험한 맥락도 존재하지만 기타의 학제적 원리 속에는 주변과 중심의 경계, 마이너리티(minority)와 마조리티(majority)의 경계를 재설정하는 스펙트럼이 존재했다.

그 스펙트럼은 에미시라는 차별적 인종의 입장에서 일본민족을 해석한다는 시선, 즉 주변에서 중심을 논하는 역방향 담론을 추구했다는 점에서 신내의식(身內意識)에 독창성이 있었다. 기타의 역사학 해석 담론에는 고고학과 인류학 등의 타학문과[3] 소통하는 트랜스 포지션(trans posion) 이론도 작동했고, 서구의 이론을 수용하면서 동양인의 입장에서 동아시아를 재구성하려는 주체적 아우터(outer)를 지향한 점이 있었다.

이를 위해 기타는 에미시의 해석과 야요인의 등장을 역사적 사실로 텍스트화하면서 혼합, 혼성이라는 스펙트럼을 정교화하고 이념화하는 방식으로 진행시켰다. 기타는 차별과 민족의 문제를 핵심 개념으로서 제기하면서 일본민족 사이에 존재하는 귀천은 민족적 차이의 문제가 아니라 민족의 '경우상'의 문제[4]라고 논했다. 더 정확히 표현하자면, 천민이란 양천(良賤)이라는 제도에 의한 구별[5]이라는 '경우'에

2　今西一, 『国民国家とマイノリティ』, 日本経済評論社, 2000, p.147. 이마니시 하지메(今西一)는 기타의 영향을 받은 마르크스주의자 다카쿠라 신이치로(高倉新一郎)를 다루기도 하였다. 그러나 기타 사다키치의 일선동조론은 근대 국민국가의 틀을 초극하려는 사고가 존재했다고 보기도한다. 塩見鮮一郎, 『蘇る巨人』, 河出書房新社, 2009, p.168.

3　上田正昭, 『喜田貞吉』, 講談社, 1978, p.15. 우에다(上田)는 기타를 민족사, 사회사, 건축사, 도성사(都城史), 종교사, 일본사의 분야에 걸쳐있는 '잡학적' 학문 소유자라고 보았다.

4　喜田貞吉, 「歴史上より見たる差別撤廃問題」 第1輯, 中央社会事業協会, 1924, pp.31~32

5　菅孝行他, 『差別』, 現代書館, 1995, p.6. 물론 기타의 인식 속에도 '차별(discrimination)'과 '구별(distinction)'이라는 '주관' 개념이 작동하고 있었다는 것을 간과할 수가 없다. 사전

의해 차별적 존재되었다는 것이다. 차별을 만들어 내는 것은 구별과 차별의 자의적(恣意的) 경계 설정에 의한 경우의 문제이며, 사회적 제도의 문제로 본 것이다. 그러니까 기타의 스펙트럼으로 보면 차별은, 역사학이라는 제도 속에서 나타난 권력담론의 편제과정에서 경우에 의해 만들어진 상상의 개념이었던 것이다.

이러한 논지설정을 보면 기타는 민족이라는 개념을 본질주의적 개념으로서 부동의 문제로 본 것이 아니라 유동적이며 역사적 흐름 속에서 경우상 생겨난 것임을 자각하고 있었다는 것이다. 그렇기때문에 차별이라는 개념을 해체할 수 있었고 재편성을 시도한 것이다. 그렇지만 그것은 역설적으로 평등을 재편한 새로운 차별을 기획하는 것이기도 했다. 즉 일본인종이 에미시와 혼합하는 과정에서 일본민족이 형성되었음을 설명하면서 이민족에 대한 차별을 해소했지만, 다시 천황의 은혜를 입은 일본 신민으로 동화시키는 정치학적 구조를 작동시켰다.

더 나아가 타민족 즉 피식민자인 조선인을 일본민족으로 회귀시키면서 조선인조차도 군민동조(君民同祖)＝일한동역(日韓同域)이라는 논리로 합법화해 간다. 결국 기타는 차별과 평등의 의미를 혼합민족 논리로 묶어내며 ① 혼합논리와 혼합 과정에서 차별론을 경우상의 문제와 연결시켰고, ② 혼합론이 다시 천황의 은혜를 누리는 신민＝평등

___

적 의미에서 보면 구별을 더 심화시키면 차별로 발전한다. 차별의 사전적 의미는 "인간의 잠재적 가능성을 다른 사람이 저지하는 행위"라고 표현하며, 두 번째는 개인이 사회적으로 기피·배제당하여 불평등·불이익을 받는 것을 의미하기도 한다. 약간 모호한 전자 보다는 후자 쪽이 뭔가 직관적으로 다가오기는 한다. 그런데 공통적으로 전자와 후자 공통적으로 차별의 근거가 되는 것은 '인종·민족·생활양식·국적·혈통·성별·언어·종교·사상' 등인 것이다.

으로 수렴되느냐 아니면 차별적 존재로 남느냐를 풀어내고 있었다.

기타는 이러한 ①과 ②를 통해 ③ 일본민족을 혼합으로 형성된 민족
이라고 주장하면서 일본내부에서 존재하는 차별문제를 해결하고 있
었다. 그런데 그것은 다시 외부의 식민지지배에 의해 생겨난 이민족
을 포섭하려는 동화주의자의 입장이라는 이중성을 갖게 된 것이다.[6]

그런데 문제는 기타가 어떠한 방식으로 자신의 역사학 논리를 창
출해냈으며 학제간의 융합 설명방식과 혼합과 혼성이라는 개념이 어
떻게 컨텍스트(context)화했는지를 명확히 드러내야 한다는 것이다.
그를 통해 기타의 역사학 인식론 속에 담긴 관리와 통제의 양태들을
끌어냄으로써 기타의 '주체적' 담론의 재현을 다듬어보기로 한다.

2. 학제적 융합 학문으로서 역사학

기타는 일본민족의 형성을 설명하는 기본 요소로 '종자(種子)'이론
을 도입하고, 그 종자를 이루는 핵심에는 피의 농담(濃淡)문제가 작동
한다고 특화한다. 이러한 특화된 기타의 피의 농담이라는 상징(token)
이론은 혼합론 구조와 '역사학이라는 학문적 성격'에서 비롯된 것이
었다. 후자의 '역사학이라는 학문적 성격'이란 『고사기』와 『일본서

6　小熊英二, 『単一民族神話の起源』, 新曜社, 2000, p.119.

기』를 텍스트로 삼는 문헌중심주의 역사학 이론을 가리키는데 그 사유틀과 연계하여 일본인의 민족적 루트를 설명해내려 하였다는 의미이다. 기타는『고사기』와『일본서기』신화에서 서술되는 천손(天孫) 개념과 다카마가하라(高天原)에 주의를 기울이면서 일본인종론을 상정했다. 즉 기타는 "천손 니니기노미코토(瓊々杵尊)가 다카마가하라에서 이 국토로 강림하시어 만세일계 제국 업적의 기초를 열었던 것은 말할 것도 없다"[7]고 표현하며, 일본 민족의 근원을 해석하고 원상(原像)을 규정하는 이론을 신화 속에 등장하는 천손 강림의 신화내용과 연결시킨다.

기타는 일본신화 속에 등장하는 천손강림을 하나의 원형으로 설정했고, 그 텍스트 내에서 지상으로 강림한 신들의 이야기를 통해 일본민족은 천손종족과 선주하던 종족과 혼효를 이루어가는 과정으로 서술한다. 즉 혼효라는 어휘의 정의인 섞임을 설명하면서 그 섞임을 동화, 즉 어느 쪽인가 하나로 섞여가는 과정으로 보고 이를 이중적으로 계보화 한다. 기타는 혼효와 동화를 반복적으로 재설정하면서, 혼효와 동화의 논리를 전위하여 총체적 논리로 발전시키며 일본민족이 발달하게 된 근원을 끌어내고, 일본민족의 역사를 재구성한다.

그런데 기타는 혼효와 동화의 순서를 계통성과 본질주의를 동반한 두 가지 양상을 거치면서 이루어졌다고 보았다. 첫째, 천손족의 도래 상태와 선주민들끼리의 동화의 상태였다. 기타는 일본 내에서 하야토(隼人)들이 동화하여 제1차적으로 하나의 민족을 성립시켰다고 보았

7　喜田貞吉,「日本民族槪論」,『喜田貞吉著作集』第8卷, 平凡社, 1979, p.31.

다. 둘째는 한민족(漢民族)이 아이누족과 혼효·동화했다고 윤곽을 잡았다. 물론 이것은 진무천황의 동정(東征)과 연결한 해석이었다.[8] 이것은 혼효와 동화가 동시다발적으로 진행[9]되었음을 강조하는 논리였다.

특히 중요한 것은 이러한 종족들의 혼화와 동화는 결국 외래자들까지도 융합하고 혼효되었다고 한 점이다. 기타는 "인종, 민족을 달리하던 잡다한 민중이 우리 섬나라에 들어와 원만한 공동생활을 이루어 통혼(通婚)이 이루어지고 결국 인종적, 민족적 차별을 잊게 되었는데 이것이 일본민족성립의 경로이다"[10]라고 말하듯이 일본민족 성립사가 결국은 인종이나 민족의 차별이 없어지는 과정임을 설명한 것이다.

이처럼 기타는 처음부터 차별이 희석된 일본민족론을 상정했던 것이다. 그런데 문제는 다시 기타가 주장할 수 있는 일본민족 성립과정은 문헌이 가진 신화 해석이라는 역사학적 관점을 어떻게 보아야 하는가라는 문제로 돌아간다. 당시는 역사학이 아닌 인류학과 고고학에서 실질적 자료를 바탕으로 하여 일본 내지의 석기시대 선주인을 아이누 혹은 코로보쿨(Korpokkur)이 아닌가라는 논쟁이 전개되고 있었다. 즉 일본인의 조상이 역사시대에 대륙으로부터 이동하여 이들과 혼혈하여 일본민족을 구성한 것이라는 논쟁이 한창이었다. 중요한

8　小熊英二, 『〈日本人〉の境界』, 新曜社, 2005, p.294. 이미 쳄버린이 일본의 『기기(記紀)』신화를 활용하여, 조선반도에서 이주한 자들이 큐슈에 상륙하여 대부분은 선주민족을 정복하면서 진무동정(神武東征) 행하는 것을 설명했다. 이는 민족의 이동이라는 커다란 문제 제기를 실천했으며, 일본민족론을 둘러싼 논쟁을 불러 일으켰다.

9　喜田貞吉, 「日本民族槪論」, 전게서, p.51.

10　喜田貞吉, 「東北民族研究序論」, 『喜田貞吉著作集』 9, 平凡社, 1980, p.14.

것은 이러한 일본민족구성과 인종론이 결합하고 있었다는 점이다.[11]
특히 일본인의 인종 기원설 입장은 크게 분류해 보아도 7종류나 존재
했다.

〈일본인 설〉[12]			
① 일본인이 남부 중국, 조선, 아이누의 혼합이라는 입장.	② 일본인이 조몽인과 야요이인 두 계통의 집단이 혼혈한 것이라고 보는 입장.	④ 조몽시대인이 현대일본인으로 연결된다는 입장.	⑤ 아이누, 인도네시아인종, 조선계의 세 계통으로 보는 입장.
	③ 아이누와 일본에 도래한 조선계통인의 혼합이거나 북방, 남방의 혼합이라고 보는 입장.		⑥ 아이누는 일본인의 조상과 상관이 없다는 입장. ⑦ 아이누가 일본인 속에 혈연적으로 섞였다는 입장.

　물론 ①~⑦ 중 어느 하나가 정설이거나 옳다기 보다는 일본인종
의 기원에 대한 해석들이 확대되고 일본민족의 아이덴티티 찾기에
이론들의 경합이 벌어졌다. 이 시기 이러한 논쟁들은 공통적으로 하
야토와 에미시, 아이누가 천손민족과 혼효되면서 일본민족으로 동화
한다는 의미에서 혼합민족이라는 입장을 주창하고 있었다.
　이러한 시대적 흐름 속에서 문헌중심의 역사학을 고집하면 학문의
주류를 고고학이나 인류학에게 자리를 양보해야만 하며, 결국은 비

11　赤松啓介, 『東洋古代民族史』, 白揚社, 1939, p.58.
12　金関丈夫, 『日本民族の起源』, 法政大学出版局, 1976, pp.9~10.

주류로 유령화될 운명에 처하게 된다.

이러한 시대적 분위기를 인지하고 기타는 고대사 연구에 "유골 등을 조사하는 것이 중요하다는 것은 말할 필요도 없는데 동시에 토속학, 고고학의 연구와 주위 민족의 상태, 비교 대조, 그리고 언어, 역사 그 외에 여러 과학의 원조를 빌려 각각의 학문적 영역에서 논하지 않으면 안 된다"[13]고 보았다. 다시 말해서 기타는 역사학적 입장을 고수하면서도 고고학과 인종학 분야에도 관심을 갖는다. 역사학과 고고학을 접목시키면서 새로운 학지를 설정하는 것 그것이 바로 기타의 패러다임 전환의 계기가 되었다. 기타는 역사학이라는 학문적 성향인 문헌중시 경향을 중시하면서도, 타학문인 고고학을 새로이 유입하게 된 것이다. 기타의 특징은 바로 이러한 역사학이라는 정통성 이외의 외부 학지(學知)인 고고학을 다루면서, 역사학 재구성에 활용한 점이다. 그렇지만 기타가 역사학, 특히 신화 서술방식에 단순히 고고학을 도입했다는 것에 있는 것이 아니다. 문제의 핵심은 고고학 발굴품들에 의해 일본인종을 논하는 새로운 논리들을 통해 역사학과 고고학의 학제적 융합시각으로서 일본민족론을 규정하는 이론을 창출한다는 점이다.

결국 기타는 학제적 경계설정의 재편성이론을 강화시키면서 인종과 고고학에서 다루는 '역사학'에 초점을 맞추게 된다. 근대의 과학적 이론인 고고학을 근저에 흐르게 함으로써 역사학에 과학성을 획득했다. 이러한 학문적 융합은 전근대적 방법론의 안티테제적 입장에서

---

13 喜田貞吉, 「石器時代のアイヌ民族に就いて—大串博士の新研究を読みて」, 『民族と歴史』 3巻 4号, 1920, p.43.

획득했고, 근대적 방법론으로서 역사학의 창출이라는 새로운 지평을 열었던 것이다. 이것은 기타가 고고학이라는 실증적 사물을 연구하는 학문이라는 틀을 도입함으로써 순수한 역사학과 거리를 두면서 새로운 역사학을 발견하는 위치로 이동할 수 있었던 것이다.

3. 주변인종에서 일본민족으로

앞에서 언급했듯이 기타는 고고학의 '현지조사'라는 실증적 자료에 근거한 '학지'를 역사학에 접목시키면서 새로운 역사학의 담론재편에 도전했다. 기타는 먼저 하야토와 에미시, 아이누가 일본민족과는 전혀 다른 '구별'적인 존재라고 설정했다. 즉 역사상으로도 에미시는 일본민족으로부터 전혀 다른 종족으로 취급되어 이민족으로 구별되었었다고 논했다.

역사상의 에미시는 몸에 털이 많아 그 이름을 모인(毛人)이라고 불렀다. 이것은 구비전설에 의한 것이 아니라 눈앞의 사실을 기록한 것에서 존재한다. 그들은 내지로 이주한 후에도 사에키베(佐伯部)로 구별되었다. 국가의 법제상으로도 그들은 이적(夷狄)으로 취급될 정도로 현저하게 달랐던 것이다.[14]

법제상으로 이적으로 취급될 만큼 현저하게 구분되었던 에미시였다고 서술하듯이, 기타는 이러한 에미시 즉 아이누족을 설명하면서 혼종과 연관시켜 일본내지에 동화되는 과정을 형상화 한다. 기타는 "에미시, 즉 아이누족도 또한 일본민족 중에 중요한 하나의 요소였다는 것을 인정하지 않으면 안 된다. (…중략…) 점차로 내지의 여러지역으로 보내졌다. 규슈지방에 이주한 자도 많다. 그 대신에 내지인, 즉 일본민족은 점점 에미시 땅에 이주했다. 따라서 에미시의 피는 전국에 균일하게 퍼졌다"[15]고 보았다. 기타가 이때 표현한 논리, 즉 일본 전국에 균일하게 퍼졌다고 주장하는 특징을 발견할 수가 있다. 기타가 주로 관심을 기울인 것은 바로 이러한 '피의 균일함'에 의한 인종의 혼합이었다. 즉 에미시가 일본민족을 구성하는 하나의 성분이었고 이들은 서로 교차하면서 혼합되었다는 논리로 피의 균일함 논리를 독자화 시켜간다. 그런데 그 균일함 논리는 피의 섞임과 동시에 피의 분리론으로 다루었다. 특히 일본 안에서의 피지배자들의 융합과 피의 농담에 관한 혼효의 과정에 중점을 두었다.

기타의 이러한 피의 섞임 논리는 혼효론에서 두 가지의 답변을 제시한다. 즉 피가 혼효되는 과정에서 아이누의 피가 많은가 일본민족의 피가 많이 섞이는가에 따라 ① 아이누라는 '이민족'으로 간주되느냐, ② 일본민족으로 간주되느냐의 경계가 드러나고 구별된다고 논한다. 즉 에미시와 피를 섞었을 일본민족이 ①로 재귀된 인종 또한 에미시와 피를 섞었지만 ②가 된다는 긴장관계를 그려냈다. 특히 아이

14　喜田貞吉, 「九州の古代民族について」, 『喜田貞吉全集』 第8卷, 平凡社, 1879, p.138.

15　喜田貞吉, 「日本民族概論」, 『喜田貞吉著作集』 第8卷, 平凡社, 1979, p.49.

누가 일본민족의 피를 혼합하지만 그들 중 일본민족으로 동화되지 못한 자들은 여전히 '신(新)'아이누로 형상화되고, 이민족으로 구별짓는다. 다시 말해서 에미시가 점점 변해 일본민족이 된 것이 아니라 일본민족과 혼효하면서 '동화'되었다고 본 것이다.

이러한 논리는 여전히 쌍방이 이족(異族)으로 존재했다는 수평적 평등함을 재현하면서 전개한 것이다. 기타는 일본민족의 혼합성을 이야기하면서 아이누와 에미시, 일본민족의 차이를 역설적으로 강조하고 있었다. 구체적 혼합상황을 재현하지만 그것은 차별을 없애는 의미로도 작동하면서 차별적인 존재임을 강조하는 이율배반적인 것이었다.

이는 에미시와 일본민족의 혼효를 통해 하나로 만들어내는 것이 아니라, 피의 농담에 의해 아이누로 남느냐 일본민족으로 동화되느냐의 경계를 재설정해가는 담론을 산출하는 과정이었다. 그것은 일본민족의 피가 섞였지만 그래도 열등한 아이누의 존재를 만들어내고 판현으로는 '차이'를 강조하여 다른 한 쪽을 지배자로 등장한다는 위계질서를 재편해내고 있었던 것이다.

반복해서 말하지만 기타는 구체적으로 에미시들이 일본의 내지로 이주하면서, 그들이 내지인들과 섞이는 과정과 피의 혼합과정을 상보적으로 정리한 것이다. 즉 에미시들의 존재가 일본 내지의 전국에 퍼지는 상황을 현상학적으로 그려내면서 섞임의 과정을 재현하고 그 프로세스를 논한 것이다.

기타는 앞에서도 언급했지만 일본민족 속으로 피가 섞인다는 혈액의 혼효를 강조하는 것에는 이유가 있다. 이러한 피의 섞임 문제는 당시의 고고학과 인류학에서 제시되었던 인종 문제로 연동되는 것이었다.

따라서 엄밀하게 말하면 기타의 혼합설은 아이누와 원일본인이 동일하다고 보는 동일설과 서로 피가 섞였지만 다르다는 대립설의 분기점에 놓여있다. 기타에게는 석기유물 발굴에 의한 시대의 구분과 그 시대의 인종을 해석하는 일을 역사학의 입장에서 혼효와 동화를 가지고 설명해내야 했으며 그러한 과정에서 토기의 특징을 가지고 분석해낼 수 있는, 즉 조몽과 야요이의 경계를 동시에 설명가능한 담론을 찾아내야만 했다.

고고학이나 인류학에서 등장한 해석이 '조몽문화=아이누문화'이고 야요이식 문화=고유 일본인이라는 해석이었다.[16] 이 두 문화는 민족의 체질과 함께 확실히 구분되는 것으로 양자는 상호이행하는 일이 없다고 기타는 생각했다.

기타는 역사학과 고고학의 융합이라는 '통'학문을 통해 '혼합성'을 설명하려 하였다. 기타는 고고학적 자료 발굴의 현장인 고우에 대한 발굴품에 눈을 돌린다. 이러한 미묘한 문제에 반대의견을 낸 것은 하마다 고사쿠(濱田耕作)였다. 특히 하마다는 고우지방을 조사했을 때 동일지역에서 층위만 다르게 조몽토기와 야요이토기가 동시에 발견되는 현상에 관심을 집중했다.

기타 역시 "일본에서 석기와 함께 발견되는 토기에 두 개의 큰 종류가 있다고 볼 수 있다. 그 첫 번째가 조몽식토기이고 다른 하나가 야요이식토기이다. (…중략…) 이 두 종류의 토기 중 조몽식토기가 야요

16　清野謙次, 「日本民族」, 『東洋思潮』 第1卷, 岩波書店, 1935, p.24.

이식토기에 비해 오래된 것이라고 하는 것은 동일유적 중에서도 전자가 하층에 후자가 상층에서 발견되는 층위적 사실에 의해서도 분명하게 알 수 있다"[17]고 보고 동일지역에서 층위에 의해 토기가 발견된다는 사실을 어떻게 해석해야 하는가를 문제제기한 것이다.

하마다는 구석기시대나 신석기시대를 통틀어 '석기시대'라고 호칭하며, 석기시대에 아이누식, 야요이식 두 가지 형식의 유적이 존재하고, 특히 규슈에 두 형식의 토기가 중층적으로 존재한다는 것에 답변을 찾고자 악전고투했다. 하마다는 토기의 형태나 특징 그리고 왜 그러한 동일지역에서의 시대가 다른 토기가 발견되는가라는 문제를 밝히고자 했다.

기타는 이러한 발굴품에 대해 적극적으로 실지조사를 실시하면서 하마다의 논지에도 관심을 갖는다. 기타는 "규슈지방에서 발견되는 석기시대의 유적은 다른 지방에서 보이는 것과 마찬가지로 아이누식과 야요이식 두 계통으로 나누어져 있음을 긍정"[18]하면서도 두 계통의 유적이 따로따로 존재하거나 혹은 동일한 지점에서 중복되어 존재하는 이론을 제시한 하마다의 논리를 확대시킨다. 물론 기타의 해석은 하마다의 이론에 포섭되고 가동되는 기능에 의해서였다. 먼저 하마다의 이론을 보면 하마다는 서(西)일본, 즉 규슈에서 발견되는 유적·유물이 도호쿠나 간토(関東)에서 발견되는 유물들과의 차이를 지방적 특색으로 설명한다.

하마다는 "생각컨대 일본은 서쪽이 대륙과 가까운 환경에 있어 항

17 　濱田耕作, 「日本原始文化」, 『日本歷史』, 岩波書店, 1935, p.15.

18 　喜田貞吉, 「九州の古代民族について」, 전게서, p.147.

상 문화가 서쪽에서 들어오는데, 조몽말기의 문화도 가장 오래된 자
는 역시 서일본에 존재했다가 점차 동북으로 전파한 것으로, 마침내
서일본에서는 새로운 대륙문화가 도래하여 그 감화에 의해 새로운
문화가 들어왔다"[19]고 기술한다.

기타가 논한 것처럼 규슈지방에 분포하는 차이성을 설명하는 논리
와 궤를 같이 하고 있었다. 기타는 "야요이식 유적은 전 규슈지역에
존재한다. 그것이 전자(조몽식)와 중복되어 있는 것을 보면 역시 처음
에는 아이누계통의 민족이 있었던 토지에 나중에 야요이계통의 민족
이 와서 그것을 정복했다고 해석할 수 있다. 처음에 북부로부터 침입
하여 전자는 발전을 이루지 못하고 점차로 남부지역으로 이주했다"[20]
고 보았다. 따라서 규슈지방 안에서도 조몽식유적과 야요이식유물이
다르게 발견된다고 해석한다. 기타는 이를 통해 문화의 변화추이와
이동루트를 추출할 수 있다고 본 것이다.

물론 기타와 하마다는 규슈지역에 새로운 문화가 유입되고 그것이
도호쿠지방으로 전파된다는 이론은 공통적이었다. 그런데 기타와 하
마다 사이에는 석기시대에 인종이 연속적으로 세대를 이어간 것인지,
인종이 교체된 것인지를 둘러싸고 대립한다. 조몽과 야요이의 인종
경계설정을 둘러싸고 벌어진 '해석'의 차이가 상호를 비추기도 하면
서 대립된 상황이 발생한 것이다.

기타는 이른바 '조몽토기와 야요이토기가 질적으로 다른 시대'라는
'아프리오리'를 가지고 있었다. 다시 말해서 기타는 선험적인 시대구

---

19 濱田耕作, 「日本原始文化」, 전게서, p.17.
20 喜田貞吉, 「九州の古代民族について」, 전게서, p.151.

분법을 갖고 있었다. 기타는 일본 내지에 선주(先住)하던 아이누라는 조몽인이 존재했고, 그 후 야요인이라는 외부와의 접촉, 즉 야요이인이 조몽인을 전부 구축하거나 동화시켰다고 보았다. 물론 동화 과정에서 아이누인과 야요인의 피의 섞임의 농담에 의해 일본민족이 되느냐 아니면 이인종으로 남게 되느냐로 설명한다.

하마다는 조몽인이 조선반도에서 도래한 야요이인과 접촉하여 그들에게 영향을 받았지만 원래의 조몽인이 그를 수용하여 야요이인으로 발전했다고 해석한다. 물론 그러한 차이, 즉 조몽인을 동화·융합하여 일본민족으로 진화한 것인지 아니면 조몽인이 야요이인으로 발전하여 일본민족을 이룬 것이라고 볼 것인지에 대해서는 접전을 벌이지만, 기타와 하마다의 이러한 담론경합 자체가 역사서술의 완벽성을 담보하는 하나의 텍스트화되었다는 점이다. 기타는 하마다가 주장한 규슈지역이라는 하나의 지역적 특징만을 가지고도 이곳에서 발견된 토기가 모두가 동일하지 않은 것에 대한 문제와 조몽식과 야요이식 유적의 층위문제를 함께 설명해낸다.

규슈 전지역의 석기시대의 분포를 보면 그 북부에서는 대부분이 야요이식에 속하는 것들만이 존재하고, 정확하게 아이누식이라고 인정할만한 것은 발견되지 않는다. 남쪽으로 내려갈수록 아이누식 유적이 점점 혼재해 있는데, 히고(肥後)의 남쪽 지방에는 꽤 다수의 그것이 발견된다. 내가 알고 있는 한 동쪽방면에서는 분고(豊後) 오이타군(大分郡)이 아이누식 유적의 최북단이라고 본다. 서쪽방면으로는 치쿠고(筑後) 미이케군(三池郡)의 패총으로 이를 말할 수 있다. 그 이북은 물론 다소 매몰되어 있다

고는 생각하지만 아직 들은 바가 없다. [21]

기타는 규슈지역에서 발견되는 야요이식토기에 대해 설명하고 역시 가와치, 빗추, 엣추(越中)에서 보듯이 아이누계통의 인종이 살고 있었고 나중에 야요이 계통의 민족이 이주하여 이를 정복했다고 해석한다. 이러한 조류는 문화적 교섭에 의해 일어난 것이라고 보았는데, 문화접촉이라는 월경적 유동현상이라고 설명한다. 즉 규슈북부, 긴키(近畿)지방 등 규슈에서 멀어진 지역에서 야요이식토기보다 조몽식토기가 많이 발견된다는 것을 통해 아이누 계통의 인종들이 동쪽으로 쫓겨가는 양상을 보여주는 것으로 재현했다.

결과적으로 기타는 "규슈의 북부지방은 우수한 야요이민족에게 병합되고 조몽민족에 관해서는 사적도 전설도 남지 않게 되었다"[22]고 논하면서, 그것은 곧 야요이식토기를 사용하는 민족이 규슈에 도래했고, 그들이 발전하고 이동하면서 선주민족인 에미시를 정복/병합하여 이를 구축한 것으로 완전하게 설명되었다. 신화 속에서 진술되는 천손민족의 등장과 실제 발견되는 토기의 유물 해석과 연결되면서 통(統)학문으로서의 역사학이 구축되는 순간이었다. 이는 명백하게 야요이민족은 동으로 이동하면서 내지의 중부지방에 사는 선주의 아이누인들과 융합하고, 혼효하게 되었다는 논리로 수렴되는 것이었다. 기타는 역사학의 근대성이라는 진보의 불안정한 양상 속에서 서구에서 유입된 고고학과 인류학이라는 방법론을 활용하면서, 이를

---

21 喜田貞吉, 「九州の古代民族について」, 전게서, pp.150~151.
22 喜田貞吉, 「考古学上より見たる蝦夷」, 『ドルメン』第4卷 第6号, 岡書院, 1935, p.174.

통해 역사학의 재의미화해 갔다. 달리 말하면 기타는 역사학이라는 규범을 창출하는데 있어서, 문헌중심주의적 사고에 뿌리를 두면서도 당시 인류학에서 주창된 혼합론과 밀착하면서 시대적 흐름을 진단하고 있었다.

당시 인류학의 중심인물인 도리이 류조(鳥居龍藏)가 제시한 고유일본인, 즉 일본민족의 루트는 '아시아대륙=조선반도'라는 것에 기인하고 있었고, "석기시대의 연구는 조선의 석기시대의 그것과 비교하지 않으면 안 된다고 생각한다. 그리고 만주, 연해주, 동몽고의 그것과도 마찬가지"[23]라는 관점을 활용했고, 고고학 분야에서도 궁극적인 진리로 이해되고 있었던 하마다의 동근론[24]을 도킹한 것이다.

기타가 앞서 언급한 야요이토기의 도래와 일본 내지에서 벌어지는 융합·동화의 논리가 하마다의 석기시대 해석 틀과 만나면서 불안정한 신화 해석을 하나의 안정된 진리로 끼워 맞추었다. 하마다는 조선반도에서 발견된 토기를 통해 바로 기타큐슈와의 관련성을 논하며 특히 야요이토기는 발달하고 정비된 형식을 갖추면서 일본 내지에 전달되었다고 주장한다.

하마다는 조선반도에서 전해온 대륙문화가 기타큐슈에 머무른 것이 아니라 일본의 좋은 기후와 풍토의 영향을 받아 크게 발전했다는 논리를 부연설명했다. 하마다는 규슈에서 동쪽으로 이동하며 그 특징을 발휘하여 일본의 야요이식토기로 발전했고, 마침내 융합하여

23 　鳥居龍藏, 『有史以前の日本』, 『鳥居龍藏全集』第1卷, 朝日新聞社, 1975, p.189.
24 　濱田靑陵, 「古器物から見た日本国民性」, 『解放』, 大鐙閣, 1921, p.128. 조선남부의 민족도 역시 일본인의 일파였는데, 여하튼 일본열도에 살고 있던 일본인과 조선반도에 살고 있던 일본인 사이는 이 동근에서 생겨났다.

새로운 것이 되었다[25]고 설명한다.

그렇지만 그것은 나이토 치소(內藤恥叟)처럼, "국토가 있는데 국토 안에서 하나의 인종이 발생하는 것이 당연하지, 해외에서 왔다는 것은 국체를 모멸시키는 것"[26]이라고 주장하는 의미와는 또 다른 것이었다. 기타는 결론적으로 규슈지방에 야요이식 유적을 남긴 민족은 긴키, 중국, 시코쿠 등에 유적을 남긴 자들과 동일하며 토인이 천손민족과 동화·융합하여 일본민족을 이루고 점차로 사방으로 퍼졌던 것[27]을 강조하고 있었다.

4. 일본민족에서 제국신민으로

분명히 기타는 문헌중심주의 관점을 가진 역사학에서 고고학과 인류학을 융합시키는 복합적 시선을 갖고 있었다. 이는 단순히 두 세 개의 학문을 통합했다거나 학제적 연구를 실시했다는 의미에서 그치는 것이 아니라, 역사학이라는 하나의 기준에 인류학과 고고학을 이입시켜 역사학을 재설정하는 논리로 연결시킨 것이다.

---

25 濱田耕作,「朝鮮の古跡調査」,『民族と歷史』第6卷 第1号, 1921, p.17.
26 赤松啓介,『東洋古代民族史』, 白揚社, 1939, p.58.
27 喜田貞吉,「九州の古代民族について」, 전게서, p.152.

다시 말해서 기타가 판독해내는 일본인종은 고고학 세계에서 발화하는 하마다의 발언 즉 "조선반도에서 건너 온 고도의 문화를 가진 인종 혹은 문화와의 접촉에 의해 일본인종이 발전한 것"[28]을 독자인 기타 자신의 텍스트 속으로 흡수하고 있었다. 그러한 의미에서 기타는 하마다의 접촉설 이론을 전략적으로 수용하면서 기타 자신의 혼합민족설에 대한 기술의 기제로 사용하고 완전한 텍스트를 주조해 간 것이다.

기타는 하마다의 이론을 수용하면서 기타 자신의 담론을 산출해내는 새로운 서술자의 위치로 들어섰다. 그것은 바로 하마다가 주장하는 치쿠고(筑後), 히고(肥後) 부근에서 양상이 다른 고분을 만들었던 자들도 당시의 긴키지방의 주민과 동일한 자들로『한사(漢史)』에서 말하는 왜인(倭人)이며, 이들은 전설상의 구마소 혹은 역사시대의 하야토도 모두 동일일본인이라는 주장에 반하는 해석을 통해서였다.

기타는 "아이누, 즉 역사시대의 에미시가 이민족이었던 것은 물론이거니와 왜인이나 구마소나 나중의 하야토까지도 일본민족으로부터 이민족으로 취급되었던 것"[29]이라고 주장한다. 다시 말해서 기타는 아이누식토기를 사용한 민족과 야요이식토기를 사용한 민족과는 본래 다른 자들로 철저하게 분리시켰고, 야요이식토기를 사용한 민족은 이전부터 있었던 아이누식토기를 사용한 민족을 쫓아내거나 동화 혹은 흡수시켰던 것이라는 맥락을 버리지 않았다. 기타는 일본신화와 연결하는 역사가의 입장이라는 원학지(原學知)적 인식에 집착했

---

28 濱田耕作,「日本文化の源泉」,『東洋思潮』第2卷, 岩波書店, 1935, p.10.
29 喜田貞吉,「九州の古代民族について」, 전게서, p.156.

다. 기타는 일본민족이 천손종족과 여러 종족과의 혼효로 만들어졌다고 설정한 인식을 포기하지 않았던 것이다. 기타는 역사학과는 구별되는 인류학이나 고고학의 해석들을 만나면서 혼합민족의 논리를 교묘하게 전치시키면서 재차 역사학에서 관습처럼 되어있는 신화 해석으로 돌아간 것이다. 기타에게는 물론 타학문을 수용했다는 의미에서 기존의 역사학과는 다른 '신역사학'을 산출하지만 다시금 신화 해석으로 돌아간다.

물론 기타가 하마다의 논리 중에 자신과의 대립적인 요소들은 제거하고 수용하는 것에는 왜인이나 하야토, 아이누에 대한 해석이었고, 그 동화와 혼효의 순서였다. 이때 기타가 설정한 것은 천손족의 도래 상태, 그리고 선주민과의 동화의 과정[30]이었다.

기타는 이미 일본의 조상은 천손민족이라는 것을 설정하고, 이를 역사적 사실로서 확인하는 작업을 전개했다. 기타의 인식 속에는 일본민족이 바로 천손민족이며 이를 일본신화에 등장하는 다카마가하라와 연결시키면서 조몽인과 야요인을 구분하는 방식이었다. 기타는 먼저 다카마가하라와 종족의 관계를 대륙과 연결하여 설명했다.

일본민족을 만들게 된 천손종족은 대륙의 어느 지방에 살고 있었던 것으로 먼 옛날로 돌아가 보면 조선, 만주, 몽고 등의 우랄알타이어족의 사람들과 친밀한 관련이 있다. 그중에서도 고구려, 백제 등의 부여족과는 가까운 사이로, 그것이 어느 시기에 일본 섬나라에 도래한 것이라고 해석

---

30 喜田貞吉, 「日本民族槪論」, 『喜田貞吉著作集』 第8卷, 平凡社, 1979, p.50.

할 수 있을 것이다. 따라서 천손종족의 조국인 다카마가하라는 정확히 지정할 수는 없지만, 그것이 대륙방면이라는 것은 의심할 여지가 없는 사실이다. 일한동조(日韓同祖)라는 설은 옛날부터 있었다.[31]

기타는 다카마가하라가 대륙방면이라고 보았고 이를 고고학상으로도 증명이 가능한 것으로 여겼다. 이러한 이주사실을 통해 조선과 일본의 '일한동조'라는 논리에 입지를 굳혔다. 이는 곧 여러 인종들이 내부적으로 깊게 연루되어 일본민족을 이루고 있다는 것을 증명하는 것이기도 했다.

이 점에 대해 기타는 "일본민족은 여러 종류의 민족들의 혼혈인 것이다. 이것이 점점 발달하여 오늘날 성대하게 된 것은 이미 의심할 여지가 없는 것이다. 그럼에도 불구하고 어디까지나 군민동조(君民同祖)를 고양하여, 천손민족이외의 사람들을 의붓자식 취급을 해서는 안 된다. 특히 요즘 우리 천황폐하의 위엄이 일본국 외부에도 이르게 되고, 새로이 많은 민중들을 얻게 된 오늘날에는 더더욱 이 생각을 바꾸어야 할 것"[32]이라고 주장한다. 즉 혼효에 의한 일본민족은 다시 천황의 위엄을 통해 신민으로 자리를 잡게 되는 것이었다. 기타는 다카마가하라를 조선반도와 만주로 이입시키며 과거시제이지만 현재까지 이어지는 천황의 위엄을 입은 장소로 등장시킨다. 특히 일한동조라는 어휘와 군민동조를 반복적으로 묘사하면서 혼합논리를 일원화했다. 그런데 그러한 논리의 핵심에는 천황의 위엄이라는 표현을 통한

---

31 喜田貞吉, 「日本民族槪論」, 상게서, pp.38~39.
32 喜田貞吉, 「歷史上より見たる差別撤廃問題」 第1輯, 中央社会事業協会, 1924, pp.5~6.

‘성은(聖恩)’을 입는 자들과 그렇지 못한 자들이라는 ‘차이’를 재편하고 있었던 것이다. 이때 민족의 구별에 의한 차이는 무효화되었다. 왜냐하면 천황의 은혜를 받은 민족은 차별을 받지 않는다는 논리로 수렴되기 때문이다.

이처럼 천황의 은혜를 받은 일본신민을 창출하는 기타의 논리 속에는 분명히 기존의 전형적인 역사학 영역에서 탈하고, 고고학적 증거품에 의한 인종과 민족해석 서술방식을 통(統)하고 있었다. 이를 통해 기타는 혼효의 과정에 신화구조를 도입하고 있었는데, 그것은 새로운 신화의 재현이었다. 기존의 역사학적 해석에서 고고학적 해석과 인종론을 융합시킨 신역사학 논법을 천손민족의 도래와 『기기』 신화를 연결시킨다.

천손족의 도래는 수차례에 걸쳐 이루어졌다. 이들 천손족은 각지에 토인들을 복속시키고 작은 나라를 세웠다. 그 이외에 토인의 나라들이 산재해 있었던 것은 말할 것도 없다. 그러나 수차례에 걸쳐 도래한 천손족 중에는 휴가(日向)에 강림한 니니기노미코토(瓊瓊杵尊)만이 아시하라의 나카쓰쿠니를 다스리는 천신(天神)의 사명을 띠고 있었다.[33]

기타의 입장은 일본민족의 구성을 천손민족의 도래와 연결시켰고 그 천손민족이 수차례 도래했지만 ‘니니기노미코토’로 대표화되는 것으로 설명해냈다. 아마테라스 오미카미의 자손인 니니기노미코토가

---

[33] 喜田貞吉, 「日本民族槪論」, 『喜田貞吉著作集』 第8卷, 平凡社, 1979, p.50.

현실에서 재현되고, 동쪽으로 정벌을 이루는 사이에 선주인종들과 동화하거나 혼효하고, 그렇지 못하는 인종을 구축하는 논법이 그것이었다.

기타는 말 그대로 일본민족은 동쪽의 에미시를 정벌하고 동화하면서, 외래의 귀화인까지 융합하여 일본제국으로 일본민족이 발전하는 계보를 그려냈다. 특히 기타는 815년에 만다신노(万多親王)의 칙서를 받아 편찬한 『신찬성씨록(新撰姓氏錄)』의 1천 1백 82씨를 열거하면서 이를 재공고화했

황별(皇別)		368씨
신별(神別)	천신(天神)	302씨
	천손(天孫)	118씨
	지지(地祇)	30씨
제번(諸蕃)	한(漢)	179씨
	백제	119씨
	고려	48씨
	신라	17씨
	임나	10씨
합계 1191씨 (1182씨라고 한 것은 맞지 않게 된다)		

출처 : 喜田貞吉, 「日鮮両民族同源論」, 『喜田貞吉著作集 8』, 平凡社, 1979, p.361.

다. 기타는 『신찬성씨록』에 적혀있는 황별(皇別), 신별, 제번을 구분하면서도 이들 성씨가 "일본민족 속으로 융합"[34] 했다는 증거로 세웠다. 이

---

34 喜田貞吉, 「日本民族の構成」, 『喜田貞吉著作集』 第8卷, 平凡社, 1979, p.56; 喜田貞吉, 「日鮮両民族同源論」, 『喜田貞吉著作集』 第8卷, 平凡社, 1979, pp.363~364. 유전학상으로 보아 그 혈통의 상속을 나타내는 것은 부족하지만, 여하튼 우리나라에서 이상과 같은 씨족상의 구별이 민족적으로 존재했다는 것을 인정한 것은 분명한 일이다. 황별이란 말할 것도 없이 진무천황(神武天皇)이래 역대천황으로부터 분리되어 나온 집안으로 민족학상으로 보면 대체적으로는 신별(神別)중에 천신이나 천손이라는 동일계통에 속한다고 인정할 수 있다. 또한 천신이란 다카마가하라의 신, 즉 다시 말해서 아마쓰카미(天津神)의 후예라고 전해지는 자들, 천손이란 그 중에서도 특히 아마테라스 오미카미(天照大神) 이후 직계로 나누어졌다고 믿는 자들이다. 따라서 이것을 묶어서 보통은 천손민족이라고 한다. 생각건대 황실의 선조인 니니기노미코토(瓊瓊杵尊)와 동일계통에 속하는 민족이라는 의미로 말하자면 군민동조(君民同祖)란 남자계통의 상속만을 인정하는 조건으로 한 것이다. 지지(地祇)란 구니쓰카미로서 오야시마쿠니(大八洲国)의 민족이라고 인정되는 자들이다. 물론 흔히 말하는 구니쓰카미라고 하면 본래 이 섬나라에서 솟아나온 것이 아니라면, 어느 곳인가의 대륙이나 혹은 남방의 섬에서 이주한 자들의 후예임에 틀림이 없다. 이것도 근본을 거슬러 올라가면 천손민족과 동종, 동근(同根)에서 나온 자들임을 알 수 있다. 지지의 대표자라고 볼 수 있는 가장 유력한 오쿠니누시노카미(大国主神)는 천신이라고 알려진 스사노오노미코토(素戔嗚尊)의 자손이라고도 또는 6세의 자손이라고도 전해진다. 마지막으로 제

들 종족은 오랜 시간을 지나는 동안 피의 혼합이 이루어지고 황별, 천신, 천손의 후예에 동화되어 구별이 없어지고, 모두가 천손종족인 우수민족에 의해 접목되었기 때문에 어떤 의미에서는 모두 천손민족이 되어버렸던 것[35]이라고 결론짓는다.

바로 이러한 주체적 관념은『고사기』와『일본서기』에 그려진 천손종족의 강림에서 체현되는 것이었다. 기타의 이러한 일본제국 민족론의 골자는 천손민족과 아이누의 동화를 설명하면서 차별을 민족의 문제가 아니라 경우의 문제라고 제창했던 논리가 바로 이곳에서 생명력을 갖게 되었다. 기타는 여러 인종들이 어떻게 혼효하는가에 따라 민족으로 결합될 수 있는데, 그 민족은 다시 내부에서 경우에 따라 다시 구별되며 다시 차별화가 이루어진다고 보았다.

따라서 기타는 인종과 민족이 언제든지 재혼효를 이룰 수 있고 그 안에서 다시 구별에 의해 차별이 이루어질 수 있다고 주장했다. 기타는 "인종의 차이는 주로 육체적으로 나타나는데, 민족의 차이는 오히려 정신적이며 문화적이고 정치적"[36]인 것으로 보았다.

기타는 일본민족이 다른 인종들과 혼합하면서 정신적으로 통일된 민족이 되었기 때문에 구별이 없어졌고, 혼효과정에서 경우상의 문제로 인해 차별적 존재가 생겨난 것이라고 설명한다. 그것은 역설적으로 다른 민족에게 차별을 받지 않으려면 차별을 받지 않을 경우를

번(諸蕃)이란 천손민족이 이 땅에서 우세적인 지위를 차지하고, 그 종가를 원수(元首)로 모시는 우리나라 대일본제국이 성립한 후에 해외의 여러 지역에서 도래했다고 전해지는 자들 및 그것과 동일계통이라고 인정되는 자들을 가리킨다.

35 喜田貞吉,「日本民族槪論」, 전게서, p.33.

36 喜田貞吉,「蝦夷およびアイヌと繩文式石器時代人」,『喜田貞吉著作集』第9卷, 平凡社, 1980, p.110.

만들어야 한다는 논리를 던지는 것이었다. 기타는 타민족과 구별이 일어나는(구별-되는) 과정에서 우수한 민족으로 이동해야 한다는 것을 암시하고 있었다. 그것은 바로 민족의 우수성을 동반하지 않으면 안 되는 것으로 우월성을 가시화시킨다. 즉 신화 속의 다카마가하라와 아마테라스 오미카미의 위엄을 연결하는 것이었다.

천손강림의 전설은 우리나라의 황실의 기원을 설명하기 위해 전해지는 것인데, 조상이 지구표면 이외의 다카마가하라라고 한 것은 그 조상 아마테라스 오미카미의 광화명채(光華明彩)를 받들어 위덕과 함께 당연하게 존재하지 않으면 안 되었기 때문이다. [37]

다시 말해서 기타는 신체적 구별이나 차이에 의한 민족론은 부정하면서 '정신=천황=다카마가하라'로 이어지는 민족론은 주장하게 된 것이다. 다시 말해 기타가 비판하고자 했던 것은 중심의 주변에 있는 피차별적 존재를 설명하면서 일본민족의 우수성을 강조하는 정점은 천황으로 이어지는 인식경로였다.

기타는 바로 이점을 자각하지 못했고 역사학과 고고학을 접목시켜 신화를 해석하는 스스로를 정의하는 독백으로 나아갔다. 즉 기타가 전개하는 서술은 과거에 통일되지 않은 다수의 소국가를 점차로 합병하여 나라를 다스렸고 진무천황의 동정에서 결실을 맞은 것처럼 이것이 바로 현재의 일본 제국의 모습으로 오버랩된 것이다. 즉 "천황

37　喜田貞吉, 「日鮮両民族同源論」, 전게서, pp.378~379.

의 위엄에 반항한 자들을 하는 수 없이 토벌하는 일은 있었어도 명령
에 순종하는 자에 대해서는 그 나라를 우리가 합방함과 동시에 천황
에 대해서는 백성으로 삼았던 것"[38]을 현재로 소환시켰다.

그리하여 "황실의 조상이 통치하던 아마쓰가미의 사명을 띠고 이
나라에 강림했다는 신념아래 점차 소국가를 병합하여 유력한 대국으
로 삼고, 서로 평화로운 국민으로서 자타의 행복번영을 기도했다. 또
한 1910년의 한국병합은 시종일관 변함없이 우리나라 발전의 대이상
(大理想)의 표현"[39]이라는 담론으로 식민지조선과도 연결하며 알레고
리(allegory)화했던 것이다.

38　喜田貞吉, 「奈良朝に於ける我が国家の発展気分を論ず」, 『史学文学論集』, 岩波書店, 1935, p.7.
39　喜田貞吉, 「奈良朝に於ける我が国家の発展気分を論ず」, 상게서, p.7.

제9장 도리이 류조의 동아시아와 재패니즘

1. 일본인의 경계 재설정과 포스트 식민주의

제국주의가 타자 지배를 위해 취한 방법론적 특성은 타자와의 차이를 강조하며 진화의 관점에서 헤게모니를 획득하는 논리이다.[1] 이 서열화 작업의 핵심인 '차이'를 설명하는데 가장 적절히 활용된 이데올로기가 인종개념이었다.[2] 인종개념은 통치수단으로 실질적 정책

---

1 北川勝彦・平田雅博編, 『帝国意識の解剖学』, 世界思想社, 1999, p.27.

2 アントニオ・ネグリ, マイケル・ハート著, 水嶋一憲他, 『帝国』, 以文社, 2003, pp.168~171. 네그리는 식민주의와 인종주의의 종속성을 지적한다. 타성(他性)의 형상을 구축하고 그 유동성을 변증법적 구조로 전개해나가면서 관리 운영한다고 보았다. 식민화된 주체는 '본국의 중추'적 상상계(想像界)에서 타자로 구축되고, 피식민자는 유럽 문명자들의 가치관의 외부에 서게 된다고 본다. 특히 인종적 차이는 모든 것을 집어 삼키는 블랙 홀이라고 논한다.

에 활용되었다.

특히 차이를 가진 이민족을 효율적으로 지배하기 위해 인류학이 필수적으로 동원되었다.[3] 그래서 인류학과 식민지주의와의 공범관계가 비판의 대상이 되어왔다. 하지만 문제는[4] 지배와 피지배라는 이 항대립적 관점으로만 파악할 수 없다는 데에 문제가 있다. 즉 기존의 식민지지배가 갖는 한계성과 폭력성을 드러내고 피지배자의 비참함을 그려내는 서술방식은 이미 포스트 콜로니얼리즘적 시좌(視座)와는 거리가 멀다. 따라서 지배와 피지배 사이의 논리를 극복하고 쌍방적 관계성 속에서 살펴보고 현실적 상황에서 역사화를 재구성할 수 있는 이론을 찾아내야 할 것이다.[5] 아직도 역사화과정에 놓여 있는 현실은 권력과 피지배 사이의 혼성의 연속이 문맥화한 것이기 때문이다. 그것은 현실의 공동체의 내부와 외부의 간극을 찾아내는 작업과 연관된 문제이기도 하다.

필자는 그 작업을 위해 세 가지의 관점을 상정하고 있다. 첫째는, 일본인들의 인종발견 이론이다. 가장 강하고 지배적인 영향력을 가지고 인종담론의 선구적 역할을 한 것은 도리이 류조(鳥居龍藏)인데[6] 도리이는 일본이 제국주의의 확대에 의해 새롭게 획득된 지역에 실지답사를 수행한 특별한 인류학자였다.[7] 이 시기는 서구인에 의해 동

3 　ピーター・ドウス, 小林英夫編, 『帝国という幻想』, 青木書店, 1998, p.41; 山路勝彦他, 『植民地主義と人類学』, 関西学院大学出版会, 2002, p.7.

4 　최석영, 「일제하 조선을 조사한 도리이 류조(鳥居龍藏)의 식민지적 시선」, 『한국 구비문학과 민간신앙의 지속과 변용』, 단국대 출판부, 2007, p.36.

5 　太田好信他, 「文化人類学の可能性」, 『現代思想』 vol.26-7, 青土社, 1998, pp.32~55.

6 　乙益重隆, 「日本における支石墓研究の歴史」, 田村晃一・八幡一郎編, 『アジアの巨石文化』, 高麗書林, 1990, p.184.

양인의 인종분류가 실시되고 일본을 방문한 구미연구자들에 의해 일본의 인류학이 시작되고 있었다.

이 시기에 도리이는 일본인종 구분이 서구인의 자의성에 근거하고 있음을 비판하며 일본인종의 루트를 찾아내어 새로운 일본인종 해석을 시도했다. 도리이는 서구인에 의해 주창된 인류학이라는 과학을 동원하여 일본을 재발견하고 새롭게 일본인의 경계를 획정하고자 했다. 그렇다면 도리이가 일본인의 경계를 재설정해가는 과정에서 중요한 벡터로 작동한 원리가 무엇이었을까. 그 해답은 도리이가 '동아시아'라는 개념을 재구성하면서 동아시아를 재구성하는데 '텍스트'로써 무엇을 활용했는가를 찾아내는 작업에서부터 찾아야만 할 것이다. 도리이는 "일본연구를 비교연구법에 따라 연구하지 않으면 안 된다"[8]고 주장하며 "일본의 순수한 원시종교로서 신도를 확인하기 위해서는 주위 민족과의 비교가 필수불가결하다는 관점"[9]을 제시했다.

도리이는 "순수한 원시신도 연구는 일본주위의 아시아대륙 및 남방의 여러 나라의 고유 원시종교와의 비교에 의해 이루어지지 않으면 안 된다는 것을 주장"[10]했던 것이다. 도리이는 주변민족과의 비교 방법론을 통해 자신의 고유성을 발견할 수 있다는 인식의 틀을 가지고 있었다.

그것은 이중적인 차원에서 이뤄졌는데, 하나는 서구이론을 재구성

7 　佐々木高明, 「鳥居龍蔵のアジア研究」, 『鳥居龍蔵の見たアジア』, 徳島博物館, 1993, p.27.

8 　堀岡文吉, 『日本及汎太平洋民族の研究』, 冨山書房, 1927, p.6.

9 　福間良明, 『辺境に映る日本』, 柏書房, 2003, p.145.

10 　鳥居龍蔵, 『日本周囲民族の原始宗教神話・宗教の人種学的研究』, 岡書院, 1924, p.1.

하는 것이며, 다른 하나는 일본제국의 판도가 확대되면서 이루어지는 이민족조사를 통해 일본 인종을 재발견하는 일이었다.[11]

그 다음은 도리이가 이(異)문화의 토착성을 기술함에 있어서 학자들과 어떠한 차이를 드러냈는지에 대한 관심이다. 당시 기원문제에 대한 이론은 E·B·타일러(Tylor)의 영향을 무시할 수 없는데, 타일러의 애니미즘(animism)은 '잔존(Survival)' 개념에 근거하여 구축된 이론이었다.[12]

도리이는 "타일러가 사용하는 '잔존'이라는 흥미로운 말이 있다"[13]며 그 개념을 강하게 의식한다. 그러나 도리이는 일본인종을 알기 위해서는 타인종이나 민족을 연구해야 한다는 입장이었다. 도리이는 "민족학(토속지)은 타일러라는 사람이 (…중략…) 이것은 야만 미개인종 등의 풍속습관을 보고 인종개화나 발현의 과정을 조사하는 것이다. 특히 개화상의 대상을 선택할 때에는 어느 나라 무슨 인종 무슨 민족도 상관하지 않는다"[14]고 했던 것처럼 타일러의 이론을 수용하면서 개화상의 상태를 알아내기 위한 방법론으로는 특별한 인종을 설정하지 않아도 된다는 태도를 취했다는 점이다. 즉 인종의 기원을 찾아내는 근원적 이론으로 타일러의 잔존개념을 우선시했고, 어느 인종이든 구분하지 않으면서 밝혀낼 수 있다고 보는 인식이었다.

---

11 坂野徹, 『帝国日本と人類学者』, 勁草書房, 2005, pp.77~103; 최석영, 「일제하 조선을 조사한 도리이 류조(鳥居龍蔵)의 식민지적 시선」, 『한국 구비문학과 민간신앙의 지속과 변용』, 단국대 출판부, 2007, p.40; 최석영, 『일제하 무속론과 식민지권력』, 서경문화사, 1999년.

12 伊藤幹治, 『柳田国男と文化ナショナリズム』, 岩波書店, 2002, p.76.

13 鳥居龍蔵, 「人種の研究は如何なる方法によるべきや」, 『鳥居龍蔵全集』 第1卷, 朝日新聞社, 1975, p.475.

14 鳥居龍蔵, 「人種の研究は如何なる方法によるべきや」, 전게서, p.475.

세 번째는 첫 번째와 두 번째의 도리이의 인식론적 바탕은 결국 보편주의를 향한 노력이었지만, 결국 일본제국주의 이론에 부합해 가는 제국주의적 시선이었음을 확인할 것이다. 이는 달리 표현하면 일본인종의 기원 문제들을 둘러싸고 일본이라는 공동체 안에서 내부와 외부의 경계를 구분해내지 못하고 자민족우월주의를 만들어내는 담론공간이 어떻게 보편을 가장하고 있었는지가 드러날 것이다.

2. 인류학자의 시선 : 인종해석과 비교언어학

도리이는 요동, 중국 서남지방, 조선 등 여러 방면의 해외 조사활동에 관여했으며 그것을 통해 동아시아를 재구성하려 했다. 도리이 류조가 이렇게 해외조사를 실시하던 시기는 일본에서는 일본인종의 기원 문제가 학자들의 중요한 관심 대상이었다.[15]

일본의 인류학은 1877년에 모스(Morse)가 오모리(大森) 패총을 발굴하면서 비롯되었다. 이에 자극을 받아 쓰보이 쇼고로(坪井正五郎)를 중심으로 인류학회가 설립되었다.[16] 이런 움직임은 바엘츠(Erwin Baelz)이나 모스(Morse) 등이 일본인종을 기술한 내용에 대한 쓰보이의 반발

---

15 오구마 에이지(小熊英二), 조현설 역, 『일본 단일민족신화의 기원』, 소명출판, 2003, p.47.
16 坂野徹, 『帝国日本と人類学者』, 勁草書房, 2005, p.15.

쓰보이 쇼고로(坪井正五郞)의 인류학강의 모음집.

로부터 비롯된 것이었다. 일본의 근대는 서구의 학문을 모방하면서 한편으로는 서구에 대항하는 논리로서 독자적인 일본의 학지(學知)의 창출을 위해 노력했다.

도리이에게 인류학이라는 길을 열어준 쓰보이는 1889년부터 3년간 영국과 프랑스에서 유학을 마치고 도쿄제국대학 인류학교실의 책임자가 되고 『도쿄인류학잡지(東京人類學雜誌)』를 창간하는 등 일본인류학의 기초를 닦았다.[17] 그렇다면 쓰보이가 인식한 인류학이란 어떠한 것이었을까.

쓰보이는 동서고금을 막론하고 전 인류에 관한 자연의 이치를 밝혀내는 것이라며 넓은 의미에서의 인류에 관한 자연사, 인류의 과학이라고 정의했다. 그 후『도쿄인류학잡지』제2호에는 상세한 연구항목을 내걸고 있었는데 그 항목은 다음과 같았다.

인류의 해부, 생리, 발육, 유전, 변천, 인류와 근사동물과의 비교, 인류와 멸종동물간의 관계, 인류라고 칭할 수 있는 것의 출현 시기와 지역, 인류거주의 변천, 패총, 토기총, 토기, 석기, 청동기, 횡혈, 총혈, 원시분묘,

---

17　福間良明, 전게서, p.135.

문자의 역사, 언어의 혈통, 국어의 성질, 방언, 동요, 가족조직, 부락조직, 원시미술, 종교, 공예, 운유법(運輸法), 어로, 상업, 농업, 의식주의 연혁, 장식, 풍속습관, 기구연혁, 인류의 구별, 이주, 그 이외에도 이에 관한 사건들. 광의의 인류학, 즉 자연인류학, 문화인류학, 선사고고학 등을 망라하는 내용을 배열하고 있다.[18]

쓰보이가 강조하고 있었던 것은 말 그대로 인간의 해부학에서부터 패총, 언어, 혈통 의식주 등을 망라한 총체적인 것이었다. 특히 "자연계의 인류의 지위, 인류의 모든 성질의 같음과 차이, 인류의 기원 등이 있다. 이러한 것을 연구하는 학문이 즉 인류학"[19]이라고 상정하던 개념은 변하지 않았고 이것은 후학에게 하나의 틀로 구성되었다. 도리이는 쓰보이에게서 인류학을 전수받았지만, 인종이나 민족을 연구하기 위해서 비교언어학이라는 지식과 고고학 지식, 그리고 역사의 지식[20]이 있어야 한다고 보았다.

도리이는 쓰보이의 논리를 구체적인 항목을 소개하기보다는 그러한 항목들을 조사하고 연구하기 위한 인류학의 방법론적인 특성을 정리했다. 도리이는 인종을 논하기 위해서 필요한 개념으로서 "비교언어학, 인종해부학, 인종심리학, 사회학, 언어학, 사학, 고고학, 비교종교학, 신화, 전설 등과 친밀한 것"[21]이라고 확신하고 있었다. 도리

---

18 寺田和夫,『日本の人類学』, 思索社, 1975, p.34.

19 坪井正五郎,『人類談』, 開成館, 1902, p.2.

20 鳥居龍蔵,「人種の研究は如何なる方法によるべきや」, 전게서, pp.474~476.

21 鳥居龍蔵, 「人類学と人種学[或は民族学]を分類すべし」, 『鳥居龍蔵全集』 第1巻, 朝日新聞社, 1975, p.481.

이는 원사시대를 해석하기 위한 논리가 인류학이라고 인식했다.[22]

그런데 여기서 중요한 것으로 도리이는 스승인 쓰보이가 제시한 일본인종 혼합론을 그대로 추종하고 있었다는 점이다. 쓰보이가 제시한 인류학 개념을 방법론적인 측면에서 진전시키기는 했지만 결국 일본인종에 대해서 "옛날부터 토착하고 있던 아이누와 조선지방에서 이주해온 자나 말레이지방에서 이주해온 자들의 혼합결과일 것"[23]이라는 쓰보이 설을 그대로 답습하고 있었다.

이 시기는 일본인종론의 두 가지 루트가 부각되었고, 도리이 또한 이러한 인종 루트론에서 자유로울 수 없었다.[24] 인류학 개념의 확대와 함께 궤를 같이 하면서 일본인종의 기원은 남방론과 북방론이 경합하고 있었다.[25] 일본민족은 한반도를 건너온 대륙계, 남방에서 도래한 말레이계, 기존의 아이누계 등의 혼합이라고 해석하는 논쟁이 상호 경쟁하고 있었던 것이다.[26] 일본인종의 기원에 대해 경합이 벌어지는 상황 속에서 도리이는 처음으로 해외조사에 착수하게 된다.

도리이는 먼저 도쿄인류학회의 파견형식으로 요동반도 조사를 실시하게 된다.[27] 도리이가 요동반도의 현장조사 작업을 할 수 있었던 것은 전부 금주(金州) 군사령부를 거점으로 하여 고급 부관들의 도움과[28] 박문관(博文館)의 오하시 신타로(大橋新太郎)와 민유사(民有社)의

22　鳥居龍蔵, 「有史以前の日本」, 『鳥居龍蔵全集』第1卷, 朝日新聞社, 1975, p.170.

23　坪井正五郎, 전게서, p.56.

24　中園英助, 전게서, p.4.

25　二木謙三, 『日本人種の起原新論』, 大日本養成会, 1930, pp.22~45.

26　오구마 에이지(小熊英二), 조현설 역, 전게서, p.106.

27　臼杵勲, 「鳥居龍蔵と東北アジア考古学」, 『鳥居龍蔵の見たアジア』, 德島博物館, 1993, p.28; 谷野典之, 「鳥居龍蔵の満州調査」, 『鳥居龍蔵の見たアジア』, 德島博物館, 1993, p.118.

도쿠토미 소호(德富蘇峰) 두 사람에게서 연구비를 지원받았다.[29] 도리이는 그 덕분에 요동반도의 역사, 인종, 토속 언어 고물 유적 등에 탐구가 가능했다.[30]

이때 도리이는 요동반도를 일본이 청나라에게 반환한 것을 직시하면서 아시아의 대세를 조망했다. 즉 역사적 흐름의 과정 속에서 요동반도가 현재는 청나라의 영토가 되었지만, 이 요동반도의 '역사성'을 다시 해석해야 한다고 보았다. 그리고 요동반도의 인종적 특성을 논하면서 중국 본토, 만주(길림성), 몽고, 조선에 밀접해 있으나 발해와 황해에 연접해 있어 고래(古來)의 이 땅이 좌우에 압록과 요하(遼河) 두 대해를 사이에 두고 인종적 경쟁을 낳았을 것이라고 상상하며, 요동의 인종과 언어에 대한 조사를 실시한다.[31]

도리이는 요동반도에서 퉁구스로 불리던 인종, 즉 숙진, 물길, 말갈, 여진족이 살았음을 지적하고 석기시대의 유물을 조사해 보면 이들 인종을 찾아낼 수 있다고 보았다. 그리고 요동반도를 점령했던 고구려를 다루었는데, 고구려는 부여의 일파로 평양을 수도로 하여 평안도, 함경도, 압록강을 건너 요동, 회인(懷人), 통화, 봉황성에 이르는 요서지역을 점령했다고 기술한다.[32] 물론 고구려가 멸망 후 당나라가 요동반도를 점령하게 되지만, 발해가 부흥하고 거란이 일어나면서 당나라와의 투쟁이 이어졌던 역사를 석비(石碑)를 통해 증명했다.[33]

28　鳥居龍藏, 「遼東半島」, 『鳥居龍藏全集』 第8卷, 朝日新聞社, 1976, p.573.

29　中園英助, 전게서, p.15.

30　鳥居龍藏, 「遼東半島」, 전게서, p.576.

31　鳥居龍藏, 「遼東半島」, 전게서, p.573, p.574.

32　鳥居龍藏, 「遼東半島」, 전게서, p.580.

도리이에게 이미 점령지란 주인이 고정되어 있는 것이 아니라 시간의 변화에 따라 변할 수 있는 것으로 인종과 민족도 마찬가지였다. 그는 조선반도에서의 한사군 설치와 그 한민족의 이산이 갖는 의미를 중시했다. 즉 도리이는 "대방(帶方)의 유민들 중에는 일본에도 많이 이주해왔다. 적어도 이들은 일본의 문화에 영향을 준 것으로 보인다. 지식수준이 진보한 한민족의 많은 사람이 일본으로 건너와 공예나 그 이외의 여러 종류의 일들을 일본에 가르쳐 준 것은 주의 깊게 볼 만한다"[34]고 지적했다. 도리이는 남방계통의 인종이동을 인지하면서도 북방에서 일본열도로 이주하는 인종이동을 연결하는 방식을 취했던 것이다.

> 조선과 일본과의 유적 · 유물의 유사성을 생각하면 (…중략…) 유사이전, 석기시대의 유적 · 유물을 비교할 필요가 있다. 이 연구를 통해 조선과 일본의 관계는 유사이전부터 존재했으며 스사노오노 미코토(須佐雄尊) 신화처럼 원사시대의 일은 이미 왕래나 교통을 의미하는 자료로 간주할 수 있을 것이다. 일본의 고유일본인의 유적 · 유물을 남긴 민족은 누구인가 하면 오늘날의 조선과 관계가 있으며, 퉁구스 민족과도 연결하여 생각해 보아야 할 것이다.[35]

---

33 鳥居龍藏, 「遼東半島」, 전게서, p.588.

34 鳥居龍藏, 「洞溝に於ける高句麗の遺跡と遼東に於ける漢族の遺跡」, 『鳥居龍藏全集』 第8卷, 朝日新聞社, 1976, p.616.

35 鳥居龍藏, 「原始時代の人種問題」, 『鳥居龍藏全集』 第1卷, 朝日新聞社, 1975, p.559; 鳥居龍藏, 「先史時代のアイヌ人と我が祖先の先驅者」, 『鳥居龍藏全集』 第1卷, 朝日新聞社, 1975, p.567.

이처럼 조선반도인의 일본 이주설을 바탕에 두면서 퉁구스 인종과
도 연결하려는 의도를 내포하고 있었다.

1) 북방 루트 이데올로기와 시라토리 구라키치(白鳥庫吉)

도리이는 일본인종에 대한 관심을 고조시키면서 몽고지방을 조사
하게 된다.[36] 그는 몽고조사를 실시하면서 몽고어에 대해 관심을 가
졌으며 그 결과 몽고어와 일본어와의 관련성에 대해 다음과 같이 해
석한다.

　　몽고인은 이 부근을 비치쿠텐호라(ビチクテンホラー)라고 부른다. 호라
(ホラー)란 우리나라의 '평원(原)', '들판(野)'이라는 말과 동의어로서 광활
하게 펼쳐진 땅을 가리킨다. 특히 주목해야 할 것은 몽고어의 호라와 일
본어의 하라(原)와의 발음이 유사하다는 점이다. 이는 우연의 일치가 아
니다. 인류학상으로 풀어야 할 언어이다. 몽고어에서 '멀다' 혹은 '아득하
다'라는 말을 호로(ホロー)라고 부른다. 그러므로 호로와 호라(ホラー)와
는 관계가 있는 말이지만 우리나라에서는 이것을 '하루카(はるか)'라고 말
한다. 원래 몽고어와 일본어는 자매어관계에 있다고 한다. 그래서 문법

---

[36]　鳥居龍蔵,「蒙古旅行」,『鳥居龍蔵全集』第9卷, 朝日新聞社, 1976, p.12. 도리이가 몽고에 가
　게 된 동기는 가라친(喀喇沁)왕의 초빙에 의해서다. 일본인 교사를 구한다는 북경주재의
　우치다(內田) 공사의 소개로 핫토리 우노키치(服部宇之吉) 박사에게 연락이 왔고, 핫토리
　박사는 일본에 있던 이치무라(市村)에게 알선을 의뢰했다. 이치무라는 도리이에게 몽고
　에 관해 조사할 것을 타진했고 그것을 도리이가 받아들이면서 부인 기미코와 함께 가라친
　에 간다. 八幡一郎,「鳥居龍蔵」,『日本民俗文化大系』9, 講談社, 1978, p.266.

상으로 유사할 뿐만 아니라 단어에 있어서도 그 유사함이 적지 않다.[37]

도리이는 몽고어의 호라와 구어의 하라(原)의 발음이 유사함과 의미가 거의 일치함을 증명하며 일본어와 몽고어가 자매관계에 있음을 제시했다. 그런데 이는 도리이가 당시의 언어학자인 미야자키(宮崎)의 어원비교를 힌트로 작성했으며 미야자키의 생각과 동일하다고 주장하기도 했다.[38] 이 조사를 바탕으로 도리이는 몽고어에 대한 연구논문을 발표한다.

그것은 주로 몽고어와 일본어의 유사성을 설명하고 논증하는 작업이었다. 결론적으로 도리이는 "모음조화가 존재한다는 것 (…중략…) 문법상 일본어와 몽고어는 동일계통임을 알 수 있다"[39]고 판단을 내리게 된다. 그런데 도리이는 이러한 몽고어의 연구를 통해 일본어와 몽고어와의 관련성을 증명했지만 점점 조선어와의 관계성에 호기심을 갖게 된다.

다시 말하면 한국어와의 비교연구가 필요함을 깨닫기 시작한 것이다. 도리이는 "아무리 몽고어연구가 발전되어있어도 조선어연구가 이루어지지 않으면 몽고와 일본과의 관계는 이해할 수 없다"[40]고 주장했다. 몽고어와 일본어의 유사성을 파악했지만 조선과의 관계를 밝히지 않으면 그것이 결국 의미가 없다고 여긴 것이다.

37　鳥居龍藏, 「蒙古旅行」, 전게서, p.119.
38　鳥居龍藏, 「蒙古旅行」, 전게서, p.165.
39　鳥居龍藏, 「蒙古語に就いて」, 『鳥居龍藏全集』第8卷, 岩波書店, 1970, p.396.
40　鳥居龍藏, 「蒙古語に就いて」, 상게서, p.398.

자연스럽게 조선반도에 대한 관심이 커져가고 있었다. 그러나 도리이가 조선에 대한 관심은 몽고를 조사했던 인식, 즉 "나의 몽고인연구의 입장은 몽고인 그 자체에 있는 것이 아니라 우리 일본민족과의 관련된 점을 비교연구"[41]하려는 의도에서처럼 일본민족을 찾아내기 위한 방법의 하나였다. 조선도 마찬가지로 일본민족과 관련된 것을 찾으려고 하는 의도가 전제되고 있었다. 그것은 바로 우랄알타이민족의 계통론이 중첩되었다.

우리 일본민족은 우랄알타이계통 중에서 터키족, 퉁구스족, 핀족 등 보다도 몽고민족(청나라 영토 내외 몽고, 러시아영토인 브리야트)와 가장 깊은 관계를 가진 듯싶다. 몽고어와 일본어의 비교에서 약간 일본민족과 몽고민족 사이의 친족관계가 밝혀졌는데, 이 다음으로 연구하지 않으면 안 되는 것은 조선어연구이다. 조선어는 몽고어와 일본어의 중간에 존재하는 것으로 이것이 충분히 연구된다면 몽고어와 일본어의 관계는 한층 더 정확해질 것이다.[42]

도리이는 물론 일본민족과 몽고민족의 친족적 관계를 밝혀내고 그 다음으로 조선과의 관계가 밝혀진다면 일본민족의 루트를 찾아낼 수 있다고 판단한 것이다. 도리이는 「몽고어에 대해서(蒙古語に就いて)」와 「일본어와 몽고어의 친족적관계(日本語と蒙古語の親族的關係)」를 확인하면서 『일몽유사어에 대하여(日蒙類似語に就いて)』를 마지막으로 일

41　鳥居龍蔵,「日本語と蒙古語の親族的関係」,『鳥居龍蔵全集』第8卷, 岩波書店, 1970, p.399.
42　鳥居龍蔵「日本語と蒙古語の親族的関係」, 상게서, p.405.

본민족과 몽고민족의 친연성을 확보[43]하게 되었고 북방민족에 대한 확신을 갖게 되었다. 물론 이러한 인식의 설정 그 자체에는 모순이 존재했고 비판을 받기도 했다.

즉 호리오카 분키치(堀岡文吉)는 "도리이 박사가 「일몽유사어에 대하여(日蒙類似語に就いて)」에서 들고 있는 예는 그 숫자는 많지만 미야자키(宮崎)박사가 고증한 호토키(ホトキ) 이외에는 전부 틀렸다"[44]며 인정하지 않으려 했다. 그러나 일본인이라는 입장에서 일본인종의 해석을 둘러싼 비판과 반비판의 입장차이를 통해 담론형성의 과정이 드러나지만, 이러한 경합과정에서 도리이와 시라토리는 깊은 관련을 맺기 시작한다.

도리이의 학문적 성장에 있어서 시라토리 구라키치의 지도는 간과해서는 안 될 것이다.[45] 첫 번째 스승인 쓰보이에게 인류학입문의 기초를 배웠고 이를 응용하는 논리로서 시라토리 구라키치를 통해 학습했던 것이다.[46]

시라토리는 잘 알려진 바와 같이 동양학을 창출한 인물이었다. 시라토리는 서양학자가 제시한 인종해석을 언어학의 비교를 통해 논리적 설득력을 발휘했다. 동양학적 거대담론으로 통용되는 이 방법론

---

43 鳥居龍藏, 「蒙古語に就いて」, 「日本語と蒙古語の親族的関係」, 「日蒙類似語に就いて」, 『鳥居龍藏全集』第8卷, 岩波書店, 1970, pp.395~398, pp.398~405, pp.405~471.

44 堀岡文吉, 『日本及汎太平洋民族の研究』, 冨山書房, 1927, p.38.

45 八幡一郎, 「鳥居龍藏」, 『日本民俗文化大系』9, 講談社, 1978, p.266.

46 시라토리 구라키치와의 인연은 시라토리가 동양학을 설립하면서 도리이도 참여할 것을 권유했다. 도리이의 박사학위논문 심사의 주심은 시라토리였다. 도리이는 시라토리를 "역사가의 범위를 넘어 인류학자의 입장"에 있는 사람이라고 보았고, 시라토리에게 배워야할 것이라고 논했다. 鳥居龍藏, 「人種の研究は如何なる方法によるべきや」, 전게서, p.477.

이 토대가 되었다. 시라토리는 기본적으로 한국어가 우랄알타이어 계통이라는 것으로 상정하고 있었으며 일본어와 관련성이 깊다는 것을 초기에 설정하고 있었다.

조선어와 일본어가 우랄알타이어 계통이라는 논점을 반추하고 있었다는 것이다. 우랄알타이어 계통에 모음조화 현상[47]을 정리함으로써 시라토리는 일본어와 한국어를 동일한 부류로 소개했던 것이다. 시라토리는 동양학의 창출을 위해 서양인들이 그들의 인식으로 지정하는 동양, 즉 중국에서 일본을 꺼내기 위해서 몽고의 독자성 문화를 찾아내는데 성공한다. 그는 중국과 다른 몽고를 연구함으로써 유럽과 극동의 기원이 유럽이 아니라 아시아에 있음을 창출할 수 있었다.

시라토리는 우랄알타이 민족들이 사용하는 하늘을 의미하는 말을 연구하여 서구의 정신적인 배경과 동등하다고 볼 수 있는 하늘의 개념을 도출하여 그와 동격적 신앙의 공통성을 찾아낸 것이다. 몽고어와 터키어의 텡그리가 그것이며 이러한 어원학으로 문화적 유사성을 도출하여 우랄알타이어족, 중국, 서구민족을 구분해내는 것에 성공한다. 시라토리는 비교언어학이라는 방법론에 비중을 두면서도 중국의 고대문헌을 통해 동양사를 재해석하고 있었다. 이때 동아시아를 재구성해내기 위해 '몽고'의 역사에 대해 관심을 집중시켰다. 시라토리가 이러한 언어학적 분석을 통한 동아시아민족의 우랄알타이 계통론을 내세우면서 「몽고민족의 기원」에서는 민족의 해석과 관련한 논쟁을 전개했다.[48]

---

47 白鳥庫吉, 「高句麗の名称に就きての考」, 『白鳥庫吉全集』 第3卷, 岩波書店, 1970, p.103.

48 Stefan Tanaka, 박영재 · 함동주 역, 전게서, pp.135~159. 특히 pp.142~143 참조. 白鳥庫吉,

통구스(Tunguse) 종족에 동호(東胡)·오환(烏丸)·선비(鮮卑)·탁발(托跋)·모용(慕容)·연연(蠕蠕)·거란(契丹)·해(奚)·실위(室韋)·숙진(肅愼)·물길(勿吉)·말갈(靺鞨)·발해(渤海)·여진(女眞)·만주(滿洲)를 넣고, 터키(Turk)종족에 흉노(匈奴)·갈(羯)·정령(丁令)·고차(高車)·견비(堅毘)·돌궐(突厥)·철륵(鐵勒)을 넣었다. 그리고 몽골 종족에는 달단(韃靼)·몽올(蒙兀) 등 매우 적다. 태서(泰西)의 동양학자중에는 상기의 터키 종족에 속한다고 보는 민족을 몽고종족으로 간주하는 논자도 있는데 그 논리는 도외시되어 채용되지 않는다. 월씨(月氏)·오손(烏孫)은 터키종족으로 보는 견해로 기울어졌다. 이처럼 한사(漢史)에 보이는 옛 민족 대부분이 통구스와 터키로 배당되어 몽골에 배정이 너무 적은 것은 의구심을 가질 만하다.[49]

서구인들이 보는 동양의 인종은 통구스나 터키종족으로 대별(大別)되는데 이처럼 둘로만 구분하는 인식을 시라토리는 비판적으로 다루었다. 그리하여 시라토리는 몽골종족을 새로이 구분해 냈다. 즉 시라토리의 동호(東胡)에 속하는 종족, 오환, 선비, 계단을 몽고로 분류하는[50] 논리를 도리이는 답습하면서 통구스와는 별개이며 "흉노도 몽고족에 포함"[51]된다는 사실을 확인하고 있었다. 시라토리는 특히 이러

「『日本書紀』に見えたる韓語の解釈」, 『白鳥庫吉全集』第3卷, 岩波書店, 1970, pp.119~122.

49 白鳥庫吉, 「蒙古民族の起源」, 『白鳥庫吉全集』第4卷, 岩波書店, 1970, pp.26~28.

50 白鳥庫吉, 「蒙古民族の起源」, 상게서, p.28.

51 鳥居龍藏, 「蒙古語に就いて」, 전게서, p.395; 손진기 저, 임동석 역, 『동북민족원류』, 동문선, 1992, p.68. "동호가 통구스어의 전역(傳譯)이다"라고 주장하는 프랑스의 로모쎄, 독일의 클라프로트에 반대한 것은 도리이와 시라토리였다.

한 주변민족들의 경합을 중시하면서 중국의 역사와 대비시켰다.

중국 진나라의 시황제가 6국을 정복하여 중국을 하나로 통일함과 동시에 북방의 이적(夷狄)도 점차 통합되어 만리장성 주위에 세 개의 나라를 건립했다. 그것이 월씨, 몽고 동부지방의 동호, 그리고 흉노였다. 중국이 나라를 세우고 발달할 수 있던 원인은 중국의 변천발달에 영향을 가졌었던 세력들이 주변국의 영향이다. 그렇기 때문에 중국의 역사상에 아니 동양의 역사상에 커다란 세력을 가지고 있었던 이 민족을 연구하는 것은 가치가 있다. 특히 월씨, 흉노, 동호가 그것이다.[52]

시라토리는 중국의 주변민족의 역사를 살펴보는 것에 오히려 의의를 두고 주변민족들이 만들어 놓은 역사를 중요시했다. 주변민족들이 만들어가려는 시대는 역동적이고 그들이 벌인 각축전은 새로운 역사를 창출해낼 수 있는 에너지를 가졌기 때문이었다.

흉노가 멸망하고 동호가 멸망하는 것은 그들이 변하지 않는 중국 내부의 역사보다 중요성을 갖는데, 그것은 강호가 새로운 지역을 지배한다는 논리를 설명해주고 있고 그것이 역사의 진화라고 보았던 것이다.

그리하여 그러한 주변민족들 중에 몽고에 대한 지위를 격상시키기 위해 몽고어의 천(撐犁, 天)[53]을 연결시키며 천을 나타내는 'tangri, tegri, tengeri'

52　白鳥庫吉,　「支那の北部に拠つた古民族の種類に就いて」,　『白鳥庫吉全集』　第4卷,　岩波書店, 1970, p.11.

53　白鳥庫吉,「蒙古民族の起源」, 전게서, p.30.

등의 의미 설명을 통해 일본어와 몽고어가 우랄알타이어계통의 동원성을 제시했다.[54] 시라토리는 몽고어와 조선어의 친근성을 증명해 보이면서 이 천(天)이라는 말 이외에도 유사성을 제시한다.

중국을 뺀 동양의 천은 서구의 절대신과는 대비되기 때문이었다. 천을 지고의 신으로 존숭하는 것이 우랄알타이 민족에게 나타나는 '신앙'[55]으로 단정 지었다. 시라토리는 새로운 동양의 동양을 창출하기 위해 중국과 분리된 몽고의 역사를 확대시키고 부각시킴으로써 그것을 증명할 수가 있었다.[56] 다시 말해 서구의 클라프로트(Klaproth)나 레무사(Remuast)의 동양인분류의 오류를 정정하고 몽골의 역사를 격상시키는 역사철학을 공식화했다.[57]

비교언어학 중에서도 하늘(천, 天)을 가리키는 언어, 즉 몽고어와 터키어로는 탱그리, 한국어로는 동명(東明), 일본어로는 다카마가하라(高天原)[58]라는 것이다. 서구의 정신, 즉 신(God)에 대비되는 동양의 관념으로 하늘을 내세웠다. 하늘은 전인류를 아우르는 더 포괄적인 의미를 가진 것으로 도출해내는데 성공했다. 그런데 이 하늘은 바로 아마테라스 오미카미(天照大神)로 연결되었다.

우리나라(일본 : 필자)와 중국을 비교해보면 일본의 사회조직은 중국과

---

54 Stefan Tanaka, 박영재 · 함동주 역, 전게서, pp.135~159.

55 白鳥庫吉, 「蒙古民族の起源」, 전게서, p.31.

56 Stefan Tanaka, 박영재 · 함동주 역, 전게서, p.140.

57 전성곤, 「몽고여행 일기 분석을 통해 본 타자와 자아」, 『일어일문학연구』 제64집2권, 한국일어일문학회, 2008, pp.307~308.

58 Stefan Tanaka, 박영재 · 함동주 역, 전게서, p.132.

닮은 데가 있다. 일본인의 도덕사상에는 중국인들 사이에 주창되는 도덕과 닮은 것이 있다. 그들에게 충(忠)이 있으면 우리에게도 충이 있다. 유교에서 효(孝)를 중시하는데 우리나라(일본 : 필자)도 효를 중시한다. 중국인이 조상을 존숭하는 정신이 있으며, 일본인에게도 같은 정신이 존재한다. 이처럼 중국인 사상과 일본인 사상과는 공통점이 있다. 그렇지만 공통적이지 않은 점도 있다. 그것이 무엇인가 하면 세계관이다. 일본인의 세계관은 중국처럼 평면이 아니라 예부터 상중하 3단의 수직적 세계관을 가지고 있다. 상중하 3단계란 어떠한 것인가 하면 다카마가하라(高天原)와 요미노쿠니(夜見國) 그리고 현세, 즉 현실세계이다. 우리 조상들은 적어도 이 3단 세계를 생각할 줄 아는 능력이 있었다. 그리하여 인간 이상의 신을 인정했다. 그러한 관계에서 우리들은 아마테라스 오미카미(天照大神)를 숭경했던 것이다. 이 아마테라스 오미카미의 황손(皇孫)이 현 세계에 강림하여 황실의 기초를 쌓으셨던 것이다. 이것이 국체의 연원(淵源)인데 이러한 사상은 유교에는 없는 것이다.[59]

시라토리는 서구학자가 정해놓은 방법론의 틀 안에서 있었지만 자신의 과거를 증명하는 논리를 초기에는 동아시아를 중국과 분리해내기 위해 몽고를 내세우면서 비교언어학이라는 방법론을 통해 동아시아에서의 일본을 새롭게 규정해낸 것이다. 결국 중국의 유교적인 영향관계 속에서 충과 효의 개념은 동일하지만 일본만이 가진 우주관을 제시했던 것이다. 결국 다카마가하라와 요미노쿠니(夜見國) 그리

---

59 白鳥庫吉, 「国体と儒教」, 『白鳥庫吉全集』 第10卷, 岩波書店, 1971, p.287.

고 현실세계라는 3단 구분법을 통해 신들의 세계가 존재함을 제시하며 중국의 유교와는 다른 우주관을 창출해낸 것이다. 그것은 결국 일본의 아마테라스 오미카미를 황손으로 삼아 그 연원을 찾을 수 있다고 결론을 내린 것이다. 여기서 중요한 것으로 시라토리의 이러한 인식을 도리이가 일본인종을 재창출해가는 작업에 큰 영향을 주었다는 사실이다.

3. 몽고의 신앙조사와 샤먼해석

비교언어학적 방법론을 통해 일본어와 몽고어와의 관련성을 찾아내는데 성공한 도리이는 몽고인들의 종교를 관찰하면서 새로운 국면을 형성한다. 특히 '샤먼'을 새로운 연구대상으로 천착하며 그것에 관해 기술하기 시작한다. 도리이는 몽고를 여행하면서 몽고 사람의 집에서 양(羊)의 오른쪽 어깨뼈를 천막 벽에 넣어둔 것을 보고 그것이 무엇을 의미하는지 궁금해 했다. 도리이는 결국 몽고를 여행하면서 양의 뼈로 점을 치는 행위를 보고 몽고인들의 샤먼에 대한 조사에 정렬을 쏟는다. 물론 이러한 발상은 도리이 자신이 이전의 록힐(Rock Hill)의 저서를 통해 몽고인들의 종교를 인지하고 있었던 것이다.[60]

---

60   鳥居龍藏, 「蒙古旅行」, 전게서, p.170. 몽고인의 점에 양의 오른쪽 어깨 뼈를 사용하는 것

단순히 저서 속에 기술된 허구로
서의 아이콘이 아니라 실제 조사를
통해 확인한 하나의 실질적인 항목
이었다. 도리이는 샤먼을 집에 불러
천막 밖 정원 등에서 무녀의 행동을
조사하기도 했다. 그리고 실제로 무
녀조사를 바탕으로 몽고에서의 고
유종교를 발견해낸다.

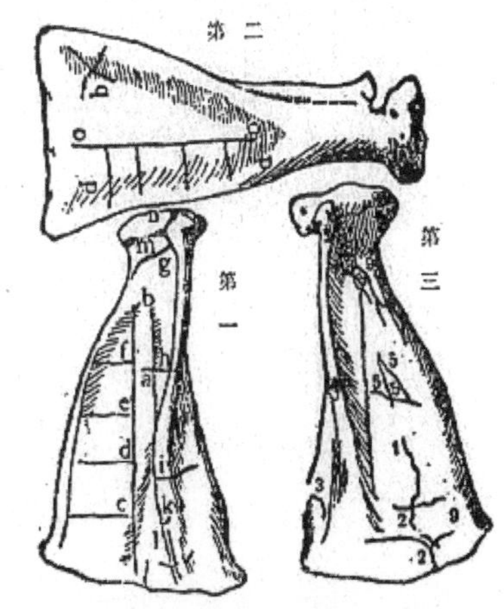

도리이 류조가 제시한 양의 어깨뼈 점.
출처 : 鳥居龍蔵, 『人類学上より見たる我が上代の文化(1)』,
叢文閣, 1925, p.33.

오늘날 몽고인들이 믿는 종교는 티
벳에서 들어온 라마교이지만, 그 이
전 몽고인들에게 고유한 종교가 존재
했다. 바로 샤먼으로 이미 요(遼), 금(金)시대에 행해졌으며 지금도 시베
리아 지방에서 행해지고 있다. 당시의 기록, 즉 마르코폴로 여행기 등에
의하면 그 형식을 추찰할 수가 있는데 라마교 때문에 샤먼이 사라져버렸
다. 지금은 거의 그 흔적이 끊기고 있다.[61]

도리이는 티벳에서 들어온 라마교의 영향으로 지금은 사라져가는
종교이지만 몽고의 고유종교는 샤먼이라고 확증한다. 그것은 타일러
의 잔존 논리로 연결되는데 몽고의 벽지를 여행하면서 샤먼의 잔존

은 이미 『흑달사략(黑韃事略)』 등의 서적에서 보았다. 록힐(Rock Hill) 씨의 『The land of
the lamas』에서도 그것을 싣고 있다. (…중략…) 그리고 이곳 흥안령(興安嶺)방면에 양의
뼈로 점을 치는 것이 존재하는지 확인을 할 수가 있었다.

61 鳥居龍蔵, 「蒙古旅行」, 전게서, p.190.

을 확인하면서 정통성을 확보한다. 즉 "서차롯트(西祀嚕特)라는 지방
에 가면 지금도 샤먼이 남아 있는데 그것은 홍안령에 접해 있고 남쪽
으로는 동고비(東戈壁) 사막으로 교통이 매우 불편하여 그 전통이 잔
존할 수 있다"[62]는 것이었다.

　도리이는 보면 교통이 불편하고 불편하면 할수록 옛 것이 잔존하
고 있다는 것을 믿었고, 샤먼을 믿고 있는 홍안령 부근의 "고종교(古宗
敎)의 잔물"[63]을 발견해냈고 시베리아의 샤먼과 동일함을 찾아낸 것
이다. 도리이는 특히 거울(鏡)을 사용하는데 거울은 존엄을 의미하는
것이며 이것은 "만주인 샤먼의 허리 방울 혹은 오늘날의 시베리아 샤
먼이 사용하는 그것과 동일한 것"[64]이라고 주장한다. 그리고 몽고나
몽고 동북에 위치한 솔론(solon)에서는 지금도 샤먼을 믿고 있다고 설
명하고, 그것을 『일본서기(日本書紀)』에 기록된 진구황후의 즉위식과
연결시켜 다음과 같이 기술한다.

　우리나라의 옛 종교인 샤먼교와 유사함을 생각하는데 『일본서기』 부분
을 보니 점점 더 그것이 틀림이 없다는 것을 확신하게 되었다. 또한 이상과
같은 풍습은 지금도 아시아 북방민족들 사이에서 행하는 샤먼의 신무(神巫)
가 신을 부르는 행위와 동일함을 알 수 있다. 몽고인은 옛날에는 샤먼교를
믿었는데 원나라 때 티벳에서 라마교가 전파되면서 바로 이쪽을 믿었다.[65]

---

[62]　鳥居龍藏,「蒙古旅行」, 전게서, p.192.
[63]　鳥居龍藏,「蒙古旅行」, 전게서, p.194.
[64]　鳥居龍藏,「蒙古旅行」, 전게서, p.192.
[65]　鳥居龍藏,「日蒙類似語に就て」, 전게서, p.413.

　도리이는 『일본서기』에 기록된 신공황위의 즉위식에 대한 묘사와 동북아시아 민족들 사이에서 믿고 있는 샤먼의 신무가 닮았다는 점을 확인한 것이다. 몽고 현지여행을 통해 몽고의 샤먼과 시베리아, 일본이 동일한 원시종교를 가지고 있음을 발견하고 그것이 바로 신도였던 것이다.[66]

　동아시아로 분류되는 몽고와 시베리아의 샤먼이 일본의 신도와 유사하다는 점을 재확인하며 일원화하고 있었다. 그러나 이에 대한 비판이 전무한 것은 아니었다. 호리오카 분키치는 도리이가 주장하는 샤먼 분포구역의 설정에 대해서 비판한다. 즉 "우리나라도 샤먼교의 분포구역이라고 역설하고 신도와 연결하여 고찰하고 있는데, 내가 보기에 그것은 단순한 문화의 접촉으로 거울이나 방울이 유입된 시대에 정신적인 것과 연결되어 들어온 것이라고밖에 생각되지 않는다"[67]고 호리오카는 도리이의 해석을 비판했다. 그래서 도리이는 자신이 주장하려는 몽고와 일본의 연관성을 증명하고 보강하기 위해 필연적으로 조선반도 조사가 필요했던 것이다.

66　鳥居龍藏,「日本人の起源」,『鳥居龍藏全集』第5巻, 朝日新聞社, 1976, p.641.

67　堀岡文吉『日本及汎太平洋民族の研究』, 冨山書房, 1927, p.441.

4. 도리이 류조의 조선 조사와 제국주의 시선

도리이가 조선반도를 조사하기 이전 요동반도에서 돌멘을 발견했
다.[68] 요동반도 조사 이전에 돌멘에 대한 지식은 있었지만 실제로 돌
멘이 존재한다는 것을 필드워크를 통해 확인한 것이다. 도리이는 "나
는 이번 조사 중에 요동반도에서 분묘라고 생각되는 것을 (…중략…)
토인(土人)에게 물으니 이곳에서 가끔 인골을 발견했다고 한다. 이에
의하면 토기는 사자(死者)와 함께 매장한 것으로 기와(磚)는 사자를 매
장한 관(棺) 혹은 곽(槨)으로 사용했다"[69]고 해석했다.

즉 도리이는 분묘에서 기와가 발견되는 것은 죽은 자의 기와 곽(磚
槨)이나 관곽(棺槨)의 흔적이라고 판단했다. 그리고 고구려인에게 사
자를 매장하는 분묘의 풍습이 있었고, 관곽에 사용했던 돌은 문양이
있었으며 사자와 함께 토기도 매장했다고 유추한다. 그리하여 고구
려인의 풍습인 문양의 모습이 일본과 유사한 점이 존재한다는 것을
주장한다.[70] 도리이는 일본의 고분과 비교해보면 석곽의 문양들이 유
사하다는 점을 통해 일본인종에 대한 실마리를 찾으려 한다. 도리이
는 일본인이 북방에서 이주한 자들과 연관성이 있을 것임을 잠정적
으로 설정하고 있었다. 이때 마침 도리이는 조선총독부의 촉탁으로
임명받아 조선 조사를 감행하게 된다.

---

68 中薗英助, 전게서, pp.21~23.

69 鳥居龍蔵, 「遼東半島ニ於ケル高麗ノ考古学上ノ事実」 『鳥居龍蔵全集』 第8巻, 朝日新聞社,
    1976, p.600.

70 鳥居龍蔵, 「遼東半島ニ於ケル高麗ノ考古学上ノ事実」, 전게서, p.601.

이것은 잘 알려진 것처럼 니노미야 도쿠지로(二宮德次郎)의 알선에 의해서였다. 니노미야는 시코쿠의 이요(伊予) 출신으로 육군이나 정계의 거물 야마가타 아리토모(山縣有朋)의 두터운 신임을 얻은 인물로 『세카이(世界)』라는 잡지를 발행하고 있었다.[71] 도리이 자신이 몽고 여행을 실시하면서 『세카이』라는 잡지에 논고를 게재했는데[72] 그것은 니노미야의 신임을 얻었기 때문에 가능했던 것이다. 이러한 인간 관계를 활용하여 도리이가 조선총독부의 촉탁으로 조선반도에 예비조사를 실시한 것은 1910년 여름이었다. 그 후 1911년 8월 29일부터 원산, 성진(城眞), 청진, 회녕(會寧)과 함경북도로 북상하여 두만강유역을 조사하고 1912년 3월 6일 서울로 돌아오는 여정이었다.[73]

그리고 1914년 1월부터 7월에는 조선반도의 남부인 경상도와 전라도를 조사했다. 이렇게 도리이가 조선반도를 북부와 남부로 정확히 나누어 조사한 것은 이유가 있었다. 즉 조선 총독부에 의해 조선반도에서는 조선고적조사사업이 실시되었고, 이 조사를 통해 일본이 얻으려 한 것은 분명했다. 즉 "일본인의 입각점에서 보아 조선고적(古蹟)의 가치는 일본의 암흑적인 고대에 광명을 찾아줄 것"[74]이라는 기대감을 갖고 출발했던 것이다.

그와 동시에 고대사를 재현하는 형식으로 조선사 편수[75] 작업과 연

71　中園英助, 『鳥居龍蔵伝』, 岩波書店, 2005, p.261.

72　鳥居龍蔵, 「蒙古旅行」, 전게서, p.4.

73　朝倉敏夫, 「鳥居龍蔵の朝鮮半島調査」, 『鳥居龍蔵の見たアジア』, 德島県立博物館, 1993, p.68.

74　濱田耕作, 「朝鮮の古跡調査」, 『民族と歷史』 第6卷 第1号, 1921, p.71.

75　이성시, 「구로이타 가쓰미(黑板勝美)를 통해 본 식민지와 역사학」, 『한국문화』 23, 서울대 한국문화연구소, 1999, pp.243~262.

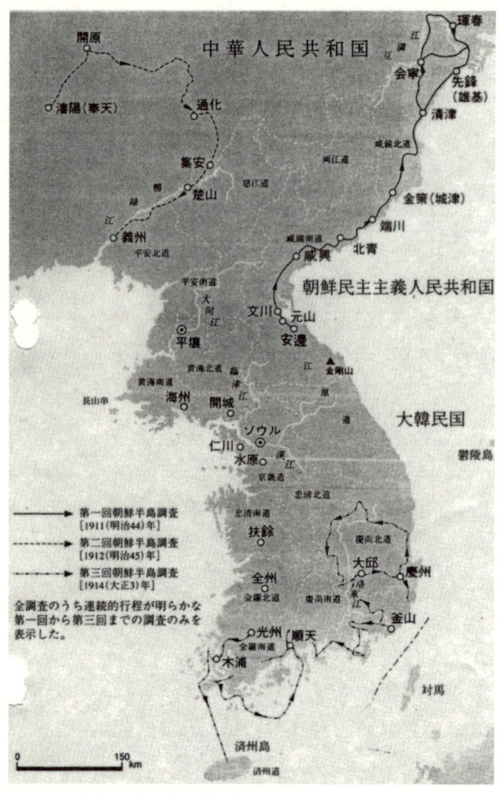

도리이 류조의 조선반도 조사
출처 : 朝倉敏夫,「鳥居龍蔵の朝鮮半島調査」,
『鳥居龍蔵の見たアジア』, 德島県立博物館, 1993, p.68.

결시키고 있었다. 다시 말하면 고분발굴 등에 정력을 기울인 것은 사료(史料)가 별로 없는 조선상대사(朝鮮上代史)의 결함을 보강하기 위한 의도였고 그렇기 때문에 낙랑군(樂浪郡), 고구려(高句麗), 신라, 임나(任那)를 중심으로 조사대상을 선택했던 것[76]이다. 그러한 측면에서 도리이는 또한 이것으로부터 자유로울 수 없었던 것이다.

그렇지만 도리이는 평양부근의 대동강남쪽에서 발견한 고분이 고구려유적이라고 주장하는 세키노 다다시(關野貞)를 비판하고 낙랑은 한족의 이주민이라고 주장한다. 여기서 도리이의 주장인 낙랑의 유적론과 세키노가 주장하는 고구려의 유적론이 논쟁의 파장을 일으켰다. 특히 조선사편찬에 가담하게 되는 구로이타 가쓰미(黑板勝美)는 조선반도를 중국이 식민지지배로 해석했다.

---

76   三上次男,「朝鮮考古学の発達」,『日本考古学講座』2, 河出書房, 1956, p.116.

나는 압록강에서 대동강의 성천강(成川江)이라는 곳이라 하는 곳을 조사했다. 이곳을 보면 중국풍의 옛날 묘가 있는 것은 대동강 유역이다. 대동강 입구의 은율군(殷栗郡 : 황해도)이라는 곳인데 은율의 해안에 이미 중국식 고분이 매우 많다. 그리고 조선에서 중국의 비문이 가장 오래된 곳은 어딘가 하면 평안남도의 용강군(龍岡郡)이다. 특히 평양의 남쪽에는 많은 고분이 있는데 모두 중국식 고분이다. 즉 평양은 중국의 식민지라고 말할 수 있는데 지나인이 융성하기 시작하는 최초의 중심 지역이었다.[77]

이처럼 구로이타는 대동강에서 발견된 고분이 중국식이며 평양은 중국의 식민지였다고 주장한다. 이와 같이 고고학적 실증조사에 의한 실존물이 증거로 제시되면서 역사학의 방향을 규정짓고 있었다. 그 방향은 고적조사에서 역사편찬사업으로 방향을 전환할 수 있는 기틀을 확정하는 시기로 돌입한 것이다. 이러한 역사적 방향을 설정해가고 있을 때 "세키노 박사의 조사에서 누락된 반도의 사전유적(史前遺跡)의 검출에 기여한 바는 크고 지석묘(支石墓)의 학술조사가 도리이 박사에 의해 착수"[78]되었다고 우메하라 스에지(梅原末治)가 회고한 것처럼 도리이에 의해 조선반도의 돌멘이 새로이 관심의 대상으로 부상되고 있었다.

조선반도에서 발견된 고인돌을 최초로 돌멘이라고 명명한 것은 도리이였으며[79] 돌멘 이외에도 스톤 서클(Stone Circle)과 고분, 멘힐(Menhir)

---

77 黒板勝美, 「朝鮮の歴史的観察」, 『朝鮮』 78号, 1921, p.56.
78 梅原末治, 『朝鮮古代の文化』, 図書慣行会, 1972, p.8.
79 任世權, 「韓半島 고인돌의 綜合的 檢討」, 『白山學報』 第20號, 白山學會, 1976, p.69.

등을 확인하고 이들을 '거석문화'[80]라고 명명한다. 이러한 '거석문화'가 공동매장의 분묘라고 처음으로 제시한 것도 도리이였다.[81]

도리이는 조선의 돌멘을 조사하면서 자신의 동아시아 해석에 구체적인 방향 설정에 자신감을 얻었다. 즉 도리이는 돌멘을 선사시대의 유적으로 보았고 고분은 그 다음 시대의 유적으로 보았다.[82] 직선상의 시간진화와 진보라는 개념으로 볼때 돌멘이 먼저 있었고, 그 뒤에 고분시대가 도래한 것으로 판단했다. 이처럼 도리이는 시간상의 구분과 동시에 거석문화가 분묘의 일종이라고 해석하면서 하나의 사상적 조류를 생산해낸다.

도리이에 의하면 조선반도의 낙랑은 한민족의 이주자들이 건너온 것인데 그들은 우수한 민족으로 그 유민들이 일본에 영향을 주었다고 주장한다. 그 한민족이 일본으로 건너와서 공예나 여러 가지를 일본에 가르쳐주었다고 보았고 그들을 우수한 로마의 문화로 비유했다.[83] 그리고 거석문화가 축조되는 시기를 설정하는데 성공했고 그 거석문화가 가진 상징성을 설명한다. 그것은 "비교연구로서 서구 혹은 다른 거석문화와의 대조"[84]라는 새로운 방법론에 의해서였다.

---

80 鳥居龍蔵, 『人類学上より見たる我が上代の文化』(1), 叢文閣, 1925, p.89; 鳥居龍蔵, 「朝鮮のドルメン」, 『鳥居龍蔵全集』第5卷, 朝日新聞社, 1976, pp.647~648. 조선에는 돌멘과 함께 멘힐도 있다. 멘힐은 「입석(立石)」으로 영어로는 스텐딩 스톤(standing stone)이다. 유럽의 거석유적을 보면 돌멘이 존재하는 곳에 반드시 멘힐이 있는데, 조선도 동일하며 그 대표적인 것이 전라도 순천부근의 그것이다. 스톤헨지(stone henge)는 일본의 상대(上代)의 이와사카(磐境 : イハサカ) 요즘의 환장석리(環状石籬)이다. 이것은 함경도의 단천(端川)부근이나 두만강유역에도 존재한다.

81 鳥居龍蔵, 「朝鮮のドルメン」, 상게서, p.648.

82 鳥居龍蔵, 「朝鮮のドルメン」, 상게서, p.650.

83 鳥居龍蔵, 「洞溝に於ける高句麗の遺跡と遼東に於ける漢族の遺跡」, 앞의 책, p.616.

84 鳥居龍蔵, 「朝鮮のドルメン」, 상게서, pp.646~647.

　그래서 동아시아의 거석유적이 중요한 가치를 지니고 있었는데 이를 통해 거석기념물이 만들어진 시기를 상정했다. 즉 동아시아로 상정되는 지역이 원사시대 즉 일본의 상대(日本の上代)에 축조된 것과 연결시켰다. "조선의 돌멘, 멘힐, 스톤헨지 등은 말 그대로 거석문화를 형성한 것으로 선사시대에 성행했던 것을 증명하는 것이다. 그리고 다음시대인 원사시대의 튜물러스식 고분의 선구였다"[85]고 확정했다.

일본 내지의 원사시대 혹은 상대에 만들어진 고분이 조선의 고분과 동일한 것임을 확인했고 일본과 조선의 관계는 고분 형식을 통해 증명할 수 있다고 보았다.

　조선의 고분과 일본의 고분이 유사함을 통해 동조론을 주장했고 야마토(大和) 민족과 고분시대의 민족을 구분해냈다. 즉 "야마토족은 돌멘, 멘힐 그 외

출처 : 鳥居龍蔵, 「朝鮮のドルメン」, 『鳥居龍蔵全集』 第5卷, 朝日新聞社, 1976, p.652.

의 거석기념물을 조형하지는 않았다. 그러나 천황에 대한 숭배정신에 의해 천황의 능묘(陵)를 세우는 고분시대가 시작되었다"[86]는 논리였다.

　다시 말하면 일본에 정착하여 거석기념물의 일종인 고분시대가 만들어진 것은 원사시대로, 원일본인과는 다른 이주자 민족들에 의해

85　鳥居龍蔵, 「日本の巨石遺跡に就て」, 『鳥居龍蔵全集』 第1卷, 朝日新聞社, 1975, p.521.

86　鳥居龍蔵, 「日本人の起源」, 전게서, p.644.

일본민족이 형성된 것으로 확정했다. 그들은 북방에서 이주해온 이주 민족으로 고분시대를 열었다고 주장했다. 다시 말하면 아이누 인종을 배제하면서 일본민족이 이주해온 자들에 의해 혼합된 것을 강조했던 것이다.

그 다음은 고분이 가지는 상징적 의미의 해석이었다. 결론적으로 말하면 고분을 만드는 것은 "현세를 떠나가는 죽은 자에 대한 존경심, 죽은 자가 요미노쿠니에 간다는 생각 등은 종교상의 의미에서 유래한 것"[87]이라는 논리였다. 거석문화가 일본의 조상들이 만들어놓은 하나의 유물인데 그것을 하나의 '문화'라고 보았다.

그래서 문화라는 관점에서 상대의 고분을 관찰하면 그들의 정신세계를 이해할 수 있다[88]고 주장했다. 이러한 정신세계의 표현은 힘을 상징과 연결된다. 일본인종의 선조들은 "거석에 대해 깊은 존경심을 가지고 있었다. 예를 들면 위대함, 절대성, 힘, 신령의 의미로 숭앙되었다. 이것은 종교적으로 정신적으로 흥미로운 현상인데 고분을 그 좋은 일례"[89]라고 보았다. 이처럼 사상적인 측면에서 거석은 '위대함, 절대성, 힘'이라는 의미를 갖는다고 파악했다. 이것은 바로 일본민족의 신에 대한 숭배관념으로 조상에 대한 숭배관념과는 다름을 설명했다. 즉 "중국의 종묘(宗廟)는 우리 일본 조상숭배와 닮았으면 서도 다르다. 일본은 종교적이지만 중국은 유교적이다. 일본인의 신앙은 중국인과 매우 다름을 알 수 있다. 거석 숭배도 돌을 대상으로 하는

---

87 鳥居龍藏,『人類学上より見たる我が上代の文化』(1), 叢文閣, 1925, p.98.
88 鳥居龍藏, 상게서, p.90.
89 鳥居龍藏, 상게서, p.94.

것이 아니라 그곳에 깃들어 있는 영(Spirt, 靈)을 숭배하는 것"[90]이라며
중국의 유교와의 차이를 분명히 했다. 그리하여 일본에서의 거석 숭
배 사상을 『고사기』와 『일본사기』에서 찾아내고 천황의 왕릉이 '위
대, 절대성, 힘의 신념'을 상징한다고 결론짓는다.

　상대인이 그 힘을 발휘한 것으로서 그들의 오쿠쓰키(奧津城)인 다카쓰
카(高塚)고분이 남아있다. 오진천황릉(応神天皇隆), 닌토쿠천황릉(仁徳天
皇隆)은 그 대표적인 분구(墳丘)로 유명한데, 이에 버금가는 규모의 다카
쓰카는 기내(畿內)에도 많으며 전국에 산재해 있다. 상대인은 또한 신에
게 제사지내는 신성영역을 이와사카(磐境)로 정하고 암석을 세워놓았다.
고우고이시(神護石)라 불리는 것도 이에 포함된다.[91]

　도리이는 거석문화가 가진 '상징성'으로서 천황의 왕릉을 연결시켰
고, 사후세계에 대한 존숭사상이 나타나 있는 것으로 해석했다. 도리
이는 물론 이를 증명하기 위해 고분시대를 재해석하며, 정신적·물
질적 문화로서의 거석을 인류학이라는 새로운 학문적 지식을 통해
해석했던 것이다. 그 골격을 『고사기』와 『일본서기』에서 선택했다.
조선의 거석문화 조사를 통해 일본 고분시대의 해석에 성공했고, 고
대인들의 역사를 신화가 아닌 역사로 재구성할 수 있는 계기가 조선
에서 조사한 결과물인 거석문화를 통해 마련했다. 여기서 중요한 것
은 사후세계를 믿는 신앙심을 실증화한다는 점이다.

90　鳥居龍蔵, 「日本の巨石遺跡」, 『鳥居龍蔵全集』 第1巻, 朝日新聞社, 1975, p.532.
91　八幡一郎, 『鳥居龍蔵全集』 第1巻, 朝日新聞社, 1975, pp.635~636.

5. 샤먼해석과 아마테라스 오미카미(天照大神)

도리이는 거석문화를 해석하면서 점점 더 "일본과 조선이 옛날에는 서로 공통적 성질을 가지고 있다"[92]는 확신을 갖게 된다. 특히 도리이의 눈에는 "무(巫)를 통해 조선의 옛 풍속 및 습관을 보고 싶다. 오늘날에는 조선이라든가 일본이라고 말하지만 원래는 모두 동일한 민족이었으며 한일은 같은 조상이다"[93]고 판단했다.

이러한 확증은 바로 조선반도의 샤먼조사를 통해 그 근거를 찾았다. 도리이는 조선 샤먼이 가지고 있던 역사성과 형태를 통해 동북아시아에서 행해지는 샤먼의 일반을 이해했고, 그것은 결론적으로 일본의 원시신도와 직접적으로 깊은 관계를 가지고 있으며 일본이 샤먼분포권내에 속했다는 근거를 만들었다.[94] 앞에서 언급한 것처럼 일본민족의 원형을 찾기 위해서는 주변민족과 비교해야 하며, 일본 주위민족의 신앙, 토속 속에 잔존해 있는 것을 통해 찾아냈던 것이다.[95]

도리이는 동북아시아의 민족에 대한 조사를 실시하면서, 민족분포에 대해 구(舊)시베리아민족과 신(新)시베리아민족으로 크게 둘로 구분한다.[96] 이는 시라토리와는 다른 구분법이었다. 이러한 구분법은 사회진화론에 근거를 두고 그 진화의 발달정도에 따라서 구분한 것이

---

92 鳥居龍蔵, 「朝鮮の巫に就いて」, 『朝鮮文化の研究』, 仏教朝鮮協会, 1922, p.70.

93 鳥居龍蔵, 「朝鮮の巫に就いて」, 상게서, p.56.

94 鳥居龍蔵, 『人類学上より見たる我が上代の文化』(1), 叢文閣, 1925, p.3.

95 鳥居龍蔵, 상게서, p.4.

96 鳥居龍蔵, 상게서, p.2.

었다. 진화의 정도와 샤먼을 연결하여 설명하는데,[97] 물론 구 시베리아와 신시베리아의 민족에게 공통적으로 나타난 현상은 샤먼이었고, 특히 일본이 속한 신 시베리아 민족과 조선의 샤먼은 깊은 관련이 있다는 점에 주목했다. 도리이는 조선의 샤먼을 다음과 같이 기술한다.

퉁구스 및 만주인과 인류학상으로 가장 관계가 깊은 조선인은 어떠한가. 어떤 사람은 조선의 종교가 유교·불교의 두 종교로 성립되어 있다고 말하기도 하고, 또 어떤 사람은 유교가 조선의 근본종교라고 기술하는 사람조차 있다. 그러나 이를 인류학상으로 조망해보면 유·불 두 종교는 그들의 진짜 종교가 아니다. 고유 조선인의 종교를 말하면 지금까지 논해온 샤먼이며 이것이야말로 그들의 고대시대부터의 종교라고 말할 수 있다.[98]

도리이는 조선의 고유신앙이 유교도 도교도 아닌 샤먼이라고 확정짓는다. 그에게 있어 일본과 마찬가지로 신시베리아 민족에 속하는 조선의 샤먼연구는 일본의 원시신도를 이해하게 해주는 유일한 연원이었다. 도리이에 의하면 조선의 종교에는 유교, 불교, 도교가 있는데 이것은 표면적인 것에 불과하며 그 바탕은 샤먼이고 동북아시아 신시베리아 민족과 동일한 것이라고 보았다. 원래 샤먼을 믿고 있었는데, 나중에 유교, 도교가 들어와 혼합되어 일종의 변형이 일어났다는 것이다.

이것이 "일본의 원시신도가 도교, 불교, 유교의 영향을 받아 다르게

97　鳥居龍藏, 전게서, p.97.
98　鳥居龍藏, 전게서, p.24.

변형된 것과 동일한 것으로 조선 고유의 종교 연구대상은 샤먼연구가 가장 필요하다"[99]고 했다. 도리이는 이렇게 조선의 샤먼을 고대신앙의 잔존으로 보며 조선의 원시종교임을 증명하려 했다. 그리고 조선의 샤먼을 조사하고 분석하여 실증적 형상을 설명한다.

도리이는 조선반도 조사에서 조선의 여무(女巫)가 남방계의 일반적인 것으로 기술하면서 여자 무당이 춤을 출 때 오른쪽 손에 방울을 들고 있는 것이 신도의 여자 무당이 가지고 있는 방울과 동일한 것[100]으로 해석했다. 도리이는 여자 무당이 굿할 때 신을 상징하기 위해 입는 의례복인 치마저고리를 일본의 하카마(hakama)로 기술하여 동일성을 확인했고, 굿을 할 때 방울을 흔드는 것을 일본신도의 여자 무당의 방울과 동일하다고 서술한다.

이처럼 일본의 신도와 조선의 샤먼이 동일함을 확인한 후 앞에서 언급한 신시베리아 민족에게 보이는 공통적 우주관을 제시한다. 특히 "코리야크에서는 우주를 세 단계로 나누며 야쿠트인도 마찬가지인데, 우리들 조상의 종교관과 이들 동북아시아 민족과 동일하다. 그들은 샤머니즘을 믿고 있으며 샤먼에 의해 우주는 삼단으로 이루어졌다고 보고 있다"[101]는 결론을 얻는다.

말하자면 도리이가 우주삼단론을 주창하는 것인데 신시베리아 민족에게 보이는, 즉 코리야크, 야쿠트인을 그 분석대상으로 제시하고 있는 것이다. 야쿠트인은 터키종족으로 지금도 옛날처럼 고유종교인

---

99 鳥居龍蔵, 전게서, p.26.
100 鳥居龍蔵, 전게서, p.87.
101 鳥居龍蔵, 전게서, p.9.

샤먼을 믿고 있다는 것을 설명한 것이다. 도리이의 코리야크인을 예로 들면서 "코리야크인들은 우주를 삼단으로 나누는데, 지하에 있는 나라가 요미노쿠니에 해당하고 그 위에 인간세상이다. 이 세상은 인간뿐만 아니라 동물·식물 등 모든 생물들이 살고 있다. 이곳이 중간 나라이다. 그리고 천상, 즉 최고의 신이 있는 장소이다. 이곳에 사는 신은 천신, 즉 선신(善神)이다"[102]라고 기술한다. 이러한 코리야크인의 우주3단 구분을 원용하여 다시 일본신화에 대해 다음과 같이 언급한다.

다카마가하라에 살고 있는 신, 그 아래는 일본인 즉 나카쓰쿠니로 인간을 비롯한 만물이 살고 있는 나라이다. 이곳은 우리들을 비롯하여 온갖 생물이 살고 있으며, 선신악신(善神惡神)도 인간과 같이 살고, 또 선한 영혼과 악한 영혼도 같이 존재한다. 그리고 나카쓰쿠니(中ㄱ國)아래에는 또 하나의 세계가 존재한다. 이곳은 인간이 죽으면 가는 곳으로 이곳은 일본의 네노쿠니(根の國), 소코쓰쿠니(底津國), 요미노쿠니에 해당한다. 또 우주를 상중하 삼단으로 나누는 것은 일본의 고대 사상 중에서 다카마가하라, 나카쓰쿠니, 요미노쿠니와 매우 흡사하다. 일본 원시철학의 옛 형태가 이러한 형식에서 온 것이 아닌가하고 생각한다.[103]

도리이는 우주를 세 개의 세계로 분류하면서 일본신화에 등장하는 다카마가하라, 나카쓰쿠니, 요미노쿠니와 매우 흡사하다고 주장한

---

102 鳥居龍藏, 전게서, pp.9~10.
103 鳥居龍藏, 전게서, p.11.

다. 특히 야쿠트인은 샤머니즘을 통해 우주를 해석했는데, 바로 이 야쿠트인의 종교에 대해 연구한 트로찬스키(V.E.Troushchanski)를 인용하면서 야쿠트인들이 믿고 있는 주신인 우른-아이-토욘(Urun-Aïy-Toyon)을 제시했고 이것의 의미가 백(白)의 신(神)임을 증명했다.

　이 신을 일명 '백의 주인(白い主)'이라고 한다. 터키와 몽고에서는 백을 좋은 것, 존숭해야할 것, 행복, 광명으로 보고 있으며 이와 반대인 흑색을 암흑, 악으로 간주하고 있다. 우른-아이-토욘(Urun-Aïy-Toyon)은 광명의 신, 태양을 비추는 신이므로 터키인들은 이 신을 태양과 동렬에 놓고 최고의 해의 신으로 부르고 있다. 그래서 통상적인 축제에는 하나의 씨족만 모이는데 이 해의 신 축제만큼은 모든 씨족이 집합하여 실시한다. 이를 보아도 얼마나 해의 신을 존중하고 있는지를 알 수 있다.[104]

　도리이는 해의 신을 아마테라스 오미카미와 연결시켰다.[105] 특히 천상계를 광명의 세계로 인식한 것은 동북아시아의 옛 신앙에서 찾아볼 수 있었던 것처럼 일본에서도 나타난다는 것이다. 야쿠트인은 최고의 신이 광명의 신, 태양을 비추는 신으로 아마테라스 오미카미와 동일한 관념이라고 보았다. 즉 이러한 시점의 틀이 일본적인 것을 다시 확인하고 싶어 자기 동일성을 자각하는 프로세스로 작동하고

---

104 鳥居龍蔵, 전게서, p.10.

105 中薗英助, 전게서, p.219. 나카조노는 "나는 아마테라스 오미카미(天照大御神)를 샤먼이라고 본다. 일본의 근대는 군국주의였지만 상대(上代)에는 샤먼이 성행했고, 여성이 민족의 중심이었다. 아마테라스 오미카미가 바로 그것이다. 도리이가 동몽고(東蒙古)를 답습하여 샤먼 필드워크를 하며 숙원(宿願)한 것은 이것을 증명하려는 목표가 있었기 때문으로 우리나라에서는 선구적인 업적을 이루었다는 것은 의심할 여지가 없다"고 논한다.

있었다. 결국 일본의 일본적인 것을 재확인하는 작업이었다고 말할 수 있을 것이다. 결국 조선 조사의 샤먼의 해석과 신들의 교섭을 실시하는 샤먼이론을 결합하여 동북아시아의 신시베리아 민족에게 나타난 우주삼단론을 확정하면서 일본의 해의 신을 해석해 내는데 성공했다. 신시베리아민족의 동일성을 확인하면서 부동의 의미로서 아마테라스 오미카미＝해의 신이라는 의미가 증명된 것이다.

도리이는 동아시아의 전체를 해석하는 복합적 해석을 통해 일본의 신도를 재구성해냈던 것이다. 결국 도리이는 동아시아라는 개념 속에서 일본의 근대적 자화상을 그려내는 과정에서 전통을 재구성했던 것이다. 그를 위한 근대의 과학적 방법론인 인류학적 인식을 활용하여 내러티브로서의 국민국가의 전통이 창출되었던 것이다.

제10장 '탈역사성'과 민속학의 딜레마

1. '야나기타 민속학'과 '기타 사학'

포괄적 의미로 본다면 기타 사다키치(喜田貞吉)와 야나기타 구니오 (柳田國男)는 국민국가의 내셔널리스트였다고 볼 수 있다. 야나기타는 천황까지도 상민개념으로 범주화하면서 이민족을 국가내부에 흡수 하는 내셔널리즘과 거리를 두지 못했다는 비판을 받는다.[1] 그리고 기 타 역시 이민족과의 혼합민족론을 주장하지만, 그 혼합민족론은 천

<hr>

[1] 福田アジオ, 『柳田国男の民俗学』, 吉川弘文館, 1992, p.53; 赤坂憲雄, 『山の精神史—柳田国男の発生』, 小学館, 1996, p.347; 임경택, 「야나기타 쿠니오(柳田国男)의 '일국(一國)민속학'과 문화내셔널리즘」, 『일본사상』 제8호, 한국일본사상사학회, 2005, p.230; 조규헌, 「일국민속학(一國民俗学)의 단일민족론과 민족통합」, 『한림일본학』 제16집, 한림대 일본학연구소, 2010, p.79.

황을 정점에 두면서 피지배민족들까지도 통합하는 복합민족 논리로서 일본민족을 중심에 두는 에스노센트리즘에 빠졌다는 비판을 피해가지 못한다.

그렇지만 야나기타와 기타는 일본의 학문이 역사학, 고고학, 인류학, 민속학의 정의가 갖추어지기 이전[2] 단계인 새로운 학문의 시험장에서 만나고 있었다. 이 시험장은 결국 내부의 우리들을 만들어내는 과정이었는데, 사이토 준이치(齋藤純一)가 표현하듯이 "우리들은 발견되는 것이 아니라 의견 교환 프로세스 속에서 창출된다. 우리들 사이에 형성되는 공통 문제 감각과 관심사가 우리들을 연결시켜주는 메디아이다"[3]라는 수사학을 상기할 필요가 있다.

여기서 제시되는 하나의 쟁점은 민속학과 역사학을 통한 '우리들 만들기'의 시작과 관련된 것이다. 다시 말해서 야나기타와 기타를 민속학과 역사학의 만남 장소로서 이민족에 대한 혼종성이론 만들기를 계보에 대한 해석이 필요하다. 야나기타와 기타를 균질한 카테고리 속에 가둬두고 내셔널리스트라고 규정하는 기존 논리에 대한 반성이기도 하다. 앞서 언급했듯이 야나기타와 기타가 가진 이민족에 대한 시선과 중앙과 지방의 경계 넘기를 어떻게 텍스트[4]로 재현되는지를

---

2   아카사카 노리오(赤坂憲雄)는 "야나기타는 민속학자가 아니었다"고 적는다. 단 야나기타의 사상이나 민속학을 근본적으로 이해하기 위한 지표가 있다고 한다면 그 하나가 역사에 대한 태도라고 보았다. 민속학을 기초로 새로운 역사학을 지향한 상민사학이라고 보았다. 하나의 분야로 재단할 수 없음을 이해할 수 있다. 赤坂憲雄, 『柳田国男の読み方』, ちくま新書, 1994, p.55.

3   齋藤純一, 「表象の政治/現れの政治」, 『現代思想』 第25卷 第7号, 1997, p.170.

4   롤랑 바르트, 김희영 역, 『텍스트의 즐거움』, 동문선, 2002, pp.8~9. 작품이 단일하고도 안정된 의미를 드러내는 기호체계로 본다면 이런 고정된 의미로 환원될 수 없는 무한한 시니피앙(기표)들의 짜임을 텍스트라고 본다. 따라서 여기서 사용하는 텍스트란 그것을 이루

내적 오리엔탈리즘적 시각에서 다룰 것이다.

야나기타와 기타는 공통점이 있었다. 첫째, 기타와 야나기타는 도쿄대학을 졸업하고, 정부기관에서 근무했다. 둘째 당시 학문적으로 유행했던 아이누와 코로보쿨 논쟁과 연동하여 일본 내부에 타자로서 이민족에 대한 해석을 시도했다는 점이다. 셋째, 중앙과 지역을 구분하면서도 변경에서 보는 중앙에 대한 정의를 새로이 시도했다는 점이다. 결과적으로 야나기타와 기타는 일본 내부에 존재하는 이민족과 중앙이 아닌 변경이나 주변에 대해 관심을 가지면서 민중의 생활에 초점을 맞추었다. 생활은 다시 역사와 연결하여 해석되었고, 일본 민족의 문화이론으로 확대해석해 갔다. 야나기타와 기타는 이러한 공통점을 내포하면서 기존 역사학적 방식을 해체하는 방식으로 새로운 역사학을 재구성하는 방법론을 활용했다. 그 방법론은 역사학, 인류학, 민속학, 고고학이라는 학문적 월경을 실천했고, 더 나아가 학문과 실지현장 조사자료를 융합시키는 새로운 방식의 패러다임을 제시했다.

그렇지만 야나기타의 담론 속에는 지방에서 중앙을 본다는 로컬중심적 시선과 야마비토(산인, 山人)와 상민 즉 표박민을 통한 정주인의 재구성 이론이 천황을 정점에 두는 일본민족을 제시했다. 반면 기타는 혼합민족론을 모태로 중앙과 지방을 구분하여 에미시, 아이누, 구마소, 하야토라는 이민족을 통합하면서 주변개념을 해체시키고 로컬

고 있는 시니피앙의 다각적이고 물질적, 감각적인 성격에 의해 무한한 의미생산이 가능한 열린 공간이라고 해석한다. 그러나 본 논고에서는 텍스트 또한 다시 '작품'으로 재현되는 산물일 수 있음을 상정하여 비판적으로 사용한다.

과 로컬을 연결하는 구도를 이론화했다. 그것은 곧 식민지인 조선반도의 지역을 통합하는 '무국경'이론을 제시하는 것처럼 보였지만, 결국 혼합민족의 정점은 천황으로 연결되었다.

다시 말해서 야나기타와 기타는 천황의 하위 영역에 이민족들이 묶였으며 그 메타내러티브 속에서는 모든 형태의 이질성과 다양성을 인정하고 포용하는 것처럼 위장하고 있었다.

바로 이러한 점에서 기타와 야나기타는 국민국가의 내셔널리즘에 감추어진 배타주의를 척결하는 척하면서 유일무이한 천황이데올로기 이론을 제시하고 동아시아를 묶으려 했던 것이다. 이러한 이중성은 일본 내부공동체에 속하면서 일본내부의 차이성을 서술하는 자기 상대화라는 탈영토주의를 가장한 일본중심주의였던 것이다. 결국 중앙중심주의를 창출해내면서 각각의 지방적 특색을 원격적으로 제어하고 반복되는 제국의 텍스트를 국민의 의식 속에 불어넣는 내부 식민주의자로 출현했던 것이다.

내부식민자라는 의미에서 기타와 야나기타가 어떠한 측면에서 식민자의 위치에 섰는지와 어떤 다원주의를 표방하는지, 그것이 어떻게 상호간에 작용했으며 어떠한 측면에서 두 학자의 디스플린 속에 상호배제가 이루어지면서 '내부오리엔탈리즘'이 형성되는지를 살펴볼 것이다.

2. 민족기원론과 내부 오리엔탈리즘

잘 알려진 것처럼 선행연구를 보면 야나기타나 기타를 단독으로 다룬 논고는 많다.[5] 그렇지만 기타와 야나기타를 비교 분석한 논고는 거의 없다. 있다고 하더라도 야나기타와 기타의 접점을 조금 다루었을 뿐이다. 특히 야나기타와 기타의 고대사 인식에 대해 직접적으로 다룬 것은 사에키 아리키요(佐伯有淸)의 『야나기타 구니오와 고대사(柳田國男と古代史)』 정도가 있다. 사에키는 야나기타의 고대사에 대한 고찰이 이루어지지 않았음에 착목하여 야나기타[6]가 직접적으로 비판

5　오구마 에이지(小熊英二)가 『단일민족 신화의 기원(単一民族神話の起原)』(新曜社, 2000, p.423)에서 일본 측 연구자를 잘 정리했다. 이를 참조해 보면 야나기타 구니오를 다룬 대표적 저자로는 이로카와 다이키치(色川大吉), 고토 소이치로(後藤総一郞), 이와모토 요시테루(岩本由輝), 가미시마 지로(神島二郎), 오카야 고지(岡谷公二), 미야자키 슈지로(宮崎修二郎), 쇼지 가즈아키(庄司和晃), 오토 도키히코(大藤時彦), 와카모리 타로(和歌森太郎), 미야타 노보루(宮田登), 사토 겐지(佐藤健二), 이토 미키하루(伊藤幹治), 사쿠라이 도쿠타로(櫻井德太郎), 쓰루미 가즈코(鶴見和子), 무라카미 노부히코(村上信彦), 요시다 가즈아키(吉田和明), 아카사카 노리오(赤坂憲雄), 후나키 히로시(船木裕), 야마시타 고이치로(山下繼一郎), 마쓰모토 미키오(松本三喜夫), 후쿠타 아지오(福田アジオ), 나가하마 이사오(長浜功), 우치다 류조(内田隆三), 요시모토 다카아키(吉本隆明), 다니가와 겐이치(谷川健一), 스즈키 미치오(鈴木満男), 치바 도쿠지(千葉德爾), 가지키 고(梶木剛), 마키타 시게루(牧田茂) 등을 들 수 있다. 한국측 논문을 보면 야나기타 구니오, 김용의 외 역, 『일본의 민담』, 전남대 출판부, 2002; 야나기타 구니오, 김정례·김용의 역, 『일본 명치·대정시대의 생활문화사 : 명치대정사 세상편』, 소명출판, 2006; 야나기타 구니오, 김용의 역, 『(일본민속학의 원향)도노 모노가타리』, 전남대, 2009; 김영남, 『동일성 상상의 계보』, 제이앤씨, 2006; 이연숙, 「야나기타 구니오(柳田國男)와 '국어'의 사상」, 『일본공간』 제1호, 2007, pp.186~221; 김용의, 「『도노 모노가타리(遠野物語)』와 일본인의 이향관(異鄕觀)」, 『日本學硏究』 제21집, 2007, pp.27~50; 조규헌, 「야나기타 민속학의 일본문화일원론 재고 : 사령신앙과 재앙신(祟り神)을 중심으로」, 『日本近代學硏究』 제29집, 2010, pp.275~294; 曺圭憲, 「日本文化一元論における〈田の神・山の神去來信仰〉再考 : 正月儀禮としてのコトハジメ・コトオサメ」, 『翰林日本學』 제14집, 2010, pp.19~42 등이 있다. 기타 사다키치에 관해서는 기타의 논고를 모아 놓은 『기타 사다키치전집(喜田貞吉著作集)』 총14권이 있다. 개별연구서로는 시오미 센이치로(塩見鮮一郎), 야마다 노리오(山田野理夫)의 저서 등이 대표적이다.

한 구메 구니타케(久米邦武)와 기타 사다키치를 다루었다.[7]

그리고 일본 내부의 타자로서 이민족에 관한 논리의 발견에 대해서는 먼저 타이완의 선주민족에게서 힌트를 얻은 것이라고 보는 견해들[8]을 정리한 것이 있는데 야나기타의 야마비토론이 한민족에 의해 산지로 구축된 타이완의 '원주민=고사족(高砂族)'이 모델이었다는 해석을 처음으로 제시한 것은 나카무라 데쓰(中村哲)이다. 나카무라는 야나기타가 "전국의 에미시(蝦夷)가 모두 홋카이도로 쫓겨갔다는 것이 마치 타이완의 전진이 생번(生藩)을 밀어낸 것과 같다"[9]라고 주장한 부분을 인용하며 야나기타의 야마비토론이 이것에서 영향을 받은 것이라고 주장한다. 그리고 야나기타와 기타는 일본인의 혼혈설 입장을 취하고 있었는데, 이것이 이미 메이지(明治) 20년대에 제기된 일본민족 기원론이나 선주민론의 가설들에 대한 논쟁의 영향이라고 보는 견해이다.[10]

물론 이렇게 본다면 야나기타와 기타가 혼합민족론을 주장한 것은

---

6 柳田国男, 「喜田貞吉様(侍史)」, 『定本柳田国男集』第12卷, 筑摩書房, 1982, pp.67~68.

7 佐伯有清, 『柳田国男と古代史』, 吉川弘文館, 1988, pp.4~10.

8 色川大吉, 「柳田国男」, 『日本民俗学大系』 1, 講談社, 1978, p.32; 小熊英二, 『単一民族神話の起原』, 新曜社, 1995, p.424; 久米邦武, 『日本古代史』, 早稲田大学出版部, 1905, pp.25~29, pp.33~37, p.65.

9 中村哲, 『新版柳田国男の思想』, 法政大学出版局, 1985, p.25.

10 기쓰카와 도시타다(橘川俊忠)와 아카사카 노리오(赤坂憲雄)는 이와모토의 이러한 주장에 대해 유감스럽게도 그들 사이에 어떠한 영향관계가 존재했는지에 대해서는 언급하고 있지 않음을 지적한다.(橘川俊忠, 「柳田国男におけるナショナリズムの問題」, 『神奈川法学』 第19卷 第1号, 神奈川大学法学会, 1983, p.29; 赤坂憲雄, 『山の精神史－柳田国男の発生』, 小学館, 1996, pp.259~260) 이를 바탕으로 아카사카 노리오는 선주민이 아이누인가 코로보쿨인가라는 논쟁이 있기 이전 야나기타가 20살 때 기초한 「고전장(古戰場)」기행문을 인용하며 고고학적 지식 혹은 적어도 아이누 코로보쿨 논쟁 이전에 이미 이를 상정했다고 지적한다. 이 부분에 대한 논의는 추후 야나기타 구니오의 '민속학 개념'창출과 연관하여 고찰할 필요가 있다고 본다.

시대적 흐름과 무관하지 않다고 볼 수 있지만 여기서 더욱 중요한 것은 그러한 시대적 흐름과 연동하면서도 다시 어떻게 그 논리를 해체하면서 재구축하는가라는 점이다.

야나기타가 "평지인을 전율시켜라"[11]라며 마조리티에 대한 경종을 울린다는 의미를 기타의 '이인종' 해석이론과 연결시켜 해석해 볼 필요가 있다. 즉 기타가 "에타(穢多)이든 비인(非人)이든 또한 타 종류의 명칭으로 부르든 그들은 결국 같은 계통의 일본민족으로 단지 그 조상이 어떠한 이유에서인지 사회의 낙오자가 된 것 뿐"[12]이라며 피차별 민족에 대한 입장을 대변하는 시선이다.

그런데 문제는 야나기타와 기타의 학문적 접점을 비롯해 이인종을 보는 시선을 다루면서도 『고사기』와 『일본서기』의 역사서술에 대한 수용과 탈피과정을 동시에 살펴보아야 한다. 또한 중앙과 지방을 역사서술에 동원하면서 변경의 실체와 민중의 생활적인 측면을 어떻게 서술하면서 재구성하는지 까지를 상정하여 전체적인 구도로 설명할 시선이 필요하다.

물론 선행연구에서 이러한 구체적인 사례를 통해 야나기타나 기타가 새로운 인식으로 넘어서는 과정[13]을 설명하기도 하지만, 그것에

11　小熊英二, 『単一民族神話の起原』, 新曜社, 1995, p.211.

12　喜田貞吉, 「歴史上より見たる差別撤廃問題」 第1輯, 中央社会事業協会, 1924, p.154.

13　야나기타가 지명 등을 통해 역사관을 근본부터 새로 짜면서 새로운 패러다임을 짠 것에 대해서는 아카사카 노리오(赤坂憲雄)『一国民俗学を越えて』, 五柳書院, 2002, p.119 참조. 가게야마 마사미는 야나기타가 일본인 및 민족사의 기점을 발견한 것과 도작민의 이입 루트에 대한 발상(역사관/민족관)이 재고된 것을 논한다. 影山正美, 「稲作民, あるいは日本人としての先住民の「発見」」, 『柳田国男・主題としての「日本」』, 梟社, 2009, p.151; 佐野賢治, 「郷土研究から世界常民学へ―生活史研究の新市視角」, 『嶺南學』 제19호, 경북대 영남문화연구원, 2011, pp.93~108 참조.

그치는 것에 아니라 야나기타와 기타를 동시에 놓고 이들의 차이와 동일성, 내부와 외부, 배제와 통합의 논리가 어떻게 교차되고 재생산 되는지를 제시할 필요가 있다.

결국 기타와 야나기타의 시도가 국가 내셔널리즘으로 수렴되었다 는 내셔널리스트의 해석으로 끝나는 것이 아니라 내부 오리엔탈리즘 을 창출하는 주체성이 생산되는 역학에 역점을 두어야 할 것이다. 정 작 고찰해야 할 부분은 바로 이러한 내적 식민지의 문제인 것이다.

기타의 『60년 회고(六十年の回顧)』를 보면 정확한 연대를 제시한 것 은 아니지만 야나기타와 기타의 접점을 찾을 수 있다. 기타는 "메이지 40년(1907년)경 제국교육회의 회합자리에서 야나기타 구니오 군과 이 점에(부락차별) 대해 의견을 교환했던 것을 기억한다"[14]고 말했다.

부락차별에 대해 관심을 가졌고 1907년쯤에 의견교환을 할 정도로 친분이 있었음을 추측할 수 있다. 물론 1910년대 야나기타가 다루는 중심 연구대상은 '야마비토(山人)'였는데, 야나기타는 인류학회에 가 입하여 『인류학잡지(人類學雜誌)』에 풍속에 관한 논문을 투고하고, 기 타의 소개로 '야마비토'에 대한 강연을 한다. 이에 대해 야나기타는 "내가 8·9년 전부터 야마비토의 문제를 생각하고 있었던 것을 기타 박사가 우연히 알게 되어 그것에 대해 이야기하라고 했다"[15]고 밝히 고 있다. 마찬가지로 기타는 1913년 4월 야나기타가 주재하는 『향토 연구(鄕土硏究)』(제1권 제2호)에서 「본국에 있어서의 한 고대문명(本邦に

---

14 喜田貞吉, 「六十年の回顧」, 『喜田貞吉著作集』 14, 平凡社, 1982, p.171.

15 柳田国男, 「山人考」, 『定本柳田国男集』 第4卷, 筑摩書房, 1982, p.172. 서두에 기타 사다키 치로부터 강연의뢰를 받은 것을 말하고 있다.

おける一種の古代文明)」이라는 논고를 발표한다.[16]

　이처럼 야나기타와 기타는 서로 학문적으로 관심을 가졌고 학문적으로 접촉하며 상호비판을 통해 일본근대 사학의 역사를 재구축해갔다.[17] 기타와 야나기타가 학문적으로 교류를 시작하기 이전의 경력을 보면, 기타는 도쿄제국대학 국사과를 1896년 7월 졸업하고 이후 1901년 문부성 도서심사관으로 취임했다. 1903년 4월 국정교과서의 방침이 세워지면서 1903년 7월 문부편수(文部編修)가 된 기타는 교과서의 검정이나 편찬 등의 업무에 관여했는데, 남북조정윤(南北正閏)문제로 기타가 관련한 교과서 『심상소학용일본역사(尋常小學用日本歷史)』가 논란의 대상이 되어 1911년 2월 27일에는 문관분한령(文官分限令)(제11조제1항제4호)에 의해 휴직처분을 받았다. 기타는 문부성 재직 때부터 교토대학 문과대학의 강사를 겸임했는데, 이를 계기로 교토에 가는 일이 많아지면서 피차별부락 내부의 관계사료와 전승 등을 수집하는 것에 종사하다가 부락의 야간학교 유지들과 부락사에 관한 강의를 실시하기도 했다. 기타가 교토대학의 전임강사가 된 것은 1913년의 일이다.[18]

16　上田正昭, 「解說」, 『喜田貞吉著作集』第8卷, 平凡社, 1979, p.429.

17　上田正昭, 『古代学とその周辺』, 人文書院, 1991, p.213.

18　기타는 1871년 5월 24일 도쿠시마 현(德島県) 나가군(那賀郡) 다쓰에무라(立江村)에서 3남으로 태어났다. 1893년에 도쿄제국대학의 국사과에 진학했는데 이때 국사과에는 구로카와 마요리(黑川真頼), 호시노 히사시(星野恒) 등 대가가 있었고, 신진 미카미 산지(三上三次)도 있었다. 서양사와 사학연구법에는 쓰보아 구마(坪井九馬)가 있다. 그리고 인류학과 고고학 분야의 강사로는 쓰보이 쇼고로(坪井正五郎)가 있었고, 그 강의를 들었다. 동기로는 구로이타 가쓰미(黑板勝美)가 있었다. 기타는 역사지리연구를 명목으로 대학원에 진학하여 1899년 10월부터 『역사지리(歷史地理)』를 간행하며 논문을 집필하기도 했다. 斎藤忠, 『日本考古学選集8 喜田貞吉集』, 築地書館, 1986, p.3; 上田正昭, 『古代学とその周辺』, 人文書院, 1991, p.205 참조.

미나가타 구마구스(南方熊楠)
출처 : 牛島史彦, 「南方熊楠」,
『文化人類学群像3』, アカデミア出版, 1988,
p.25.

기타의 민족사에 대한 관심은 1907년 3월 「쓰치쿠모 종족론(土蜘蛛種族論)」과 「에미시와 코로보쿨의 차이와 같음을 논한다(蝦夷とコロボックルとの異同を論ず)」를 『역사지리』(제9권제3호)에 발표하면서 구체화된다. 이 논문들은 기타의 민족사연구의 발단이 되는 논고로 평가되는데 기타는 그 후 1914년 1월부터 「후슈·이후고(夷俘·俘囚の考)」를 발표하고, 같은 해 6월 「동인고(東人考)」를 발표하면서 동쪽지방 민족에 대한 고찰을 진척시켰다. 그리고 1916년 「왜인고서론(倭人考緒論)」을 시작으로 서쪽 지방의 민족에 관한 논고를 작성한다. 민족사연구에 대한 모색이 집적되어간 것이다.[19]

한편 야나기타는 1900년 7월 도쿄제국대학 법과대학 정치과를 졸업하고 농상무성(農商務省)에 근무하게 된다.[20] 1908년 겸임 궁내(宮內) 서기관을 거쳐 호세이대학(法政)을 비롯해 여러 대학에서 농정학을 강의한다. 1910년 12월 농정학연구의 집대성인 『시대와 농정(時代ト農政)』을 출판하고 니토베 이나조(新渡戸稲造)의 향토회에 참가하는 한

---

19 上田正昭, 「解説」, 『喜田貞吉著作集』第8卷, 平凡社, 1979, p.421.

20 야나기타는 1875년 7월 31일 효고현(兵庫県) 진토군(神東郡)에서 마쓰오카 미사오(松岡操)의 6남으로 태어났다. 아버지는 의사이자 한학자였다. 1901년 5월에 대심원 판사 야나기타 신페(柳田真平)의 양자가 되고, 농상무성에 근무하면서 일본 각지를 여행하는 기회를 얻게 된다. 그리하여 『최신산업조합통해(最新産業組合通解)』(1902), 『시대와 농촌(時代ト農村)』(1910) 등 농민생활의 토착에 대해 논했다. 伊藤幹治, 「柳田国男－日本民俗学の創始者」, 綾部恒雄編, 『文化人類学群像』3, アカデミア出版, 1988, pp.67~68.

편, 미나가타 구마쿠스(南方熊楠)와 교류를 개시했다.[21]

특히 야나기타의 『노치노카리코토바노키(後狩詞記)』와 『도노모노가타리(遠野物語)』는 일본열도 안에서의 '이문화'를 발견하는 계기가 된 저서로 손꼽힌다. 이 두 저서를 집필하던 시기에 야나기타가 일본열도 내부의 각 지역에 전해지는 이문화의 발견은 획기적인 일이었다. 그리고 야나기타가 무녀나 야마비토(山人) 등 일본사회의 주변적인 존재나 전승에 주목한 것은 바로 이 시기[22]이다.

특히 1913년 5월 '민속학' 창간에 앞서 1913년 3월 야나기타와 다카키 도시오(高木敏雄)는 『향토연구』를 창간한다. 니토베 이나조를 후원

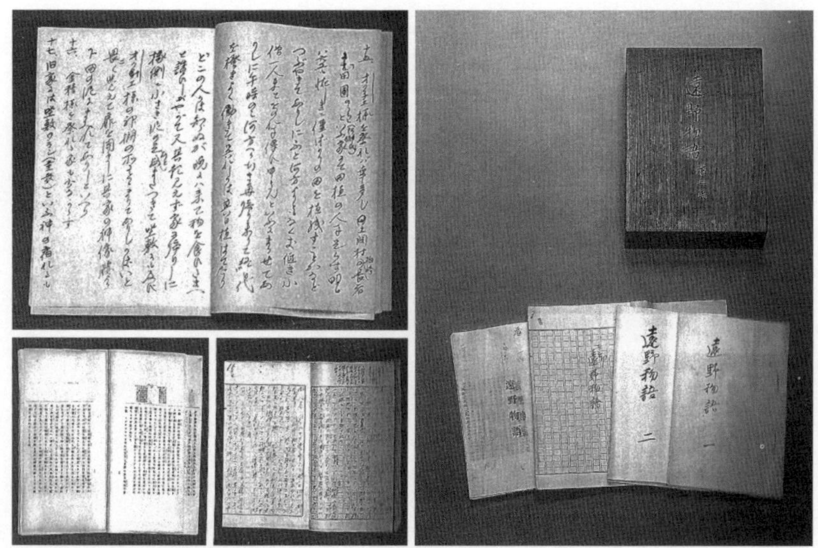

『도노모노가타리(遠野物語)』의 원본
출처 : 後藤総一郎監修, 『注釈遠野物語』, 筑摩書房, 1997 참조.

21　橘川俊忠, 「柳田国男におけるナショナリズムの問題」, 『神奈川法学』第19巻　第1号, 神奈川大学法学会, 1983, pp.25~26.

22　福田アジオ, 『柳田国男の民俗学』, 吉川弘文館, 1992, p.33.

자로 만든 향토회의 회합이다. 「이나카학(시골학)」이나 「지카타학(지
방학)」이 일본에 필요하다고 논했는데 이것에 촉발되어 야나기타의
향토연구가 시작된다.[23]

야나기타와 기타는 공통적으로 도쿄대학출신으로 각각 농상무성
과 문부성에서 근무했다. 다시 말해서 기타와 야나기타는 국가의 엘
리트적 교육을 받은 중앙의 도시인이었다. 이러한 점에서 야나기타
와 기타는 내부의 이민족을 발견하면서 지배자와 피지배자의 이론을
재구성하지만, 그 위치가 내부 오리엔탈리스트로서의 시선을 가질
만한 위험성이 충분히 존재했던 것이다.

3. 문헌사학에 대한 비판과 생활의 발견

그런데 여기서 혼동하지 말아야 할 것은 기타와 야나기타의 출발
점이 엘리트적 위치였기 때문에 내셔널리스트가 되었다는 편견이다.
거꾸로 생각하면 오히려 중앙의 엘리트가 기존의 역사학이 가진 전
통적 시선이 아니라 규슈와 도호쿠(東北)라는 변경의 '선주민'에 대한

---

23 新谷尚紀, 『民俗学とは何か―柳田・折口・渋沢に学び直す』, 吉川弘文館, 2011, pp.57~58.
"只平民は如何に生活しうるか゜又は如何に生活し来ったかを記述して世論の前提を確実に
するものが此までは無かった゜それを『郷土研究』が遣るのです".

관심으로 출발했기 때문에 '역시선'을 통한 심상적 트랜스의 가능성
이 있었다고 보아야 할 것이다.[24]

야나기타와 기타가 활동하던 시기는 새로운 개념들이 서구로부터
물밀듯이 유입되고 재구성되는 시대였는데 그중 인종학과 고고학이
대표적인 것이었다. 예를 들어 정전으로서 『고사기』와 『일본서기』를
맹목적으로 믿던 '신념'이 붕괴되어가는 시기이기도 했다. 특히 잘 알
려진 것처럼 아이누와 코로보쿨에 대한 논쟁이 전개되고 일본인의 원
루트를 파악하려는 '고유일본인' 찾기에 고고학과 인종론, 역사학 등
이 동원되던 시기였다.

이처럼 고고학이나 인종론이 도입되면서 야나기타와 기타는 자신
들의 학문적 영역에 새로운 스펙트럼으로서 이것들을 활용한다. 이
중 첫 번째 시도는 기존 역사학이 가진 문헌중심주의적 사고로부터
의 탈피였다.[25] 특히 야나기타는 '광의의 역사학자'[26]로도 불리는데,
야나기타는 연대기에 의존한 역사기록을 중시하는 사관과 영웅호걸
에 한정된 역사서술에 대해 거리를 두었다.

나는 일본에는 평민의 역사는 없다고 생각한다. 어느 나라든지 연대기
는 처음부터 사변(事變)만의 기록이다. 귀인들과 영웅호걸의 열전을 조합
한 것 같은 것이 말하자면 역사가 아니었는가. 물론 정치와 전쟁과는 시대
의 가장 두터운 흐름으로써 어떤 토민(土民) 나부랭이라 하더라도 그 영향

---

24 橘川俊忠, 「柳田国男におけるナショナリズムの問題」, 『神奈川法学』第19巻 第1号, 神奈川大
    学法学会, 1983, p. 26.
25 新谷尚紀, 『民俗学とは何か―柳田 · 折口 · 渋沢に学び直す』, 吉川弘文館, 2011, p. 82.
26 伊藤幹治, 『日本人の人類学的自画像』, 筑摩書房, 2006, pp. 130~131.

을 받지 않는 사람은 없다. 그러나 사적(事績)의 기록만을 보고 국민의 심정을 추정하는 것은 사진기를 바라보는 사람의 얼굴을 상상하는 것과 같은 것이다. (…중략…) 실제 다수의 평민기록은 소홀히 다루어져왔다.[27]

다시 말해서 야나기타는 연대기적인 사건기록으로서의 역사서술[28]이나 영웅호걸을 부각시키는 기술방식에 대해 비판적이었다. 현재적 인식으로 본다면 너무나도 평범한 것으로 보일 수도 있지만 당시로서는 기존의 역사관을 '탈'한 새로운 접근이었다. 특히 야나기타는 평민의 기록을 역사학의 실질적 특성이라고 보았다.

기타 역시 문헌사학에만 의존하는 역사학에 대해서 비판적이었다. 기타는 "세상 혹은 역사가 반드시 연대와 그 시대에 활약한 인물들을 중심으로 그려지는 것이 요건이기는 하지만, 그것을 믿거나 민족의 발전이 어느 개인 한 사람의 이름에 근거하여 이루어진다고 보는 것은 하나의 미신"[29]이라고 비판했다. 기타 역시 기존의 역사학이 논하는 것처럼, 문헌기록에 의한 사료만으로는 진정한 역사를 파악할 수 없다는 것을 제시한 것이다.

즉 기타나 야나기타는 문헌실증주의에 근거한 연대기나 사건의 역사를 비판하면서 새로운 역사학의 구상을 시도했다.[30] 야나기타는 이

---

27 柳田国男, 「郷土誌論」, 『定本柳田国男集』 第25卷, 筑摩書房, 1982, pp.9~10. だれも知っている如く, 歴史は元来常民の学ではなかった. 用途は主として政治にあったゆえに, 政治がわずかな上流の人だけの事務であった時代には, 当然にこれを利用する者も限られ, またこの人たちの参考になることのみが多く伝わった. 柳田国男, 「歴史教育の話」, 『定本柳田国男集』 第24卷, 筑摩書房, 1982, p.99.

28 赤坂憲雄, 『一国民俗学を越えて』, 五柳書院, 2002, p.191.

29 喜田貞吉, 「日本における史前時代の歴史研究について」, 『喜田貞吉著作集』 1, 平凡社, 1980, p.31.

러한 기존의 역사연구방법을 단독입증법이라고 부르며 거리를 두려고 하였고[31] 기타는 "유물유적을 다루어 고고학자 역할을 겸한 역사학"[32]의 구상을 통해 기존의 역사학적 방법론과 거리를 두려고 했다. 야나기타는 영웅의 역사학에서 평민의 역사학으로 나아가는 방법을 문헌이 아니라 전설이라는 사료에 근거를 두면서 새로운 역사학을 시도한다. 즉 야나기타는 기존의 역사가들이 고문서, 즉 『고사기』나 『일본서기』에 의존하고 있는 방법론으로부터 탈피하여 지역을 실제로 조사하는 방식을 취했다. 예컨대 야나기타는 해당 지역 주민들이 이야기하는 설화나 구비의 내용 그 자체가 하나의 사실(史實)이라고 보았다. 야나기타는 다른 사학자가 채택하지 않은 시각에서 기록이나 증거문서를 갖지 못하는 평일본인, 즉 평민의 과거를 알기 위해서 그들이 전승하고 있는 복잡하고 특징적인 설화를 사료로 활용해야 한다고 본 것이다. 연대 측정법처럼 과거로 거슬러 올라가 새로운 사실을 발견하는 방식이 아니라 전설의 밑바탕에 깔려있는 일본인의 정신사의 일면을 찾아내려고 한 것이다.[33]

기타 또한 "오늘날 사학의 진보는 역사라는 것의 의미를 바꾸었다. 옛날사람이 사용한 문자의 용례로 말한다면 사(史)는 바로 지(誌)였고, 그 본래의 의미는 문자로 표기하는 것으로 기록이라는 의미이다. 따라서 기록을 가진 역사가 유사시대이며 그 이전은 사전(史前)시대로

---

30 赤坂憲雄, 『一国民俗学を越えて』, 五柳書院, 2002, p.191.
31 福田アジオ, 『柳田国男の民俗学』, 吉川弘文館, 1992, p.68.
32 喜田貞吉, 「考古学と古代史」, 『喜田貞吉著作集』1, 平凡社, 1980, p.8.
33 赤坂憲雄, 『柳田国男の読み方』, ちくま新書, 1994, pp.60~61.

서 역사가가 다룰 범위의 외부에 있었다. 역사가가 사료로서 다룰 수 있는 것은 문헌기록인데, 문자를 갖지 못한 민족이 가령 문화가 있어도 그것은 역사를 갖지 않은 것이라고 보고 돌아보지 않았다. 그렇지만 문자가 인간사회의 문화 전체가 아닌 이상, 문자가 없던 시대에도 문화는 발달할 수 있다. 종래의 역사가는 주로 문헌적 사료에만 의존하고 있었기 때문에 문헌 없는 시대를 거슬러 올라가 이것을 찾아내는 방법을 알지 못했기 때문에 당연히 연대와 지명과 인명을 밝혀내지 못하면 역사라고 할 수 없다고까지 잘못 생각하고 있었다"[34]며 문자기록을 갖지 못했다 하더라도 문화는 존재할 수 있다고 피력했다.

그리고 기타는 고고학자가 단순하게 유물과 유적을 밝혀내는 것을 목적으로 하지만, 역사학자는 고대인의 생활상태를 알기 위해서 고고학적 자료를 활용하는 역할[35]이 필요하다고 토로했다. 야나기타가 제시하는 구비나 설화, 기타가 제시하는 문자 없는 시대의 고고학적 유물들은 결론적으로 일본의 정신적 '생활사'를 읽어낼 수 있는 사료가 되는 것이었다.

기타와 야나기타의 이러한 사관은 비교적 일관되게 유지되는데, 그 중에서 생활과 문화를 연결해가는 논리적 구조는 매우 중요했다. 야나기타에 의하면 "문화는 이어지는 것이기 때문에 오늘날 존재하는 문화 속에는 전대(前代)의 생활이 포함되어 있다. 문자로 적어서 남긴 것들에 비하면 사료(史料)로서의 가치는 어떻게 다를까. 증거문이라는 것이 정확하다고 말하지만 통례적으로 한번뿐인 사건을 전하고 있

34 　喜田貞吉「日本における史前時代の歴史研究について」, 『喜田貞吉著作集』 1, 平凡社, 1980, p.38.
35 　喜田貞吉, 「考古学と古代史」, 『喜田貞吉著作集』 1, 平凡社, 1980, p.8.

는데 반해, 이쪽은 오늘날 몇 백 명, 몇 천 명이라는 사람들이 하루에도 세 번 다섯 번 또는 같은 계절에도 이곳저곳에서 반복해서 보여주는 현실적 행위인 것이다. 이를 채집하여 종합해보면 그 존재는 더욱더 확실해진다”[36]고 논한다. 기타와 야나기타에게 새로이 등장한 것은 생활과 문화의 연결 방법이었다. 이 두 학자는 고대에 생활의 진상을 알기 위해 필요한 학문으로서 역사학을 고민했다. 문헌중심주의에 탈하면서 실질적인 생활의 발견을 통한 민중/서민의 역사가 단선적인 것이 아니라 복합적이고 기록이 아닌 이야기 속에서 발견해내는 정신사적인 실제성의 역사적인 관점에서 찾으려고 했던 것이다.

　기타와 야나기타가 분석하려고 노력한 것은 역사적 근거로서의 고서로부터 거리를 두는 방식에서 실제 지역을 돌아다니면서 얻어낸 이야기들 속에서 규명하는 방식이었다. 이를 달리 표현하면 ‘외부자’의 시선이라는 방법론이 작동하고 있었던 것이다.

4. ‘역사학’과 ‘민속학’의 경계를 넘어서

　그렇다고 해서 기타와 야나기타가 문헌중심주의를 완전히 극복했다는 의미는 아니다. 기타와 야나기타가 시도한 문헌탈피에 대한 시도

---

[36]　柳田国男, 「郷土研究とは何か」, 『定本柳田国男集』 第25卷, 筑摩書房, 1970, pp. 267~268.

는 두 가지 측면에서 찾아볼 수 있다. 하나는 기존의 인류학이나 고고학계에서 논의되고 있던 코로보쿨과 아이누논쟁을 의식한 '선주민족이 누구인가'이다. 그리고 다른 하나는 『고사기』와 『일본서기』에 제시된 '신무동정'에 대한 해석이었다. 이는 중대한 주제인데, 이 두 가지를 어떻게 해석하고 전개하느냐에 따라 전체적인 결론은 달라진다.

먼저 야나기타는 "현재의 우리 일본국민이 다수 종족의 혼성이라는 것은 실은 아직 완전하게 인증된 것은 아니지만, 이미 그것은 이미 통설이 된 것으로 이를 출발점으로 삼는다"[37]며 일본인의 '혼종성'을 인식하고 있었다. 물론 기타도 "일본민족의 기원을 거슬러 연구해보면 그곳에는 여러 잡다한 이민족의 혼효가 있었음을 부정할 수 없다"[38]며 혼합론을 명백하게 인정하고 있었다. 그런데 문제는 그렇다면 선주민족은 누구인가라는 점이다. 아카사카 노리오(赤坂憲雄)가 지적하듯이 『기기(記紀)』에 나타난 에미시(蝦夷), 구마소(熊襲), 구즈(國樔)라는 이민족은 어떠한 인종인가. 열도의 주민은 아이누인가. 코로보쿨인가. 이러한 일본인종론을 둘러싼 문제에 관해 논쟁이 반복되어 왔다.[39] 앞서 언급했듯이 야나기타는 기타에게 부탁을 받고 처음으로 체계를 세운 「야마비토고(山人考)」를 공표하게 되었다고 했는데, 그것이 바로 기타가 주관한 일본역사지리학회에서였다. 야나기타가 야마비토에 관심을 가진 것은 일본인은 어디에서 왔는가, 원래 일본인은 어떤자들인가라는 일본인 기원론을 해명하려는 원대한 학문적 꿈[40]

37　柳田国男,「山人考」,『定本柳田国男集』第4卷, 筑摩書房, 1982, p.172.

38　喜田貞吉,「「日本民族」とは何ぞや」,『先住民と差別』, 河出書房, 2008, p.24.

39　赤坂憲雄,『山の精神史―柳田国男の発生』, 小学館, 1996, p.260.

에서 출발한 것이다. 야나기타는 야마비토에게서 천황족 정복민이 침입해오기 이전의 선주민(先住民) 즉 원일본인에 관심을 가졌던 것이다. 이러한 야심에서 야나기타가 일본민족의 선주민에 대한 계보를 파악하려는 시도는 1909년의 「덴구이야기(天狗の話)」와 「산민의 생활(山民の生活)」에서도 여실히 나타난다. 즉 야마비토는 레토릭으로서 아이누의 모습이었다. 야나기타는 "일본의 이곳저곳 산 속에는 메이지(明治)인 오늘날이라 하더라도 아직 우리 일본인과는 전혀 인연이 없는 종류의 인류가 살고 있다"[41]라고 밝히듯이, 이것이 야나기타의 야마비토론의 시작이었다.

야나기타는 "이전에 주인이 아이누인가 코로보쿨인가, 구즈는 어떤 인종인가, 이즈모족은 동족인가 이족(異族)인가. 이들은 다른 문제인데, 흔히 말하는 천손종(天孫種)의 토착까지 일본의 산야는 원시인 채로 남아 있었는가하면 나는 그렇다,라고 생각하는데 지금은 증거를 얻을 수가 없다"[42]며 구즈나 아이누에 대한 '이인종'의 분류에 대한 규정보다는 산야에 원시상태를 유지한 자들이 산다는 것에 초점을 두었다. 그리고 1917년 「야마비토고」를 발표하는데 야마비토라는 어원에 대해서 다음과 같이 설명한다.

야마비토라는 말은 기원이 아주 오래다. 내 추측으로는 상고사 상의 구니쓰카미(國津神)가 이분화되어 반쪽은 마을에 내려가 상민과 섞이게 되

40　色川大吉,『柳田国男』, 講談社, 1978, pp.209~210.
41　柳田国男, 「天狗の話」, 『定本柳田国男集』第4卷, 筑摩書房, 1982, p.420.
42　柳田国男, 「山民の生活」, 『定本柳田国男集』第4卷, 筑摩書房, 1982, p.499.

었고, 나머지는 산에 들어가 산에 머무르면서 야마비토라 불리게 되었다고 보는데, 후세에 이르러서는 점차 이 명칭을 사용하는 자가 없어지고 오히려 선(仙)이라는 글자를 야마비토(ヤマビト)라고 훈독했다. 나는 근세시대에 말하는 야마오토코(山男), 야마온나(山女), 야마와로(山童), 야마히메(山姬), 야마타케(山丈), 야마우바(山姥) 등을 총괄하여 야마비토라고 하는 것은 반드시 무리한 판단이 아니라고 본다. 단지 편의상 이 고어(古語)를 부활하여 사용해 본 것이다.[43]

땔감나무와 술을 파는 모습
출처 : 海保嶺夫, 『エゾの歴史』, 講談社, 2006, p.260.

여기서 중요한 것은 구니쓰카미가 분화되어 반쪽은 마을로 내려가 상민과 섞였다는 것과, 나머지는 산으로 들어가 살면서 야마비토라고 불리게 되었다는 점으로 야나기타는 야마비토를 구니쓰카미의 일파라고만 해석한 것이다.

이에 반해 기타는 "야마토 요시노(吉野)의 산중에 구즈(國栖)라는 일종의 이속(異俗) 인민이 있었다. 흔히 말하는 야마비토의 일종으로 사토비토(里人)와는 모양이 달랐던 자"[44]라고 보았다. 기타 역시 마을에 사는 사토비토와 다른 종류로서 산에서 거주하는 구즈를

---

43 柳田国男, 「山人考」, 『定本柳田国男集』第4卷, 筑摩書房, 1982, p.177.
44 喜田貞吉, 「国栖の名義」, 『先住民と差別』, 河出書房, 2008, p.31.

본 것이다. 나아가 기타는 야나기타와 마찬가지로 일본 내지에 존재하는 전설을 분석하여 그 전설 속에 등장하는 야마비토에 대한 이야기를 예로 든다. 즉 "야마오토코, 야마우바(山姥)라고 칭하는 자들이 그것인데, 규슈의 부젠(豊前), 우사(菟狹)에 쓰치쿠모가 있었는데 이들 스스로가 자신을 야마비토라고 해석했다"[45]며 "구마소라는 이름은 (…중략…) 습(襲)은 뒤쪽(背)이라는 설이 있다. 산의 벽지에서 사는 사람을 고마히토(肥人)라고 부르는 것처럼 산의 뒤편에 사는 사람을 구마소"[46]라고 칭한 사실을 인용하며 일본 내부에 이인들을 야마비토와 연결시켰다. 기타는 야나기타보다는 좀 더 구체적으로 이민족들의 정의를 명시했다. 이는 결정적으로 기타와 야나기타의 인식론적 차이에 따른 결과였다. 구체적으로 기타와 야나기타의 논쟁을 보면 그 내적 차이를 알 수 있다. 이 논쟁 중 가장 '차이'를 명확하게 드러낸 것이 가우고이시(神籠石) 논쟁이다.

앞서 언급했듯이 기타가 가우고이시는 신령이 깃든 암석이라고 주장하는 것에 대해 야나기타는 『샤쿠지문답(石神問答)』에서 비판한다. 즉 "가우고이시(カウゴ石)는 대체적으로 고립적인 기석(奇石)의 이름이다. 라이잔(雷山) 기슭의 고바코이시(香合石)와 마찬가지로 기타가 이를 이와사카(磐境)의 명칭에서 온 것이라고 하는 것은 억지"[47]라는 것이다. 가우고이시에 대한 야나기타의 입장은 기타가 주장하듯이[48] 영

---

45 喜田貞吉「倭人考」,『喜田貞吉著作集』第8卷, 平凡社, 1979, p.178.

46 喜田貞吉「倭人考」, 상게서, p.178.

47 柳田国男,「喜田貞吉樣(侍史)」,『定本柳田国男集』第12卷, 筑摩書房, 1982, p.67.

48 喜田貞吉,「神籠石と磐境」,『喜田貞吉著作集』1, 平凡社, 1981, pp.412~413. 야나기타 군의 이러한 설은 경청할만한 것이 있다. (…중략…) 그러나 야나기타의 견해에 동의할 수 없게

적인 세계를 나타내는 것인지 아닌지에 대한 비판이 아니라, 일부 자료를 가지고 전체를 파악한다는 점에서 기타를 비판한 것이다. 다시 말해서 사물의 정확한 의미나 명명에 대한 비판이 아니라 학문의 방법론에 대한 비판인 것이다.

야나기타는 "중앙부의 문화로부터 우연히 고립되고 이전의 신앙상태의 일부분을 보존하는 각 지방의 습속에 대해 약간의 비교도 고려도 없고 함부로 억측판단을 내리는 것은 약간의 지도력을 가진 사람에게는 특히 우리들에게는 견디기 어려운 고통이다"[49]라며 신랄하게 비판한다. 야나기타의 입장에서 보면 기타가 하나의 지역을 조사한 후 그것만을 가지고 기존의 문헌과 연결하여 해석하는 것은 무리한 것이며, 억측에 가깝다고 본 것이다.

야나기타의 입장에서는 "세상이 변하면 고전 전부를 믿을 수 없게 된다. 또한 믿을 필요도 없다. 그곳에서 선택이 이루어지고 전설은 파편이 되기 쉽다. 전설은 변해버린다. 다시 말해서 믿고 싶은 마음 쪽이 선행되어 믿고 싶은 사항은 누누이 나중에 오는 것이다. 그 결과로서 우리들의 전설 숫자는 몇 만 개라 해도 대체적으로 각 지역이 공통적으로, 하나의 지방마다 그것을 정리하여 상대의 신화에 복원해보는 것"[50]은 아니라고 본 것이다.

되었다. (…중략…) 내가 아는 한 라이잔(雷山)의 고바코이시(좀슴石) 그 문자가 말해주는 것처럼 고바코(좀슴)라고 드러내는 것을 보면 혹은 가와고(革籠)라고 말하는 것도 그 이외의 것은 가와고(革籠)라는 것은 알지 못한다. 실제 그 지역에서 들어보면 어느 특수한 자연 암석을 가지고 신령시하고 이것을 숭경하는 것 등 고금을 통해 우리나라의 습속이 되었다.

49　柳田国男,「人形とオシラ神」,『定本柳田国男集』第12卷, 筑摩書房, 1982, p.327.

50　柳田国男,「東北と郷土研究」,『定本柳田国男集』第25卷, 筑摩書房, 1970, p.492.

반면 기타의 입장에서는 실지조사와 고고학적 자료들을 통해 문헌이 보여주는 내용을 검증하는 것이 중요했던 것이다. 기타는 문헌중심주의의 탈피를 주장하면서 고고학과 인류학을 연결시켜 새로운 역사학을 구축하려 했지만 문헌과 연결하여 검증해야 한다는 논리로부터 벗어나지 못했다. 이러한 의미에서 기타와 야나기타는 서로 결별하게 된다. 이러한 결별이.이루어진 것은 야나기타의 경우 지방에서 얻어낸 사료들을 통해 일본 내부에 존재하는 이민족, 즉 야마비토를 연구했는데 그 방법론은 『노치카리노코토바노키(後狩詞記)』의 서문에서 밝히고 있듯이 "고금은 직립된 하나의 막대기와 같은 것이 아니라 산지를 향해 이를 옆으로 누인 것 같은 것이 역사이다"[51]라는 직선상의 개념이 아니라 횡단면이라는 표현으로 이어갔다. 기타는 역사적 일본민족이 형성되는 이론을 이민족의 동화와 융합과정에서 성립한 것이며 직선적인 일본민족이 성립되었다는 일본민족 형성사의 골자를 이루게 된다.[52]

야나기타의 횡단면이론과 기타의 직선적 동화이론은 일본내부의 이민족문제를 해결하고 신무동정에 대해 각각 다른 해석으로 이어진다. 먼저 야나기타는 『기기』를 신중하게 검토하여 천황가의 조상이라는 「아마쓰카미(天つ神)」가 외래의 정복민족이며 선주민은 구니쓰카미라고 보았다. 규슈에서는 이들을 쓰치쿠모라든가 구즈라 부르고 도호쿠지방에서는 에미시라고 불렀다. 이에 대해 이로카와 다이키치

---

51 柳田国男, 「後狩詞記」, 『定本柳田国男集』 第27卷, 筑摩書房, 1970, p.8. 원문을 보면 "思ふに古今は直立する一つの棒ではなくて山地に向けて之を横に寝かしたやうなのが我国のさまである"라고 표현한다.

52 上田正昭, 「解説」, 『喜田貞吉著作集』 第8卷, 平凡社, 1979, p.422.

(色川大吉)가 지적하듯이 야나기타는 이민족들의 동화를 게코천황(景行天皇)시기로 6개의 소멸코스를 말했다. 즉 "원일본인인 야마비토는 첫째, 귀조(歸朝) 조공에 의한 동화의 길. 둘째, 전사. 셋째, 자연적인 자손의 단절. 넷째, 신앙계를 통한 신래(新來)의 농민을 역으로 정복하여 그들을 병합한 것. 다섯째, 오랜 세월을 거쳐 사람들이 모르는 사이에 토착하여 혼효된 것. 여섯째, 옛 상태를 보존하여 마을로 내려와 정주민이 되지 않고 퇴화하여 산중에서 표박하던 자들"[53]로 나누었다.

물론 야나기타는 야마비토의 절멸시기가 역사상 어느 시기라고 정확히 제시하고 있지 않다. 그러나 그것이 선사시대에 속하는 것이 아니라, 국가형성이후 역사시대에 속하는 것이라고 생각하고 있었던 것은 귀순(歸順) 조공에 의한 정치적 관계를 전제로 하고 절멸과정을 생각하고 있었음이 분명하다. 그리고 야나기타는 그들의 일부가 현재의 여러 가지 전설이나 구비에 의해 추정가능하다고 생각하고 있었다. 야마비토에 대한 견해에서 더욱 주목할 만한 것은 야마비토를 독특한 문화를 담당하는 주체로 보고, 그 독특한 문화가 확실하게 잔존할뿐만 아니라 평지의 주민에게도 영향을 주었다고 보는 점이다. 특히 앞서 언급한 산민의 생활 중 일절에서도 보이듯이 화전경작과 관련된 습속에서 도출하고 있는 점은 달랐다.[54]

야나기타는 앞서 언급한 것처럼 일본인이 단일계통 민족이 아니라는 것을 버리진 않지만, 일본열도에는 새로운 민족이 도착하기 이전

---

53 色川大吉, 『柳田国男』, 講談社, 1978, p.210.

54 橘川俊忠, 「柳田国男におけるナショナリズムの問題」, 『神奈川法学』 第19卷　第1号, 神奈川大学法学会, 1983, p.30.

에 수렵을 주로 하던 선주민이 있었고, 그 선주민이 점차로 추출되어 사멸하거나 정복당했는데, 대부분은 산속으로 도망치기도 했지만 결국은 마을로 내려가 상민과 혼융했고 나머지는 산에 남아 야마비토가 되었다는 것이다.

우리들		그들
평지인	산민	야마비토
평지	산중(山中)	심산(深山)
정주	정주	표박
도작	수렵(도작)	채집
일본인		이족(異族)

표5 赤坂憲雄, 『山の精神史-柳田國男の發生』, 小學館, 1996, p.292.

야나기타가 나라(奈良) 조정시기까지 야마비토와 상민의 융합이 끝났다고 보는 견해는 기타도 마찬가지였다. 기타는 "나라시대와 헤이안시대에 오우(奧羽)지방까지 세력을 가졌던 에미시들이 후세에 전통이 끊기게 된 것은 결코 정벌에 의해 절멸해버린 것이 아니라 그들이 이 땅에서 일본민족에게 동화되거나 내지의 여러 곳에 이주하여 융합된 것"[55]이라고 주장했다. 이처럼 결과적으로 내지인과 융합하거나 이주된 이인종, 즉 에미시는 일부분이 홋카이도로 건너가기는 했으나, 일본민족으로 동화되고 융합되어 언제부터인가 내지주민과의 차이성을 발견하지 못할 정도로 일본인이 되었다고 보았다.[56]

여기서 중요한 것은 야나기타가 구니쓰카미가 둘로 나누어 대부분

55　喜田貞吉, 「奈良朝に於ける我が国家の發展気分を論ず」, 『史学文学論集』岩波書店, 1935, p.6.
56　喜田貞吉, 「九州の古代民族について」, 『喜田貞吉全集』第8卷, 平凡社, 1979, p.143.

마을로 내려가 상민(常民)과 혼용했다고 논한다는 부분이다. 야나기타는 평지인인 상민 야마비토와 상민의 융합으로 이루어졌다고 하는 견해는 선주민(조몽인)과 도작민(야요이인)이 복합이론으로 서술방식은 다르지만 기타가 보는 혼합이론이나 복합개념과 일치했다. 이처럼 이인종의 일본 내부 혼합론을 『고사기』에 나타난 신무동정 이론의 관계에서 보면 야나기타와 기타의 이론은 별반 차이가 없어 보인다. 그러나 도출된 결론은 각기 달랐다. 야나기타의 경우는 도작민, 즉 야요이 계통의 이주양상을 단선적이고 정복적인 동쪽 정벌 북상설을 재검토하는 입장으로 나아갔고, 평화적인 이주론을 제시하게 된다. 이주논리의 전환이 일어난 것이다. 야나기타의 인식 속에는 신무동정이 선주민에 대한 압박이나 정복적인 것이 아니라 평화적 복속 시점이 강조되어 간다는 점이다.

야나기타가 "화전(燒畑)이야기와 관련하여 흥미로운 연구제목이라고 생각하는 것은 이와 같은 토지이용법이 과연 우리 야마토민족의 도래에 의해 시작되었는가 그렇지 않은가에 있다. (…중략…) 가령 이전 거주자도 화전을 만들었다고 해도 이는 우리들의 조상이 배웠다고는 생각하지 않는다. 의심할 여지없이 조상은 어딘가의 산국(山國)에서 온 사람이기 때문에 옛날부터 산지이용법을 잘 알고 있었을 것이다. 화전을 만들고 의식(衣食)을 영위한다는 것이 결코 야마토민족의 특성이라고 말할 수 있는 것은 아니다. 그렇다면 그 신참(新參)의 우리들 조상이 생활의 흔적은 어떤 점에서 찾을 수 있는가 하면 나는 그것은 벼 재배 경작에서라고 답하고 싶다. 이것도 일종의 가설인데 차후에 반증이 나오지 않으리라고는 볼 수 없지만, 지금은 우선 이 가정 하에 산민의 생활에 대해 이야기하고 싶다"[57]며 야마비토를 이야기하지만, 화전농경을 경영한 것을 상정하면서 벼농사를 짓고 정착한 상민과의 연결을 야마비토 바깥으로 확정지으며 새로운 시각을 갖게 된다.

다시 말해서 상민과 야마비토라는 이분법을 통해 야마비토가 주변이고 상민이 중앙이었다면 이러한 이분법 속에서 야마비토만 보았는데, 이제는 야마비토의 대비자이지만 야마비토의 화전 경작과 평지인의 농업경영이 횡단적으로 나누워져 있고 동화와 융화가 일어난 것을 통해 야마비토의 외부인 상민에게로 대상을 바꾸는 내적인식론이 자리바꿈한다.

즉 야나기타는 표박(漂泊)이나 이주의 시점이 쇠퇴하고 정착농경민을 강조하면서 기존 역사관에서 탈피한 것이다. 가게야마 마사미(影山正美)가 날카롭게 지적하듯이 "야나기타의 상민사관이 황국사관과 대치한 것은 황국적인 동정(東征)사관의 부정위에서 성립되었다고 말할 수 있지 않을까. 그 결과 도작의 경영조직이며 이주집단이 군당(群党)조직, 즉 이에(家)를 조직하는 상민사가 도출된 것"[58]이었다. 그러니까 야나기타는 기존의 역사서인 『기기』 신화에 나오는 신무동정 이론에서 거리를 두고 아니 부정함으로써 전혀 새로운 역사학의 이론적 시험장으로 빠져나오게 되었다.

반면 기타는 동화에 의한 혼혈성을 강조하면서 천손민족에 중점을 두고 있었다. 즉 기타는 모두가 일본인으로 동화되어 구별이 어렵게

---

57 柳田国男, 「山民の生活」, 『定本柳田国男集』 第4卷, 筑摩書房, 1982, p.499.
58 影山正美, 「稲作民,あるいは日本人としての先住民の「発見」」, 『柳田国男・主題としての「日本」』, 梟社, 2009, p.153.

되었고, 모두 천손민족에게 융합되었기 때문에 어떤 의미에서는 전부 천손민족이 된 것[59]이라는 견해에서 빠져나오지를 못했다.

그러한 의미에서 기타는 기존의 역사적 뿌리인 천손민족의 이론을 재차 답습하는 것에 머물고 있었다. 즉 "진무천황의 동정에 의해 우선 야마토의 모노노베(物部) 씨는 충성을 약속했다. 아메노호히노미코토(天穗日命)의 후에 나타난 이즈모히메(出雲姫)도 이즈모건국의 이름으로 야마토타케노미코토(日本武尊)에게 정복당했다. 다른 토인 대부분의 나라도 점차 천황의 위엄아래 복종했다. 이리하여 선주 토인의 동화는 해를 거듭할수록 유감없이 발휘되고 외래의 귀화인까지 이에 융합되어 일본제국은 점점 발달했다"[60]는 결론에 다다른다.

기타는 『기기』 신화를 순수하게 믿는 문헌중심주의의 이론으로 회귀한 것이다. 그렇지만 야나기타는 문헌중심주에 대한 비판을 끝까지 고수하면서 문헌중심주의 맥락에서 탈피하며 새로운 이론세계로 나아갔지만, 기타는 지극히 기존의 역사가 맥락을 재생산하는데 그치는 한계를 지녔다. 그러나 이전의 문헌중심주의 역사가와는 또 다른 입장의 문헌중심주의 입장이었다.

---

59 喜田貞吉, 「日本民族槪論」, 『喜田貞吉著作集』 第8卷, 平凡社, 1979, p.33.
60 喜田貞吉, 「日本民族槪論」, 상게서, p.51.

5. 지방과 국가의 경계 넘기와 제국의 텍스트

흔히 '야나기타 민속학'이라고 일컬어지는데 이렇게 야나기타를 민속학자라고 부르는 것은 실제 전후(戰後)의 일이다. 야나기타 자신은 '민속학'이라는 용어를 사용하지 않고 '민간학'이라는 호칭을 사용했다. 현재적 의미에서 전승이나 구비, 민간신앙 등이 민속학의 범주에 속하는 것이기 때문에 민속학이라고 인정한 것이다.

그렇지만 야나기타가 민속학에 대한 관심이 확대되는 과정에서 찾아낸 것은 일본지역에서 등한시되고 제대로 인정받지 못했던 주제들을 수집하는 것에서 비롯되었다. 이러한 의미에서 야나기타 민속학은 아카사카 노리오(赤坂憲雄)가 지적하듯이 그 탄생부터 이미 로컬(지역)성을 숙명처럼 짊어지게 되었다고 할 수 있다. 지역을 모태로 하여 말 그대로 지역에서 스스로가 발신한다는 의미에서 '스스로의 아이덴티티' 찾기이기도 하며 하나의 지역학이었다.[61]

야나기타가 기존의 문헌중심주의로부터 탈피하여 새로운 출발로 삼은 것은 각각의 지역에 매몰된 역사나 민속을 하나하나 찾아가는 과정이었다. 이처럼 지역을 조사하고 그것들을 비교하거나 종합하면서 중첩시켜나가다 보면 넓게는 일본전체가 드러난다는 것이다. 그런데 문제는 비교방법론을 활용한다는 입장이었지만 일본 내부에서의 지역비교에 그치고 말았다. 결과적으로 야나기타는 하나의 일본

61　赤坂憲雄, 『一国民俗学を越えて』, 五柳書院, 2002, p.272.

을 상정하면서 그 윤곽을 확정해갔다. 비교의 시선도 일본내부의 동서남북에 걸친 지역의 일치성이나 공통성을 찾아내는 방식을 취했다.[62] 야나기타가 앞서 언급한 것처럼 막연한 윤곽으로서 역사의 횡단면을 제시했는데, 예를 들면 1927년 『인류학잡지』(42권)에 「가규고(蝸牛考)」를 발표하면서 제시한 방언주권론(方言周圈論)은 야나기타의 장래를 결정지었다. 야나기타가 전국각지에서 가규(蝸考)를 표현하는 방언을 수집하고 분류하여 일본전국의 분포도를 작성했다.[63]

그런데 이러한 야나기타의 시점은 내적 모순을 초래했다. 즉 지방의 특징을 조사하고 그것을 역사의 횡단면들의 중첩으로 본다는 시선은 먼 지방에 떨어져 있거나 교류가 없는 지역이지만 공통적인 일치성이 보인다는 것이다. 이것은 결국 그 근원이 일치하는 것이며 원래는 하나였던 민족이 시대적으로 나뉘어지면서 각각의 지역에서 생성한 자신들의 지방색으로 나타나고 발전했기 때문에 달라보인다고 보았다.

야나기타가 장소의 관계성에 관심을 가졌고 장소의 변화를 인정하면서도 다양성을 포착하기보다는 중앙에서 퍼져나간 균질한 무엇인가의 공통점을 하나로 연결고리를 찾아낸 것에 불과했다. 그것은 바

---

62 赤坂憲雄, 상게서, pp.272~273.

63 柳田国男, 「蝸牛考」, 『定本柳田国男集』 第18卷, 筑摩書房, 1969, p.3. 그 구체적인 내용은 21~23쪽에 걸쳐 설명하고 있는데, 가규(蝸考)의 방언을 크게 5가지로 분류했다. 그 분포는 긴키지방에 가까운 안쪽에 데데무시(デデムシ) 그 바깥쪽에 마이마이(マイマイ) 그 외부에 가타쓰무리(カタツムリ) 그리고 쓰부리(ツブリ)가 되고, 가장 바깥쪽은 가규(蝸考, かぎゅう)를 나메쿠지(ナメクジ)라고 부르는 토지가 있는 것을 제시했다. 가규를 표현하는 말은 나메쿠지(ナメクジ), 쓰부리(ツブリ), 다타쓰무리(カタツムリ), 마이마이(マイマイ), 덴덴무시(デデムシ)로 변천되었다고 보았다.

로 균질성을 발견하기 위한 '다양성의 참조'라는 방법이라고도 볼 수 있는데, 이때 야나기타는 중앙끼리의 차이나 지방끼리의 차이를 배제했음을 의식하지 못했던 것이다.

특히 야나기타는 '방언주권론'을 응용했다. 후쿠다 아지오(福田アジオ)가 지적하듯이 야나기타는 각각의 지역적 특성요소들을 조합하여 유형화한 다음 그 요소들 속에서 본질요소와 파생요소를 설정하여 본질요소를 포함하고 있는 유형이 고대의 원형이라고 보았다.[64] 야나기타의 이러한 시선 속에서 지방의 주체성은 상정되지 않고 오히려 중앙에서 지방으로 파생된다는 일방적 이론을 대입한 것이 문제였다. 앞에서 제시한 것처럼 본래 야나기타가 중앙의 역사를 밝히기 위해 지방조사를 한 것은 아니었다. 야나기타 자신이 강조한 것처럼 지방의 역사 없는 주민 스스로의 역사를 밝히려고 한 것이었다.[65] 그렇지만 어느 사이엔가 야나기타에게는 그러한 간극이 사라지고 있었다.

한편 기타 역시 일본 내부의 지역적 차이에 대해 해석하는 경우 중층성의 문제를 제기했다. 다시 말해서 기타는 야나기타와 마찬가지로 주위 지역과의 비교연구법을 사용했지만 지역의 중첩문제를 해결하려고 했다. 약간 분야가 다르지만 기타는 고고학을 역사학의 보조과학으로서 중요시했는데,[66] 이때 고고학계에서 발견되는 유물이나 유적 등을 통해 지역의 차이와 연결성을 민족의 연혁과 연결하여 파악하고자 했다.[67]

---

64 福田アジオ,『柳田国男の民俗学』, 吉川弘文館, 1992, p.69.

65 柳田国男,「郷土研究とは何か」,『定本柳田国男集』第25卷, 筑摩書房, 1970, pp.267~268.

66 喜田貞吉,「考古学と古代史」,『喜田貞吉著作集』1, 平凡社, 1980, p.5; 喜田貞吉,「日本における史前時代の歴史研究について」,『喜田貞吉著作集』1, 平凡社, 1980, p.43.

기타는 조몽시기와 야요이시기를 단선적으로 이동하거나 변용된다는 직선적 시간의 변이를 한층 더 깊이 파고들어간다. 물론 당시의 고고학 분야의 하마다 고사쿠(濱田耕作)나 도리이 류조(鳥居龍藏)의 연관관계에서 자유롭지 않은 인식론적 성향이었지만, 기타는 자신만의 시점으로 지역 차이에도 불구하고 동일한 유물이 발견되는 것에 대한 해석을 전개했다. 예컨대 기타는 조몽식토기를 예로 들면서 그 조몽식토기가 종료되고 야요이토기시대가 열린다고 상정하는 학자들에게 조몽식토기의 종말 시기를 일본내부의 각 지방마다 차이가 없고 동일하다고 보는 시점에 대해 비판했다.

기타는 조몽식토기와 함께 헤이안시대 말기의 유물인 송전(宋錢)이 출토된[68] 것과 가메가오카식(龜ヶ岡式)토기가 추부(中部)지방과 긴키지방에서 발견되는 이유에 관심을 가졌다. 즉 기타는 도호쿠 오우(奧羽)지방 토기의 영향을 받았다는 것에 대해 비판했고, 오히려 반대로 오우에 그 형식이 이입되어 오우지방에서 독자적으로 발달한 것이라고 보았다. 특히 기타는 서로 다른 장소에서 발견되는 원형이 동일한 유물의 잔류는 지역적으로 동일한 시기에 시작되거나 종료되는 것이 아니라, 시간의 경과와 그 지방의 환경에 의해 커다란 변용을 겪는다는 것을 주장했다.

즉 기타는 중앙과 지방의 기층적 공통성을 인정하지만 아무리 변

---

67 喜田貞吉, 「遺物・遺跡と歷史研究」, 『喜田貞吉著作集』 1, 平凡社, 1980, p.30.

68 斎藤忠, 「学史上における喜田貞吉の業績」, 『日本考古学選集』 8, 築地書館, 1972, p.14; 喜田貞吉, 「日本石器時代の終末期に就いて」, 『日本考古学選集』 8, 築地書館, 1972, p.14. 원문을 살펴보면 "縄文式時代の終末期を各地方大差なしとする論者の立場から之を観れば, 縄文式土器と伴って平安朝末期の遺物たる宋錢が出土したと言へば, それは勿論怪しいものであろう"라고 표현되어 있다.

경이라 하더라도 변경지역에 농후하게 남아있는 자료를 보면, 그것의 영향관계가 어느 한쪽의 일방적인 것[69]이 아니라 상호성 속에서 그 지방의 아이덴티티를 확인할 수 있다고 본 것이다.

물론 야나기타의 입장을 더욱 구체적으로 예로들면 야나기타 또한 지방적 색채를 무시하고 일방적으로 중앙에서 지방으로라는 시선은 아니었다. 야나기타 또한 지방에서 중앙으로라는 역시선을 존중하고 있었다. 즉 앞에서 기술한 것처럼 야나기타의 시선 속에도 "지역마다 차이가 있고 경우에 따른 차이는 변천과정을 보여주는 것"[70]임을 상정하고 있었다. 그러나 야나기타가 상정한 지역마다의 차이성은 다시 하나의 주제에 의해 그 차이성을 상실해간다. 그 과정을 보면 야나기타가 처음에 주목한 이민족과의 결별에서 그 핵심적 원인을 찾아낼 수가 있다. 물론 이러한 지적을 야나기타의 사상적 전회, 즉 야마비토와의 결별을 이야기하는 다이쇼(大正)말기에서 쇼와(昭和)초기를 상정하기도 한다. 야나기타는 쇼와시기에 들어가면서는 야마비토 계보가 끊어지게 된다.[71] 야나기타가 야마비토나 피차별민을 버리고 단절선을 긋게 되는데 그것은 도작민의 발견으로 본격화된다.

야나기타가 채택한 것은 '상민'의 발견이었다. 이로카와 다이키치(色川大吉)가 지적하듯이 야나기타의 상민개념의 형성에는 3단계가

69　喜田貞吉, 「日本石器時代の終末期に就いて」, 『日本考古学選集』 8, 築地書館, 1972, p.18. 기타는 결과적으로 "갑이라는 형식에서 을이라는 형식으로 천이(遷移)하는 경우도 물론 있고, 혹은 차이가 나지만 때로는 갑의 형식에서 병의 형식이 발생하기도 한다. 또한 양자가 접촉에 의해 그 중간인 을의 형식이 생긴다는 것도 생각해볼 수 있다. 또한 앞의 형식이 뒷 시대 형식과 함께 병행되는 경우도 있다고 생각할 수 있다"고 말했다.

70　福田アジオ, 『柳田国男の民俗学』 吉川弘文館, 1992, p.71.

71　赤坂憲雄, 『一国民俗学を越えて』, 五柳書院, 2002, p.101.

있다. 야마비토, 상인(常人), 서민, 평민 등의 요소가 섞여 있었고 그 혼돈 속에서 점차 상민으로서의 의미를 형성해갔다는 것이다. 즉 이때의 상민은 야마비토가 아니라 사토비토라는 것, 그리고 표박민이 아니라 정주민이라는 것, 특권신분에 속하지 않는 민인(民人)이라는 것, 그리고 점차로 민중 속에 지속적이고 항상적인 것을 유지하는 자라는 것에 중점을 두었다.[72]

야나기타 구니오가 상정한 야마비토와 산민, 그리고 평지인
출처 : 赤坂憲雄, 『山の精神史-柳田国男の発生』, 小学館, 1996, p.331.

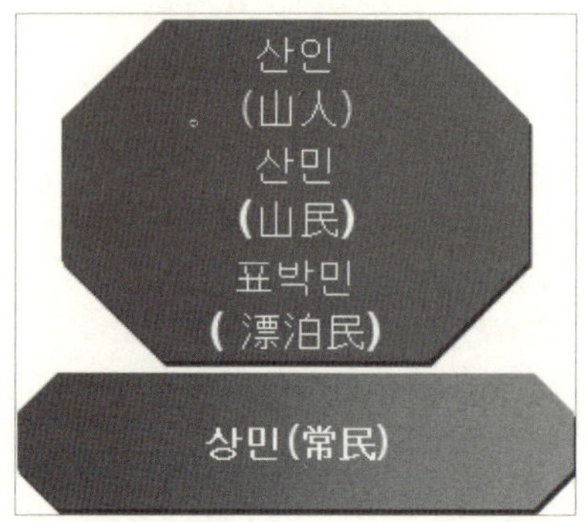

야나기타 구니오가 상정한 야마비토와 산민, 그리고 상민(메이지기 이후 다이쇼기의 상민 상)
출처 : 赤坂憲雄, 『山の精神史-柳田国男の発生』, 小学館, 1996, p.337.

한편 기타는 일본내부에 존재하는 이민족들의 차이와 구별이, 민족적으로 다르기 때문이라는 본질적인 문제를 떠나 단순한 경우상의 문제라는 시각[73]을 제시한다. 이 경우상의 문제를 해석하는 논리는

---

[72] 色川大吉, 『柳田国男』, 講談社, 1978, pp.35~38. 구체적으로 야나기타는 야마비토 탐구를 포기한 후 새롭게 야마비토와 같은 종족인 선주민을 동화한 도작민(稲作民)에게서 민간전승의 가장 항상적(恒常的)인 모태를 발견했다. 그는 그것을 협의의 상민이라고 해석했는데 더 나아가 그 내용을 확장하여 쌀을 농사짓지 않더라도 쌀을 먹고 하나의 지역에서 정주하는 어민이나 직인(職人)층도 상민에 포함시켰다. 거기서 상민은 도작에 종사하는 야요이인 뿐만 아니라 그것에 귀순하고 융화한 선주민으로서의 조몽인도 포함한 복합개념이었다.

기타가 매우 중시한 개념 중의 하나였다. 기타의 입장에서는 지역적 차이나 중층성을 통해 시대적 변이에 대한 상호영향관계를 설명하면서 이민족끼리의 혼합논리를 설명하는데 이를 사용한다. 이나베(猪名部)의 유파에 대한 구체적 설명이나 사에키베(佐伯部)에 대한 설명은 결국 선주인 에미시[74]로 귀결된다.

기타는 마지막까지 이인종에 대한 관심을 저버리지 않았다. 그렇지만 결론은 지방적 차이를 지우는 작업으로 제시한 것이 예를 들면 오우지방까지 구축된 에미시의 결말을 "그들은 결코 절멸한 것이 아니라 그 지역에 머물면서 일본민족이 되었다"[75]고 주장한다.

결과적으로 기타는 "내가 말하는 특수민이란 세간에서 아래로 보는 직업으로 인정되는 잡다한 특수한 직업으로서 상민과는 구별되는 개괄적인 명칭이다. 그들은 나중에 상민과 동일한 직업에 종사하게 되지만 인습이 남아있어, 상민과는 차이를 가진 자라고 소외되기도 했다"[76]고 보고 결론은 일본민족에게 아이누의 피가 섞이는 과정을 명쾌하게 제시한다. 경우상 상민과의 차이를 갖게 되지만 그들이 일본민족이 되어가는 과정, 즉 피의 혼용에 중점을 두는 기술방식이었다. 이때 기타에게도 야나기타와 마찬가지로 에미시들끼리와 상민들 사이의 차이성은 삭제되고 배제되었다.[77]

---

73 1919년 창간된 기타의 개인잡지에 「도사베고(土師部考)」를 1921년의 『민족과 역사(民族と歷史)』에 게재했다. 上田正昭, 『古代学とその周辺』, 人文書院, 1991, p.199.

74 喜田貞吉, 「猪名部と佐伯部」, 『喜田貞吉著作集』 第8卷, 平凡社, 1979, pp.257~259.

75 喜田貞吉, 『齋東史話』, 立命館出版部, 1935, p.90.

76 喜田貞吉, 「土師部考」, 『喜田貞吉著作集』 第8卷, 平凡社, 1979, p.285.

77 喜田貞吉, 『齋東史話』, 立命館出版部, 1935, p.124. 석기시대 이래 아이누계통의 주민이 살던 그대로 일본민족에게 병합되어, 지방적으로 그 피가 유전되었다는 것이다. 또 하나는

야나기타가 민족아이덴티티의 문제로서 연구를 실천해갈 때 대상
으로 삼은 것은 일본인의 생활 속에 공통적인 관습이 존재한다는 것
을 찾아낸 것이다. 그것을 시야에 넣고 제사의 형식을 규명했다.[78]
1941년 야나기타의 「민속이야기(民俗の話)」 속에는 이러한 인식이 명
확히 드러난다.

궁중의 제사는 마을의 제사와 매우 닮았다. 여러 가지 번거로운 의식이
있기도 하고 다르기도 하지만 궁중의 제사와 마을의 작은 신사의 제사와
는 닮았다. 이것이 원래 진정하게 일본은 가족의 연장이 국가가 되었다는
기분이 든다. 민간의 연말행사라든가 수확에 대한 감사의 제사라든가 자
연에 대한 제사라는 것을 궁중과 동일하게 행하고 있는 것을 보면, 민간
에 사는 자들이 행하는 것임을 알 수 있는 기회는 많지만 천자님(天子様)
에게까지 알게 된 시대가 왔다는 것은 정말 기쁘고 감사한 것이라고 생각
한다.[79]

야나기타는 극단적으로 지역 촌락들의 작은 신사에서 치러지는 제
사와 궁중의 제사가 매우 흡사하다는 점을 찾아내고 그것에서 핵심

우리 국가가 성립된 이래 에미시 지역으로 발전하여 그 지역을 개발할 때, 선주의 에미시
를 내지의 이곳저곳에 이주시켰는데, 점차로 이들이 자신들의 유래를 잊고 모두가 일본민
족으로 융합·동화했다는 것이다. 다른 하나는 앞에서 언급한 것처럼 나중에까지도 에조
치로 남은 오우지방의 원주민이 그대로 에조치에 진출한 일본민족에게 동화되어 그 유래
를 잊게 된 것이라는 것이다. 이 3개의 길을 거치면서 많은 아이누의 피가 우리 일본민족
속으로 혼입되게 된 것이다.

78 橘川俊忠, 「柳田国男におけるナショナリズムの問題」, 『神奈川法学』 第19巻 第1号, 神奈川大
    学法学会, 1983, p.47.

79 柳田国男, 「民俗学の話」, 『定本柳田国男集』 第24巻, 筑摩書房, 1970, p.503.

적인 공통분모를 제시했던 것이다. 지역에 따라 제사양상이 다르다거나 차이성을 소거하면서 다름을 발견하기보다는 공통성을 거듭 상기시키는 방식으로 중앙과 지방을 연결시켰다. 이러한 시점은 결국 중앙과 거리를 둔 지방으로서의 독창성을 담보하기보다는 공간적 유기체로서 작동된 국가공동체로 묶어냈다. 이러한 시선은 다시 일본의 중앙부에서 가장 멀리 떨어진 오키나와(沖縄)를 일본국가의 원형이라고 상정하기에 이른다. 중앙인 긴키지방은 동서와 남북으로 대칭된 원거리 지점에 동일한 제사양식이 전승되고 있다고 보고 중앙에서의 거리차이가 문제되지 않음을 제시했다.

이러한 새로운 의미를 가진 장소차이의 경계를 공통성을 통해 소거하면서 국가를 하나의 커다란 개체로 정착시켰다.[80] 야나기타는 지역의 이질성을 전제로 하면서도 일본 영토 내부라는 공동체 판도 내부의 공통성을 점쳤던 것이다. 역사와 지방을 국가의 피구속성물로 해석하는 방법으로 일본이라는 국가를 구상한 것이다. 그것은 곧 천황도 보통생활을 지내는 사람들과 마찬가지이며 일본 내부 전체가 일본인이라는 것을 전제로 하여 일본인의 역사를 밝혀내려 한 것이다.[81]

야나기타에게는 일국으로 환원되는 '제사양식'만이 존재했고 영토와 국민을 이어주는 제사 양식만을 내걸면서 영토주의적 담론에 빠지게 된다. 이와모토 미치야(岩本通弥)에 의하면 야나기타의 일국민속학은 야나기타의 내셔널리즘적인 의식의 산물이기도 하지만[82] 중앙

---

80 柳田国男,「青年と学問」,『柳田国男全集』第25巻, 筑摩書房, 1970, p.218.

81 福田アジオ,『柳田国男の民俗学』, 吉川弘文館, 1992, p.53.

82 柳田国男,「民俗学の話」,『定本柳田国男集』第24巻, 筑摩書房, 1970, p.503.

의 사회·문화적 통합 즉 문화의 정치성을 답습하면서 중앙도시의 통치영역내의 문명사=국민생활지의 성격[83]에 갇힌 것이다.

야나기타가 그리려고 한 거대서사의 논리 속에 존재했던 이민족에 대한 시선이나 지방의 시각은 일본인의 민족적 아이덴티티를 극단적으로 유일무이한 개념으로 재생시켰다. 흔히 거론되는 '일국민속학'의 완성이었고 그것은 민족의 자연적 일치성과 시간의 고금을 연결하는 종속적 통일이라는 코드로 거대서사인 일본판 일국텍스트를 복원한 것이다. 이러한 맥락에서 야나기타는 천황가의 지배적 지위를 영원화하려는 이데올로기로서의 성격을 불식시키지 못했고 천황제의 강권적 지배확대에 대항하는 사상적 강인함을 갖지 못했던 것이다.[84]

앞에서 언급한 것처럼 기타는 1913년 4월 야나기타가 주재하는 『향토연구』(제1권 제2호)에 진인(秦人)과 동탁과의 관련을 언급하는 논고를 실었다. 그 후 1917년에 「진인고(秦人考)」를 발표했는데 이는 일본 내부의 이분자 유입에 대한 해석을 전개한 것이다. 물론 우에다 마사아키(上田正昭)가 지적하듯이 진인을 한(漢)민족이라고 보는 그의 견해가 틀렸음이 드러났지만 도래 집단과 그 문화를 둘러싼 연구사에 의문을 던졌고 당시의 조선·중국·일본의 관계를 둘러싼 중대한 논고였다.[85] 다시 말해서 기타는 일본 내부의 이민족들의 동화와 융합을 규정해냈고, 다시 일본 외부의 주변부로 눈을 돌렸다. 이는 한마디로 말해서 조선과 중국에 대한 기타의 시선이었다.

---

83 岩本通弥, 「「民族」の認識と日本民俗学の形成―柳田国男の「自民族」理解の推移」, 『近代日本の他者像と自画像』, 柏書房, 2001, p.300.

84 橘川俊忠, 「柳田国男におけるナショナリズムの問題」, 전게 잡지, p.51.

85 上田正昭, 『古代学とその周辺』, 人文書院, 1991, p.198.

　　물론 야나기타도 『민간전승론(民間伝承論)』에서 "우리나라에도 처음부터 문화의 이분자(異分子)가 있었고 또한 조선문화, 중국문화, 아이누문화가 유입되었는데 나라 전체로 보면 동쪽에도 서쪽에도 개체적으로 구별이 없었다고 말할 수 있다. 특히 옛날 풍속의 유풍이 어떻게 유지되고 있었는가를 보면 국가를 하나의 공동체로서 생각할 수가 있다"[86]고 본 것처럼 기타 역시 "일본에서 발견되는 석기시대 유적·유물 중 야요이식토기라고 불리는 일종의 잔존물이 있다. 그것은 하지키(土師器)인데 일본고분에서 자주 발견될 뿐만 아니라 신사에서 제사기구로 사용되었다. 이러한 토기를 제작하여 사용하는 민족이 석기시대부터 이 국토에 살고 있었고, 금속기시대까지 계속해서 살면서 일본민족의 일대요소가 되고 피를 오늘날까지 남기고 있다고 해석"[87]할 수 있다고 논한 것처럼 야나기타와 기타는 내부의 이질성 발견을 외부의 이입이라는 시선을 통해 인지하고 있었다.

　　조선을 의식하면서 특히 북방의 "진인이 조선반도 남부의 진한으로 들어갔고, 바다를 건너 일본인이 된 것[88]이라고 다시 일본과 조선반도를 연결한다. 그리고 야나키타가 오키나와를 일본의 원향이라고 보는 시선으로 옮겨간 것을 의식하듯이 기타도 북방과 남방을 통합하는 시각으로 지방과 중앙의 경계를 넘으려 했다. 결국 여기서 중요한 것은 기원이나 연혁을 끊임없이 탐색하던 기타의 방법과 야나기타의 그것 사이에는 공통점과 차이점에 유지되고 있었다.

86　柳田国男, 「農業行政学」, 『定本柳田国男集』 第28卷, 筑摩書房, 1982, p.325.

87　喜田貞吉, 「猪名部と佐伯部」, 『喜田貞吉著作集』 第8卷, 平凡社, 1979, p.286.

88　喜田貞吉, 「秦人考」, 『喜田貞吉著作集』 第8卷, 平凡社, 1979, p.331.

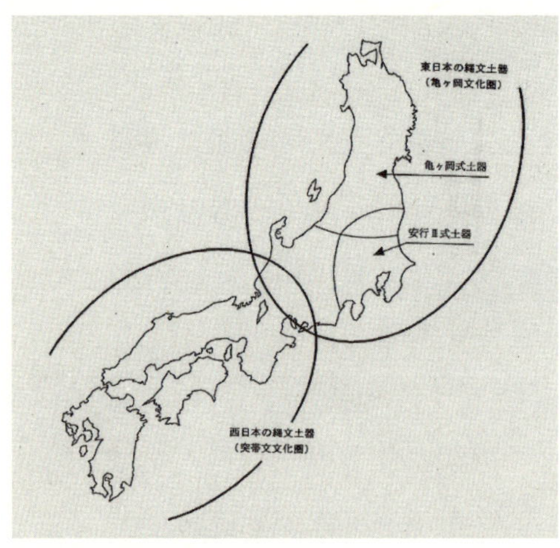

조몽시대 말기의 동서문화권의 구분
출처 : 埴原和郎, 『日本人の成り立ち』, 人文書院, 1995, p.131.

기타는 아마쓰카미(天津神)와 구니쓰카미(國津神)가 혼합되고 융합되어 구별없게 된 과정을 설명하면서 이것을 다시 조선반도와 일본을 연결하는 시도는 기타 특유의 해석이었다.[89] 기타는 중앙과 지방의 경계를 넘는 이론을 제시하면서 일본민족의 문명, 즉 이즈모 민족, 천손민족 그리고 그 이후에 도래한 한·한(漢·韓)민족의 문명이 융화가 일어난 것을 증명한 것이고 "도래자 중에서 우수한 자들을 중심으로 국가를 건설했으며 그것은 나중에 천손이 건설한 국가로 수렴되어 통일된 섬 제국"[90]을 형성했다고 주장한다.[91]

기타는 일본에서 발견되는 토기와 조선출토의 토기 비교를 매개로 하여 민족의 동화와 문화의 융합을 표현한 것이다. 특히 이러한 토기 중 조선보다 일본이 더 견고하고 우수한 것을 보면 천손민족이 도래하여 조선식 토기 요법이 전해지자 이를 다시 토기제작에 응용했는데, 그것은 선주민족이 점차 이주자들에게 동화했고 양자의 문화는 융합하여 일본민족이 생성된 것이라고 주장했다.

89　上田正昭『古代学とその周辺』, 人文書院, 1991, p.234.

90　喜田貞吉, 「本邦に於ける一種の古代文明」, 『喜田貞吉全集』 1, 平凡社, 1981, pp.184~185, pp.251~252.

91　喜田貞吉, 「朝鮮式陶器について」, 『喜田貞吉全集』 1, 平凡社, 1981, p.252.

기타는 일본민족을 천손민족 및 천손민족에 동화된 선주민족이라
는 복합민족[92]이라고 단정하게 된 것이다. 이것은 야나기타가 일본중
앙과 오키나와를 연결시켰듯이 기타 또한 오키나와의 일본 내부와의
동일성을 찾아낸 것이다. 기타는 오키나와를 여행하며 노로쿠모이(巫
祝)의 패옥(佩玉)을 실제로 시찰하고, 그것에 관한 설화를 모아 얻은 결
론으로서『고사기』에 나오는 삼종의 신기(神器) 중의 하나인 야사카
니노마가타마(八坂瓊之曲玉)에 대해 집중적으로 설명한다. 즉 기타도
야나기타와 마찬가지로 오키나와가 일본의 과거를 대변해주는 고대
의 언어, 풍속 등을 보존하고 있다고 본 것이다. 기타는 그중에서 여
자 무당이 사용하는 옥(玉)과 야사카니(八坂瓊) 연주(聯珠)에 대해 주목
한다.

마가타마의 명칭은『고사기』『일본서기』에서 마가타마(勾玉, 曲玉)라
고 적고 있는데, 고훈(古訓)을 보면 마가타마라고 읽고 있다. 마가타마(曲
玉)와 마가타마(勾玉), 마가타마(勾珠)라는 문자로 표현하는 것은 다마
(玉)의 의미인데, 즉 연주의 호칭이다. 그런데 옛날방식의 훈독(訓讀)에
마가타마라고 읽는 것이 있어 고고학자들은 형상이 굽어 있기 때문에 이
를 마가타마라고 해석한다고 보았다. 이 호칭은 류큐(琉球)에서 하나의
증거로 된다.[93]

기타는 야사카니곡옥이 신의 보물을 가리키는데 이것을 일반민중

---

92   喜田貞吉,「朝鮮式陶器について」, 상게서, p.259.
93   喜田貞吉,「八坂瓊之曲玉考」,『喜田貞吉全集』1, 平凡社, 1981, pp.305~306.

도 장식으로 사용했다는 것이다. 이는 문헌에서도 역력히 나타나는데 이러한 연주나 특히 곡옥을 사용하는 풍속이 도호쿠 오우지방의 여자무당 이타코(イタコ)나 류큐의 여자무당 모로쿠모이(ノロクモイ) 혹은 홋카이도아이누의 부녀자들 장식 등에서 공통적으로 나타난다고 기술하며[94] 지역별 장신구의 차이와 동일성을 통해 일본열도의 주민이 단일하다고 주장한 것이다. 중앙에서 본 지방의 시선이 작동하고 있었고, 그 핵심에는 동일주의적 시선에 의한 재구성이었던 것이다.

이처럼 야나기타와 기타는 이질적인 요소를 국민국가의 내부구조 속에 조합해 넣으며 국가의 통합을 꾀하는 시선으로 과거의 이민족과 생활을 해석해 낸 것이다. 처음에 주장했던 내부의 차이나 다양성은 어느 사이에 국민국가의 질서 내에서만 인정되는 폭력을 동반한 내부 오리엔탈리즘이라는 엘리트, 중앙 중심, 신화 중심의 행보를 걸었던 것이다. 야나기타와 기타가 이민족과 지방의 문제를 끈질기게 묻지 못하고, 궁극적으로 시대와 체제를 상대화하기보다는 자기주체성의 확립을 정적이고 고정적인 개념의 틀에서 재련했던 것이다.

---

94 喜田貞吉, 「八坂瓊之曲玉考」, 상게서, pp.306~308, pp.314~315. 여자무당이 사용하는 연주는 곡옥인데 그것을 보통 '가와라(カワラ)'라고 부른다. 이는 '가하라(カハラ)'로서 지방에 따라 사투리로 '가하나(ガナハ, カハナ)'라고 부른다. 오키나와에서 '가하라' 혹은 '가하나'라고 부르는 것이 지금도 야에산(八重山)에서 '가아라(ガアラ)''타마(玉)'라고 부른다. 생각해보니 '가하라'라고 하거나 '가아라'라고 하는 말의 마지막 '라(ラ)'음은 '마가리(まがり)'의 '리(り)'의 전음으로 옛날에는 '마가리타마(マガリ玉)'로서 '마가아라타마'가 되고, 나아가 '가아라타마'가 되어 '가하라타마'로 되었다. 마가타마는 형상을 이야기하는 의미를 가지게 되었다. 야에산(八重山)의 '가아라타마'도 마찬가지이다. 오키나와 섬의 남단과 북단이 모두 일치한다.

종장

이상 제1장에서는 1870년대에 등장한 '코로보쿨과 아이누' 논쟁을 통해 일본이 근대 국민국가를 창출해가는 과정을 살펴보았다. 그것은 구미학자인 모스, 미른, 바체라, 시볼트에 의해 일본인종론이 제시되었을 당시 이를 계승하면서 쓰보이와 고가네이가 코로보쿨과 아이누를 두고 논쟁을 벌였다. 일본인종의 기원을 찾아내기 위해 시작된 인종론의 수용은 일본 내부에서 인식한 이민족 혹은 이인종을 일본인과의 동화와 이화(異化)과정으로 재해석 되면서 구축되어갔다.

그러한 과정에서 등장한 도리이 류조는 '인종'과 '민족'이라는 어휘를 혼용하면서 석기시대의 유물·유적과 다테아나에 거주하는 생활양식의 차이를 실제조사를 통해 증명해내었다. 도리이는 아이누와 비아이누, 즉 코로보쿨과 아이누의 차이를 생활양식에서 구별해냈고 그것을 통해 '환원토속'이라는 말을 만들어냈다. 도리이는 인종학이나 민족학을 구성해내는 주체적 실증이라고 믿었고, 그것을 통해 원주민, 주민이라는 어휘에서 민(民)을 도출해내고 인종, 인간(아이누가 사람을 가리킨다는 의미)을 신체나 털의 양상을 통해 종족이라 해석하고, 다시 족(族) 개념을 독립적으로 분리해낸다. 결과적으로 '민'과 '족'은 '민족'이라는 개념으로 재탄생하게 되고, 모든 인간의 학지(學知) 합체로서 형용되고 인지되기에 이른다. 이는 다시 일본민족을 에미시와 퉁구스로 구분하면서 동아민족에서 파생된 일본민족을 원일본이라고 명명하며 고(古)아시아민족이라는 범위로 확대시켰다. 이러한 방법론에는 동북아시아와 일본을 하나로 설정하고 그 이동 루트를 설명해내면서 일본 내부의 천황에 종속되는 일본 중심론을 재설정했던 것이다.

이러한 내부의 타자경계를 재설정하는 논리는 후에 동아민족이라는 개념으로 확대·해석되어가고, 그러한 맥락이 일본민족을 해석해내는 보편적 논리임을 재(再)각인시켰던 것이다. 그것을 통해 도리이는 일본인이라는 정신적 해석공동체를 재구성해낸 것이다. 그것은 바로 일본신화에 등장하는 아마테라스 오미카미(天照大神)를 정점으로 하여 재호명하는 새로운 헤게모니를 구축해냈다. 일본신화를 기준으로 동아민족을 재해석하는 내속적(inherent) 한계를 지니고 있었을 뿐만 아니라 인식론적으로 전위(dislocation)하지 못했던 것이다. 표현을 바꾼다면 탈일본신화를 만들어내지 못하고, 일본신화에 준거한 진무천황의 논리로서 새로운 헤게모니 질서를 유지하는 정체성과 거리를 두지 못했던 것이 도리이의 한계였다고 할 수 있다.

　제2장에서는 기타 사다키치의 역사관을 설명하기 위해 구체적으로 일본내부에서는 조몽토기와 야요이토기를 둘러싸고 팽팽한 논쟁을 펼친 하마다 고사쿠와의 동질성과 차이성에 대해 분석해 보았다. 그와 동시에 국가적 외부의 문제로서 홋카이도와 조선반도에서 발견되는 토기와의 비교를 통한 관계성의 해석논리도 살펴보았다. 이러한 내부와 외부의 문제는 결국 일본이라는 국가 입장에서 다시 서구의 이론과 절충되는 동양인의 특질을 설명해내야 하는 동양학의 창출과 전개가 함의되었음이 드러났다. 그것은 서구의 이론적 틀로서 존재한 조몽토기와 야요이 토기라는 명명과 함께 실제 발굴품의 차이에서 설명되어야 하는 문화발전의 시간적 차이에 대한 설명으로 나타났다. 기타는 조몽토기와 야요이토기를 문화전파, 즉 이동의 현상과 연결시키면서 일본으로 건너온 야요이토기에 관심을 집중시켰다. 기타는 기존의 역사학, 즉 『고사기』나 『일본서기』에 등장하는 신화를 통해 해석하는 고대의 역사해석 방법에 빠지지 않고 근대적 서구의 방법론인 고고학을 접목시키면서 새로운 '역사학'을 구축해가는 방식을 취했다.

　특히 하마다의 고고학 발굴품 해석은 기타의 역사학 인식에 자극을 주었다. 특히 하마다의 고우지방 유적발굴은 역사학의 문헌집중이라는 방법론의 내재적 한계에 균열을 가져왔고, 원일본인의 해석에 답을 제시하게 된다. 물론 하마다는 서구적 이론으로서의 고고학적 발굴유물에 대한 해석이론인 '층위적 방법론'을 통해 조몽토기와 야요이토기가 같은 곳에서 층위가 다른 형태로 나타나는 것을 통해 동일인종의 시간에 의한 진화논리를 주장하게 된다.

기타는 하마다의 동일인종이 외부의 영향에 의해, 즉 조몽토기인이 야요이토기인으로 진화했다는 주장에 맞서, 조몽토기인을 구축한 새로운 인종으로서의 야요인을 등장시켰다. 하마다는 '내부 연속성'이라는 논리를 제시했고, 기타는 조몽인과 야요이인의 '단절＝교체'를 주장했다. 결과적으로 기타는 조몽과 야요이를 분절하는 방식으로 일본 내부의 지방적 차이를 설명하며 식민지 조선과도 연결시켰다. 그것이 바로 동화와 혼효라는 사변적 해석을 동원해 토기 발전의 차이성을 해명했고 한일합방과 일본에서의 아이누인의 동화과정 논리를 중첩시켰다. 이러한 인식은 결국 일본이 동아시아에서 중심이 되어 동아협동체를 구상해야 함을 해명하는 논리로 작동했다. 이는 역사학과 고고학을 조립하는 담론의 유형 전유를 통해 천황의 황위를 설명해내는 일본적 내러티브를 가시화시킨 것이다. 그것은 탈일본화를 이루지 못하고 자신의 공동체 내부에서 인지한 보편적 형식을 띤 지식인의 셀프 오리엔탈리즘이었다.

제3장에서는 기타 사다키치와 도리이 류조, 누마다가 논증한 일본인종 특히 에미시에 대한 해석에 대해 살펴보았다. 서구인들에 의해 제시된 수입품을 통한 시선이 공통적으로 존재했는데, 그러한 인식론적 잣대를 갖고 기타와 도리이는 일본 내부의 지방(리저널리즘)이라는 로컬 그리고 일본 국민국가에 대한 관계성을 창출한 것이다.

물론 이것은 서구인이 제시한 에미시론의 변형과 축소판으로 틀이 이미 짜여졌던 것이다. 그러나 기타와 도리이, 누마다는 일본민족의 근원을 찾기 위해 인종학, 역사학, 고고학 등을 횡단하면서 이민족인 코로보쿨, 에미시, 쓰치쿠모, 하야토를 해석하고 '이론화'하면서 아이누로 총체화시켰다. 이는 기타와 도리리가 실제로 규슈나 홋카이도 조사를 통해 얻어낸 방법론으로서 공통점이 작동했고, 상호간에 주체적 '상상의 인종론'을 구축하고 있었다. 즉 과거를 재현하는 방식에 공통적으로 혼합민족론을 투사하여 석기시대인의 에미시와 아이누의 윤곽을 그려냈으며 일본민족의 원형을 환생시켰다. 물론 에미시와 아이누만의 존재가 아니라 구스와 쓰치쿠모, 하야토를 하나의 혼합논리로 결합시키고 그들 중 에미시가 진무천황의 동쪽 정벌에 의해 동화되어가는 과정을 체계화했다. 그것은 일본신화를 근거로 취하게 된 일본 혼합민족론의 구조적 해석이었다.

결국 기타와 도리이, 누마다는 탈신화학을 이뤄내지 못하고 훈육의 논리로서 에미시의 존재를 가시화시켰다. 즉 일본민족과 이인종이 혼혈에 의한 혼합을 이루었더라 하더라도 결국 천황의 위덕(威德)에 복종하지 않고 저항하거나 도망가는 에미시는 다시 정복의 대상으로서 배제되었다. 이러한 동화의 논리는 정신적 진리로 천황이 호명되고 신화의 체계 속으로 빠져들어 버렸던 것이다. 그러한 신화적인 속박에서 벗어나지 못한 기타와 도리이, 누마다는 천황의 지고성을 강조하며 신화 속에 존재하는 천황의 위덕과 신성성을 현실계로 빙의하는 주술을 걸었던 것이다.

파괴의 대상으로서 단일민족론의 극복을 위한 혼합민족론이 아니라 일본민족과 신화를 일본인의 운명과 응보의 수레바퀴로서 기억의 장소를 소환한 것이다. 바로 이 부분에서 에미시론이 가진 내부 폭력의 문제가 얽히는 지점인 것이다.

제4장에서는 일본이 자조노력에 의한 고고학의 구축과 서구의 '아

르케올로지'의 연관관계를 살펴보았다. 즉 서구의 아르케올로지와 고고(考古)라고 통칭된 학지가 식민지 경영과 맞물리면서 제국의 고고학으로 통합되어가는 경로를 탐색한 것이다. 특히 서구인들의 일본고고학 조사가 한창이었을 무렵, 쓰보이나 하마다는 자신들의 손으로 고고학을 재구축하면서 옥시덴탈리즘에 빠지게 되었다. 그 과정을 살펴보면 아직 학문영역이나 제도상으로 '고고학'이 정립되지 않았던 이 시기에는 일본 내부에서 고고(考古)라는 명칭으로 해독되고 있었다. 특히 고고란 유적·유물이라는 자료를 통해 고대인의 생활을 재현해내는 것이며, 이것은 인종을 해석하는 방법이라고도 보았다. 문제의 핵심은 일본내부에서 '고고'이론을 접한 하마다 고사쿠가 1913년 3월부터 1916년 3월까지 만3년 동안 유럽에서 유학하면서 서구 고고학을 배우게 되어 일본 고고학 이론을 재구축하게 되었다는 점이다.

하마다는 무엇보다도 일본이라는 하나의 국가나 지역에서 논해지던 고물해석을 통한 고고의 의미를 서양의 아르케올로지와 접목시켜 '신'고고학 개념을 창출해냈다. 그것은 신구의 변용이 중층적으로 출현했다는 층위법 이론을 통해 서구에서 수용한 조몽시기와 야요이시기를 탈경계화해내고 인식론적으로 구분의 새로운 지평을 열었다. 동시에 고고학이 과거의 생활을 복원해낸다는 이론을 대입하여 중국, 조선, 일본이라는 영토 구분을 재구성하면서 각각의 로컬을 '탈영토화'해냈다. 그것을 통해 과거의 지방적 차이가 가진 문화양상을 문명론으로 확대해가면서 세계적 시선을 가진 일본문명도시로서의 야마토를 복원해냈다.

결론적으로 세계적 시점과 고물해석을 연결하여 얻어낸 일본의 '독창성과 중심성'이라는 새로운 정체성 획득이 이루어진 것이다. 이러한 하마다 고사쿠의 인식궤적은 고고학연구 지향에서 내셔널리즘 형성을 위한 고고학 연구로 발전된다. 서구의 고고학과의 대화를 통해 일본인 자신이 만든 고고학적 담론을 제시하는 방식으로 일본의 세계성을 주형해낸 것이다. 일본인이면서도 세계인으로서의 일본인이라는 자리매김을 통해 국지성 문화국 일본에서 세계적 문명국 일본으로 확대하여 세계문명의 다원성을 총체화시키는 일본으로 창출한 것이다.

제5장에서는 식민지 지배를 통한 조선반도의 고적조사사업의 특징을 일본 내지의 고고학과 어떻게 연동되었는가를 살펴보았다. 총독부 주도에 의해 시작된 고적조사사업이 '학지'의 동원에 의해 지탱되었는데, 총독부사업을 피상적인 제국주의 논리로만 비판하는 한계를 벗어나기 위해서는 이 부분을 구체적으로 살펴보아야만 했다. 다시 말해서 총독부 사업의 고적조사사업의 학지에 동원된 일본인의 내면을 어떻게 층위적으로 보고 조선반도라는 외부조사를 실시하면서도 일본인이라는 주관주의적 인식의 산물로서 조선의 고고학 발굴을 해석했다는 것을 지적하는 것이 식민지기 조선 고적조사가 가진 특징을 극명하게 드러내는 것이다.

특히 조선반도의 고고학 발굴조사는 그것을 인정하든 부정하든 조선 고고학의 여명기였으며, 일본 내부의 고고학적 유물조사 체험을 가진 학자들이 내부적 고유성을 지닌 상태에서 이루어지고 있었다. 달리 말하면 일본 내지의 경험과 서구에서 도입한 식민지학으로서의 고고학 지식을 동반하면서 조선반도의 북쪽과 남쪽을 분리시켜 조사 대상화했던 것이다. 그것은 일본 내부에서 '말(언어)'와 '사물'의 일체화를 통해 공동체를 창출해내는 작업에 그친 것이 아니라, 식민지기의 고고학 조사라는 시대적 논리가 조우하면서 설정된 인식의 하나였다. 표면적으로는 한(漢)나라와 조선반도의 북쪽, 조선반도의 남쪽과 일본을 묶어내면서 지역의 문제로서 국가와 민족의 경계를 허물고 초월적인 시각을 가진 입장으로 '초'내셔널리즘을 체현하는 듯했다. 한나라와 낙랑은 국경을 넘는 하나의 문화권으로서 동일성을 찾아내고 그것을 증명했으며 조선반도 내부의 지역적 특징으로 설명되는 북쪽과 남쪽을 설정해냈다. 그리고 조선반도 남쪽을 일본 내지와 연결하면서 혼혈을 주창하는 동시에 일본 내지의 이인종 사이의 혼혈을 이중구조로 연결시키면서 『기기』신화에 기록된 이민족 정벌논리의 자명성을 재건했던 것이다. 이는 근대적 학지로서 고고학의 세례를 받은 지식인 하마다의 근대 일본민족 해석이었던 것이다.

이는 일본 내부의 『기기』 신화의 역사성을 해결하기 위해 동원된 고고학적 유물해석이라는 일본 내부의 인식을 '기준'으로 삼아 과거 신화의 고유성을 재현해낸 것이다. 그것은 역사학과 인류학, 고고학의 학자들이 식민지 지배지인 조선과의 만남을 경험하면서 즉 그것이 협력이든 갈등이든 인식의 경로를 자명시하면서 형성한 사상과 고고학의 결합이 이루어진 것이다.

조선의 고고학적 조사체험은 일본인 내부의 학지를 분열시키는 외부가 아니라 내부와 외부의 일체성을 공고히하며 오히려 일본인 신화를 재구성하는 공동체 내역(內域)에 머물러 있었다. 근대 서구의 학지인 고고학을 받아들인 하마다는 일본인 내부에서 역사학과 절묘하게 주형한 근대 일본민족의 기억공동체를 조선고고학과 연결시켜 복원해냈던 것이다.

제6장에서는 일본 근대사학의 발전과정 속에서 신화가 어떻게 담론화되어 가는지를 살펴보았다. 특히 신화의 해석에 년도의 불확실성에서 오는 천황의 기년설정에 문제가 있음을 지적하는 논리를 살펴보았다. 기년 확정 문제는 모토오리 노리나가와 이시하라 마사아키에 의해 촉발되었는데, 이들의 논의는 일본의 고서, 즉 『고사기』와 『일본서기』에서 천황기년이 결국 후대에 가공된 것이라는 지적으로, 이 문제를 해결하려는 노력 차원에서 전개된 것이었다.

1878년에 나카 추요가 『상고년대고』를 발표하고 이에 대해 나카무라 기쇼가 논쟁을 벌이고 호시오 히사시 등이 이를 계승하면서 논쟁이 전개되었다. 중요한 논쟁거리가 되었던 것은 바로 '스이코천황 9년 역추설'이었다. 나카의 진구황후 가공론, 다시 말해 신화는 후대의 가공물이라는 언급이 커다란 반향을 일으켰다. 그것은 『일본서기』를 기준으로 하기 때문에 연대의 불안정성에서 파생된 것이었다. 그러나 이를 통해 일본신화의 모순을 타개하고 신화의 모순을 없애고 정합성을 찾기 위해 반대로 주위 민족의 고서를 활용하는 방법을 동원했다는 것이다.

그 과정에서 나카, 구메, 호시노 등의 논리는 대표적인 역할을 담당했다. 일본신화의 정당화를 위해 『한사』, 『삼국사기』, 『동국통감』, 『삼국유사』의 기록을 동원했고 단군신화를 부정하는 논리에도 활용되었다. 그러나 그것은 타민족의 신화를 자의적으로 해석함으로써 가공설을 주장하는 논리일 뿐이었다. 나카는 일본신화 또한 가공이라는 인식 속에서 발현된 자아인식에 근거한 논리를 취했다.

오히려 그러한 신화 인식 면에서 보면 『삼국유사』에 게재된 단군도 승려의 가공이라고 본 것은 어쩌면 당연했는지도 모른다. 또한 조선반도에 이주한 부여종족이 다수의 부여종족 중의 하나인 남부 쪽의 열등한 부여종족이라고 주장하면서 조선반도에 흘러간 종족의 열등성을 주장했다. 이를 이어받은 미우라는 조선신화 중 단군신화는 부정하면서도 기자조선은 인정하는 '선별적' 신화긍정론을 취했다. 이것은 일선동조론을 주장한 호시노와 구메와는 또 다른 신화 해석 방법이었다. 동시에 동일한 일선동조론으로 보이기 쉬운 기타의 동원론은 구메가 신도를 조선과 동일하게 전개한 것과는 다르게 호시노 쪽과 유사하게 일본의 국체 문제로 확대되어 갔다. 결국 일본의 신화담론은 다양한 입장에서 각축을 벌이는 과정이었고, 그것은 결국 일본의 국체를 위한 신화 해석으로 이어졌다. 그리고 또한 그 결론을 통해 일본인의 입장에서 타민족의 신화를 해석하게 된 것이었음이 드러났다.

제7장에서는 내적차이 주장과 연대의 창출이라는 키워드로 살펴보았다. 이하 후유는 야나기타 구니오와 함께 시대적 담론인 고대 일본민족의 루트를 찾는 공공의 작업과 연동하면서 '류큐'의 과거를 재현해냈다. 일본의 제국주의 지배로 편입된 오키나와는 오키나와의 존재에 대한 정체성에 위기를 맞았고, 일본은 새로운 지역을 획득함으로써 새로운 국민국가 정체성을 제시하지 않으면 안 되었던 상황이었다. 이러한 시대적 상황 속에서 피식민자였던 이하 후유는 류큐

학에서 오키나와학을 구축했고 지배자 측인 야나기타 구니오는 일본 민족의 루트를 재조명하며 '일국민속학'을 창출하게 되었다.

이하 후유는 야나기타 구니오의 권유로 『오모로사우시(おもろさうし)』를 연구하게 되고, 그 결과물로서 오키나와의 『고류큐(古琉球)의 정치』라는 저서를 간행했다. 이하 후유는 오키나와의 새로운 정체성 회복을 위해 고류큐에 관심을 집중했고, 비교언어학과 신화 해석을 통해 일본과의 관련을 중시하는 '일류동조론(日琉同祖論)'을 주창하게 된다. 동시에 야나기타 구니오는 일본민족의 루트를 규명하는 작업의 일환으로 '오키나와'를 조사하고, 오키나와를 일본민족과 동일한 조상이라는 '일류동조론'에 찬성하게 된다. 야나기타는 오키나와 자체에 관심을 갖고 오키나와의 고대를 찾아내려는 것이 아니라, 일본 민족의 '루트'로서의 '원일본인'의 자화상을 그려내려는 입장이었다.

이하 후유와 야나기타는 일본과 류큐가 동일조상이라는 공통적 인식하에 오키나와인과 일본인이 공동으로 체현해 낸 오키나와학이었다. 그러한 의미에서 이하 후유와 야나기타는 국민국가의 민족형성론을 구축한 이데올로기 협력자였다. 그런데 이하 후유는 『고류큐의 정치』에서 오키나와 인종이 북쪽에서 남으로 이동했다는 '남진론'을 주장한 반면 야나기타는 오키나와 인종이 남쪽에서 이동하여 북상했다는 '북진론'을 주장하면서 대립하게 되었다.

또한 오키나와의 기코에 오호기미(聞得大君)를 신관의 대표로 설정하면서 오키나와의 국학으로서 '오키나와학'을 구축하기에 이른다. 야나기타는 노로, 즉 신관의 존재를 통해서 고대일본의 제정일치시대의 모습을 가시화시켰고, 오키나와신도와 일본신도의 동일성을 찾아냈고 일본의 과거를 체현해 냈다. 결과적으로 이하 후유와 야나기타는 자신들이 필요한 새로운 정체성을 구축하기 위해 오키나와에 관심을 가졌고 오키나와의 과거를 재해석하고 있었던 것이다. 오키나와라는 텍스트를 통해 이하 후유는 일본이라는 네이션(nation)에 적극적으로 가담하면서 일본민족과는 차이화를 가진 오키나와 국학을 찾아내는데 개입했고, 야나기타는 국민국가의 구성 멤버인 국민의 아이덴티티를 찾아내기 위한 오키나와신도를 설명해냈던 것이다.

국가 내부에서 형성한 민족기원 해석에서 이하 후유는 일본과의 동질성을 강조하면서 동시에 일본과의 차이성을 현재화시키면서 일본민족의 원형이 우수한 류큐 민족이었음을 강조하면서 말레이 계통의 미개함에 대해 차이를 두는 오키나와 에스노센트리즘에 함몰될 위험성도 지녔던 것이다.

제8장에서는 기타 사다키치의 제국신민론의 특징을 구체적으로 제시했다. 기타는 구별에 의한 차별은 긍정적이든 부정적이, 근대의 학적인식 전개 속에서 편제된 담론의 부산물이라는 것을 제시하면서 그것을 재구성하는 논리를 전개했다. 기타는 차별은 역사적 조건작용 즉 경우의 문제로서 특히 귀천에 관한 인식도 자연스러운 것처럼 보이지만 그것 또한 과거의 경우에 의해 편제된 또 하나의 재편 논리라고 보았다.

기타는 차별을 시대적 상황속에서 경우에 의해 재편되고 구성되는 산물로 인식했다. 그러한 측면에서 기타는 차별이 경우상의 재편논리가 경우의 권력에 의해 형성되는 히에라르키와 직접적으로 연결되어 있다는 점을 통찰하고 있었다. 그리고 이 차별은 바로 민족의 문제보다는 국가 내부안에서도 벌어지고 있으며 동시에 국가 외부에서도 벌어진다고 상정했다. 그렇기 때문에 기타는 더욱더 차별이라는 범주를 재구성할 필요가 있었고, 그것을 학지의 편제라는 근대적 특징과 연동시켜 과학적 학지로 산출해낼 필요가 있었다. 그러한 의미에서 기타가 재정의 하려했던 역사학은 '역사학'과 '고고학'을 구분하기보다는 하나로 융합하는 시대적 맥락의 산물이었다. 기타의 선험적 역사학의 인식인 문헌 중심주의 논리 특히 『고사기』와 『일본서기』를 통해 서술되는 역사학 영역에 근대적 과학의 학지인 고고학적 발굴품의 해석논리를 끌어들이면서 역사학 담론편제에 균열을 일으키며, 새로운 학지의 개념을 정의해 가고 있었다. 그것은 하마다가 주장하는 고고학적 발굴품의 해석을 통해 비판되는 인종교체설에 대한 대안으로 창출된 '신'테제였다.

이러한 기타의 인식과정은 결국 일본민족 속에 존재하는 아이누와 에미시가 일본민족과 혈액으로 혼효하고 동화했다는 논리를 전개하면서도 천황이라는 정점을 제시하면서 일본민족의 정신세계를 통한 일본민족을 주조해낸 것이다. 그것은 기타가 자명한 것으로 만들어낸 표상의 일본민족이었던 것이다. 그와 동시에 차별적 존재로서의 도호쿠지방의 에미시는 일본민족으로 혼효되지 못한 이인종으로 선언했고, 천황의 은혜에 포섭되지 않는 차별적 인종으로 그려냈다. 또한 식민지 조선을 혼합민족론으로 연결하여 동역으로 상정하면서 일본민족으로 혼효되어 천황의 은혜를 누릴 수 있는 일본신민으로 빚어낸 것이었다.

제9장에서는 도리이 류조의 동아시아 재구성이론과 그 속에 감춰

진 재패니즘의 특징을 밝히려 했다. 도리이는 서구에서 생성된 인종 해석을 중시하여 일본인종의 기원을 찾는 테제를 정했다. 특히 일본의 주변민족들과의 비교를 통해 인종에서 일본민족의 정체성을 재발견하며 민족의 일체성을 구축했다. 구체적으로는 요동반도, 중국 서남지방의 묘족 조사를 거치면서 조선 조사를 통해 동아시아개념 속의 문화적 동원성을 발견해 냈다. 도리이는 쓰보이 쇼고로와의 만남을 통해 '인류학'이라는 근대적 학문을 접하고 '일본이 혼합민족'이라는 '인식틀'을 수용하게 되었다. 당시는 일본인종 루트를 둘러싸고 '남방계통'과 '북방계통'이 경쟁을 벌이면서 담론을 형성하던 시기였다. 도리이는 처음으로 요동반도를 조사하면서, 요동반도의 원사시대를 해석하는 한편 점령지는 시대의 흐름에 따라 주인이 바뀐다는 논리도 함께 인지하고 있었다. 그것은 곧 현재의 상황과도 오버 랩시킬 수 있는 논리로서 일본민족이 어떻게 동아시아에서 위상을 정립해야 하는가를 상정하고 있었다.

도리이는 요동반도에서 돌멘을 발견하고 그 돌멘의 해석을 시작으로 거석문화가 가진 의미를 사후세계와 연결했다. 특히 몽고조사를 마치면서 시라토리 구라키치가 제시했던 동방민족들의 흥망성쇠를 통해 몽고민족을 격상시켰다. 몽고어에서 하늘을 가리키는 어휘의 의미를 찾아내고, 중국을 빼낸 동아시아의 개념 속에서 '천(天)'은 '서구의 신'보다 더 보편성을 지닌 것으로 제시했다. 이것은 도리이가 중국의 종묘를 숭배하는 유교적인 것과 일본의 거석문화 숭배에서의 종교적 차이를 해석하는데 영(spirt)성을 주창했다. 이것을 다시 몽고의 샤먼과 조선의 샤먼, 일본신도의 연관성을 찾아내었다. 동아시아

개념 속에서 '신도'를 새로이 호명했다. 진화론에 바탕을 두고 신시베리아 민족의 코리야크와 터키에 나타난 우주삼단론을 일본의 다카마가하라와 나카쓰쿠니, 요미노쿠니의 논리와 연결하면서 아마테라스 오미카미가 태양의 신임을 해석하는 근거를 마련했고 일본민족이 황손이라는 이데올로기를 창출하는데 성공했던 것이다.

제10장에서는 기타 사다키치와 야나기타 구니오의 '이인론'에 대한 입장과 '중앙과 지방의 경계'넘기의 문제를 살펴보았다. 야나기타와 기타는 학문적 분야가 서로 달랐지만 일본이라는 공동체 내부에 있으면서 내부의 '이인(異人)'에 대한 시선을 갖는 '자각'에서 출발했다. 기타의 경우는 에미시와 아이누를 비롯하여 피차별민에 대한 관심을 가졌고, 야나기타는 야마비토와 피차별민에 대해 관심을 갖는다는 공통항이 있었다. 또 하나는 기존의 역사학적 아프리오리인 문헌중심주의를 탈피한 새로운 역사학을 구축하려는 입장에서도 동일했다. 그렇지만 내부 타자인 '이인종'을 연구지평으로 삼으면서도 기타는 중앙에서 지방을 보는 시점을 가진 반면 야나기타는 지방에서 중앙을 보면서 전체를 그리려는 입장으로 서로 대조적이었다. 이러한 점에서 기타와 야나기타는 일본 내부 공동체에 속하면서 일본 내부의 차이성을 서술하려고 하는 자기상대화를 시도했다고 볼 수 있다.

당시 인류학에서 제창된 코로보쿨과 아이누 논쟁을 의식하면서, 『고사기』와『일본서기』의 정전 해석에 내포된 이민족 해석을 연계하는 방식을 취했다. 그러한 의미에서 기타와 야나기타는 일본민족의 아이덴티티를 찾는다는 점에서 핵심적인 역할을 수행한 학자였다고 할 수 있다. 기타의 경우는 야마토민족과 이인종을 동화와 융화로 설명하면서 통합적 시선으로 그려내는 역사관을 제시했다. 그것은 곧 일본 내부의 지역개념에 경계를 재설정함과 동시에 일본의 경계를 해체하면서 식민지 조선과 일본의 경계를 넘어 하나의 공동체로 재구축하는 모델을 제시한 것이다. 반면 야나기타는 '이인(異人)'을 거울처럼 비추는 상대개념인 평지인, 상민의 경계설정을 통해 '이인'을 중심으로 하는 역사서술의 가능성을 찾으려 했다. 그것은 다시 화전농경을 재발견하면서 이인의 상대였던 '상민'으로 시선이 옮겨지고 새롭게 상민을 중심으로 한 중앙과 지방의 경계를 재구성하였다. 이때 사용된 이론으로 방언주권론이 제시되고 지방에서 본 중앙의 시점이 재구성되어졌다. 즉 지방의 신사에서 지내는 제사양식을 중앙의 제사양식과 유사하다는 점을 도출하여 중앙과 지방의 연결성을 찾아낸 것이다. 그것은 오키나와와 도호쿠지방을 모두 포함하는 그랜드 써클로서 일본민족국가였던 것이다.

여기서 기타와 야나기타가 벌인 '이인' 해석과 역사서술 방식은 서로를 비추기도 하면서 '이인'해석을 중첩시켜 읽어내는 방법을 통해 마이너리티를 향한 시선이 담고 있는 제국성, 정치성의 의미를 재확인하는 계기가 되었다. 내부공동체 속에서 내부의 타자를 접할 때 생기는 것은 그 타자에 대한 공감과 배제라는 양면성이 존재하는데, 그 태도가 어떠한 서술을 풀어내는지를 알아낼 수 있는 것이다.

결론적으로 야나기타가 일본이라는 국가 내부에 시선을 멈췄다는 것이 문제가 아니라 국가 내부에서 상민 개념을 재구성해내는 방법론 즉 중앙과 지역의 경계를 재설정하는 과정에서 한계점이 노출되었다는 것이다. 천황을 중심으로 하는 히에라르키 재구성을 위한 내부적 이분법 넘기였다는 점이 문제라는 것이다. 또한 기타가 일본의 외부에 시선을 돌리면서 국민국가의 바깥을 볼 여지가 있었음에도 불구하고 국민국가 내부의 이론을 그대로 외부에 기계적으로 대입했다는 점에 문제의 핵심이 있는 것이다.

야나기타와 기타는 내부적 시선과 외부적 시선을 동시에 내장하고 있었음에도 불구하고 내부 공동체 속에서 '이인'에 대한 시선에 동화와 배제의 딜레마에서 빠져나오지 못한 것이다. 특히 중앙과 지방의 차이성을 삭제하고 제국과 식민지의 차이를 전위하지 못한 것이다. 기타와 야나기타는 반대편에서 서로를 비추면서도 공통적으로 '타자 상대화라는 보편성'이론을 체계화할 가능성이 존재했지만, 내속성에 빠진 스테레오타입적 전통을 재현해내는 내부식민주의자였던 것이다.

▌기타 사다키치(喜田貞吉) 연표

서기	주요내용
1871년 5월 24일	도쿠시마현(德島県) 나카군(那賀郡) 다쓰에무라(立江村, 현재의 고마쓰시마시〈小松島市〉)에서 삼남으로 출생.
1876년 4월	시부치(櫛淵)초등학교에 입학.
1884년 3월	시부치(櫛淵)초등학교 고등과 졸업, 6월 도쿠시마(德島)중학교에 입학.
1888년 1월	도쿠시마(德島)중학교를 중도 퇴학하고, 제3고등중학교 예과보충으로 임시 입학.
1893년 7월	제3고등학교 문과 졸업, 도쿄제국대학 문과에 입학 국사과를 이수. 당시 문과대학에 호시오 히사시(星野恒), 미카미 산지(三上三次) 등이 교편을 잡고 있었다.
1996년 7월	도쿄제국대학 문과대학 국사과 졸업, 대학원에 입학, 구로이타 가쓰미(黒板勝美) 등이 문과대학 졸업 동창이다. 9월에 진종(眞宗) 도쿄중학교 강사로 위촉된다.
1897년 5월	「국사제지변천(国史制之変遷)」, 「신불의 조화를 논한다(神仏の調和を論ず)」 집필.
1898년 11월	11월에는 치바현(千葉県) 나리타(成田)중학교의 강사를 12월에는 교장으로 위촉.
1899년 4월	일본역사지리연구회를 조직하고, 10월부터 잡지 『역사지리(歴史地理)』 발간.
1900년 2월	「史跡に於ける神社の創立」
1901년 5월	문부성 도서심사관으로 임명됨. 오로지 중등학교 및 소학교 민간교과서의 검정을 맡았다. 7월에 결혼.
1902년 5월	「神籠石とは何ぞや」, 6월에 「神籠石論に関する八木氏の駁文に就きて)」
1903년 1월	국정교과서 방침이 결정되면서 편찬작업에 착수함.
1905년 4월	『사학잡지』16-4호에 법륭사재건론(法隆寺再建論)을 발표, 이로서 비재건론자 세키노 다타시(関野貞)와 논쟁을 벌임.

1906년 2월	『歷史地理』8-2호-9호에 평성경(平城京)의 사지(四至)를 논하는 문장을 발표하여, 이후 세키노 다타시(関野貞)와 논쟁. 7월 도쿄제국대학 문과대학 강사로 위촉됨.
1907년 1월	「田中君のアイヌ語神名考を読む」, 3월 「土蜘蛛種族論」 「蝦夷とコロボックルとの異同を論ず」 「石器時代住民論上人骨比較研究の価値に関する疑惑を論ず」, 6월 「再び田中君のアイヌ語神名考に就きて」, 7월 「上代帝都の所在に就いて」, 7~8월 「土蜘蛛種族論に就いて(1・2)」
1908년 2월	교토제국대학 문과대학 강사로 위촉됨.
1909년 3월	도쿄제국대학 문과대학에 평성경 및 법륭사재건론을 주제로 하여 학위청구 논문을 제출하여, 10월 문학박사학위를 취득함. 2~3월 「考古学と古代学(1・2)」『東亜之光』5-2-3,
1910년 12월	남북조정윤문제를 발표함. 정치문제로 발전함. 3월 「神籠石号の発刊に就いて」 「神籠石概論」 「周防国石城山神籠石探検記」, 4월 「筑後平野と高良山神籠石」, 6월『国史之教育』, 9월 「神籠石と磐境」
1911년 2월	휴직을 권고 받아 휴직함. 11월『韓国の併合と国史』
1912년 6월	「古墳墓雑記8則」, 7월『読史百話』, 10월 「所謂神籠石は果たして山城か」
1913년 7월	교토제국대학 전임강사로 위촉됨. 「本邦に於ける一種の古代文明(銅鐸説)」『郷土研究』1-2, 10월 「神籠石は山城にあらざるべし」 「神籠石非山城論補説」, 12월 「上古の墳墓」
1914년 1~5월	「夷俘,俘囚の考え(1-3)」, 1월 「近時発表せられたる神籠石論を読む」, 5월 「東人」, 6~10월 「東人考」(1-3), 9월 「古墳墓年代の研究」(1-7)
1915년 7월	「倭奴国と倭面土国及び倭国とに就いて稲葉君に質す」 『考古学雑誌』5-11, 10월 「武士を夷といふことの考」(1-3)『歴史地理』
1916년 3월	「日本太古の民族に就いて」, 6월 「蝦夷の馴服と奥羽の拓殖」, 7월 「遺物遺蹟上より見たる九州古代の民族に就いて」 「倭人考緒言」, 8월 「熊襲考」, 9월 「肥人考」, 11월 「隼人考」
1917년 5월	「古伝説上の高千穂峯」 「上古史」, 6월 「秦人考緒論」
1918년 1월	「日本民族概論」, 2월 「蝦夷名義考」, 5월 「朝鮮式陶器に就いて」, 8월 「銅鐸考」, 11월 「石器時代お墳墓に就いて」, 12월 「古代アイヌ族の墳墓」 「倭人とは何ぞや」

1919년 1월	『민족과 역사(民族と歴史)』를 간행함. 1월「国栖の名義」, 「日本民族とは何ぞや」, 2월「日本民族と言語」, 4월「遺物遺蹟と歴史研究」『民族と歴史』1-3, 6월「朝鮮民族とは何ぞや」, 7월「エタ源流考」
1920년 7월	교토 제국대학 교수로 임명됨. 3월「石器時代のアイヌ民族について」
1921년 2~4월	「日本民族の成立(1-3)」, 3월 「土師部考序論」, 7월 「日鮮両民族同源論」, 8~10월「九州の古代民族に就いて」
1923년 1~2월	「蝦夷の住む日高見の国(1・2), 7~8월「放免考」
1924년 9월	동북대학 강사로 위촉됨. 이때부터 동북지방여행이 잦아지고, 동북지방 고대민족의 연구를 실시한다. 2월「日本社会史とは何ぞや」, 10~12월「間人考」(1-3),
1927년 1월	「歴史家の観たる我が民族観」
1928년 1월	『日本歴史物語』(古代の部), 9월『東北文化研究』를 발간함. 9월「東北文化研究の必要と其興味」, 「東北民族研究序論」. 10월「賤民概説」, 「蝦夷編年資料」, 11월「オシラ神に関する二三の憶説」, 12월「本州に於ける蝦夷の末路」
1929년 3월	「オシラ神と或るアイヌのイナタ」　　「日本に於ける史前時代の歴史的研究に就いて」, 4월「蝦夷からアイヌへ一名称の変遷」, 5월「日本民族史概説」, 9월「オシラ神の形態に関する憶説」, 10월「我が建国史上の出雲と大和と熊襲」『日向国史』
1930년 3월	「出雲民族とは何ぞや」
1933년 4월	『六十年の回顧』를 간행. 1~2월「我が国発見の石鏃の脚に就いて」
1934년 12월	건강이 악화되기 시작하여 휴양하기도 한다. 12월「法隆寺再建非再建論の回顧」
1935년 10월	『斉東史話』를 리쓰메이칸(立命館)출판부에서 간행.
1936년 4월	「日本石器時代の終末期に就いて」, 6월 「あばたもえくぼ・えくぼもあばた」, 6월「石器時代終末期問題」
1939년 1-2월	「三種の神器と日本精神」(上・下)
1939년 7월 2일	서거. 향년 69세.

齋藤忠, 『日本考古學選集8-喜田貞吉集』, 築地書館, 1972, pp.278~296.

▌하마다 고사쿠(濱田耕作)의 연표

년도	주요내용
1881년	오사카(大阪)에서 출생.
1889년	「考古材料」라는 제목으로 『東京人類学会雑誌』(第13巻)에 발표.
1902년	9월에 도쿄제국대학 문과대학 서양사학 전공에 입학.
1905년	경제국대학 문과대학 서양사학 1905년에 졸업하는데 졸업논문은 『希臘的美術の東漸を論ず』이다. 그 후 대학원에 진학.
1909년	교토제국대학 문과대학의 강사로 부임.
1910년	남만주 유적을 조사.
1912년	조가둔(刁家屯), 목성역(牧城驛) 고분 발굴조사를 실시.
1913년	1913년 3월에 교토제국대학의 조교수로 승진하고, 3월에 시베리아를 경유하여, 유럽유학길에 오른다. 처음에는 영국에서 체재.
1916년	3월에 귀국하여, 9월에 교토제국대학의 신설과 고고학강좌를 담당. 12월부터 다음해 1월까지 미야자키(宮崎県) 서도원(西都原) 고분군을 발굴 조사하고, 북규슈의 장식고분도 조사.
1917년	오사카부 고우(國府) 석기시대 유적을 발굴 조사한다. 9월에 교토대학교수로 승진.
1918년	1월과 4월에 북규슈의 구마모토현(熊本県) 장식고분을 조사한다. 4월에 조선총독부 고적조사위원이되고, 9월에서 10월에 조선 경상북도 성주(星州), 고령(高靈), 경상남도 창녕(昌寧) 등의 고분을 조사한다. 10월 문학박사학위를 취득.
1919년	4월에 가고시마현(鹿児島県) 지숙(指宿) 유적 발굴조사를 실시한다. 8월에 오사카부 국구 석기시대유적 제2회 발굴조사를 실시하고 12월에 구마모토현 轟貝塚 발굴조사를 실시.
1920년	9월에 우메하라(梅原末治)와 조선경상남도 김해 패총 발굴조사를 실시한다. 12월에 하세베(長谷部言人)와 가고시마현 출수(出水) 패총을 조사.
1921년	9월에 조선 경주에 금관총을 조사.

1924년	4월에 조선에 출장, 경주 금관총 출토품을 정리하는것에 참가한다. 7월에 나가사키현(長崎県) 유희(有喜) 패총 발굴조사를 실시하고, 9월에 중국 하남성(河南省) 은허(殷墟), 산서성(山西省) 운암석굴등을 시찰.
1926년	하라다 오시토(原田淑人)와 함께 동아고고학회를 조직하고, 중국 학자들과 학술조사를 실시한기위해 동방고고학 협회를 설립.
1927년	4월 동아고고학회 제1회사업으로서 관동주(關東州) 비자와(貔子窩)의 선사유적을 발굴 조사한다. 9월 동아고고학회 주최 목양성(牧羊城) 발굴조사에 참가.
1929년	4월에 동방문화학원 이사에 취임하고, 9월에 동아고고학회 주최의 남산리(南山裡)고분의 발굴조사에 관여했다. 11월에 국보보존회 위원으로 위촉.
1930년	5월에 일본고고학회 부회장.
1932년	1월에 오키나와를 여행10월에 만주국에 출장.
1933년	10월에 일만문화협회의 이사로 취임하고, 12월에는 조선총독부 보물고적명승천연기념물보존회(寶物古蹟名勝天然記念物保存會)위원.
1935년	5월 동아고고학회 주최의 열하성(熱河省) 적봉(赤峯)유적발굴조사에 참가하고, 9월에 이케우치(池内宏), 우메하라(梅原末治)와 집안(輯安)에서 새로 발견된 고구려 벽화 고분을 조사.
1936년	9월에 이케우치와 우메하라와 함께, 집안의 고구려 고분을 조사.
1937년	교토대학 총장에 취임하고, 8월에 일본학술진흥회의 이사로 취임.
1938년	봄부터 건강이 악화되어, 7월25일 영면.

참고문헌

〔한국어〕

가노 마사나오(鹿野政直) 저, 서정완 역,『근대 일본의 학문－관학과 민간학』, 소화, 2008.

김영남,『동일성 상상의 계보』, 제이앤씨, 2006.

김용변,「일본·한국에 있어서의 한국사 서술」,『역사학보』31, 1966.

기타 사다키치(喜田貞吉),「內鮮兩民族同源論梗概」,『儒道』제3호, 유도진흥회, 1921.

남근우,『'조선민속학'과 식민주의』, 동국대 출판부, 2008.

남근우 책임편집,『동아시아의 근대와 민속학의 창출』, 민속원, 2008.

박걸순,『식민지 시기의 역사학과 역사인식』, 경인문화사, 2004.

朴英宰,「근대일본의 한국인식」,『일본의 침략정책사연구』, 역사학회, 1984.

세키네 히데유키,「日鮮同祖論再考」,『인문과학연구』제24집, 대구대 인문과학연구
　　　소, 2002.

＿＿＿＿＿＿＿,「한일합방 전에 제창된 일본인종의 한반도 도래설」,『일본문화연
　　　구』제19집, 동아시아일본학회, 2006.

야나기타 구니오저, 김정례·김용의 역,『일본 명치·대정시대의 생활문화사』, 소명
　　　출판, 2006.

연민수,『고대한일관계사』, 혜안, 1998.

오구마 에이지(小熊英二)·조현설 역,『일본 단일민족신화의 기원』, 소명출판, 2003.

이노우에 나오키(井上直樹),「近代日本における高句麗史研究－「滿鮮史」·「滿州
　　　史」と關連させて」,『고구려연구』제18집, 고구려발해학회, 2004.

이순자,『일제강점기 고적조사사업 연구』, 경인문화사, 2009.

최석영,『일제하 무속론과 식민지권력』, 서경문화사, 1999.

＿＿＿,「일제하 조선을 조사한 도리이 류조(鳥居龍藏)의 식민지적 시선」,『한국 구비
　　　문학과 민간신앙의 지속과 변용』, 단국대 출판부, 2007.

＿＿＿,『일제의 동화이데올로기 창출』, 書景文化社, 1997.

〔일본어〕

榎森進他,『エミシ・エゾ・アイヌ』, 岩田書院, 2008.

榎森進,『アイヌ民族の歴史』, 草風館, 2007.

岡本弥,『特殊部落の解放』, 世界文庫, 1921[1968].

江上波夫外,『アイヌと古代日本』, 小學館, 1982.

岡田英弘,『倭國』, 中公新書, 1977.

高橋富雄編,『東北古代史の研究』, 吉川弘文館, 1986.

高橋富雄,『日本歴史叢書2-蝦夷』, 吉川弘文館, 1963.

________,『蝦夷』, 吉川弘文館, 1963.

高橋崇,『蝦夷の末裔』, 中公新書, 1991.

古代史談話會編,『蝦夷』, 朝倉書店, 1956.

古島敏雄,「民俗學と歴史學」,『歴史學研究』第142号, 岩波書店, 1949.

高木博志,「ファシズム期, アイヌ民族の同化論」, 赤澤史朗・北河賢三,『文化とファ
        シズム-戦時期日本における文化の光芒』, 日本経濟評論社, 1993.

高津春繁,「言語學と考古學」,『日本考古學講座 2』, 河出書房, 1955.

工藤雅樹,「民族論における蝦夷とアイヌ」,『東北古代史の研究』, 吉川弘文館, 1986.

________,『日本人種論』, 吉川弘文館, 1979.

________,『蝦夷と東北古代史』, 吉川弘文館, 1998.

________,『古代蝦夷(エミシ)の英雄時代』, 平凡社, 2005.

菅孝行,『賤民文化と天皇制』, 明石書店, 1984.

久米邦武,「神道は祭天の古俗」,『史學雜誌』第23号, 1891.

________,『日本古代史』, 早稲田大學出版, 1907.

菊池勇夫,『アイヌ民族と日本人』, 朝日新聞社, 1994.

菊池徹夫,「蝦夷論の系譜」,『北方考古學の研究』, 六興出版, 1984.

宮本延人,「民族學と考古學」,『日本考古學講座 2』, 河出書房, 1955.

橘川俊忠,「柳田國男におけるナショナリズムの問題」,『神奈川法學』第19卷 第1号,
        神奈川大學法學會, 1983.

今西龍,『朝鮮古史の研究』, 図書刊行會, 1970.

今西一,『國民國家とマイノリティ』, 日本経濟評論社, 2000.

今石みぎわ,「喜田貞吉のみたオシラサマ-柳田國男との論爭でなにがみえてくるか
        (特集 オシラサマ信仰の研究)」,『東北芸術工科大學東北文化研究センター研
        究紀要』(2), 189~201, 2003.

今井登志喜,「西洋史學の本邦史學に与えたる影響」,『本邦史學史論叢(下卷)』, 富山
　　　房, 1939.
磯前順一,『記紀神話と考古學』, 角川學芸出版, 2009.
旗田巍,「日本における東洋史學の伝統」,『歷史學研究』No.270, 靑木書店, 1962.
磯川全次,『穢れと差別の民俗學』, 批評社, 2007.
________,『異端の民俗學-差別の境界をめぐって』, 河出書房, 2006.
吉開將人,「東亞考古學と近代中國」,『「帝國」日本の學知』, 岩波書店, 2006.
吉田東伍,『日韓古史斷』, 富田房, 1911.
金田一京助,『古代蝦夷とアイヌ』, 平凡社, 2004.
____________,『アイヌ文化誌 金田一京助選集 II』, 三省堂, 1961.
____________,『ユーカラ：アイヌ敍事詩』, 岩波書店, 1936.
那珂通世,「朝鮮古史考」,『史學雜誌』第5編第4号, 1894.
多原香里著,『先住民族アイヌ』, にんげん出版, 2006.
大串菊太郎,「津雲貝塚及國府石器時代遺跡に對する二三の私見」,『民族と歷史』3
　　　卷4号, 1920.
大林太郎編,『蝦夷』, 社會思想社, 1979.
大山柏,「所謂人類學と史前學との關係」,『人類學論叢』, 岡書院, 1929.
大場磐雄,「日本石器時代研究小史」,『ドルメン』第4卷 第6号, 岡書院, 1935.
大場四千男,『北海道アイヌの人類經營學序說』, 北海道出版企畫センタ-, 2009.
東京人類學會編,『人類學論叢』, 岡書院, 1929.
藤岡兼二郎,『浜田靑陵とその時代』, 學生社, 1979.
藤本英夫,『金田一京助』, 新潮社, 1991.
藤野豊他,「大日本帝國の成立と部落問題」,『近現代部落史』, 有志舍, 2009.
藤原貞朗,『オリエンタリストの憂鬱』, めこん, 2008.
藤田亮策,「考古學研究の歷史」,『日本考古學講座 2』, 河出書房, 1955.
________,「朝鮮古文化の保存」,『朝鮮學報』1, 1951.
________,「朝鮮古跡調查」,『古文化の保存と研究』, 1953.
________,「朝鮮古跡調查」,『朝鮮學論考』, 1963.
________,『朝鮮考古學研究』, 高桐書院, 1948.
礫川全次,「喜田貞吉と特殊部落研究号--ニッポン民俗學外史その二」,『歷史民俗學
　　　歷史民俗學』(4), 46~73, 批評社, 1996.
鈴木俊,「最近に於ける我が東洋史學の支那に与へし影響について」,『本邦史學史論

叢(下卷)』, 富山房, 1939.

柳田國男, 「山民の生活」, 『定本柳田國男集』第4卷, 筑摩書房, 1982.

________, 「山人考」, 『定本柳田國男集』第4卷, 筑摩書房, 1982.

________, 「天狗の話」, 『定本柳田國男集』第4卷, 筑摩書房, 1982.

________, 「喜田貞吉樣(侍史)」, 『定本柳田國男集』第12卷, 筑摩書房, 1982.

________, 「人形とオシラ神」, 『定本柳田國男集』第12卷, 筑摩書房, 1982.

________, 「蝸牛考」, 『定本柳田國男集』第18卷, 筑摩書房, 1969.

________, 「海南小記」, 『世界敎養全集』21, 平凡社, 1962.

________, 「民俗學の話」, 『定本柳田國男集』第24卷, 筑摩書房, 1970.

________, 「東北と鄕土硏究」, 『定本柳田國男集』第25卷, 筑摩書房, 1970.

________, 「鄕土硏究とは何か」, 『定本柳田國男集』第25卷, 筑摩書房, 1970.

________, 「靑年と學問」, 『柳田國男全集』第25卷, 筑摩書房, 1970.

________, 『鄕土誌論』, 『定本柳田國男集』第25卷, 筑摩書房, 1970.

________, 「後狩詞記」, 『定本柳田國男集』第27卷, 筑摩書房, 1970.

________, 「農業行政學」, 『定本柳田國男集』第28卷, 筑摩書房, 1982.

綾部恒雄, 『文化人類學群像 3』, アカデミア出版社, 1988.

林純平, 「濱田耕作」, 『關西學界展望』, 文友堂書店, 1938.

梅原末治, 『朝鮮古代の文化』, 図書慣行會, 1972.

門脇禎二, 「官學アカデミズムの成立」, 『日本歷史講座』8, 1975.

白柳秀湖, 『日本民族論』, 千倉書房, 1934.

白井光太郎, 「モールス先生と其の講演」, 『人類學雜誌』41-2, 1921.

白鳥庫吉, 「高句麗の名称に就きての考」, 『白鳥庫吉全集』第3卷, 岩波書店, 1970.

________, 「檀君考」, 『白鳥庫吉全集』第3卷, 岩波書店, 1894.

________, 「蒙古民族の起源」, 『白鳥庫吉全集』第4卷, 岩波書店, 1970.

________, 「朝鮮の古伝說考」, 『史學雜誌』第5編第12号, 1894.

________, 「支那の北部に據った古民族の種類に就いて」, 『白鳥庫吉全集』第4卷, 岩波書店, 1970.

________, 「國体と儒敎」, 『白鳥庫吉全集』第10卷, 岩波書店, 1971.

________, 「『日本書紀』に見えたる韓語の解釋」, 『白鳥庫吉全集』第3卷, 岩波書店, 1970.

福間良明, 『辺境に映る日本』, 柏書房, 2003.

福田アジオ, 『柳田國男の民俗學』, 吉川弘文館, 1992.

本名瀬高嗣, 「他者性へのヘテロフォニー」, 『民族學研究』 63-2, 1998.

__________, 「表象と政治性ーアイヌをめぐる文化人類學的言說に關する素描」, 『民族學研究』 62-1, 1997.

本名瀬高嗣, 「アイヌ「滅亡」論の諸相と近代日本」, 『近代日本の他者像と自畫像』, 柏書房, 2001.

北海道ウタリ協會編, 『アイヌ史 北海道アイヌ協會・海道ウタリ協會活動史編』, 北海道出版企畫センター, 1994.

濱田耕作, 『濱田耕作著作集』 第4卷, 同朋舍, 1990.

__________, 「考古材料」, 『東京人類學會雜誌』 第148号, 1898.

__________, 「考古學上利器の材料による時代の區分に就いて」, 『東亞考古學研究』, 岡書院, 1930.

__________, 「考古學上より見たる九州の古代民族」, 『東亞考古學研究』, 岡書院, 1930.

__________, 「旅順刁家屯の一古墳」, 『東亞考古學研究』, 岡書院, 1930.

__________, 「山城に於ける原始時代の遺物遺跡」, 『東京人類學雜誌』 第182号, 1901.

__________, 「遺物遺跡から見た上代の近畿地方」, 『濱田耕作著作集』 第1卷, 同朋舍, 1988.

__________, 「遺物遺跡と民族」, 『民族と歴史』 1卷2号, 1919.

__________, 「日本文明の黎明」, 『濱田耕作著作集』 第1卷, 同朋舍, 1988.

__________, 「日本文化の源泉」, 『東洋思潮』 第2卷, 岩波書店, 1935.

__________, 「日本石器時代人民に就きて余が疑ひ」, 『東京人類學雜誌』 第198号, 1902.

__________, 「日本原始文化」, 『日本歴史』, 岩波書店, 1935.

__________, 「日本の古墳に就いて」, 『歴史と地理』 第3卷 第2卷, 大鐙閣, 1919.

__________, 「日本の民族・言語・國民性及文化的生活の歴史的發展」, 『濱田耕作著作集』 第1卷, 同朋舍, 1988.

__________, 「日向西都原の方形墳(第2百10号塚)」, 『濱田耕作著作集』 第1卷, 同朋舍, 1988.

__________, 「再び石器時代人民に就きて」, 『東京人類學雜誌』 第200号, 1902.

__________, 「朝鮮に於ける考古學的調査研究と日本考古學」, 『濱田耕作著作集』 第1卷, 同朋舍, 1988.

__________, 「朝鮮の古墳」, 『東亞考古學研究』, 岡書院, 1930.

__________, 「朝鮮の古跡調査」, 『民族と歴史』 第6卷 第1号, 1921.

__________, 「河内國府石器時代遺跡發掘報告」, 『京都帝國大學文科大學考古學研究

　　　　報告』第二冊, 京都帝國大學發行, 1918.

________,「壺－東亞古代土器概說」,『東亞考古學研究』, 岡書院, 1930.

________,『考古學研究法』, 雄山閣, 年度不明.

________,『考古學研究法』, 國史講習會, 1936.

________,『考古學研究』, 座右宝刊行會, 1940.

________,『東洋美術史研究』, 座右宝刊行會, 1942.

________,『通論考古學』, 大鐙閣, 1922.

賓田靑陵,「古器物から見た日本國民性」,『解放』, 大鐙閣, 1921.

似多見嚴譯,『ジョン・バチェラーの手紙』, 山本書店, 1965.

山路勝彦他,『植民地主義と人類學』, 關西學位大學出版會, 2002.

山路愛山,「日本現代の史學及び史家」,『太陽』9月, 1909.

________,『基督敎評論・日本人民史』, 岩波書店, 1966.

山田野理夫,『歷史家喜田貞吉』, 宝文館出版, 1976.

山田孝雄,『國學の本義』, 畝傍書房, 1942.

三上次男,「朝鮮考古學の發達」,『日本考古學講座 2』, 河出書房, 1955.

三浦周行,「朝鮮の開國伝說」,『歷史と地理』第1卷 第5号, 1918.

森淸人,『日本紀年の研究』, 詔勅講究所, 1956.

上田正昭,「「日鮮同祖論」の系譜」,『季刊三千里』14号, 1978.

________,「喜田古代史學の問題点」,『古代史論叢(上卷)』, 吉川弘文館, 1978.

________,「喜田貞吉」,『日本民俗文化大系』⑤, 講談社, 1978.

________,『古代學とその周辺』, 人文書院, 1991.

色川大吉,『柳田國男』, 講談社, 1978.

西田直二郎,「日本上代の文化に就て」,『歷史と地理』第3卷 第2卷, 大鐙閣, 1919.

西川宏,「日本帝國主義下における朝鮮考古學の形成」,『朝鮮史研究會論文集』第7
　　　　集, 1970.

石川貞治,「北海道ニ於テアイヌ人種研究ノ急務ト石器時代住民ノ分布」,『東京人
　　　　類學會雜誌』38号, 1889.

星野恆,「本邦ノ人種言語ニ付鄙考ヲ述テ世ノ眞心愛國者ニ質ス」,『史學會雜誌』第
　　　　11号, 1890.

小金井良精,「日本石器時代の住民」,『東洋學芸雜誌』259/260, 1903.

小浜基次,「日本人とアイヌ」,『日本人の起源を探る』, 新人物往來社, 1993.

小森陽一,『ポストコロニアル(postcolonial)』, 岩波書店, 2006.

小安宜邦,『日本近代思想批判』, 岩波書店, 2003.

________,『日本ナショナリズムの解讀』, 白澤社, 2007.

小熊英二,『單一民族神話の起源』, 新曜社, 2000.

小畑淸剛,『近代日本とマイノリティの〈生－政治學〉』, ナカニシヤ出版, 2007.

沼田賴輔,「日本人種の硏究」,『歷史と地理』第3卷 第2卷, 大鐙閣, 1919.

小倉進平,『國語及朝鮮語のため』, ウツボヤ書籍, 1920.

小川正人・山田伸一,『アイヌ民族 近代の記錄』, 草風館, 1998.

小阪井敏晶,『民族という虛構』, 東京大學出版部, 2002.

松本彦七郎,「日本先史人類論」,『歷史と地理』第3卷 第2卷, 大鐙閣, 1919.

安部義平,『蝦夷と倭人』, 靑木書店, 1999.

新谷尙紀,『民俗學とは何か－柳田・折口・澁澤に學び直す』, 吉川弘文館, 2011.

安田活,「近代日本における「民族」觀念の形成」,『思想と現代』第31号, 白石書店,
        1992.

安齊正人,『人と社會の生態考古學』, 柏書房, 2007.

岩崎卓也・高橋龍三郎編,『現代社會の考古學』, 朝倉書店, 2007.

岩本通弥, 「「民族」の認識と日本民俗學の形成-柳田國男の「自民族」理解の推移」,
        『近代日本の他者像と自畵像』, 柏書房, 2001.

________,「「生活」から「民俗」へ－日本における民衆運動と民俗學」,『日本學』第29
        輯, 東國大學校日本學硏究所, 2009.

與那覇潤,『翻譯の政治學』, 岩波書店, 2009.

塩見鮮一郎,『蘇る巨人－喜田貞吉と部落問題』, 河手書房, 2009.

________,『喜田貞吉－喜田貞吉と部落問題－』, 三一書房, 1999.

影山正美,「稻作民,あるいは日本人としての先住民の「發見」」,『柳田國男・主題と
        しての「日本」』, 梟社, 2009.

永原慶二,『20世紀日本の歷史學』, 吉川弘文館, 2003.

五十嵐惠邦,『敗戰の記憶』, 中央公論新社, 2007.

窪寺紘一,『東洋學事始』, 平凡社, 2009.

宇田川洋,「鳥居龍藏・千鳥アイヌ・考古學」,『近代日本の他者像と自畵像』, 柏書
        房, 2001.

羽田享,「蒙古族の宗敎的風俗習慣」,『羽田博士史學論文集』(下卷：言語宗敎編), 東
        洋史硏究會, 1958.

________,「北方民族の間に於ける巫に就いて」,『羽田博士史學論文集』(下卷：言語宗

敎編), 東洋史硏究會, 1958.

有光敎一, 『日本考古學選集14－濱田耕作集(上卷)』, 筑地書館, 1975.

伊藤幹治, 『柳田國男と文化ナショナリズム』, 岩波書店, 2002.

伊藤幹治, 『日本人の人類學的自畵像』, 筑摩書房, 2006.

伊藤雄志, 『ナショナリズムと歴史論爭: 山路愛山とその時代』, 風間書房, 2005.

伊波普猷, 『古琉球の政治』, 鄉土硏究社, 1927.

＿＿＿＿＿, 『日本文化の南漸』, 樂浪書院, 1939.

長谷部言人, 「石器時代住民と現代日本人」, 『歴史と地理』 第3卷　第2卷,　大鐙閣,
　　　　1919.

＿＿＿＿＿＿＿＿, 「日本民族の成立」, 『日本人の起源を探る』, 新人物往來社, 1993.

＿＿＿＿＿＿＿＿, 「蝦夷」, 『日本民族』, 岩波書店, 1952.

長坂金雄編, 『東洋史講座』, 科外講座, 1926.

赤松啓介, 『東洋古代民族史』, 白揚社, 1939.

赤坂憲雄, 『柳田國男の讀み方』, ちくま新書, 1994.

＿＿＿＿＿, 『山の精神史－柳田國男の發生』, 小學館, 1996.

＿＿＿＿＿, 『一國民俗學を越えて』, 五柳書院, 2002.

煎本孝, 山岸俊男, 『編現代文化人類學の課題: 北方研究からみる』, 世界思想社, 2007.

煎本孝, 山田孝子 編著, 『北の民の人類學: 強國に生きる民族性と歸屬性』, 京都大
　　　　學學術出版會, 2007.

田畑久夫, 「喜田貞吉と法隆寺(上)法隆寺論爭を中心に」, 『奈良學硏究』(2), 59~83,
　　　　奈良學學會, 1999.

田中聰, 「「上古」の確定－紀年論爭をめぐって」, 『江戸の思想』8, ペリカン社, 1998.

鳥居龍藏, 「先住民研究に對して私の感想」, 『ドルメン』第4卷 第6号, 岡書院, 1935.

＿＿＿＿＿, 「古代の日本民族移住發展の経路」, 『鳥居龍藏全集』第1卷, 朝日新聞社, 1975.

＿＿＿＿＿, 「原始時代の人種問題」, 『鳥居龍藏全集』第1卷, 朝日新聞社, 1975.

＿＿＿＿＿, 「人種の研究は如何なる方法によるべきや」, 『鳥居龍藏全集』第1卷, 朝日
　　　新聞社, 1975.

＿＿＿＿＿, 「日本考古學の發達」, 『鳥居龍藏全集』第1卷, 朝日新聞社, 1975.

＿＿＿＿＿, 「歴史敎科書と國津神」, 『鳥居龍藏全集』第1卷, 朝日新聞社, 1975.

＿＿＿＿＿, 『鳥居龍藏全集』第1卷, 朝日新聞社, 1975.

＿＿＿＿＿, 「人類學と人種學(或は民族學)を分離すべし」, 『鳥居龍藏全集』第1卷, 朝
　　　日新聞社, 1975.

________, 「河內國府の新發掘に就て」, 『有史以前の日本』, 『鳥居龍藏全集』第1卷, 朝日新聞社, 1975.

________, 「先史時代のアイヌ人と我が祖先の先驅者」, 『鳥居龍藏全集』第1卷, 朝日新聞社, 1975.

________, 「コロボックルに就て坪井, 小金井兩博士の意見を讀む」, 『鳥居龍藏全集』第2卷, 朝日新聞社, 1975.

________, 「わが先住民石器時代に就ての疑問」, 『鳥居龍藏全集』第1卷, 朝日新聞社, 1975.

________, 「日向古墳調査報告」, 『鳥居龍藏全集』第4卷, 朝日新聞社, 1976.

________, 「考古學民族學硏究・千鳥アイヌ」, 『鳥居龍藏全集』第5卷, 朝日新聞社, 1976.

________, 「考古學民族學硏究・千鳥アイヌ」, 『鳥居龍藏全集』第5卷, 朝日新聞社, 1976.

________, 「人類學上より見たる亞細亞の住民に就て」, 『鳥居龍藏全集』第7卷, 朝日新聞社, 1976.

________, 『東洋人類學叢書第一編 極東民族 第1卷』, 『鳥居龍藏全集』第7卷, 朝日新聞社, 1976.

________, 「千鳥アイヌ」, 『鳥居龍藏全集』第7卷, 朝日新聞社, 1976.

________, 「千鳥アイヌに就て」, 『鳥居龍藏全集』第7卷, 朝日新聞社, 1976.

________, 「洞溝に於ける高句麗の遺跡と遼東に於ける漢族の遺跡」, 『鳥居龍藏全集』第8卷, 朝日新聞社, 1976.

________, 「遼東半島」, 『鳥居龍藏全集』第8卷, 朝日新聞社, 1976.

________, 「日本語と蒙古語の親族的關係」, 『鳥居龍藏全集』第8卷, 朝日新聞社, 1976.

________, 「蒙古語に就いて」, 『鳥居龍藏全集』第8卷, 朝日新聞社, 1976.

________, 「蒙古旅行」, 『鳥居龍藏全集』第9卷, 朝日新聞社, 1976.

________, 「久米氏の『日本古代史』を讀む」, 『鳥居龍藏全集』第12卷, 朝日新聞社, 1976.

________, 「私と神田孝平先生」, 『鳥居龍藏全集』第12卷, 朝日新聞社, 1976.

________, 「山路氏の日本民族論」, 『鳥居龍藏全集』第12卷, 朝日新聞社, 1976.

________, 「小金井博士著『日本石器時代の住民』」, 『鳥居龍藏全集』第12卷, 朝日新聞社, 1976.

________, 「小金井先生と其硏究論文」, 『鳥居龍藏全集』第12卷, 朝日新聞社, 1976.

________, 「畿內の石器時代に就て」, 『日本人の起源を探る』, 新人物往來社, 1993.

________, 『人類學上より見たる我が上代の文化』(1), 叢文閣, 1925.

________, 『日本周囲民族の原始宗教神話・宗教の人種學的研究』, 岡書院, 1924.

朝鮮史編修會編,『朝鮮史』第1編第2巻, 東京大學出版會, 1975.

佐伯有淸,「古代蝦夷史についての一考察」,『北方文化研究』17, 1985.

________,『柳田國男と古代史』, 吉川弘文館, 1988.

佐々木高明,「鳥居龍藏のアジア研究」,『鳥居龍藏の見たアジア』, 德島博物館, 1993.

中島皆夫,「坪井正五郎の人類學と考古學」,『考古學史研究』第6号, 京都木曜クラ
　　　ブ, 1996.

中島壽雄,「人類學と考古學」,『日本考古學講座 2』, 河出書房, 1955.

中山平次郎,「遺物上より見たる古代の北九州文化」,『歴史と地理』第3巻 第2巻, 大
　　　鐙閣, 1919.

重野安繹,「日本式尊ノ事ニ付史家ノ心得」,『史學會雜誌』, 第拾壹号, 1890.

中園英助,『鳥居龍藏伝』, 岩波書店, 1995.

中村生雄,「〈古代〉の表象--喜田貞吉の古代史研究と東北(特集 〈古代〉の表象)」,『日
　　　本學報』(23), 大阪大學大學院文學研究科日本學研究室, 2004.

________,「喜田貞吉の民族史論と「日鮮同祖論」(特集 いくつものアジアへ)」,『東北
　　　學』9, 東北芸術工科大學東北文化研究センタ-, 2003.

中村哲,『新版柳田國男の思想』, 法政大學出版局, 1985.

中村淳,「〈土人〉論ー「土人」イメージの形成と展開」,『近代日本の他者像と自畫像』,
　　　柏書房, 2001.

知里幸惠,『アイヌ神謠集』, 岩波書店, 1978.

津田左右吉,「白鳥博士小伝」,『津田左右吉全集』第24巻, 岩波書店, 1965.

倉西裕子,『日本書紀の眞實－紀年論を解く』, 講談社, 2003.

兒島恭子,「「エミシ」「エゾ」は何を指しているのか」,『アイヌ本』, 宝島社, 1993.

________,『アイヌ民族史の研究』, 吉川弘文館, 2003.

天野哲也, 小野裕子編,『古代蝦夷からアイヌへ』, 吉川弘文館, 2007.

川田順造,「文化」,『日本民俗大辭典』下, 吉川弘文館, 2000.

淸野謙次,「日本民族」,『東洋思潮』第1巻, 岩波書店, 1935.

村井紀,『南島イデオロギーの發生』, 岩波書店, 2004.

澤田洋太郎,『沖縄とアイヌ』, 新泉社, 1996.

坂野徹,『帝國日本と人類學者』, 勁草書房, 2005.

八木奘三郎,「アイヌ間に存する日本風の土俗」,『太陽』2~5, 1896.

坪井正五郎,「考古學の眞価」,『日本考古學選集：坪井正五郎集上』, 築地書館, 1971.

________,「コロボックル論に關する濱田氏の疑問に付いて」,『東京人類學雜誌』

第198号, 1902.

＿＿＿＿＿, 『人類談』, 開成館, 1902.

浦生正男, 「社會人類學－日本におけるその成立と展開」, 『日本民族學の回顧と展望』, 民族學振興會, 1966.

河上肇, 「崇神天皇ノ國家統一ノ一大時期ヲ劃スモノナリト云フノ私見」, 『京都法學會雜誌』第6卷 第1号, 1911.

河野本道, 『アイヌ史/槪說』, 北方新書, 1996.

下地寬令, 『融和問題の社會心理學的研究』, 中央融和事業協會, 1931.

海保嶺, 『エゾの歷史』, 講談社, 2006.

和島誠一, 「日本考古學の發達－發達の諸段階」, 『日本考古學講座 2』, 河出書房, 1955.

丸山二朗, 『日本紀年論批判』, 大八洲出版, 1947.

後藤總一郎, 『柳田國男伝』, 三一書房, 1988.

喜多章明, 『アイヌ沿革史－北海道旧土人保護法をめぐって』, 北海道出版企畵センター, 1987.

喜田貞吉, 「特殊部落の成立沿革を略述して其の解放に及ぶ」, 『民族と歷史』第2卷 第1号, 1919.

＿＿＿＿＿, 「石器時代のアイヌ民族に就いて－大串博士の新研究を讀みて」, 『民族と歷史』3卷4号, 1920.

＿＿＿＿＿, 「考古學上より見たる蝦夷」, 『ドルメン』第4卷 第6号, 岡書院, 1935.

＿＿＿＿＿, 「日本民族の成立」, 『民族と歷史』第5卷 第2号, 日本學術普及會, 1921.

＿＿＿＿＿, 「日鮮兩民族同源論」, 『民族と歷史』第6卷 第1号, 1921.

＿＿＿＿＿, 「九州の古代民族について」, 『喜田貞吉全集』第8卷, 平凡社, 1879.

＿＿＿＿＿, 「倭人考」, 『喜田貞吉全集』第8卷, 平凡社, 1979.

＿＿＿＿＿, 「日本民族槪論」, 『喜田貞吉著作集』第8卷, 平凡社, 1979.

＿＿＿＿＿, 「日本民族の構成」, 『喜田貞吉著作集』第8卷, 平凡社, 1979.

＿＿＿＿＿, 「日本太古の民族について」, 『喜田貞吉著作集』第8卷, 平凡社, 1979.

＿＿＿＿＿, 「朝鮮民族とは何ぞや(日鮮兩民族の關係を論ず)」, 『喜田貞吉著作集』第8卷, 平凡社, 1979.

＿＿＿＿＿, 「東北民族研究序論－歷史家の觀たるわが民族觀」, 『喜田貞吉著作集』第9卷, 平凡社, 1980.

＿＿＿＿＿, 「蝦夷およびアイヌと繩文式石器時代人」, 『喜田貞吉著作集』第9卷, 平凡社, 1980.

________, 「民族の同化」, 『朝鮮及滿洲』第156号, 朝鮮及滿洲社, 1920.

________, 「奈良朝前後に於ける我が國家の發展氣分を論ず」, 『史學文學論集』, 岩波書店, 1935.

________, 「日本歷史地理研究」, 『本邦史學史論叢(下卷)』, 富山房, 1939.

________, 「特殊部落の解放に於て敬告(ママ)」, 『融和問題論叢』, 世界文庫, 1929[1973].

________, 『法隆寺再建非再建論の回顧』, 鵤故鄕舍, 1934.

________, 『先住民と差別』, 河出書房, 2008.

________, 『融和問題に關する歷史的考察』, 中央融和事業協會, 1927.

________, 『日本歷史物語(上)』アルス, 河出書房, 1928.

________, 『齊東史話』, 立命館出版社, 1935.

________, 『差別の根源を考える』, 河出書房, 2008.

________, 『賤民とは何か』, 河出書房, 2008.

________, 『被差別部落とは何か』, 河出書房, 2008.

________, 『韓國の併合と國史』, 三省堂, 1910.

________, 『歷史講座―帝都』, 日本學術普及會, 1915.

齋藤忠, 「學史上における喜田貞吉の業績」, 『日本考古學選集8―喜田貞吉集』, 築地書館, 1972.

______, 『考古學史の人々』第一書房, 1986.

______, 『日本考古學選集6―鳥居龍藏集(上卷)』, 筑地書館, 1974.

______, 『日本考古學選集8―喜田貞吉集』, 筑地書館, 1972.

淨野謙次, 『民族論』, 國史講習會, 1936.

________, 『日本石器時代人の硏究』, 岡書院, 1928.

________, 金關丈夫, 「日本石器時代人種論の変遷」, 『日本民族』, 岩波書店, 1935.

淸水昭俊, 「日本における近代人類學の形成と展開」, 『近代日本の他者像と自畵像』, 柏書房, 2001.

稻葉君山, 『支那社會史硏究』, 大鐙閣藏版, 1922.

關口明, 「「正史」に記されたエミシ」, 『歷史讀本』, 新人物往來社, 1992.

______, 「八世紀における蝦夷呼称の変化の問題」, 『古代蝦夷からアイヌへ』, 吉川弘文館, 2007.

關野貞, 「伽倻時代の遺跡」, 『考古學雜誌』第1卷 第7号, 1911.

靑柳綱太郎, 『總督政治史論』(全), 京城新聞社, 1928.

靑柳純一, 「白鳥庫吉と「滿鮮史」學の虛像」, 『人文論叢』55, 釜山大學人文大學, 2000.

アン・ローラ・ストーラー著, 永渕康之他譯, 『肉体の知識と帝國の權力』, 以文社, 2010.

エルウィン・Ｖ・ベルツ著池田次郎譯, 「日本人の起源とその人類學的要素」, 『日本人の起源を探る』, 新人物往來社, 1993.

ギュスターヴ・ル・ボン著大日本文明協會譯, 『民族發展の心理』, 大日本文明協會, 1910.

シーボルト著原田信男譯, 『小シーボルト蝦夷見聞記』, 平凡社, 1996.

テッサ・モーリス＝鈴木, 『辺境から眺める－アイヌが経驗する近代』, 大川正彦譯, みすず書房, 2000.

テッサ・モーリスースズキ著田代泰子譯, 『過去は死なない-メディア・記憶・歴史』, 岩波書店, 2004.

パトリック・シャモワゾー, ラファエル・コンフィアン著西谷修譯, 『クレオールとは何か』, 平凡社, 2004.

ましこひでのり, 『日本人という自畵像: イデオロギーとしての「日本」再考』, 三元社, 2002.

▌초출일람

「'이민족' 해석과 '국가' 재현의 딜레마」, 『아태연구』 19-1호, 경희대 국제지역연구원.
「'아르케올로지(archaeology)'에서 '제국의 고고학'으로」, 『일본어문학』 제51집, 한국
　　　일본어문학회.
「'식민지 고고학'과 하마다 고사쿠(濱田耕作)의 시선」, 『일본문화연구』 제14집, 동아
　　　시아 일본학회.
「'에미시'의 해석과 기억의 재구성 논리」, 『일어일문학연구』 제78집 제2호, 한국일어
　　　일문학회.
「〈인종〉과 〈민족〉의 경계와 〈東亞民族〉論」, 『일본사상』 제20호, 한국일본사상사학
　　　회.
「기타 사다키치(喜田貞吉)가 표상한 〈혼합민족〉 논리와 '臣民'」, 『한림일본학』 제17
　　　집, 한림대 일본학연구소.
「기타 사다키치(喜田貞吉)의 공(公)담론 형성 고찰─하마다 고사쿠(濱田耕作)와의
　　　논쟁을 중심으로」, 『일본문화연구』 제35집, 동아시아일본학회.
「'오키나와 주체' 기록과 '오키나와 역사학'」, 『동아시아고대학』 제21집, 동아시아고대
　　　학.
「도리이 류조(鳥居龍藏)의 동아시아 논리와 제국주의 시선」, 『일본학』 제27집, 동국
　　　대 일본학연구소.
「근대 일본의 '신화' 담론 형성과 조선 '신화' 인식」, 『일본연구』 제9집, 고려대 일본연
　　　구센터.